BIBLIOTHÈQUE
LATINE-FRANÇAISE

PUBLIÉE

PAR

C. L. F. PANCKOUCKE.

PARIS. — IMPRIMERIE DE C. L. F. PANCKOUCKE,
rue des Poitevins, n. 14.

OEUVRES

DE

C. C. TACITE

TRADUITES

PAR C. L. F. PANCKOUCKE.

**GERMANIE. AGRICOLA.
DES ORATEURS.**

TOME SIXIÈME.

PARIS

C. L. F. PANCKOUCKE

MEMBRE DE L'ORDRE ROYAL DE LA LÉGION D'HONNEUR
ÉDITEUR, RUE DES POITEVINS, N° 14.

M DCCC XXXIII.

LA
GERMANIE

TRADUITE DE TACITE

PAR C. L. F. PANCKOUCKE

AVEC UN NOUVEAU COMMENTAIRE

EXTRAIT

DE MONTESQUIEU ET DES PRINCIPAUX PUBLICISTES.

> Tacite fait un ouvrage exprès sur les mœurs des Germains; il est court, cet ouvrage, mais c'est l'ouvrage de Tacite, qui abrégeait tout, parce qu'il voyait tout. (*Esprit des lois,* liv. 30.)

QUATRIÈME ÉDITION.

INTRODUCTION.

Tacite, en écrivant cet ouvrage sur les Germains, et en traçant les mœurs de ces peuples, avait les yeux sur les Romains, dont il a fait connaître l'histoire au temps où il existait : peignant avec vérité ces nations encore sauvages et dans l'enfance, et sans vouloir les placer au dessus des peuples polis par la civilisation, il reproche indirectement aux Romains leurs dissolutions et leur oubli des usages antiques; il ne loue point cependant ces Barbares avec complaisance, il célèbre leurs défaites et se réjouit de leurs discordes : mais Tacite, aimant sa patrie comme les premiers Romains l'avaient aimée, y voulait rappeler les vertus qui fondèrent sa puissance, et la ramener à la sévérité de ses premières coutumes. En même temps que cet ouvrage sur les Germains est la satire de la dissolution des mœurs romaines, il est un éloge des mœurs austères et pures qui établirent la grandeur de la république, tandis que leur dépravation amena successivement sa décadence, dont Tacite indique déjà la plupart des causes; ainsi la pensée se reporte au moment de cette grande catastrophe, et une lecture réfléchie de cet écrit peut faire embrasser, pour ainsi dire à la fois, ces trois grandes époques de l'histoire de la république romaine.

Les peuples germains, dans leurs émigrations et par leurs établissemens, que précédèrent tant de ravages, apportèrent à la Gaule, à l'Italie et à l'Espagne, des usages que les siècles n'ont pas encore effacés, et ont imprimé à leurs lois et à leurs gouvernemens un caractère qui subsiste, même encore aujourd'hui, plus ou moins fidèlement conservé, et que l'on reconnaît presque en entier dans les commencemens de la monarchie française.

Ceux de ces peuples qui restèrent dans leur patrie y ont maintenu leurs coutumes, que l'on retrouve encore aujourd'hui plus ou moins altérées [1]; leurs mœurs présentent aussi quelques rapprochemens avec celles des différentes nations sauvages de l'Asie, de l'Afrique et de l'Amérique.

J'ai eu pour but dans cet ouvrage d'établir quelques-uns de ces rapprochemens, et de marquer en même temps ce que Tacite s'est proposé de blâmer dans le siècle où il écrivait, et de louer dans les premiers temps de la république. C'est ainsi que sera confirmé le jugement prononcé sur cet ouvrage de Tacite par l'illustre Montesquieu, jugement que j'ai pris pour épigraphe, et qui m'a conduit à la plupart de ces recherches.

Il serait inutile de faire l'éloge de ce chef-d'œuvre : l'antiquité n'en a produit nul autre de ce genre, et il n'en a point paru dans les temps modernes qui lui soit comparable : aucun autre ouvrage des anciens n'a été

---

[1] *Voyez* le Voyage dans le Saterland, l'Ost-Frise, par J. Hoche; Brême, 1800. Ce voyage, écrit en allemand, n'a pas été traduit.

écrit dans ce style. C'est le style de Tacite, mais avec une nuance particulière toujours soutenue : écrivant en prose, Tacite y est beaucoup plus concis que Perse dans ses satires, quoique Perse ait passé jusqu'à ce jour pour le plus concis de tous les écrivains ; et Tacite a cet avantage sur l'auteur des satires, que sa pensée n'est presque jamais obscure. Le manuscrit ayant éprouvé peu d'altérations, le sens y est en général clair, et je dirai même facile. Le style n'a aucune dureté; il est toujours serré, toujours rapide, sans jamais être brusque; il y règne même quelquefois un abandon, une simplicité qui étonne et charme l'esprit : mais avec quelle sensibilité Tacite parle d'une patrie, avec quelle candeur des vertus, avec quelle éloquence des Bataves, des Cimbres, de Rome et de l'empire! L'historien prouve particulièrement ici combien il connaissait à fond l'art des transitions : quoiqu'il parcoure incessamment des sujets différens, il sait toujours en lier le récit, quelquefois par une pensée, souvent même par un mot. Dans la première partie, il règne un ordre admirable dont la table sommaire donnera une juste idée. La manière dont il décrit ces peuples nouveaux et si peu connus, doit être un modèle de méthode dans toute description géographique : il passe de l'un à l'autre par un enchaînement insensible; le Rhin et le Danube lui servent d'abord de guides, et c'est en suivant ces fleuves qu'il dépeint tour-à-tour les nations qui en habitent les rives; et après avoir fait connaître le caractère des Germains en général, il indique tous les traits caractéristiques particuliers à chacune de ces nations sauvages.

INTRODUCTION.

Quelques personnes ont pensé que Tacite avait fait cet ouvrage plutôt d'après son imagination que d'après des renseignemens exacts. Sans doute la Germanie n'était pas connue des anciens autant que nous la connaissons aujourd'hui; mais lorsqu'on retrouve, après dix-sept siècles, les mœurs et les usages décrits par Tacite, non-seulement dans ces contrées, mais même dans les pays où se sont transportés ces peuples conquérans, faut-il d'autres preuves de l'extrême exactitude de leur historien? Il en résulte même le plus grand éloge que l'on puisse faire de sa sagacité, puisqu'il est prouvé par cela même que Tacite a su saisir, au milieu d'une foule de récits que l'on faisait sans doute alors de ces nations nouvelles, les traits principaux qui devaient constituer à jamais le caractère de ces peuples.

Sans contredit, cet ouvrage est satirique; mais la satire y est toujours indirecte : pas une seule apostrophe; ce ne sont point les transports de Juvénal, ni les plaintes de Perse, ni les honteuses peintures de Pétrone; et l'on reconnaît ici cette sagesse qui brille dans tous les écrits de Tacite.

On pourra trouver les notes trop nombreuses; j'avouerai même que c'est avec quelque peine que j'ai surchargé de tant d'accessoires un écrit dont la plus grande beauté est sa simplicité. Mais j'ai cru qu'il serait de quelque intérêt de voir réunie, à ces descriptions rapides de tant de peuples non civilisés, une partie de la suite de leur histoire, et d'établir quelques rapprochemens entre leurs mœurs et celles d'autres nations du globe.

Cet ouvrage si court dut étonner les Romains : ils y

trouvèrent l'histoire concise et exacte d'une foule de hordes de Barbares, qui chaque jour menaçaient, pressaient, assiégeaient les vastes frontières de leur empire; ils y trouvèrent aussi la satire de leurs déréglemens; à chaque phrase le reproche ressort, pour ainsi dire, et le moraliste paraît sans cesse à côté de l'historien. Déjà la vieillesse n'était plus honorée à Rome; le mariage n'était plus qu'un vain nœud; les droits sacrés de la paternité étaient méconnus; une femme avait osé prendre un dixième mari; on y riait des vices, et cela s'appelait *vivre suivant le siècle;* on faisait des testamens, on déshéritait ses proches; les excès de la table étaient portés au dernier degré; les descendans des plus illustres familles paraissaient sur le théâtre; aux exercices du Cirque succédèrent des jeux pleins de mollesse et de licence; des affranchis occupaient les places les plus éminentes; les règles de l'ancienne discipline étaient méprisées; les Romains étaient sans cesse battus, et l'on faisait sans cesse des représentations de faux triomphes : Domitien, toujours vaincu en Germanie, prenait le titre pompeux de Germanique; et ces fleuves où les Romains s'étaient avancés autrefois en repoussant les Barbares, ne semblaient plus que des objets de conversation et d'ancien souvenir; les maximes d'état étaient mises en oubli, et non-seulement Rome avait un maître absolu, mais une femme osait s'asseoir sur le trône, à côté de l'empereur, et faisait porter les aigles devant elle; enfin les parentes les plus débauchées des Césars étaient mises au rang des déesses. Je viens d'indiquer en peu de mots tous les vices qui peuvent entraîner la ruine d'un état : telle est, en résumé, la juste satire de Tacite; mais elle est présentée avec tant d'art dans cet écrit, elle y est si bien voilée, que la censure impériale la plus facile à émouvoir aurait eu peine à la saisir.

Brotier, auquel nous devons un si beau travail sur Tacite, dit avec raison : « Il faut plutôt méditer que lire l'ouvrage de Tacite sur la Germanie ; nous y trouvons les origines cachées de notre droit politique. » Il ajoute : « Le livre de Tacite est court, mais il présente le tableau d'une multitude étonnante de choses ; c'est l'ouvrage d'un génie profond. »

Montesquieu en parlait dans les mêmes termes, Montesquieu qui a sans cesse cité Tacite, et particulièrement son ouvrage sur la Germanie, dans lequel il a indiqué tant de sources de nos usages et de nos lois. Aussi, en lisant Montesquieu, je pensais à Tacite, et en lisant Tacite, je pensais à Montesquieu ; je me trouvais heureux de comparer et de rapprocher les œuvres de ces deux grands génies.

Mais, avant de parler de notre origine germanique, je vais jeter un coup d'œil sur l'état où se trouvaient ces peuples au temps où écrivait Tacite.

Les guerres, les conquêtes, les négociations et les traités ont en tout temps changé et fixé les positions des nations ; mais c'est le langage et la nature du sol qui ont toujours tracé les limites primitives d'un état. Des montagnes, de grandes rivières et l'Océan enfermaient le premier établissement des Germains avant qu'ils eussent été attaqués par des puissances voisines ;

le langage et une crainte réciproque ne les séparaient pas moins des autres nations.

Les Romains, il est vrai, poussaient leurs légions et élevaient leurs forteresses jusqu'au delà du Rhin, mais leur domination y était mal affermie; déjà Civilis avait détruit ce rempart artificiel entre les habitans des deux rives de ce fleuve, et peu après les Germains envahirent des provinces romaines entières, et y formèrent des établissemens; mais on voit qu'en formant ces établissemens ils restaient toujours fidèles à la nature. Chaque peuple s'emparait d'autant de terrain qu'il lui en fallait pour son existence, et prenait les limites les plus favorables à sa défense. Les nouveaux états fondés par les Germains avaient, comme leur premier établissement, pour bornes, des chaînes de montagnes, des rivières et la différence du langage.

César et Tacite ont été les panégyristes des Germains, et le caractère de cette nation, tel qu'ils nous l'ont dépeint, s'est conservé jusqu'à nos jours. Cependant les progrès de la civilisation ont dû nécessairement l'altérer. Du temps de César et de Tacite, les mœurs des habitans des bords du Rhin s'adoucissaient déjà : la religion chrétienne et l'influence du clergé de Rome effacèrent plus tard quelques-uns de ces traits marquans, et les remplacèrent par d'autres. Les cours des princes, le commerce des villes, ont aussi modifié en certaines parties les habitudes de la nation; mais, à travers toutes ces additions étrangères, on reconnaît toujours le fond du caractère allemand. On l'admire dans ses souverains, dans ses savans et dans ses réformateurs, dans les familles et dans des peuples entiers.

Ce fut au commencement du dernier siècle particulièrement que le caractère national commença à s'altérer. L'influence des mœurs des cours allemandes, leurs relations, le commerce, les passages des troupes, l'adoption des modes étrangères et la prédilection du grand Frédéric pour les Français, ont changé en beaucoup de points le caractère germanique.

Les Germains doivent leur existence, non pas à l'établissement d'une colonie, mais peut-être à la première, à la plus reculée des émigrations des peuples.

Ils se distinguent aujourd'hui même par une constitution physique toute particulière. On trouve chez eux encore ces yeux bleus, cette chevelure blonde, ces corps robustes, le courage, la persévérance, la chasteté et l'amour de la liberté. Ils ont été vaincus par des nations étrangères, mais ils l'ont été parce que l'esprit d'indépendance a fait naître parmi eux la désunion, qui, dans tous les temps, a été la cause de leur faiblesse.

Le tableau que Tacite a fait de la Germanie a conservé, sous le rapport géographique, une ressemblance et une fidélité parfaites. Les noms des peuples, des rivières, des forêts que cet historien indique, existent encore aujourd'hui; si d'autres dénominations ne s'expliquent pas aussi bien par la seule connaissance du latin, elles sont entendues au moins de ceux qui savent la langue allemande.

Malgré les changemens, les mélanges et les migrations qui ont eu lieu parmi les Germains depuis leurs relations avec les Romains, la majeure partie des habitans de l'Allemagne descend directement des anciens Germains, et en a conservé le caractère.

La Westphalie nous donne encore une idée de ce qu'était l'Allemagne lorsque Tacite la décrivait. On retrouve dans ce pays les vestiges et les usages de la constitution germanique, que ni les siècles, ni les circonstances, ni la religion catholique elle-même, n'ont pu effacer.

Il faudrait parcourir avec soin toutes ces contrées, et en rechercher tous les usages ; alors on établirait sans doute beaucoup de rapprochemens curieux : mais nous avons dû choisir ce qui était en rapport avec nos coutumes et nos institutions.

Tacite nous apprend que les Germains vivaient dans des maisons dispersées, selon que la nature du sol, une rivière, une forêt, leur avaient indiqué les avantages de leurs positions. La constitution des Germains était fondée sur la réunion de ces maisons, de ces familles dispersées, en corps de nation. Pour garantir la paix intérieure, les Germains étaient réunis en canton, où chacun pouvait trouver justice et protection devant les tribunaux ou dans les assemblées générales. Dans les cas où un ennemi du dehors les attaquait, tous s'armaient sous le nom de *landwer*, pour la défense du pays.

Il existe une différence essentielle entre les constitutions des peuples de l'antiquité et celle des Germains. Chaque citoyen libre avait part à la législation et au gouvernement d'un état, mais seulement en tant que les affaires concernaient le canton où il vivait. Celles qui regardaient le corps de la nation furent abandonnées à la décision de leurs princes ou représentans. D'après ces constitutions de cantons se sont modelées ensuite des constitutions d'empire pour des peuples entiers.

Lorsque l'on fut un peu remis des soudaines irruptions de ces conquérans qui avaient porté partout le désordre et l'anarchie, on conçut qu'un pareil état de choses ne pouvait durer : les peuples conquis étaient sans cesse tourmentés et soumis aux plus pénibles travaux ; les femmes étaient enlevées ; les chefs ou ducs de ces Barbares, renfermés dans des forteresses, portaient aux environs l'effroi par leurs rapines et leur férocité. On institua la chevalerie ; toutes ses règles furent puisées dans les usages des Germains ; et c'est encore dans l'ouvrage de Tacite qu'il faut chercher l'origine de ces institutions nouvelles et singulières, inconnues aux Romains.

Tous ces redresseurs de torts dûrent avoir les vertus qui manquaient à ceux qu'ils allaient punir et exterminer. La bonne-foi, le respect pour les dames, la loyauté, l'humanité, furent les principales qualités du chevalier.

Comme les guerriers germains, ces chevaliers étaient armés de la lance et du bouclier ; ils prenaient le cri d'armes de la dame de leurs pensées, et le vassal le prenait du seigneur dont il relevait.

Les dames les suivaient dans leurs incursions : comme les femmes germaines, elles pansaient leurs blessures, et plusieurs montrèrent de l'habileté dans cette science.

Les combats singuliers étaient usités chez les Germains; tous les chevaliers appellent au combat leurs adversaires en présence des armées, et cette fureur du duel, inconnue aux Romains, s'est transmise de la Germanie dans la Gaule, et s'y maintient encore. Les jeux du carrousel rappellent parfaitement les danses guerrières des jeunes Germains.

Tacite nous a fait connaître la première origine de nos fées, protectrices des chevaliers.

Les cérémonies de réception du chevalier trouvent encore leur origine dans le même écrit.

Les vœux bizarres des chevaliers, leur amour des guerres, leur horreur de l'oisiveté, la foi à leurs engagemens, sont aussi indiqués d'une manière précise par Tacite. Ayant noté tous ces rapprochemens curieux, je crois inutile de m'étendre ici sur le même sujet, et je laisse le lecteur les établir lui-même.

Mais une des influences les plus remarquables heureusement transmises aux nations modernes par ces conquérans féroces que suivait partout la dévastation, a été leur respect, leur culte pour les femmes : ainsi a été changée la destinée de la plus belle portion de l'espèce humaine. A Rome, les femmes étaient presque esclaves, elles étaient exclues des affaires et des places; dans le fond des forêts de la Germanie, elles étaient adorées comme des divinités, elles gouvernaient des nations, on avait foi à leurs oracles. Ainsi s'établit partout le culte pour le sexe féminin, culte qui s'est accru par les mœurs chevaleresques, par les cours d'amour et par la galanterie de nos rois.

En effet, les femmes suivaient leurs époux dans

leurs conquêtes, elles assistaient aux combats, elles apportaient des vivres et des exhortations au fort de la mêlée, elles pansaient les blessés, et, comme dit Tacite, elles savaient toujours souffrir et oser.

Le beau sexe ignore sans doute que c'est à des sauvages qui, semblables à des bêtes féroces, faisaient retentir les échos de leurs cris, se barbouillaient de noir et de rouge pour prendre un aspect infernal, qu'il doit cette puissance si habilement maintenue, ces adorations, ces privilèges; enfin, c'est aux usages transmis par ces Barbares que Catherine dut le trône des czars, et Élisabeth celui de la Grande-Bretagne.

Tacite ne parle qu'une seule fois des pontifes germains, et déjà on voit toute leur influence s'établir avec les vainqueurs. Les prêtres les suivaient; seuls ils avaient le droit de frapper, seuls ils avaient le droit d'emprisonner; les rois, les chefs militaires, n'avaient de pouvoir que celui que leur donnait leur courage ou leur éloquence. Aussi voit-on, dès l'origine de la monarchie française, des évêques parler en maîtres dans les conseils de nos rois.

Leurs rois étaient presque toujours pris dans les familles nobles, suivant l'ordre de primogéniture : chaque peuplade avait le sien. Grégoire de Tours dit qu'il y avait alors tant de rois en Europe, qu'il eût été difficile d'en savoir exactement le nombre. Les Germains étaient venus en conquérans, et avaient fondé une foule de petits royaumes en Italie, en Afrique, en Espagne, en France, en Angleterre. Ces faibles états, trop nombreux, ne pouvaient subsister; des combats, le meurtre, le poison, détruisirent une partie de ces rois, jusqu'à ce que de plus grandes divisions territoriales se fussent établies peu à peu en Europe, et que de grandes monarchies se fussent consolidées de manière à résister les unes aux autres, et à conserver leur juste équilibre.

Je n'étendrai pas plus loin ces rapprochemens, le lecteur qui y trouvera quelque intérêt pourra les établir facilement lui-même par la lecture des notes : il y verra l'origine des *ducs* et des *comtes*, celle des redevances et des compensations, usage si remarquable et si profondément enraciné chez les nations du Nord, qu'il s'est conservé jusqu'à nos jours. Ces rapprochemens curieux ont paru mériter quelque approbation, puisqu'après avoir imprimé, en 1824, deux éditions de la Germanie in-4° et in-8°, et plus tard une édition in-32, je publie aujourd'hui la quatrième édition de cet ouvrage.

C. L. F. P.

C. CORNELII TACITI
GERMANIA.

I. Germania omnis a Gallis Rhætisque et Pannoniis Rheno et Danubio fluminibus, a Sarmatis Dacisque mutuo metu aut montibus separatur: cetera Oceanus ambit, latos sinus et insularum immensa spatia complectens, nuper cognitis quibusdam gentibus ac regibus, quos bellum aperuit.

Rhenus, rhæticarum Alpium inaccesso ac præcipiti vertice ortus, modico flexu in occidentem versus, septemtrionali Oceano miscetur: Danubius, molli et clementer edito montis Abnobæ jugo effusus, plures populos adit, donec in Ponticum mare sex meatibus erumpit; septimum enim os paludibus hauritur.

II. Ipsos Germanos indigenas crediderim, minimeque aliarum gentium adventibus et hospitiis mixtos; quia nec terra olim, sed classibus, advehebantur qui mutare sedes quærebant, et immensus ultra, utque sic dixerim, adversus Oceanus raris ab orbe nostro navi-

LA GERMANIE
DE C. C. TACITE.

I. La Germanie est séparée des Gaules, de la Rhétie et de la Pannonie par le Rhin et par le Danube; des Sarmates et des Daces, par des montagnes ou par une crainte réciproque : le reste est fermé par l'Océan, qui embrasse de vastes côtes et des îles immenses, dont on a nouvellement reconnu quelques nations et leurs rois, que les guerres nous ont montrés.

Le Rhin, qui se précipite à sa naissance des sommets escarpés et inaccessibles des Alpes de Rhétie, après s'être détourné par une légère sinuosité vers l'occident, mêle ses flots à ceux de l'Océan Septentrional : le Danube, qui s'épanche doucement des hauteurs peu élevées du mont Abnoba, visite un plus grand nombre de peuples, et se jette dans le Pont-Euxin par six embouchures : une septième se perd en des marais.

II. Je crois que les Germains sont indigènes et n'ont point été mêlés avec d'autres peuples ni par des établissemens, ni par des passages : en effet les hommes qui cherchèrent autrefois à changer de demeures, ne durent point se transporter par terre, mais sur des esquifs; et l'Océan, sans bornes au delà, se refuse, pour ainsi dire,

bus aditur. Quis porro, præter periculum horridi et ignoti maris, Asia, aut Africa, aut Italia relicta, Germaniam peteret, informem terris, asperam cœlo, tristem cultu adspectuque, nisi si patria sit!

Celebrant carminibus antiquis (quod unum apud illos memoriæ et annalium genus est) Tuistonem deum, terra editum, et filium Mannum, originem gentis conditoresque. Manno tres filios adsignant, e quorum nominibus proximi Oceano Ingævones, medii Hermiones, ceteri Istævones vocentur. Quidam autem, licentia vetustatis, plures deo ortos, pluresque gentis appellationes, Marsos, Gambrivios, Suevos, Vandalios affirmant; eaque vera et antiqua nomina: ceterum Germaniæ vocabulum recens et nuper additum; quoniam, qui primi Rhenum transgressi Gallos expulerint, ac nunc Tungri, tunc Germani vocati sint; ita nationis nomen, non gentis, evaluisse paullatim, ut omnes, primum a victore ob metum, mox a se ipsis, invento nomine, GERMANI vocarentur.

III. Fuisse apud eos et Herculem memorant, primumque omnium virorum fortium, ituri in prœlia, ca-

à toute navigation; rarement aujourd'hui même il est visité par les vaisseaux de nos contrées. Quel mortel, bravant les dangers d'une mer effrayante et inconnue, eût donc abandonné ou l'Asie, ou l'Afrique, ou l'Italie, pour passer dans la Germanie, qui n'offre qu'un sol informe, un ciel rigoureux, un aspect et un séjour sauvages, à moins qu'elle ne soit une patrie !

Les Germains célèbrent par des chants antiques, qui leur servent d'histoire et d'annales, un dieu nommé Tuiston, issu de la Terre, et son fils Mann, origine et fondateurs de leur nation. Mann eut, disent-ils, trois fils, qui transmirent leurs noms aux Ingévones, placés aux bords de l'Océan, aux Hermiones, habitant le centre de la Germanie, et aux Istévones, qui forment le reste de la nation ; mais, à la faveur de l'antiquité, on prétend aussi chez ces peuples, que ce dieu eut plusieurs autres enfans, dont les noms se transmirent à un plus grand nombre de peuplades, aux Marses, aux Gambrives, aux Suèves, aux Vandales ; et ils assurent que ce sont là leurs noms véritables et primitifs ; que celui de Germanie est récent et nouvellement adopté ; qu'en effet les premiers d'entre eux qui passèrent le Rhin, chassèrent les Gaulois, et maintenant forment la cité des Tungres, ont été nommés Germains, *qui, dans leur langue, signifie hommes de guerre :* et que ce titre, pris d'abord par une seule peuplade, et non par la nation entière, s'accrédita peu à peu, au point qu'ils adoptèrent tous cette dénomination que le vainqueur s'était donnée pour jeter l'épouvante ; et, par la suite, ils se sont tous nommés entre eux GERMAINS.

III. On prétend qu'il y a eu aussi chez eux un Hercule, et lorsqu'ils marchent aux combats, c'est le pre-

nunt. Sunt illis hæc quoque carmina, quorum relatu, quem *barditum* vocant, accendunt animos, futuræque pugnæ fortunam ipso cantu augurantur : terrent enim, trepidantve, prout sonuit acies. Nec tam voces illæ, quam virtutis concentus videntur : affectatur præcipue asperitas soni, et fractum murmur, objectis ad os scutis, quo plenior et gravior vox repercussu intumescat.

Ceterum et Ulixem quidam opinantur, longo illo et fabuloso errore in hunc oceanum delatum, adisse Germaniæ terras, Asciburgiumque, quod in ripa Rheni situm hodieque incolitur, ab illo constitutum nominatumque; aram quin etiam Ulixi consecratam, adjecto Laertæ patris nomine, eodem loco olim repertam; monumentaque, et tumulos quosdam, Græcis litteris inscriptos, in confinio Germaniæ Rhætiæque adhuc exstare : quæ neque confirmare argumentis, neque refellere in animo est; ex ingenio suo quisque demat vel addat fidem.

IV. Ipse eorum opinionibus accedo, qui Germaniæ populos nullis aliis aliarum nationum connubiis infectos, propriam, et sinceram, et tantum sui similem gentem exstitisse arbitrantur : unde habitus quoque corporum, quamquam in tanto hominum numero, idem om-

mier de tous leurs héros qu'ils célèbrent. Ils ont aussi des chants qu'ils nomment *bardit*; ils les répètent ensemble pour enflammer leur courage; et ces chants mêmes leur servent à augurer du sort du prochain combat : en effet, ils sont terribles ou tremblans suivant l'intonation des chants de leurs bataillons; et ces voix semblent moins un vain bruit que le concert de la valeur : ils cherchent surtout à produire des sons âpres et des murmures entrecoupés, en plaçant les boucliers au devant de leurs bouches, afin que la voix devienne plus pleine et plus grave, et se grossisse en se répercutant.

Du reste on dit aussi qu'Ulysse, égaré en ses longs et incroyables voyages, fut porté vers cet océan, et qu'il aborda en Germanie; qu'Asciburgium, ville située sur la rive du Rhin et habitée encore aujourd'hui, fut fondée et nommée par lui; qu'un autel consacré à Ulysse, et portant aussi le nom de son père Laërte, fut jadis trouvé au même lieu; qu'enfin des monumens et quelques tombeaux avec des inscriptions grecques, existent encore sur les confins de la Germanie et de la Rhétie : je n'ai le projet ni d'appuyer ces assertions, ni de les réfuter; chacun, à son gré, peut les rejeter ou les admettre.

IV. J'adopte, quant à moi, l'opinion de ceux qui pensent que les habitans de la Germanie n'ont point été altérés par des mariages avec d'autres peuples, et que cette nation est intacte, pure, semblable à elle seule. Aussi les conformations des individus, quoiqu'en si grand nombre, sont partout les mêmes : les yeux sont

nibus; truces et cœrulei oculi, rutilæ comæ, magna corpora, et tantum ad impetum valida : laboris atque operum non eadem patientia; minimeque sitim æstumque tolerare, frigora atque inediam cœlo soloque adsueverunt.

V. Terra, etsi aliquanto specie differt, in universum tamen aut silvis horrida, aut paludibus fœda : humidior qua Gallias, ventosior qua Noricum ac Pannoniam adspicit : satis ferax; frugiferarum arborum impatiens; pecorum fecunda, sed plerumque improcera; ne armentis quidem suus honor, aut gloria frontis : numero gaudent, eæque solæ et gratissimæ opes sunt.

Argentum et aurum propitii an irati dii negaverint dubito. Nec tamen affirmaverim, nullam Germaniæ venam argentum aurumve gignere : quis enim scrutatus est? possessione et usu haud perinde afficiuntur. Est videre apud illos argentea vasa, legatis et principibus eorum muneri data, non in alia vilitate quam quæ humo finguntur : quamquam proximi, ob usum commerciorum, aurum et argentum in pretio habent, formasque quasdam nostræ pecuniæ agnoscunt atque eligunt : interiores simplicius et antiquius permutatione mercium utuntur. Pecuniam probant veterem et diu notam, serratos, bigatosque. Argentum quoque magis quam aurum sequuntur, nulla affectione animi, sed quia nume-

tous fiers et bleus, les chevelures blondes, les corps grands et seulement propres à un premier choc : ils endurent peu la fatigue et les travaux ; ils ne supportent point du tout ni la soif ni les chaleurs, mais plutôt le froid et la faim, par l'influence de leur climat et de leur sol.

V. Le terrain, quoiqu'il diffère assez souvent d'aspect, est en général ou hérissé de forêts ou infecté de marais ; plus humide vers les Gaules, plus exposé au vent du côté de la Norique et de la Pannonie ; fertile en grains, contraire aux arbres à fruits, abondant en troupeaux ; mais la plupart y sont petits, et le gros bétail ne porte pas ce qui fait l'ornement et la gloire de son front. Ils se plaisent à les multiplier ; ce sont leurs plus douces et leurs uniques richesses.

Les dieux leur ont refusé l'or et l'argent : fut-ce faveur ou courroux? je ne sais ; et je n'affirmerais point toutefois qu'il ne pût se trouver chez les Germains aucune mine d'or ou d'argent : qui d'eux les a recherchées? Ils n'estiment ces métaux que par leur utilité et par leur emploi : il faut voir chez eux les vases d'argent, donnés en présens à leurs députés ou à leurs chefs, aussi peu appréciés que les vases formés d'argile ; cependant ceux de ces peuples qui sont plus rapprochés de nous, attachent quelque prix à l'or et à l'argent, indispensables pour commercer : ils connaissent quelques espèces de nos monnaies, ils les choisissent même : ceux de l'intérieur, plus simples, et suivant l'usage antique, trafiquent par échange. Ils préfèrent les monnaies anciennes, connues depuis plus de temps, les pièces dentelées ou empreintes d'un char ; et aussi l'argent à l'or, non par aucune prédilection, mais parce que les pièces d'ar-

rus argenteorum facilior usui est promiscua ac vilia mercantibus.

VI. Ne ferrum quidem superest, sicut ex genere telorum colligitur. Rari gladiis aut majoribus lanceis utuntur. Hastas, vel ipsorum vocabulo *frameas* gerunt, angusto et brevi ferro, sed ita acri et ad usum habili, ut, eodem telo, prout ratio poscit, vel cominus vel eminus pugnent. Et eques quidem scuto frameaque contentus est. Pedites et missilia spargunt, plura singuli, atque in immensum vibrant, nudi aut sagulo leves : nulla cultus jactatio : scuta tantum lectissimis coloribus distinguunt : paucis loricæ; vix uni alterive cassis aut galea.

Equi non forma, non velocitate conspicui : sed nec variare gyros in morem nostrum docentur; in rectum aut uno flexu dextros agunt, ita conjuncto orbe, ut nemo posterior sit. In universum æstimanti, plus penes peditem roboris : eoque mixti prœliantur, apta et congruente ad equestrem pugnam velocitate peditum, quos ex omni juventute delectos ante aciem locant. Definitur et numerus; *centeni* ex singulis pagis sunt; idque ipsum inter suos vocantur; et quod primo numerus fuit, jam nomen et honor est.

Acies per cuneos componitur. Cedere loco, dummodo rursus instes, consilii quam formidinis arbitran-

gent sont d'un plus facile usage pour acheter des choses communes et de bas prix.

VI. Le fer même n'abonde pas chez eux, à en juger d'après leurs armes : peu se servent de glaives ou de grandes piques ; ils portent des lances ou *framées*, suivant leur expression, terminées par un fer étroit, court, mais fort acéré ; elles sont d'un usage si facile, qu'avec cette même arme ils combattent de près ou de loin, selon l'occasion. Le cavalier n'a que le bouclier et la framée ; les fantassins lancent aussi des javelots, et chacun d'eux en porte plusieurs, qu'ils jettent à une distance prodigieuse. Ils sont nus ou couverts d'une saie légère : nulle recherche de parure : ils peignent seulement leurs boucliers avec les couleurs les plus brillantes et en compartimens ; très-peu sont armés de cuirasses ; à peine s'en trouve-t-il un ou deux portant des casques de fer ou de cuir.

Leurs chevaux ne sont remarquables ni par la beauté ni par la vitesse, et ne sont pas instruits à courir en tournant en tous sens, comme les nôtres ; ils les poussent en avant, ou, les appuyant à droite, forment un cercle tellement fermé, qu'aucun cavalier ne se trouve le dernier. En général, leur force consiste plutôt en infanterie ; ils mêlent aux cavaliers des fantassins, dont la légèreté est propre et favorable à ce genre de combat : c'est l'élite de leur jeunesse ; elle se place aux premiers rangs. Le contingent à fournir est déterminé, cent par bourgade : aussi s'appellent-ils entre eux *centeniers ;* et ce qui d'abord désignait leur nombre, fut bientôt leur dénomination et un titre d'honneur.

Leur ordre de bataille se forme par coins. Reculer dans le combat pour revenir aussitôt à la charge, est

tur. Corpora suorum etiam in dubiis prœliis referunt. Scutum reliquisse præcipuum flagitium : nec aut sacris adesse, aut concilium inire, ignominioso fas : multique superstites bellorum infamiam laqueo finierunt.

VII. Reges ex nobilitate, duces ex virtute sumunt. Nec regibus infinita aut libera potestas : et duces exemplo potius quam imperio ; si prompti, si conspicui, si ante aciem agant, admiratione præsunt. Ceterum, neque animadvertere, neque vincire, ne verberare quidem, nisi sacerdotibus permissum ; non quasi in pœnam, nec ducis jussu, sed velut deo imperante, quem adesse bellantibus credunt : effigiesque, et signa quædam, detracta lucis, in prœlium ferunt. Quodque præcipuum fortitudinis incitamentum est, non casus, nec fortuita conglobatio turmam aut cuneum facit, sed familiæ et propinquitates ; et in proximo pignora, unde feminarum ululatus audiri, unde vagitus infantium : hi cuique sanctissimi testes, hi maximi laudatores. Ad matres, ad conjuges vulnera ferunt : nec illæ numerare, aut exsugere plagas pavent ; cibosque et hortamina pugnantibus gestant.

VIII. Memoriæ proditur quasdam acies, inclinatas

chez eux plutôt un artifice de guerre qu'une lâcheté. Ils remportent les corps de leurs guerriers, même lorsque la victoire est incertaine. Abandonner son bouclier est la plus grande des ignominies; elle exclut des sacrifices et des assemblées, et souvent ces lâches ayant survécu au combat, ont mis fin à leur honte en s'étranglant.

VII. Ils choisissent leurs rois d'après la naissance, leurs chefs d'après le courage. Leurs rois mêmes n'ont pas une puissance illimitée ni arbitraire; et c'est plus par l'exemple que par autorité que commandent leurs chefs : s'ils sont ardens au combat, toujours en vue, toujours au premier rang, l'admiration consacre leur pouvoir. Du reste, sévir, charger de liens, frapper même, n'est permis qu'aux pontifes, et ce n'est point comme châtiment ni par ordre du chef, mais comme par la volonté du dieu qu'ils croient présider aux batailles. Dans le combat, ils portent certaines images et des étendards, qu'on retire des bois sacrés. Ce qui enflamme surtout leur valeur, c'est que le hasard ne préside point à la formation de leurs bandes et de leurs bataillons; ce ne sont pas des attroupemens fortuits, ce sont des parens, des familles rassemblées; tout auprès d'eux sont les objets de leurs affections; ils peuvent entendre les cris sauvages de leurs femmes, les vagissemens de leurs enfans; ce sont là, pour chacun, les témoins les plus sacrés, les plus imposans panégyristes. C'est à des mères, c'est à des épouses, qu'ils viennent montrer leurs blessures; elles ne craignent pas de compter et de sucer leurs plaies; et, durant le combat, elles leur apportent à la fois et des vivres et des exhortations.

VIII. On se rappelle quelques-unes de leurs armées,

jam et labantes, a feminis restitutas, constantia precum, et objectu pectorum, et monstrata cominus captivitate, quam longe impatientius feminarum suarum nomine timent : adeo ut efficacius obligentur animi civitatum, quibus, inter obsides, puellæ quoque nobiles imperantur. Inesse quinetiam sanctum aliquid et providum putant; nec aut consilia earum aspernantur, aut responsa negligunt. Vidimus, sub divo Vespasiano, Veledam, diu apud plerosque numinis loco habitam. Sed et olim Auriniam, et complures alias venerati sunt, non adulatione, nec tamquam facerent deas.

IX. Deorum maxime Mercurium colunt, cui certis diebus, humanis quoque hostiis, litare fas habent. Herculem ac Martem concessis animalibus placant : pars Suevorum et Isidi sacrificat. Unde caussa et origo peregrino sacro, parum comperi, nisi quod signum ipsum, in modum liburnæ figuratum, docet advectam religionem. Ceterum nec cohibere parietibus deos, neque in ullam humani oris speciem assimulare, ex magnitudine cœlestium arbitrantur : lucos ac nemora consecrant, deorumque nominibus appellant secretum illud, quod sola reverentia vident.

X. Auspicia sortesque, ut qui maxime, observant.

qui déjà pliaient et allaient succomber, et que des femmes ont ralliées par leur fermeté et par leurs prières : elles les arrêtèrent en leur présentant leurs poitrines et en leur faisant envisager la captivité qui les menaçait, et qu'ils redoutent plus vivement pour leurs épouses que pour eux-mêmes; aussi, afin de mieux nous assurer de la foi de leurs cités, nous exigeons plusieurs de leurs filles nobles parmi les ôtages. Ils croient même qu'il est dans ce sexe quelque chose de sacré et de prophétique; ils n'en dédaignent point les avis, et en acceptent les prédictions. Nous avons vu, sous l'empereur Vespasien, Véléda honorée par la plupart de ces peuples comme un être divin; ils ont aussi jadis porté une grande vénération à Aurinia et à quelques autres femmes; mais ce culte était sans adulation, et non pas adressé à des déesses créées par eux-mêmes.

IX. De tous leurs dieux, celui qu'ils honorent le plus est Mercure, et ils ne craignent pas, à certains jours, de lui immoler des victimes humaines. Ils apaisent Hercule et Mars par des offrandes d'animaux : une partie des Suèves sacrifie aussi à Isis. D'où vient ce culte étranger? je l'ignore : mais peut-être la statue même de la déesse, figurée en forme de vaisseau, indique-t-elle que cette religion fut transportée chez eux. Du reste, ils pensent que, par respect pour la majesté des dieux, on ne doit ni les enfermer entre des murs, ni les représenter sous aucune espèce de forme humaine; ils consacrent des bois et des forêts entières, et donnent des noms de divinités à ces profondeurs mystérieuses, où ils adorent ce que leurs yeux ne voient pas.

X. Quant aux auspices et à la divination, ils s'y mon-

Sortium consuetudo simplex : virgam, frugiferæ arbori decisam, in surculos amputant, eosque, notis quibusdam discretos, super candidam vestem temere ac fortuito spargunt : mox, si publice consulatur, sacerdos civitatis, sin privatim, ipse paterfamiliæ, precatus deos, cœlumque suspiciens, ter singulos tollit; sublatos, secundum impressam ante notam, interpretatur. Si prohibuerunt, nulla, de eadem re, in eumdem diem, consulatio; sin permissum, auspiciorum adhuc fides exigitur. Et illud quidem etiam hic notum, avium voces volatusque interrogare; proprium gentis, equorum quoque præsagia ac monitus experiri : publice aluntur iisdem nemoribus ac lucis, candidi, et nullo mortali opere contacti; quos pressos sacro curru sacerdos, ac rex, vel princeps civitatis, comitantur, hinnitusque ac fremitus observant. Nec ulli auspicio major fides, non solum apud plebem, sed apud proceres, apud sacerdotes : se enim ministros deorum, illos conscios putant. Est et alia observatio auspiciorum, qua gravium bellorum eventus explorant : ejus gentis, cum qua bellum est, captivum, quoquo modo interceptum, cum electo popularium suorum, patriis quemque armis, committunt : victoria hujus, vel illius, pro præjudicio accipitur.

trent des plus superstitieux. Pour consulter le sort, leur méthode est simple : ils détachent une baguette d'arbre à fruit, la divisent en morceaux qu'ils distinguent par certaines marques; puis ils les jettent pêle-mêle et au hasard sur une toile blanche; ensuite, lorsqu'il s'agit d'affaire publique, le prêtre de la cité, ou de particulière, le père de famille, invoquant les dieux et regardant le ciel, lève trois fois chaque morceau, et, d'après les marques faites précédemment, en donne l'explication. Est-elle défavorable, plus de consultation sur cette affaire durant la même journée; est-elle propice, la confirmation des augures est encore indispensable, car là aussi on sait interpréter les cris et le vol des oiseaux. Ce qui est particulier à cette nation, c'est l'usage de tirer de leurs chevaux, des présages et des avertissemens. On nourrit à frais publics, dans ces mêmes forêts et dans ces bois sacrés, des chevaux blancs qu'aucun travail profane n'a assujettis; on les attèle au char du dieu; le prêtre et le roi, ou le chef de la cité, les accompagnent et observent leurs hennissemens et leurs frémissemens. Aucun auspice n'a un plus grand crédit, non-seulement auprès du peuple, mais auprès des grands et même des pontifes; car ces derniers se regardent comme les ministres des dieux, et ils croient que ces animaux en sont les véritables interprètes. Ils ont aussi une autre manière de prendre les auspices, lorsqu'ils cherchent à connaître le résultat de guerres importantes : un captif de la nation avec laquelle on doit combattre, pris d'une manière quelconque, et un guerrier choisi parmi leurs peuples, sont mis aux prises, chacun avec les armes de son pays; la victoire de l'un ou de l'autre est acceptée comme pronostic.

XI. De minoribus rebus principes consultant, de majoribus omnes; ita tamen, ut ea quoque, quorum penes plebem arbitrium est, apud principes prætractentur. Coeunt, nisi quid fortuitum et subitum inciderit, certis diebus, quum aut inchoatur luna, aut impletur : nam agendis rebus hoc auspicatissimum initium credunt. Nec dierum numerum, ut nos, sed noctium computant. Sic constituunt, sic condicunt : nox ducere diem videtur. Illud ex libertate vitium, quod non simul, nec ut jussi conveniunt, sed et alter, et tertius dies cunctatione coeuntium absumitur. Ut turba placuit, considunt armati. Silentium per sacerdotes, quibus tum et coercendi jus est, imperatur. Mox rex, vel princeps, prout ætas cuique, prout nobilitas, prout decus bellorum, prout facundia est, audiuntur, auctoritate suadendi magis, quam jubendi potestate. Si displicuit sententia, fremitu aspernantur; sin placuit, frameas concutiunt. Honoratissimum assensus genus est armis laudare.

XII. Licet apud concilium accusare quoque, et discrimen capitis intendere. Distinctio pœnarum ex delicto : proditores et transfugas arboribus suspendunt; ignavos, et imbelles, et corpore infames, cœno ac palude, injecta insuper crate, mergunt. Diversitas supplicii illuc respicit, tanquam scelera ostendi oporteat,

XI. Les chefs délibèrent sur les affaires peu importantes, la nation entière sur les grandes; toutefois les affaires même dont la décision appartient au peuple sont d'abord discutées par les chefs. Ils s'assemblent, à moins de cas fortuits et soudains, à des jours déterminés, lorsque la lune est nouvelle, ou lorsqu'elle est dans son plein ; car, pour traiter les affaires, ils croient ces époques du plus heureux augure. Ils ne comptent point comme nous par jours, mais par le nombre des nuits : c'est ainsi qu'ils fixent les dates et les transactions; chez eux, c'est la nuit qui semble amener le jour. L'un des inconvéniens de leur liberté est qu'ils n'arrivent point à la fois, comme s'ils craignaient de paraître obéir ; deux et trois jours sont perdus par leur lenteur à se réunir. Dès que l'assemblée paraît assez nombreuse, ils prennent place tout armés. Le silence est d'abord commandé par les pontifes, qui alors ont le droit de maintenir l'ordre : puis le roi ou le chef de la cité, suivant son âge, sa noblesse, l'éclat de ses exploits, son éloquence, se fait écouter plutôt par l'ascendant de la persuasion que par la puissance du commandement. Si la proposition déplaît, ils la rejettent par des murmures; si elle est agréée, ils agitent leurs framées : applaudir avec les armes est leur plus honorable témoignage d'assentiment.

XII. On peut aussi porter devant ces assemblées les accusations et les affaires criminelles. La peine varie suivant le délit; les traîtres et les transfuges sont pendus à des arbres; les lâches, les poltrons, les infâmes prostitués sont plongés dans la fange d'un bourbier; une claie est jetée par dessus. Montrer les crimes subissant leur supplice, mais ensevelir à jamais les infamies, est le but de cette diversité de peines. Quant aux délits plus

dum puniuntur, flagitia abscondi. Sed et levioribus delictis, pro modo, pœna : equorum pecorumque numero convicti multantur : pars multæ regi, vel civitati, pars ipsi qui vindicatur, vel propinquis ejus exsolvitur. Eliguntur in iisdem conciliis et principes, qui jura per pagos vicosque reddunt. Centeni singulis ex plebe comites, consilium simul et auctoritas, adsunt.

XIII. Nihil autem neque publicæ neque privatæ rei, nisi armati agunt. Sed arma sumere non ante cuiquam moris, quam civitas suffecturum probaverit. Tum in ipso concilio, vel principum aliquis, vel pater, vel propinquus, scuto frameaque juvenem ornant : hæc apud illos toga, hic primus juventæ honos : ante domus pars videntur, mox reipublicæ. Insignis nobilitas, aut magna patrum merita, principis dignationem etiam adolescentulis adsignant. Ceteri robustioribus ac jam pridem probatis aggregantur : nec rubor inter comites adspici. Gradus quinetiam et ipse comitatus habet, judicio ejus, quem sectantur : magnaque et comitum æmulatio, quibus primus apud principem suum locus; et principum, cui plurimi et acerrimi comites. Hæc dignitas, hæ vires, magno semper electorum juvenum globo circumdari, in pace decus, in bello præsidium. Nec solum in sua gente cuique, sed apud finitimas quoque civitates id nomen, ea gloria est, si numero ac virtute comitatus emineat:

légers, ils sont punis par de moindres châtimens : les coupables payent une amende en chevaux ou en troupeaux ; une partie est livrée au roi ou à la cité, l'autre au plaignant ou à ses proches. On choisit en ces mêmes assemblées des chefs qui rendent la justice dans les cantons et dans les bourgades ; on adjoint à chacun d'eux cent assesseurs tirés du peuple, pour former leur conseil, et pour ajouter à leur autorité.

XIII. Ils ne traitent nulle affaire ni publique ni particulière, sans être armés ; mais aucun ne porte les armes avant que la cité l'en ait reconnu digne : c'est dans leurs assemblées mêmes que l'un des chefs, ou le père du jeune candidat, ou un parent, le décore du bouclier et de la framée. C'est là leur robe virile ; c'est là le premier honneur de la jeunesse : jusque-là on n'est que membre d'une famille, désormais on fait partie de l'état. Une haute naissance, les services signalés des parens, donnent la dignité de chefs, même à des enfans : quant aux autres, ils vont servir de cortège à des chefs déjà dans la force de l'âge et d'une valeur éprouvée ; ils ne rougissent pas de s'attacher à la suite d'autres guerriers ; cette place a même divers grades dont est juge celui qu'ils entourent. Ces compagnons d'armes ou *comtes* mettent une grande émulation à tenir le premier rang auprès de leur chef ou *duc*, et les ducs à avoir le plus grand nombre de comtes et les plus ardens aux combats : leur dignité, leur force, est d'être toujours entourés d'un essaim d'une jeunesse d'élite ; durant la paix c'est leur honneur, durant la guerre leur sûreté. Ces ducs obtiennent un renom et une grande gloire, non-seulement dans leur propre nation, mais même

expetuntur enim legationibus, et muneribus ornantur, et ipsa plerumque fama bella profligant.

XIV. Quum ventum in aciem, turpe principi virtute vinci; turpe comitatui virtutem principis non adæquare. Jam vero infame in omnem vitam ac probrosum, superstitem principi suo ex acie recessisse. Illum defendere, tueri, sua quoque fortia facta gloriæ ejus adsignare, præcipuum sacramentum est. Principes pro victoria pugnant; comites pro principe. Si civitas, in qua orti sunt, longa pace et otio torpeat, plerique nobilium adolescentium petunt ultro eas nationes quæ tum bellum aliquod gerunt; quia et ingrata genti quies, et facilius inter ancipitia clarescunt, magnumque comitatum non nisi vi belloque tueare : exigunt enim principis sui liberalitate illum bellatorem equum, illam cruentam victricemque frameam : nam epulæ, et quamquam incompti, largi tamen apparatus, pro stipendio cedunt. Materia munificentiæ per bella et raptus. Nec arare terram, aut exspectare annum, tam facile persuaseris, quam vocare hostes et vulnera mereri : pigrum quinimmo et iners videtur sudore adquirere, quod possis sanguine parare.

XV. Quotiens bella non ineunt, multum venatibus,

auprès des cités voisines, lorsqu'ils ont une suite qui se distingue et par sa valeur et par son nombre ; ils sont alors recherchés par des ambassades, comblés de présens, et leur renommée seule a souvent terminé des guerres.

XIV. Lorsqu'on en vient aux mains, il serait honteux au duc de le céder en courage à ses comtes, honteux aux comtes de ne pas égaler le courage de leur duc ; ce serait surtout une infamie et un opprobre pour toute leur vie de sortir du combat en survivant à leur duc. Le défendre, le protéger, consacrer à sa gloire leurs propres exploits, est le premier de leurs sermens. Les ducs combattent pour la victoire, les comtes pour le duc. Si la cité qui les a vus naître languit dans l'inaction d'une longue paix, la plupart de ces nobles jeunes gens vont chercher d'eux-mêmes les nations qui sont en guerre ; tant le repos leur est pénible ! D'ailleurs, au milieu des hasards ils ont plus d'occasions de s'illustrer, et ces chefs ne peuvent attacher tant de guerriers à leur suite sans pillage et sans guerre. Ils réclament en effet de la libéralité de leur duc leur cheval de bataille, cette framée sanglante et victorieuse : sa table, et des festins abondans, quoique sans délicatesse, leur tiennent lieu de solde. La guerre et les rapines fournissent à ces dépenses : ils préfèrent appeler les combats et s'exposer aux blessures, que labourer la terre et attendre les récoltes. Bien plus, il leur semblerait lâche et honteux d'acquérir par la sueur ce qu'on peut obtenir par le sang.

XV. Tout le temps qu'ils ne sont pas en guerre, ils

plus per otium transigunt, dediti somno ciboque. Fortissimus quisque ac bellicosissimus nihil agens, delegata domus et penatium et agrorum cura feminis senibusque et infirmissimo cuique ex familia, ipsi hebent; mira diversitate naturæ, quum iidem homines sic ament inertiam, et oderint quietem. Mos est civitatibus ultro ac viritim conferre principibus, vel armentorum, vel frugum, quod pro honore acceptum, etiam necessitatibus subvenit. Gaudent præcipue finitimarum gentium donis, quæ non modo a singulis, sed publice mittuntur; electi equi, magna arma, phaleræ, torquesque. Jam et pecuniam accipere docuimus.

XVI. Nullas Germanorum populis urbes habitari, satis notum est; ne pati quidem inter se junctas sedes. Colunt discreti ac diversi, ut fons, ut campus, ut nemus placuit. Vicos locant, non in nostrum morem, connexis et cohærentibus ædificiis: suam quisque domum spatio circumdat, sive adversus casus ignis remedium, sive inscitia ædificandi. Ne cæmentorum quidem apud illos, aut tegularum usus: materia ad omnia utuntur informi, et citra speciem, aut delectationem. Quædam loca diligentius inlinunt terra, ita pura ac splendente, ut picturam ac lineamenta colorum imitetur. Solent et subterraneos specus aperire, eosque multo insuper fimo onerant, suffugium hiemi et receptaculum frugibus;

le passent à la chasse, mais plus souvent dans l'oisiveté, s'abandonnant au sommeil ou aux excès de table. Les plus vaillans, les plus belliqueux, devenus inactifs et laissant les soins de la maison, des pénates et des champs aux femmes, aux vieillards, aux êtres les plus faibles de la famille, semblent frappés d'engourdissement : étrange contradiction de caractère! les mêmes hommes se plaire dans l'inertie, et haïr le repos. Les cités ont l'usage de fournir spontanément et par tête à leurs ducs du bétail et des grains. Ces dons, reçus comme honneur, sont des subsides pour leurs besoins : ils se glorifient surtout des présens des nations voisines, qui leur sont offerts par des particuliers, ou au nom même des cités : ce sont des chevaux de choix, des armes proportionnées à leur grande stature, des housses et des colliers : déjà aussi nous leur avons appris à recevoir de l'argent.

XVI. Il est assez connu que les peuples germains n'habitent point de villes, et qu'ils ne souffrent pas même que leurs demeures soient contiguës entre elles. Ils vivent isolés et dispersés aux lieux où une fontaine, une prairie, un bois les a charmés. Ils forment leurs villages, non pas à notre manière, par des maisons réunies et jointes entre elles; chacun entoure son habitation d'un certain espace, soit pour se préserver des communications d'un incendie, soit par ignorance de l'art de contruire. Ils ne font usage ni des cimens ni des tuiles : leurs matériaux sont toujours bruts : rien n'est donné à la décoration ni à l'agrément. Quelques parties seulement sont enduites avec plus de soin d'une terre si pure et si brillante, qu'on la dirait peinte et nuancée de couleurs. Ils ont aussi coutume de se creuser des cavernes souterraines, qu'ils couvrent de monceaux

quia rigorem frigorum ejusmodi locis molliunt; et, si quando hostis advenit, aperta populatur; abdita autem et defossa, aut ignorantur, aut eo ipso fallunt, quod quærenda sunt.

XVII. Tegumen omnibus sagum, fibula, aut, si desit, spina consertum : cetera intecti, totos dies juxta focum atque ignem agunt. Locupletissimi veste distinguuntur, non fluitante, sicut Sarmatæ ac Parthi, sed stricta et singulos artus exprimente. Gerunt et ferarum pelles, proximi ripæ negligenter, ulteriores exquisitius, ut quibus nullus per commercia cultus. Eligunt feras, et detracta velamina spargunt maculis pellibusque belluarum, quas exterior Oceanus, atque ignotum mare gignit.

Nec alius feminis quam viris habitus, nisi quod feminæ sæpius lineis amictibus velantur, eosque purpura variant, partemque vestitus superioris in manicas non extendunt, nudæ brachia ac lacertos; sed et proxima pars pectoris patet.

XVIII. Quamquam severa illic matrimonia; nec ullam morum partem magis laudaveris : nam prope soli barbarorum singulis uxoribus contenti sunt, exceptis admodum paucis, qui non libidine, sed ob nobilitatem, plurimis nuptiis ambiuntur.

de fumier : c'est un refuge contre l'hiver, c'est un lieu de dépôt pour leurs grains. Le froid n'y peut pénétrer; et si par hasard l'ennemi survient, il ravage le pays découvert; mais ces provisions cachées et enfouies, ou sont inaperçues, ou le déroutent par la nécessité de les chercher.

XVII. Le vêtement de tous est une saye fixée par une agrafe, ou, s'ils en manquent, par une épine; nus du reste, ils passent tout le jour près de leur foyer. Les plus riches se distinguent par un habillement qui ne flotte pas comme celui des Sarmates et des Parthes, mais qui est étroit et dessine toutes les formes. Ils se revêtent aussi de peaux des bêtes : les plus voisins du Rhin n'en font jamais une parure; mais les peuplades plus éloignées y apportent une sorte de recherche, ne pouvant se procurer par le commerce aucun autre vêtement. Ils font choix de certains animaux, en détachent les fourures, qu'ils parsèment de taches, et y fixent des portions de peaux de divers monstres marins que produit l'Océan ultérieur et une autre mer inconnue.

L'habillement des femmes est le même que celui des hommes; seulement les femmes se couvrent le plus souvent de manteaux de lin, variés d'un mélange de pourpre. La partie supérieure de leur vêtement n'a pas de manches, leurs bras sont nus jusqu'à l'épaule, et le haut de leur sein reste à découvert.

XVIII. Toutefois les unions sont chastes, et à cet égard leurs mœurs méritent les plus grands éloges : car ils sont presque les seuls de tous les barbares qui se contentent d'une seule épouse; à peine quelques-uns d'entre eux, non point par incontinence, mais pour augmenter leur noblesse, forment plusieurs alliances.

Dotem non uxor marito, sed uxori maritus offert. Intersunt parentes et propinqui, ac munera probant; munera non ad delicias muliebres quæsita, nec quibus nova nupta comatur; sed boves, et frenatum equum, et scutum cum framea gladioque. In hæc munera uxor accipitur, atque invicem ipsa armorum aliquid viro adfert. Hoc maximum vinculum, hæc arcana sacra, hos conjugales deos arbitrantur. Ne se mulier extra virtutum cogitationes, extraque bellorum casus putet, ipsis incipientis matrimonii auspiciis admonetur, venire se laborum periculorumque sociam, idem in pace, idem in prœlio passuram ausuramque : hoc juncti boves, hoc paratus equus, hoc data arma denuntiant, sic vivendum, sic pereundum; accipere se, quæ liberis inviolata ac digna reddat, quæ nurus accipiant, rursusque ad nepotes referant.

XIX. Ergo septæ pudicitia agunt, nullis spectaculorum inlecebris, nullis conviviorum inritationibus corruptæ. Litterarum secreta viri pariter ac feminæ ignorant. Paucissima in tam numerosa gente adulteria; quorum pœna præsens, et maritis permissa. Accisis crinibus, nudatam, coram propinquis expellit domo maritus, ac per omnem vicum verbere agit : publicatæ enim pudicitiæ nulla venia; non forma, non ætate, non opibus maritum invenerit. Nemo enim illic vitia

L'épouse n'apporte point de dot au mari, mais le mari à son épouse. Le père, la mère, et les proches, placés entre les époux, sont chargés d'agréer les présens de noces. Ces présens ne sont pas ces objets, délices de nos femmes, ni ces parures dont une nouvelle mariée se décore; c'est un couple de bœufs, un cheval avec son frein, un bouclier avec la framée et le glaive. Avec ces présens un époux est accepté, et l'épouse à son tour offre quelques armes à son mari. Tels sont les garans sacrés et mystérieux de leur union, tels sont leurs dieux d'hyménée, et pour que la femme ne se croie point étrangère aux idées de courage, étrangère même aux hasards des combats, ces auspices, sous lesquels commence son union, lui apprennent qu'elle vient s'associer aux travaux et aux périls; qu'elle doit, dans la paix, dans la guerre, souffrir et oser autant que son époux; ces bœufs unis, ce cheval équipé, ces armes offertes, lui annoncent qu'ainsi il lui faudra vivre, ainsi mourir; qu'elle reçoit ce dépôt pour le rendre sans tache à ses fils, et par eux à ses brus, qui le transmettront dignement à ses descendans.

XIX. Elles vivent donc environnées, protégées par la vertu; aucune des séductions de nos spectacles, aucune des sensualités de nos festins ne les corrompent. Hommes et femmes ignorent également le commerce mystérieux des lettres, et, dans une si nombreuse nation, il est très-peu d'adultères : la punition en est soudaine, et l'époux l'inflige lui-même : les cheveux coupés, nue, en présence des parens, la coupable est chassée de la maison par son mari, qui la conduit à travers toute la bourgade, en la frappant de verges. La femme dont la pudeur s'est prostituée n'obtient aucun pardon : ni

ridet; nec corrumpere et corrumpi sæculum vocatur. Melius quidem adhuc eæ civitates, in quibus tantum virgines nubunt, et cum spe votoque uxoris semel transigitur. Sic unum accipiunt maritum, quo modo unum corpus, unamque vitam, ne ulla cogitatio ultra, ne longior cupiditas, ne tamquam maritum, sed tamquam matrimonium, ament. Numerum liberorum finire, aut quemquam ex adgnatis necare, flagitium habetur : plusque ibi boni mores valent, quam alibi bonæ leges.

XX. In omni domo nudi ac sordidi, in hos artus, in hæc corpora, quæ miramur, excrescunt. Sua quemque mater uberibus alit, nec ancillis ac nutricibus delegantur. Dominum ac servum nullis educationis deliciis dignoscas. Inter eadem pecora, in eadem humo degunt, donec ætas separet ingenuos, virtus agnoscat. Sera juvenum Venus, eoque inexhausta pubertas: nec virgines festinantur; eadem juventa, similis proceritas; pares validæque miscentur; ac robora parentum liberi referunt. Sororum filiis idem apud avunculum, qui apud patrem honor. Quidam sanctiorem arctioremque hunc nexum sanguinis arbitrantur, et in accipiendis obsidibus magis exigunt, tamquam ii et animum firmius et domum latius teneant. Heredes tamen successores sui cuique liberi ; et nullum testamentum. Si liberi non sunt,

beauté, ni jeunesse, ni richesses ne lui feraient trouver un époux. Là personne ne rit des vices; corrompre et être corrompu ne s'appelle point vivre selon le siècle. Plus sages encore sont les cités où les veuves ne peuvent plus former d'union, et où l'espoir et le vœu d'être épouse ne sont permis qu'une seule fois : elles reçoivent alors un mari comme elles ont reçu un seul corps, une seule vie ; elles n'étendent au delà ni leur pensée ni leur désir ; l'homme auquel elles s'unissent n'est pas seulement pour elles un mari, il est le mariage tout entier. Limiter le nombre de ses enfans, faire périr les derniers, est un crime. Ainsi, là, de bonnes mœurs ont plus d'empire qu'ailleurs de bonnes lois.

XX. En toute maison les enfans croissent nus et dans la saleté : ainsi se forment ces membres, ces corps qui nous étonnent. Chaque mère nourrit son enfant de son lait, et ne le livre point à des servantes et à des nourrices. Le maître ne se distingue de l'esclave par aucune délicatesse d'éducation ; ils vivent ensemble, au milieu des mêmes troupeaux, sur la même terre, jusqu'à ce que l'âge sépare l'homme libre, et que la valeur le distingue. Les jeunes gens se livrent tard aux plaisirs de Vénus ; aussi leur puberté n'est pas épuisée. On ne hâte point non plus les mariages des filles : d'une même jeunesse, d'une même taille, égaux en santé et en vigueur, ils s'unissent et transmettent leurs forces à leurs enfans. Les fils des sœurs sont aussi chéris de leur oncle que de leur propre père ; on regarde même chez eux ce lien du sang comme plus sacré et plus étroit, et dans les ôtages on choisit préférablement les neveux, comme inspirant plus d'attachement dans les familles, par des liens plus étendus. Chacun, toutefois, a pour héritiers

proximus gradus in possessione fratres, patrui, avunculi. Quanto plus propinquorum, quo major adfinium numerus, tanto gratiosior senectus; nec ulla orbitatis pretia.

XXI. Suscipere tam inimicitias, seu patris, seu propinqui, quam amicitias necesse est : nec implacabiles durant. Luitur enim etiam homicidium certo armentorum ac pecorum numero, recipitque satisfactionem universa domus, utiliter in publicum, quia periculosiores sunt inimicitiæ juxta libertatem. Convictibus et hospitiis non alia gens effusius indulget. Quemcumque mortalium arcere tecto, nefas habetur : pro fortuna quisque apparatis epulis excipit. Quum defecere, qui modo hospes fuerat, monstrator hospitii et comes, proximam domum non invitati adeunt : nec interest; pari humanitate accipiuntur : notum ignotumque, quantum ad jus hospitii, nemo discernit : abeunti, si quid poposcerit, concedere moris : et poscendi invicem eadem facilitas. Gaudent muneribus; sed nec data imputant, nec acceptis obligantur : victus inter hospites comis.

XXII. Statim e somno, quem plerumque in diem extrahunt, lavantur, sæpius calida, ut apud quos plurimum hiems occupat. Lauti cibum capiunt; separatæ

et successeurs ses propres enfans ; jamais de testament : s'il n'y a point d'enfans, les plus proches degrés succèdent, les frères, les oncles paternels, maternels. Plus le nombre des parens, plus celui des alliés est grand, plus la vieillesse est honorée, et la privation de postérité n'y est pas mis en calcul.

XXI. Prendre part aux inimitiés d'un père ou d'un proche, aussi bien qu'à ses affections, est obligatoire ; mais les haines ne sont point implacables : l'homicide même est racheté par une certaine quantité de grand et de petit bétail : toute la famille accepte cette satisfaction ; usage utile au bien public, parce que les inimitiés sont d'autant plus terribles, qu'il y a plus de liberté. Aucune autre nation n'accueille ses convives et ses hôtes avec plus de générosité : fermer sa maison à une personne quelle qu'elle soit, est un crime. Chacun accueille, et prépare un repas, selon sa fortune ; et lorsque les provisions sont épuisées, celui qui, tout-à-l'heure, recevait, indique la maison voisine ; ils s'y rendent l'un et l'autre : ils entrent chez ce nouvel hôte sans invitation, peu importe ; ils sont reçus avec une égale bonté : connus, inconnus, sont, quant aux droits d'hospitalité, traités avec les mêmes égards. Si en partant vous avez demandé quelque chose à votre hôte, il est d'usage qu'il vous l'accorde ; et il demande à son tour avec la même facilité. Ils aiment les présens, mais ils ne croient pas, en les donnant, imposer des obligations, ni s'engager en les recevant. Leur hospitalité est pleine d'affabilité.

XXII. Sitôt qu'ils sont éveillés, et ils prolongent presque tous leur sommeil jusque dans le jour, ils se baignent le plus souvent à l'eau chaude, l'hiver ayant chez eux une longue durée. Après le bain, ils prennent

singulis sedes, et sua cuique mensa : tum ad negotia, nec minus saepe ad convivia, procedunt armati. Diem noctemque continuare potando, nulli probrum. Crebrae, ut inter vinolentos, rixae, raro conviciis, saepius caede et vulneribus transiguntur. Sed et de reconciliandis invicem inimicis, et jungendis adfinitatibus, et adsciscendis principibus, de pace denique ac bello, plerumque in conviviis consultant; tamquam nullo magis tempore, aut ad simplices cogitationes pateat animus, aut ad magnas incalescat. Gens non astuta, nec callida, aperit adhuc secreta pectoris licentia joci : ergo detecta et nuda omnium mens postera die retractatur, et salva utriusque temporis ratio est : deliberant, dum fingere nesciunt; constituunt, dum errare non possunt.

XXIII. Potui humor ex hordeo aut frumento, in quamdam similitudinem vini corruptus. Proximi ripae et vinum mercantur. Cibi simplices; agrestia poma, recens fera, aut lac concretum : sine apparatu, sine blandimentis, expellunt famem. Adversus sitim non eadem temperantia : si indulseris ebrietati, suggerendo quantum concupiscunt, haud minus facile vitiis, quam armis, vincentur.

XXIV. Genus spectaculorum unum, atque in omni coetu idem. Nudi juvenes, quibus id ludicrum est, inter

quelque nourriture ; chacun a sa place séparée, chacun a sa table. Ensuite ils se rendent à leurs affaires, et plus fréquemment à des festins, toujours armés : il n'est déshonorant pour personne d'y passer à boire tout le jour et toute la nuit. Les rixes, suites inévitables de l'ivresse, y sont fréquentes : il est rare qu'elles se terminent seulement par des invectives; c'est le plus souvent par des blessures et par des meurtres. Mais c'est aussi dans ces banquets qu'ils traitent des réconciliations, des alliances, de l'élection des chefs, de la paix et de la guerre; ils pensent qu'en aucun autre temps l'âme ne s'ouvre mieux à la franchise de la pensée, ou ne s'échauffe davantage pour les nobles idées. Ces hommes sincères et sans artifice épanchent, au milieu de la liberté joyeuse des festins, tous les secrets de leurs cœurs; alors les sentimens de tous se montrent à découvert et s'offrent sans voile. Le jour suivant leurs projets sont discutés de nouveau, et, dans l'une et l'autre circonstance, il y a sage discernement : ils ont délibéré, lorsqu'ils ne pouvaient feindre; ils résolvent, lorsque leur raison ne peut s'égarer.

XXIII. Leur boisson est une liqueur extraite de l'orge ou du blé, que la fermentation rapproche de nos vins. Les plus voisins du fleuve achètent même du vin. Leurs mets sont simples; des fruits sauvages, de la venaison nouvelle ou du lait caillé : ils apaisent leur faim sans apprêts et sans raffinement. Quant à la soif, ils sont moins tempérans : si l'on favorise leur ivrognerie, en y fournissant autant qu'ils le désirent, on les vaincra par les vices, non moins facilement que par les armes.

XXIV. Leur genre de spectacle est toujours le même dans toutes leurs réunions. Des jeunes gens nus se jet-

gladios se atque infestas frameas saltu jaciunt. Exercitatio artem paravit, ars decorem : non in quæstum tamen, aut mercedem; quamvis audacis lasciviæ pretium est, voluptas spectantium. Aleam (quod mirere) sobrii inter seria exercent, tanta lucrandi perdendive temeritate, ut, quum omnia defecerunt, extremo ac novissimo jactu, de libertate et de corpore contendant. Victus voluntariam servitutem adit; quamvis juvenior, quamvis robustior, alligari se ac venire patitur : ea est in re prava pervicacia; ipsi fidem vocant : servos conditionis hujus per commercia tradunt, ut se quoque pudore victoriæ exsolvant.

XXV. Ceteris servis, non in nostrum morem, descriptis per familiam ministeriis, utuntur. Suam quisque sedem, suos penates regit. Frumenti modum dominus, aut pecoris, aut vestis, ut colono, injungit; et servus hactenus paret. Cetera domus officia uxor ac liberi exsequuntur. Verberare servum, ac vinculis et opere coercere, rarum : occidere solent, non disciplina et severitate, sed impetu et ira, ut inimicum, nisi quod impune. Libertini non multum supra servos sunt; raro aliquod momentum in domo, nunquam in civitate; exceptis duntaxat iis gentibus, quæ regnantur. Ibi enim

tent en sautant au milieu des glaives et des framées menaçantes. Pour eux, c'est un jeu dont l'habitude a fait un art, et l'art a même donné des charmes et de l'élégance à ce spectacle, qui jamais n'a lieu pour aucun salaire ; il est toutefois un prix à leur adresse audacieuse, le plaisir des spectateurs. Mais ce qui étonne, c'est de les voir, étant à jeun, se livrer, comme à des affaires sérieuses, aux jeux de hasard, avec une ardeur si téméraire dans le gain et dans la perte, qu'après avoir tout perdu, ils en viennent à jouer, par un dernier coup, leur propre liberté et leurs personnes. Le vaincu subit cette servitude volontaire, et, quoique plus jeune, quoique plus robuste, se laisse garotter et vendre sans résistance : telle est, dans une chose si honteuse, leur résignation ; ils l'appellent bonne foi. Ils échangent promptement les esclaves obtenus par ce moyen, afin de s'affranchir sans doute de la honte d'une telle victoire.

XXV. Leurs autres esclaves ne servent pas comme les nôtres, avec des emplois distincts dans la maison. Chacun régit à son gré sa demeure, ses pénates : le maître exige seulement une certaine redevance en froment, en bétail ou en vêtement, comme d'un fermier, et la servitude ne va pas au delà. Quant aux détails de la maison, l'épouse et les enfans s'en chargent. Il est rare qu'ils frappent un esclave, qu'ils le punissent en le chargeant de liens ou par excès de travail ; s'ils en font périr, ce n'est point pour infliger un châtiment ou donner un exemple ; c'est par emportement et par fureur, comme s'ils tuaient un ennemi, à cette différence près, qu'ils le font impunément. Leurs affranchis ne sont guère au dessus des esclaves ; rarement ils ont quelque influence dans la maison ; jamais ils n'en ont dans la

et super ingenuos et super nobiles ascendunt : apud ceteros, impares libertini libertatis argumentum sunt.

XXVI. Fenus agitare, et in usuras extendere, ignotum, ideoque magis servatur, quam si vetitum esset. Agri, pro numero cultorum, ab universis in vices occupantur, quos mox inter se, secundum dignationem, partiuntur : facilitatem partiendi camporum spatia præstant. Arva per annos mutant; et superest ager : nec enim cum ubertate et amplitudine soli labore contendunt, ut pomaria conserant, et prata separent, et hortos rigent : sola terræ seges imperatur. Unde annum quoque ipsum non in totidem digerunt species : hiems, et ver, et æstas intellectum ac vocabula habent; autumni perinde nomen ac bona ignorantur.

XXVII. Funerum nulla ambitio : id solum observatur, ut corpora clarorum virorum certis lignis crementur. Struem rogi nec vestibus, nec odoribus, cumulant : sua cuique arma, quorumdam igni et equus adjicitur. Sepulcrum cespes erigit : monumentorum arduum et operosum honorem, ut gravem defunctis, adspernantur : lamenta ac lacrymas cito, dolorem et tristitiam tarde, ponunt : feminis lugere honestum est, viris meminisse.

cité, excepté toutefois chez celles de leurs nations qui obéissent à des rois : là, les affranchis s'élèvent au dessus des hommes libres et au dessus des nobles. Chez leurs autres peuples, la liberté se reconnaît à l'abaissement même des affranchis.

XXVI. On ne sait chez eux ni trafiquer de son argent, ni l'accroître par des usures, ignorance plus salutaire que des lois prohibitives. Leurs terres sont successivement occupées par tous, suivant le nombre des bras ; elles sont ensuite partagées selon les rangs. L'étendue de leur territoire offre la facilité de ces partages. Ils changent chaque année de terres, et ils en ont toujours de reste. Ils ne rivalisent point par le travail avec la fécondité et l'étendue du sol, et ne s'occupent ni de planter des vergers, ni d'enclore des prairies, ni d'arroser des jardins : ils ne demandent à la terre que du blé. Aussi ne divisent-ils pas l'année en autant de saisons que nous : ils ont distingué et nommé l'hiver, le printemps et l'été ; mais le nom et les fruits de l'automne leur sont également inconnus.

XXVII. Nul faste en leurs funérailles : seulement les corps des hommes les plus illustres sont brûlés avec des bois particuliers. Ils ne prodiguent sur le bûcher ni les riches étoffes ni les parfums : les armes du mort, quelquefois son cheval, sont brûlés avec lui ; un simple tertre de gazon marque le lieu du tombeau. Quant à tous ces honneurs de mausolées construits à grands frais, ils les dédaignent comme pesant aux morts : leurs lamentations, leurs pleurs cessent promptement ; tard, leurs regrets et leur douleur : aux femmes il convient de pleurer, aux hommes de se souvenir.

XXVIII. Hæc in commune de omnium Germanorum origine ac moribus accepimus : nunc singularum gentium instituta ritusque, quatenus differant; quæ nationes e Germania in Gallias commigraverint, expediam. Validiores olim Gallorum res fuisse, summus auctorum, D. Julius tradit; eoque credibile est etiam Gallos in Germaniam transgressos. Quantulum enim amnis obstabat, quo minus, ut quæque gens evaluerat, occuparet permutaretque sedes promiscuas adhuc, et nulla regnorum potentia divisas? Igitur inter Hercyniam silvam, Rhenumque et Mœnum amnes, Helvetii, ulteriora Boii, Gallica utraque gens, tenuere. Manet adhuc *Boihemi* nomen, significatque loci veterem memoriam, quamvis mutatis cultoribus. Sed utrum Aravisci in Pannoniam ab Osis, Germanorum natione, an Osi ab Araviscis in Germaniam, commigraverint, quum eodem adhuc sermone, institutis, moribus utantur, incertum est; quia, pari olim inopia ac libertate, eadem utriusque ripæ bona malaque erant. Treveri et Nervii circa affectationem Germanicæ originis ultro ambitiosi sunt, tamquam, per hanc gloriam sanguinis, a similitudine et inertia Gallorum separentur. Ipsam Rheni ripam haud dubie Germanorum populi colunt, Vangiones, Triboci, Nemetes : ne Ubii quidem, quamquam romana colonia esse meruerint, ac libentius *Agrippinenses*,

XXVIII. Voilà ce que j'ai appris touchant l'origine et les mœurs de toutes les nations germaniques en général ; maintenant je vais dire en quoi chacune d'elles diffère d'institutions et de coutumes, et quels furent ceux de leurs peuples qui ont passé de la Germanie dans les Gaules. Jules César, dont l'autorité est la plus imposante, rapporte que les Gaulois furent jadis plus puissans que les Germains; on pourrait en conclure que des Gaulois aussi ont passé autrefois en Germanie. Un fleuve n'était qu'un bien faible obstacle pour empêcher quelqu'une des nations gauloises, dès qu'elle avait accru ses forces, d'aller envahir et occuper des pays qui semblaient être du domaine commun et qu'aucune puissance ne s'était appropriés. Ainsi, entre la forêt d'Hercynie, le Rhin et le Mein, se sont établi les Helvétiens, et plus au delà les Boïens, deux peuples sortis de la Gaule. Le nom des Boïens se conserve encore dans celui de Bohème, qui rappelle le souvenir de cette ancienne émigration, quoique ce pays ait depuis changé d'habitans. Mais il serait difficile de décider si les Aravisces sont une colonie des Oses, nation germanique, venue dans la Pannonie, ou si les Oses sont des Aravisces passés dans la Germanie, parce que ces nations ont encore un langage, des institutions et des usages semblables. Jadis égaux en misère et en liberté, ces deux peuples n'avaient à trouver sur l'une ou l'autre rive du Danube que les mêmes biens, que les mêmes maux. Les Trévirs et les Nerviens mettent un certain orgueil à affecter l'origine germanique, afin, par cette alliance glorieuse, d'échapper au reproche de ressembler aux Gaulois, et d'avoir leur mollesse. Mais, sans nul doute, la rive du Rhin est toute couverte de peuples

conditoris suæ nomine, vocentur, origine erubescunt: transgressi olim, et experimento fidei super ipsam Rheni ripam collocati, ut arcerent, non ut custodirentur.

XXIX. Omnium harum gentium virtute præcipui Batavi, non multum ex ripa, sed insulam Rheni amnis, colunt; Cattorum quondam populus, et seditione domestica in eas sedes transgressus, in quibus pars romani imperii fierent. Manet honos antiquæ societatis insigne: nam nec tributis contemnuntur, nec publicanus adterit: exempti oneribus et collationibus, et tantum in usum prœliorum sepositi, velut tela atque arma, bellis reservantur. Est in eodem obsequio et Mattiacorum gens: protulit enim magnitudo populi romani ultra Rhenum, ultraque veteres terminos, imperii reverentiam. Ita sede finibusque in sua ripa, mente animoque nobiscum, agunt; cetera similes Batavis, nisi quod ipso adhuc terræ suæ solo et cœlo acrius animantur. Non numeraverim inter Germaniæ populos, quamquam trans Rhenum Danubiumque consederint, eos, qui decumates agros exercent. Levissimus quisque Gallorum, et inopia audax, dubiæ possessionis solum occupavere. Mox limite

germains; tels sont les Vangions, les Triboques, les Némètes. Les Ubiens eux-mêmes, quoiqu'ils aient mérité de former une colonie romaine, et qu'ils se nomment *Agrippiniens*, du nom de leur fondatrice, ne rougissent pas de leur première origine : après leur émigration, leur fidélité éprouvée les fit placer sur la rive même du Rhin, pour nous servir de rempart, et non pour être nos prisonniers.

XXIX. De toutes ces nations, la plus distinguée par son courage est celle des Bataves : ils s'étendent peu sur la rive du Rhin, mais ils en occupent une île. C'était autrefois une peuplade de Cattes, qui, à l'occasion d'une guerre intestine, passèrent dans ces cantons, où ils devaient un jour devenir partie de l'empire romain. L'honneur et la distinction de cette antique alliance leur sont conservés : en effet, ils ne sont ni avilis par les tributs, ni écrasés par nos percepteurs : exempts de charges et d'impôts, et seulement destinés aux combats, ils semblent des traits et des armes réservés pour nos guerres. Nous trouvons le même dévouement chez la nation des Mattiaques; car la grandeur du peuple romain a su se faire respecter et au delà du Rhin, et au delà des anciennes limites de son empire. La patrie de ces peuples, leur territoire est sur ces bords étrangers; leur âme, leur cœur est avec nous : du reste, ils sont semblables aux Bataves, si ce n'est que le climat et le sol leur ont donné une plus grande énergie. Je ne compterai point parmi les Germains, quoique établies au delà du Rhin et du Danube, les peuplades qui cultivent les champs décumates : ce furent des Gaulois vagabonds, audacieux par leur misère même, qui vinrent occuper ce territoire d'une possession douteuse.

acto, promotisque præsidiis, sinus imperii et pars provinciæ habentur.

XXX. Ultra hos, Catti initium sedis ab Hercynio saltu inchoant, non ita effusis ac palustribus locis, ut ceteræ civitates, in quas Germania patescit : durant siquidem colles, paullatimque rarescunt; et Cattos suos saltus Hercynius prosequitur simul, atque deponit. Duriora genti corpora, stricti artus, minax vultus, et major animi vigor. Multum, ut inter Germanos, rationis ac solertiæ : præponere electos, audire præpositos, nosse ordines, intelligere occasiones, differre impetus, disponere diem, vallare noctem, fortunam inter dubia, virtutem inter certa numerare; quodque rarissimum, nec nisi ratione disciplinæ concessum, plus reponere in duce, quam in exercitu. Omne robur in pedite, quem, super arma, ferramentis quoque et copiis onerant. Alios ad prœlium ire videas, Cattos ad bellum : rari excursus et fortuita pugna. Equestrium sane virium id proprium, cito parare victoriam, cito cedere : velocitas juxta formidinem, cunctatio propior constantiæ est.

XXXI. Et aliis Germanorum populis usurpatum rara et privata cujusque audentia, apud Cattos in consensum vertit, ut primum adoleverint, crinem barbamque sub-

Bientôt nos limites ayant été reculées, et nos présides s'étant avancés, ces nations se sont trouvées enclavées dans l'empire, et font ainsi partie d'une de nos provinces.

XXX. Plus loin sont les Cattes : leur territoire commence avec les hauteurs de la forêt d'Hercynie. Ce pays n'est point plat et marécageux comme la plupart des autres régions de la Germanie, qui s'étendent tout à découvert ; il y règne au contraire une chaîne de collines qui s'abaisse peu à peu ; la forêt suit fidèlement ses Cattes, et ne les quitte qu'à leurs frontières. Chez cette nation, les corps sont plus robustes, les membres nerveux, le visage fier, et l'âme pleine d'énergie. Ils ont, pour des Germains, beaucoup de raison et de sens ; ils savent se choisir des chefs, écouter leurs ordres, former des rangs, saisir les occasions, réserver leur impétuosité, se disposer le jour, se retrancher la nuit, se fier moins à la fortune, qui souvent nous abuse, qu'au courage, qui ne trompe jamais ; et, ce qui est très-rare, ce qui n'est dû qu'aux leçons de la discipline, ils comptent plus sur le génie de leur chef que sur le nombre des soldats. Toute leur force est en infanterie, qui, outre ses armes, porte encore des bagages et des provisions. Les autres peuplades paraissent marcher à un combat, les Cattes à la guerre. Peu d'excursions, peu d'attaques fortuites : car il n'appartient qu'aux forces de la cavalerie de décider rapidement ou la victoire ou la retraite. La précipitation est souvent près de la crainte ; une sage lenteur se rapproche plutôt du vrai courage.

XXXI. Un usage que la bravoure a fait adopter seulement à quelques individus parmi les autres nations germaniques, est généralement reçu chez les Cattes : il

mittere, nec, nisi hoste cæso, exuere votivum obliga-
tumque virtuti oris habitum. Super sanguinem et spo-
lia revelant frontem, seque tum demum pretia nascendi
retulisse, dignosque patria ac parentibus ferunt. Ignavis et imbellibus manet squalor. Fortissimus quisque
ferreum insuper annulum, ignominiosum id genti,
velut vinculum, gestat, donec se cæde hostis absolvat.
Plurimis Cattorum hic placet habitus; jamque canent
insignes, et hostibus simul suisque monstrati: omnium
penes hos initia pugnarum: hæc prima semper acies,
visu torva; nam ne in pace quidem vultu mitiore man-
suescunt. Nulli domus, aut ager, aut aliqua cura; prout
ad quemque venere, aluntur; prodigi alieni, contemp-
tores sui; donec exsanguis senectus tam duræ virtuti
impares faciat.

XXXII. Proximi Cattis certum jam alveo Rhenum,
quique terminus esse sufficiat, Usipii ac Tencteri, colunt. Tencteri super solitum bellorum decus, equestris
disciplinæ arte præcellunt: nec major apud Cattos peditum laus, quam Tencteris equitum. Sic instituere majores, posteri imitantur. Hi lusus infantium, hæc juve-

consiste, dès leur adolescence, à laisser croître leurs cheveux et leur barbe, et à ne quitter cet aspect farouche qu'après avoir immolé un ennemi, suivant l'obligation que s'impose leur courage. Ce n'est que sur son sang, sur ses dépouilles qu'ils se découvrent le front ; alors seulement ils croient avoir payé le prix de leur existence, alors ils peuvent se présenter dignes de la patrie et de leurs parens : les lâches et les timides restent cachés sous leur chevelure hideuse. Les plus courageux portent aussi un anneau de fer, signe d'ignominie chez cette nation ; c'est une sorte de chaîne qu'ils conservent jusqu'à ce qu'ils s'en soient délivrés par la mort d'un ennemi. Un grand nombre de Cattes adoptent cet usage. Ils blanchissent ainsi avec ces chaînes honorables, qui les désignent et à leurs ennemis et à leurs concitoyens ; c'est à eux qu'il appartient d'engager les combats : toujours ils forment le front de bataille, dont la vue frappe d'épouvante ; même durant la paix, leur physionomie n'est pas moins effrayante. Sans maison, sans champs, sans nul souci, nourris par le premier habitant auquel ils se présentent, prodigues du bien d'autrui, méprisant le leur, ils vivent de cette manière, jusqu'à ce que les glaces de la vieillesse les rendent incapables d'un courage aussi extraordinaire.

XXXII. Près des Cattes, sur les bords du Rhin, qui déjà est fixé dans son lit et suffit pour frontière, habitent les Tenctères et les Usipiens : les Tenctères, outre la gloire que donne la valeur, excellent dans l'art de combattre à cheval. Chez les Cattes, l'infanterie n'est pas plus renommée que ne l'est la cavalerie chez les Tenctères. Cet exemple donné par les ancêtres, s'est conservé chez les descendans : c'est l'amusement de

num æmulatio, perseverant senes : inter familiam, et penates, et jura successionum, equi traduntur; excipit filius, non, ut cetera, maximus natu, sed prout ferox bello, et melior.

XXXIII. Juxta Tencteros Bructeri olim occurrebant : nunc Chamavos et Angrivarios immigrasse narratur, pulsis Bructeris ac penitus excisis, vicinarum consensu nationum; seu superbiæ odio, seu prædæ dulcedine, seu favore quodam erga nos deorum; nam ne spectaculo quidem prœlii invidere : super LX millia, non armis telisque romanis, sed, quod magnificentius est, oblectationi oculisque ceciderunt. Maneat, quæso, duretque gentibus, si non amor nostri, at certe odium sui; quando, urgentibus imperii fatis, nihil jam præstare fortuna majus potest, quam hostium discordiam.

XXXIV. Angrivarios et Chamavos a tergo Dulgibini et Chasuari cludunt, aliæque gentes, haud perinde memoratæ. A fronte Frisii excipiunt : majoribus minoribusque Frisiis vocabulum est ex modo virium : utræque nationes usque ad Oceanum Rheno prætexuntur, ambiuntque immensos insuper lacus et romanis classibus navigatos. Ipsum quin etiam Oceanum illa tentavimus : et superesse adhuc Herculis columnas fama vulgavit; sive adiit Hercules; seu, quidquid ubique magnificum

l'enfance, la passion de la jeunesse, c'est encore l'exercice des vieillards. Les chevaux font partie de la succession, comme les esclaves et les maisons : celui qui les obtient n'est pas, ainsi que pour le reste, le fils le plus âgé ; c'est le plus intrépide au combat et le plus habile dans l'équitation.

XXXIII. Près des Tenctères, on trouvait jadis les Bructères, aujourd'hui les Chamaves et les Angrivariens venus, dit-on, s'établir sur leur territoire. Les Bructères furent chassés et entièrement massacrés par une ligue des nations voisines, soit en haine de leur orgueil, soit par appât du butin, soit par une faveur des dieux pour nous ; car ils nous firent même jouir du spectacle de ce combat : plus de soixante mille de ces barbares succombèrent, non pas sous les armes et sous les traits des Romains, mais, ce qui est plus admirable, devant nos propres yeux et pour notre seul plaisir. Puissent durer à jamais dans le cœur de ces nations, à défaut d'affection pour nous, ces haines contre elles-mêmes ! Car notre empire s'étant élevé au faîte de ses destinées, désormais la fortune ne peut rien nous offrir de plus que les discordes de nos ennemis.

XXXIV. Les Angrivariens et les Chamaves ont derrière eux les Dulgibins, les Chasuares et d'autres nations moins connues : devant, sont les Frisons, que l'on distingue en grands et en petits Frisons, d'après leurs forces. Ces deux peuplades sont bordées jusqu'à l'Océan par le Rhin : on trouve dans l'intérieur des lacs immenses où les flottes romaines ont navigué ; nous avons même tenté de pénétrer par là jusqu'à l'Océan. La renommée avait publié qu'il se trouvait de ce côté de nouvelles colonnes d'Hercule, soit qu'Hercule ait visité ces

est, in claritatem ejus referre consensimus. Nec defuit audentia Druso Germanico; sed *obstitit* Oceanus, in se simul, atque in Herculem inquiri. Mox nemo tentavit; sanctiusque ac reverentius visum, de actis Deorum credere, quam scire.

XXXV. Hactenus in Occidentem Germaniam novimus : in septemtrionem ingenti flexi redit; ac primo statim Chaucorum gens, quamquam incipiat a Frisiis, ac partem litoris occupet, omnium, quas exposui, gentium lateribus obtenditur, donec in Cattos usque sinuetur. Tam immensum terrarum spatium non tenent tantum Chauci, sed et implent. Populus inter Germanos nobilissimus, quique magnitudinem suam malit justitia tueri : sine cupiditate, sine impotentia, quieti secretique, nulla provocant bella, nullis raptibus, aut latrociniis populantur. Idque praecipuum virtutis ac virium argumentum est, quod, ut superiores agant, non per injurias adsequuntur. Prompta tamen omnibus arma, ac, si res poscat, exercitus : plurimum virorum equorumque; et quiescentibus eadem fama.

XXXVI. In latere Chaucorum Cattorumque Cherusci nimiam ac marcentem diu pacem inlacessiti nutrierunt : idque jucundius, quam tutius, fuit; quia inter impotentes et validos falso quiescas : ubi manu agitur, mo-

bords, ou que nous soyons convenus d'accroître sa célébrité des merveilles qui peuvent apparaître en tous lieux. L'audace ne manqua pas à Drusus le Germanique, mais l'Océan se refusa à ces recherches et sur lui et sur Hercule. Depuis, personne n'a fait de tentatives, et il a paru plus religieux et plus respectueux de croire aux actions des dieux que de les pénétrer.

XXXV. Jusqu'ici nous connaissons la Germanie à l'Occident : elle remonte vers le Nord par une longue sinuosité; et d'abord, se présente la nation des Chauques. Quoiqu'elle commence au territoire des Frisons et occupe une partie de la côte, elle se prolonge le long de toutes les peuplades que j'ai décrites, et s'enfonce par une sinuosité jusque dans le pays des Cattes. Cette nation, non-seulement possède, mais couvre une si prodigieuse étendue! Parmi les Germains, ce peuple est le plus illustre, et l'équité seule fut le soutien de sa grandeur. Sans cupidité, sans ambition, tranquille et renfermé dans ses frontières, il ne provoque aucune guerre, s'interdit toute dévastation et tout brigandage; et, ce qui prouve à la fois et sa vertu et sa puissance, c'est qu'il ne doit cette supériorité à aucune espèce d'injustice. Tous cependant sont prêts au combat, et si le besoin l'exige, une nombreuse armée va paraître; ils ont beaucoup de guerriers et de chevaux : et la paix n'affaiblit pas leur renommée.

XXXVI. A côté des Chauques et des Cattes, les Chérusques, sans ennemis, se sont assoupis trop long-temps au sein d'une paix funeste : ils y ont trouvé plus de charme que de sûreté; car, au milieu des ambitieux et des puissans, le repos est dangereux : la lutte engagée, les titres de modéré et de juste appartiennent au plus

destia ac probitas nomina superioris sunt. Ita, qui olim boni æquique Cherusci, nunc inertes ac stulti vocantur; Cattis victoribus fortuna in sapientiam cessit. Tracti ruina Cheruscorum et Fosi, contermina gens, adversarum rerum ex æquo socii, quum in secundis minores fuissent.

XXXVII. Eumdem Germaniæ sinum, proximi Oceano, Cimbri tenent, parva nunc civitas, sed gloria ingens; veterisque famæ lata vestigia manent; utraque ripa castra ac spatia, quorum ambitu, nunc quoque metiaris molem manusque gentis, et tam magni exercitus fidem. Sexcentesimum et quadragesimum annum urbs nostra agebat, quum primum Cimbrorum audita sunt arma, Cæcilio Metello ac Papirio Carbone coss. Ex quo si ad alterum imperatoris Trajani consulatum computemus, ducenti ferme et decem anni colliguntur: tamdiu Germania vincitur! Medio tam longi ævi spatio, multa invicem damna. Non Samnis, non Pœni, non Hispaniæ Galliæve, ne Parthi quidem sæpius admonuere: quippe regno Arsacis acrior est Germanorum libertas. Quid enim aliud nobis, quam cædem Crassi, amisso et ipso Pacoro, infra Ventidium dejectus Oriens objecerit? At Germani Carbone, et Cassio, et Scauro Aurelio, et Servilio Cæpione, Cn. quoque Manlio fusis, vel captis, quinque simul consulares exercitus populo romano, Va-

fort. Ainsi les Chérusques, autrefois estimés et honorés, ne sont plus appelés maintenant que lâches et stupides : la fortune, en donnant aux Cattes la victoire, les a fait passer pour habiles et prudens. Les Foses, nation limitrophe des Chérusques, entraînés dans leur ruine, partagent tout leur malheur, quoiqu'ils n'aient joui que d'une partie de leur prospérité.

XXXVII. Voisins de l'Océan, les Cimbres occupent ce même côté de la Germanie. Leur état est aujourd'hui resserré, mais sa renommée est immense : des traces de son ancienne gloire subsistent au loin ; ces camps, qui occupaient les deux rives d'un fleuve, ces vastes enceintes, qui prouvent encore aujourd'hui quel était le nombre prodigieux de ces peuples, quelles étaient leurs forces et leurs nombreuses armées. Rome comptait six cent quarante années d'existence, lorsque, pour la première fois, les armes des Cimbres retentirent jusqu'à nous ; Cécilius Metellus et Papirius Carbon étaient consuls. De cette époque au second consulat de l'empereur Trajan, nous trouvons un espace de près de deux cent dix années : que de temps pour vaincre la Germanie ! Et durant un si long période, que de désastres réciproques ! Ni les Samnites, ni les Carthaginois, ni les Espagnes, ni les Gaules, ni même les Parthes ne nous donnèrent plus souvent de justes alarmes : car la liberté germanique est plus redoutable que le trône des Arsacides ; et, en effet, excepté le massacre de Crassus, qu'aurait donc à nous opposer l'Orient, qui perdit son roi Pacorus, l'Orient foulé aux pieds de Ventidius ? Les Germains, après avoir mis en fuite ou fait prisonniers Carbon, Cassius, Scaurus, Cépion, Manlius, enlevèrent avec eux au peuple romain cinq armées consulaires,

rum, tresque cum eo legiones, etiam Cæsari abstulerunt : nec impune C. Marius in Italia, D. Julius in Gallia, Drusus, ac Nero, et Germanicus in suis eos sedibus perculerunt. Mox ingentes C. Cæsaris minæ in ludibrium versæ. Inde otium, donec occasione discordiæ nostræ et civilium armorum, expugnatis legionum hibernis, etiam Gallias affectavere : ac rursus pulsi inde, proximis temporibus triumphati magis quam victi sunt.

XXXVIII. Nunc de Suevis dicendum est, quorum non una, ut Cattorum Tenctererumve, gens : majorem enim Germaniæ partem obtinent, propriis adhuc nationibus nominibusque discreti, quamquam in commune Suevi vocentur. Insigne gentis obliquare crinem, nodoque substringere. Sic Suevi a ceteris Germanis, sic Suevorum ingenui a servis, separantur. In aliis gentibus, seu cognatione aliqua Suevorum, seu (quod sæpe accidit) imitatione, rarum, et intra juventæ spatium; apud Suevos, usque ad canitiem, horrentem capillum retro sequuntur, ac sæpe in solo vertice religant. Principes et ornatiorem habent : ea cura formæ, sed innoxia; neque enim ut ament amenturve; in altitudinem quamdam et terrorem, adituri bella, compti, ut hostium oculis, ornantur.

et à Auguste Varus et ses trois légions : et ce ne fut pas impunément que Marius dans l'Italie, César dans la Gaule, Drusus, Tibère et Germanicus sur leur propre territoire, parvinrent à les abattre et à les comprimer. Ensuite, toutes ces grandes menaces de guerre par Caligula ne furent, pour eux, qu'un objet de dérision : ils restèrent en repos jusqu'au moment où, profitant de nos troubles et de nos guerres civiles, et forçant nos camps d'hiver, ils prétendirent à la conquête des Gaules ; ils furent arrêtés de nouveau, et, de nos temps, on en a fait un triomphe, on ne les a pas vaincus.

XXXVIII. Maintenant je dois parler des Suèves : ils ne forment pas un seul peuple comme les Cattes et les Tenctères, car ils occupent la plus grande partie de la Germanie, sous des dénominations différentes, et sont divisés en peuplades particulières, quoique conservant en commun le nom de Suèves. Un usage particulier à ce peuple est de relever sa chevelure et de l'assujétir par un nœud ; c'est ainsi que les Suèves se distinguent des Germains, et, chez les Suèves, les hommes libres des esclaves. Si cet usage se retrouve chez d'autres peuples, il provient de quelque alliance avec les Suèves, ou, ce qui arrive souvent, en est seulement une imitation assez rare, et qui n'est guère permise qu'à des jeunes gens, tandis que les Suèves conservent jusqu'à la vieillesse la plus avancée et ramènent par-devant leurs cheveux hérissés : souvent ils les fixent ensemble au sommet de la tête ; leurs chefs y mettent plus d'art et de soins. Telle est l'unique recherche de leur parure, recherche innocente, et qui n'a pour but ni de charmer ni de séduire. De cette manière ils se grandissent et se donnent un air terrible lorsqu'ils marchent au combat ; ils ne se parent que pour les yeux de l'ennemi.

XXXIX. Vetustissimos se nobilissimosque Suevorum Semnones memorant. Fides antiquitatis religione firmatur. Stato tempore in silvam, auguriis patrum et prisca formidine sacram, omnes ejusdem sanguinis populi legationibus coeunt, cæsoque publice homine celebrant barbari ritus horrenda primordia. Est et alia luco reverentia. Nemo nisi vinculo ligatus ingreditur, ut minor, et potestatem Numinis præ se ferens: si forte prolapsus est, adtolli et insurgere haud licitum : per humum evolvuntur; eoque omnis superstitio respicit, tamquam inde initia gentis, ibi regnator omnium Deus, cetera subjecta atque parentia. Adjicit auctoritatem fortuna Semnonum, centum pagis habitantium; magnoque corpore efficitur, ut se Suevorum caput credant.

XL. Contra Langobardos paucitas nobilitat : plurimis ac valentissimis nationibus cincti, non per obsequium, sed præliis et periclitando tuti sunt. Reudigni deinde, et Aviones, et Angli, et Varini, et Eudoses, et Suardones, et Nuithones, fluminibus aut silvis muniuntur: nec quidquam notabile in singulis, nisi quod in commune Hertham, id est, Terram matrem, colunt, eamque intervenire rebus hominum, invehi populis, arbitrantur. Est in insula Oceani castum nemus,

XXXIX. Les Semnones se disent les plus anciens et les plus nobles des Suèves. La religion confirme cette antiquité. A une époque déterminée, dans une forêt consacrée par le culte de leurs aïeux et par une antique terreur, se rendent par députations toutes les peuplades du même sang : le sacrifice d'une victime humaine, immolée publiquement, y commence les horribles cérémonies de leur rite barbare. Ils vénèrent par d'autres pratiques encore ce bois sacré : personne n'y pénètre que chargé de liens, emblème de sa faiblesse et de la puissance du dieu. Si par hasard on vient à tomber, il n'est permis ni de se relever, ni même de se soulever ; on ne peut plus que se rouler à terre. Toute cette superstition a pour but de faire sentir que ce fut là le berceau de la nation, que là réside le dieu souverain de tous, et que le reste doit fléchir devant lui et se soumettre. La puissance des Semnones donne une nouvelle autorité à leurs prétentions ; ils occupent cent cantons, et cette masse d'états leur persuade qu'ils sont la tête de la nation des Suèves.

XL. Les Lombards, au contraire, ont trouvé leur gloire dans leur petit nombre : investis d'une foule de nations très-puissantes, c'est en cherchant les combats et les dangers, et non par la soumission, qu'ils assurent leur tranquillité. Après eux, on rencontre les Reudignes, puis les Aviones, les Angles, les Varins, les Eudoses, les Suardones et les Nuithones. Des fleuves et des forêts séparent ces peuples, qui n'offrent rien de remarquable que leur culte commun de la déesse Hertha, c'est-à-dire la Terre-Mère : ils pensent que cette divinité prend part aux choses humaines, et qu'elle vient même visiter les mortels. Au milieu d'une île de l'Océan, s'élève un bois

dicatumque in eo vehiculum, veste contectum : adtingere uni sacerdoti concessum. Is adesse penetrali Deam intelligit, vectamque bubus feminis multa cum veneratione prosequitur : læti tunc dies, festa loca, quæcunque adventu hospitioque dignatur. Non bella ineunt, non arma sumunt; clausum omne ferrum : pax et quies tunc tantum nota, tunc tantum amata, donec idem sacerdos satiatam conversatione mortalium Deam templo reddat : mox vehiculum et vestes, et, si credere velis, Numen ipsum secreto lacu abluitur : servi ministrant, quos statim idem lacus haurit : arcanus hinc terror, sanctaque ignorantia, quid sit illud, quod tantum perituri vident.

XLI. Et hæc quidem pars Suevorum in secretiora Germaniæ porrigitur. Propior (ut, quo modo paullo ante Rhenum, sic nunc Danubium sequar), Hermundurorum civitas, fida Romanis, eoque solis Germanorum non in ripa commercium, sed penitus, atque in splendidissima Rhætiæ provinciæ colonia : passim et sine custode transeunt ; et, quum ceteris gentibus arma modo castraque nostra ostendamus, his domos villasque patefecimus, non concupiscentibus. In Hermunduris Albis oritur, flumen inclytum et notum olim; nunc tantum auditur.

sacré : un char couvert d'un voile y est dédié à la déesse ; le pontife seul a le droit d'y toucher. Il sait quand la déesse est présente au sanctuaire ; elle en sort traînée par des génisses ; le pontife la suit dans un profond recueillement. Partout alors ce sont des jours de réjouissances ; les fêtes règnent aux lieux que la divinité honore de sa présence et de son séjour. On n'entreprend point de guerres, on quitte les armes, tout fer est caché ; alors seulement on connaît, alors seulement on chérit la paix et le repos, jusqu'au moment où le pontife ramène dans le temple la déesse, fatiguée de sa résidence chez les mortels. Ensuite le char et le voile, et, si vous voulez le croire, la déesse elle-même, sont baignés dans un lac écarté. Des esclaves sont employés à cet office, et aussitôt après le même lac les engloutit. De là cette terreur secrète et cette ignorance religieuse sur des mystères qu'on ne peut pénétrer qu'en y trouvant la mort.

XLI. Cette partie de la Suévie s'étend aux contrées les plus reculées de la Germanie. Maintenant, ainsi que précédemment j'ai suivi le cours du Rhin, je vais suivre celui du Danube. Près de notre frontière, on rencontre les Hermondures, fidèles alliés des Romains ; aussi, non-seulement, comme les autres Germains, ils commercent avec nous sur la rive, mais ils peuvent librement, et sans gardes, pénétrer dans l'intérieur, jusqu'à la colonie la plus florissante de la Rhétie. Nous ne montrons aux autres nations que nos armes et nos camps ; mais nous ouvrons à ces peuples nos maisons de ville et de campagne, et ils n'y portent aucune envie. Chez les Hermondures, prend sa source l'Elbe, fleuve célèbre et jadis connu de nos soldats : aujourd'hui on en entend seulement parler.

XLII. Juxta Hermunduros Narisci, ac deinde Marcomanni, et Quadi agunt. Præcipua Marcomannorum gloria viresque, atque ipsa etiam sedes, pulsis olim Boiis, virtuti parta. Nec Narisci Quadive degenerant; eaque Germaniæ velut frons est, quatenus Danubio protegitur. Marcomannis Quadisque usque ad nostram memoriam reges manserunt ex gente ipsorum, nobile Marobodui et Tudri genus : jam et externos patiuntur. Sed vis et potentia regibus ex auctoritate romana : raro armis nostris, sæpius pecunia, juvantur.

XLIII. Nec minus valent retro Marsigni, Gothini, Osi, Burii; terga Marcomannorum Quadorumque claudunt : e quibus Marsigni, et Burii sermone cultuque Suevos referunt. Gothinos Gallica, Osos Pannonica lingua, coarguit non esse Germanos, et quod tributa patiuntur; partem tributorum Sarmatæ, partem Quadi, ut alienigenis, imponunt. Gothini, quo magis pudeat, et ferrum effodiunt : omnesque hi populi pauca campestrium, ceterum saltus et vertices montium jugumque, insederunt. Dirimit enim scinditque Sueviam continuum montium jugum, ultra quod plurimæ gentes agunt : ex quibus latissime patet Lygiorum nomen in plures civitates diffusum. Valentissimas nominasse sufficiet, Arios, Helveconas, Manimos, Elysios, Naharvalos. Apud Na-

XLII. Près des Hermondures sont les Narisques ; viennent ensuite les Marcomans, puis les Quades. Les Marcomans sont les plus renommés et les plus puissans, et le territoire même qu'ils occupent, ils l'ont conquis par leur courage : ils en chassèrent les Boïens. Les Narisques et les Quades ne leur cèdent guère : c'est là comme le front de la Germanie, du côté où elle est bordée par le Danube. Les Marcomans et les Quades furent gouvernés par des rois tirés jusqu'à nos jours de leur propre nation, et issus de la noble race de Maroboduus et de Tuder ; mais déjà ils en souffrent d'étrangers, et même la force, la puissance de ces rois dépend de l'autorité romaine. Rarement nous les aidons de nos armes, plus souvent de notre or.

XLIII. Derrière eux se trouvent des peuplades non moins considérables, les Marsignes, les Gothins, les Oses, les Buriens : ils sont adossés aux Marcomans et aux Quades. Parmi ces peuples, les Marsignes et les Buriens, par leur langage et leur coiffure, rappellent les Suèves. Les Gothins parlent le gaulois, les Oses le pannonien ; ils payent des tributs, preuves qu'ils ne sont pas Germains. Une partie de ces tributs leur est imposée par les Sarmates, une partie par les Quades, qui les regardent comme des étrangers. Les Gothins, pour surcroît de honte, sont même assujétis aux travaux des mines. Tous ces peuples habitent peu les plaines, ils se sont en général fixés dans les bois, au sommet et sur le penchant des montagnes. La Suévie est en effet divisée et coupée par une chaîne continue de montagnes, au delà desquelles habitent plusieurs nations : celle qui s'étend le plus au loin est celle des Lygiens, qui, sous le même nom, comprend beaucoup de peuplades : il

harvalos antiquæ religionis lucus ostenditur. Præsidet sacerdos muliebri ornatu : sed Deos, interpretatione romana, Castorem Pollucemque memorant; ea vis numini, nomen Alcis. Nulla simulacra, nullum peregrinæ superstitionis vestigium; ut fratres tamen, ut juvenes, venerantur. Ceterum Arii super vires, quibus enumeratos paullo ante populos antecedunt, truces, insitæ feritati arte ac tempore lenocinantur : nigra scuta, tincta corpora; atras ad prœlia noctes legunt : ipsaque formidine atque umbra feralis exercitus, terrorem inferunt, nullo hostium sustinente novum ac velut infernum adspectum; nam primi in omnibus prœliis oculi vincuntur. Trans Lygios Gothones regnantur, paullo jam adductius, quam ceteræ Germanorum gentes; nondum tamen supra libertatem. Protinus deinde ab Oceano Rugii, et Lemovii : omniumque harum gentium insigne, rotunda scuta, breves gladii, et erga reges obsequium.

XLIV. Suionum hinc civitates, ipso in Oceano, præter viros armaque classibus valent : forma navium eo differt, quod utrimque prora paratam semper appulsui frontem agit : nec velis ministrant, nec remos in ordinem lateribus adjungunt; solutum, ut in quibusdam flu-

suffira de nommer les plus considérables, les Aries, les Helvécones, les Manimes, les Élysiens et les Naharvales. Chez les Naharvales on montre un bois consacré par leur culte depuis une haute antiquité : le prêtre auquel la garde en est confiée est en habit de femme. Les Romains ont cru voir dans les divinités de ce bois Castor et Pollux ; mêmes attributs ; leur nom est Alcis. Nul simulacre, nul vestige d'une religion étrangère ; cependant ces divinités sont adorées comme deux frères, comme deux adolescens. Les Aries, supérieurs en forces à tous les peuples que je viens de nommer, ont de plus un aspect farouche ; ils ajoutent encore à leur férocité naturelle par l'art et le choix des momens : ils teignent en noir leurs boucliers et tout leur corps ; ils attendent pour combattre les nuits les plus obscures : l'aspect affreux de cette sombre et lugubre armée imprime la terreur ; il n'est point d'ennemi qui résiste à ce spectacle nouveau et pour ainsi dire infernal ; car dans les combats les yeux sont toujours les premiers vaincus. Au delà des Lygiens sont les Gothones, chez qui les rois ont un pouvoir plus absolu que dans le reste de la Germanie, non cependant encore au détriment de toute liberté. Immédiatement après, le long de l'Océan, sont les Rugiens et les Lémoves. Toutes ces nations ont pour caractères distinctifs leurs boucliers ronds, leurs épées courtes et leur soumission entière à des rois.

XLIV. Plus loin, au sein même de l'Océan, sont les cités des Suiones, puissantes par leurs flottes, outre leurs armes et leurs guerriers. Leurs navires diffèrent des nôtres en ce que, au moyen des deux extrémités terminées en proues, ils sont toujours prêts à aborder. Ils ne se dirigent pas au moyen de voiles, et les rames

minum, et mutabile, ut res poscit, hinc vel illinc remigium. Est apud illos et opibus honos : eoque unus imperitat, nullis jam exceptionibus, non precario jure parendi : nec arma, ut apud ceteros Germanos, in promiscuo, sed clausa sub custode, et quidem servo, quia subitos hostium incursus prohibet Oceanus; otiosæ porro armatorum manus facile lasciviunt; enimvero neque nobilem, neque ingenuum, ne libertinum quidem, armis præponere, regia utilitas est.

XLV. Trans Suionas aliud mare, pigrum ac prope immotum, quo cingi claudique terrarum orbem hinc fides, quod extremus cadentis jam solis fulgor in ortus edurat adeo clarus, ut sidera hebetet; sonum insuper immergentis audiri, formasque equorum, et radios capitis adspici, persuasio adjicit. Illuc usque (et fama vera) tantum natura. Ergo jam dextro Suevici maris litore Æstyorum gentes adluuntur : quibus ritus habitusque Suevorum; lingua Britannicæ propior. Matrem deum venerantur : insigne superstitionis, formas aprorum gestant : id pro armis omnique tutela : securum Deæ cultorem etiam inter hostes præstat. Rarus ferri, frequens fustium usus. Frumenta ceterosque fructus patientius,

ne sont pas fixés par rangs dans les flancs du navire;
mais ils sont mobiles, ainsi qu'il est d'usage sur quelques-uns de nos fleuves, et l'on peut, selon l'occasion,
les placer et les déplacer. Chez eux les richesses sont en
honneur; aussi sont-ils soumis au gouvernement d'un
seul maître, dont le pouvoir sans limites, commande
une obligation absolue. Les armes n'y sont pas, comme
chez les autres Germains, confiées aux mains de tous,
mais elles restent enfermées sous la garde d'un seul
homme, et cet homme est un esclave; car l'Océan met
ce peuple à l'abri de toute invasion subite : d'ailleurs
on ne confie point sans danger des armes à des mains
oisives; il serait de plus contraire aux intérêts d'un despote d'en donner la garde à un noble, à un homme
libre, ou même à un affranchi.

XLV. Au delà des Suiones, il est une autre mer, dormante et presque immobile : on croit qu'elle entoure et
qu'elle ferme le cercle de la terre, parce que la dernière
clarté du soleil à son couchant se conserve, jusqu'à son
lever, assez vive pour effacer l'éclat des étoiles. La
crédulité ajoute que l'on entend le bruit de l'immersion
du dieu, que l'on distingue la forme de ses chevaux et
les rayons qui couronnent sa tête; mais ce qui est plus
vrai, c'est que là finit le monde. En revenant vers la
côte orientale de la mer Suévique, on trouve le pays
des Æstyens, baigné par ses flots : leurs usages et leurs
habillemens sont ceux des Suèves, leur langage plutôt
celui des Bretons. Ils adorent la mère des dieux : pour
marque de ce culte, ils portent des figures de sangliers; les adorateurs de la déesse n'ont pas d'autres
armes; elles suffisent à leur défense et à leur sûreté, au

quam pro solita Germanorum inertia, laborant. Sed et mare scrutantur, ac soli omnium succinum, quod ipsi *glesum* vocant, inter vada atque in ipso litore legunt: nec, quæ natura, quæve ratio gignat, ut barbaris, quæsitum compertumve: diu quin etiam inter cetera ejectamenta maris jacebat, donec luxuria nostra dedit nomen: ipsis in nullo usu: rude legitur, informe perfertur, pretiumque mirantes accipiunt. Succum tamen arborum esse intelligas, quia terrena quædam atque etiam volucria animalia plerumque interlucent, quæ implicata humore, mox, durescente materia, cluduntur. Fecundiora igitur nemora lucosque, sicut Orientis secretis, ubi thura balsamaque sudantur, ita Occidentis insulis terrisque inesse, crediderim; quæ vicini solis radiis expressa, atque liquentia in proximum mare labuntur, ac vi tempestatum in adversa litora exundant. Si naturam succini admoto igne tentes, in modum tedæ accenditur, alitque flammam pinguem et olentem: mox ut in picem resinamve lentescit. Suionibus Sitonum gentes continuantur; cetera similes, uno differunt, quod femina dominatur: in tantum non modo a libertate, sed etiam a servitute degenerant! Hic Sueviæ finis.

milieu même des ennemis : rarement ils sont armés de fer, mais le plus souvent de bâtons. Ils cultivent le blé et les autres productions de la terre avec plus de soins qu'on n'en attendrait de la paresse habituelle des Germains. Ils fouillent même la mer, et, seuls de tous ces peuples, ils recueillent, au milieu des bas-fonds, et sur le rivage, le succin, qu'ils nomment *gless*. Sa nature, la manière dont il se produit, n'ont été, chez des barbares, l'objet d'aucune recherche, d'aucune découverte ; long-temps même il resta confondu au milieu de tout ce que rejette la mer, jusqu'à ce que notre luxe lui eût donné une réputation. Il n'est d'aucun usage pour eux ; ils le recueillent brut, nous l'apportent sans le préparer, et s'étonnent du prix qu'ils en reçoivent. On doit croire cependant qu'il est le suc de quelques arbres, parce qu'on aperçoit, au travers, des insectes terrestres, et quelquefois même des insectes ailés : embarrassés d'abord dans cette matière lorsqu'elle est fluide, ils y restent enfermés lorsqu'elle est durcie. Je penserais donc que, pareilles à ces régions secrètes de l'Orient, dont les plantes distillent l'encens et les parfums, les îles et les contrées de l'Occident produisent des forêts et des arbres d'une trop vive fécondité, qui, s'échauffant aux rayons voisins du soleil, laissent couler dans la mer qu'ils bordent ces espèces de sucs, poussés ensuite par les vents vers les rives opposées. Si, pour reconnaître la nature du succin, vous l'approchez du feu, il s'allume comme un flambeau, et produit une flamme huileuse odoriférante ; puis il s'amollit comme de la poix ou de la résine. Après les Suiones viennent immédiatement les Sitones, qui leur ressemblent en tout, excepté qu'ils ont une femme pour souveraine, tant ils ont dé-

XLVI. Peucinorum, Venedorumque, et Fennorum nationes Germanis an Sarmatis adscribam, dubito: quamquam Peucini, quos quidam Bastarnas vocant, sermone, cultu, sede, ac domiciliis, ut Germani agunt: sordes omnium ac torpor procerum: connubiis mixtis, nonnihil in Sarmatarum habitum foedantur. Venedi multum ex moribus traxerunt: nam quicquid inter Peucinos Fennosque silvarum ac montium erigitur, latrociniis pererrant: hi tamen inter Germanos potius referuntur, quia et domos fingunt, et scuta gestant, et pedum usu ac pernicitate gaudent; quæ omnia diversa Sarmatis sunt, in plaustro equoque viventibus. Fennis mira feritas, foeda paupertas: non arma, non equi, non Penates; victui herba, vestitui pelles, cubile humus: sola in sagittis spes, quas, inopia ferri, ossibus asperant; idemque venatus viros pariter ac feminas alit; passim enim comitantur, partemque prædæ petunt. Nec aliud infantibus ferarum imbriumque suffugium, quam ut in aliquo ramorum nexu contegantur; huc redeunt juvenes, hoc senum receptaculum. Sed beatius arbitrantur, quam ingemere agris, inlaborare domibus, suas alienasque fortunas spe metuque versare. Securi adversus deos, rem difficillimam adsecuti sunt, ut illis ne

gradé, non-seulement la liberté, mais la servitude elle-même! Là se termine la Suévie.

XLVI. Quant aux Peucins, Venèdes, Finnois, les rangerai-je parmi les Germains ou les Sarmates? je ne sais. Les Peucins, que quelques auteurs nomment toutefois Bastarnes, par leur langage, leur habillement et leurs habitations fixes, se rapprochent beaucoup des Germains; ils croupissent tous dans la saleté, les chefs dans la fainéantise, et leurs mariages avec les Sarmates leur ont donné de la difformité de ces peuples. Les Venèdes ont adopté beaucoup de leurs mœurs; tout le pays de bois et de montagnes qui est entre les Peucins et les Finnois est en proie à leurs brigandages. Ces peuples cependant doivent plutôt être rangés parmi les Germains, parce qu'ils construisent des maisons, portent des boucliers, aiment à marcher et se font honneur de leur agilité, choses étrangères aux Sarmates, toujours à cheval ou dans leurs chariots. L'état sauvage des Finnois est extraordinaire, leur pauvreté hideuse : point d'armes, point de chevaux, point de maisons; pour nourriture, l'herbe; pour habillement, des peaux de bêtes ; pour lit, la terre : leur seule ressource est dans des flèches auxquelles, faute de fer, ils ajustent des os pointus. La même chasse nourrit également et le mari et la femme; elle l'accompagne dans ses courses, et exige sa part de dépouilles : leurs enfans n'ont pour refuge, contre les pluies et les bêtes féroces, que l'entrelacement de quelques branches d'arbres qui les cachent; c'est l'asile qui reçoit les jeunes gens à leur retour, c'est la retraite des vieillards; ils s'y croient plus heureux que de se fatiguer à cultiver des champs, à construire des maisons, à tourmenter leur fortune et celle d'autrui par l'espoir et par

voto quidem opus esset. Cetera jam fabulosa : « Hellusios et Oxionas ora hominum vultusque, corpora atque artus ferarum, gerere. » Quod ego, ut incompertum, in medium relinquam.

la crainte. Assurés contre les hommes, assurés même contre les dieux, ils ont atteint ce degré, le plus rare de la félicité humaine, celui de n'avoir pas même besoin de former un vœu. Ce qu'on ajoute de plus est fabuleux : on va jusqu'à dire que « les Helluses et les Oxiones ont la tête et la face de l'homme, le corps et les membres de la bête. » Je ne prononcerai pas sur ces faits, qui n'ont aucun caractère de certitude.

NOTES

SUR LA GERMANIE.

Chap. I. *La Germanie* comprenait non-seulement l'Allemagne, mais le Danemarck, la Suède et la Norvège. — Au nord du Danube, la Germanie était connue jusqu'à la Vistule, et jusqu'aux bords de la mer Baltique, qu'on prenait pour une partie de l'Océan. (*Géogr. de Malte-Brun*, tom. 1, pag. 229.)

De la Rhétie. Le pays des Grisons, avec une partie de la Souabe et de la Bavière.

La Pannonie. La basse Autriche et la partie de la Hongrie à l'ouest du Danube.

Des Sarmates et des Daces. Les Sarmates sont les habitans de la Russie d'Europe et de la Pologne; les Daces, ceux de la Transylvanie, de la Moldavie et de la Valachie.

Des îles immenses. La Suède et la Norvège, que les anciens prenaient pour une île, et les îles du Danemarck, qui étaient nouvellement découvertes. Ces pays furent reconnus sous le règne de Domitien.

Le Rhin a ses sources au mont Adule; il traverse le lac de Constance; sa première direction est du midi au nord; mais en sortant du lac, il se porte du levant au couchant jusqu'à Bâle; de là il reprend son cours du midi au septentrion.

Du mont Abnoba. Les gens du pays le nomment encore Abenove; il est situé dans le Würtemberg; à ses pieds sont les sources du Danube et du Necker. — Tacite en fait avec raison sortir la source du Danube. (Pinkerton, tom. III, pag. 477.) Sur un autel de pierre, découvert en 1778 dans la Forêt-Noire au mont Abnoba, on lit une inscription qui porte *Abnobæ*; en 1784 on a encore trouvé sur la même montagne un fragment de colonne ou de statue, qui porte *Dianæ Abnob.* (Voyez *Hist. de la Forêt-Noire*, tom. 1, pag. 7.)

Par six embouchures. Aujourd'hui les divisions des embouchures de ce fleuve ne sont plus les mêmes.

Une septième. Elle se nommait *Thiagola* ou *Psilon*, c'est-à-dire petite, faible.

II. *A toute navigation*. Voyez aux *Annales*, liv. II et III, les désastres de la flotte de Germanicus sur les côtes de l'océan Germanique.

Qui leur servent d'histoire et d'annales. C'est à l'imitation de ces chants héroïques que, dès la première race de leurs rois, les Français avaient des chansons militaires, appelées *chansons de gestes*, qui étaient écrites et rimées en latin : on y célébrait les hauts-faits des guerriers ; les soldats les chantaient en chœur, lorsqu'ils marchaient au combat. Charlemagne avait fait recueillir avec soin la plus grande partie de ces anciennes poésies : elles ne sont pas venues jusqu'à nous. C'est une perte que nous devons sentir vivement, puisque, si l'on en croit Eginhard, elles contenaient, comme celles des Germains, l'histoire du peuple qui les chantait.

Tuiston, d'où est venu le nom des Teutons. On ne peut guère douter que ce nom n'ait été commun à toutes les nations germaniques, qui prétendaient descendre d'un dieu *Teuto*, et qui encore, dans leur langue si peu changée, s'appellent *Teutsche*, nom qui n'est que l'adjectif du substantif *Teut*, dont le pluriel ancien est *Teution* : ce nom est identique avec celui de *Theostici* du moyen âge. (*Géogr. de Malte-Brun*, tom. I, pag. 238.)

Mann en allemand signifie homme.

Les Istévones, nommés depuis les Francs, furent les Bructères, les Chamaves, les Sicambres, les Marses, les Chérusques, les Cattes, et plusieurs autres peuples de moindre importance, qui occupaient l'espace depuis le mont Hactz, vers le Rhin, et depuis le milieu de l'ancien cercle de Westphalie, jusqu'aux bords de la Saale, en Franconie. Ces nations formaient vraisemblablement la race particulière nommée *Istævones*, que l'on voit souvent en guerre avec les nations plus septentrionales composant la race des *Ingævones*. (*Géogr. de Malte-Brun*, tom. I, pag. 247.)

Germains, de Ger-mann : Ger, combat, d'où nous avons fait le mot guerre ; *Mann*, homme. La dénomination de *gens-d'armes* remonte en France aux premiers temps de la monarchie. Le mot

Germains se trouve dans les Fastes Capitolins, vers l'an 531 de la fondation de Rome.

III. *Hercule.* Comme les promontoires nommés *colonnes d'Hercule* marquaient l'entrée de l'océan Occidental, cette dénomination donna ensuite occasion de transporter les colonnes d'Hercule jusqu'au fond du Nord. C'est là que Drusus se proposa de les chercher; c'est là que deux écrivains du cinquième ou du sixième siècle connaissaient un détroit des colonnes qu'ils distinguent de celui de Gades. (*Géogr. de Malte-Brun,* tom. 1, pag. 227.) — Les anciens Germains avaient aussi, au rapport de Tacite, un Mars et un Hercule. Il est vraisemblable que le premier fut Odin; le second était Thor, célèbre par sa force dans l'Edda.

C'est le premier de tous leurs héros qu'ils célèbrent. C'est ainsi que long-temps les soldats français, en marchant au combat, entonnèrent la chanson de Roland, de l'Hercule moderne. Elle était encore en usage dans nos armées sous la troisième race.

Ces chants mêmes. Voyez la onzième Dissertation de Ducange, à la suite de Joinville, sous le titre de *Cri d'armes*, et la douzième intitulée, *De l'usage du cri des armes.* Voyez encore le chap. xv du *Cri de guerre*, dans le livre de La Colombière, *De la science héroïque.* C'est sans doute par une suite de cet usage que les empereurs, à certaines fêtes, ont chanté l'Évangile, tenant à la main leur épée nue.

Des murmures entrecoupés. Ammien nous apprend (XVI, 13) que, pleins d'ardeur pour les combats, ces guerriers poussaient de temps en temps un grand cri, qui s'accroissait peu à peu, à la manière des flots brisés contre les rochers.

En se répercutant. Saint Germain, évêque d'Auxerre, étant passé du temps de Childéric en Bretagne, se mit à la tête des Anglais contre les Pictes et les Saxons (on sait qu'une colonie germaine passa en Angleterre au sixième siècle). Il choisit pour son camp un vallon environné de hautes montagnes propres à *réfléchir* et à *multiplier* le son, et commanda aux Anglais de crier tous ensemble et de toutes leurs forces, au commencement de la bataille, *alleluia.* Tous leurs ennemis prirent la fuite. (*Mém. de l'Acad. des Belles-Lettres,* tom. II, pag. 638.)

Ulysse. Au lieu de croire le savant Ératosthène, qui regardait l'Océan d'Homère comme une mer imaginaire, on s'est obstiné à expliquer géographiquement la route tenue par Ulysse, route aussi peu réelle que les enchantemens de Circé ou les sortilèges de Tirésias. Strabon cherche la descente aux enfers dans les environs du Vésuve, et découvre une ville *Odyssea* en Espagne; Solin donne au nom de la ville *Olysipo* une allusion forcée au nom du roi d'Ithaque; il connaît en Chalcédoine un autel avec des inscriptions gravées par ce héros, et à peu de distance il nous retrouve même *Ogygia*, ou l'île enchantée de Calypso. Le poète Claudien connaît parfaitement une caverne des morts dans les Gaules; et Tacite lui-même ne dédaigne pas de rapporter l'opinion de ceux qui faisaient voyager Ulysse jusqu'au milieu de la Germanie pour y fonder la ville d'*Asciburgium*. Les érudits modernes ont profité du mauvais exemple donné par les anciens : on les a vus retrouver l'île de Circé à *Zirikzée*, dans la Hollande, et le peuple des Songes dans la Grande-Bretagne; enfin, il s'est trouvé un Danois qui, après avoir démontré l'identité d'Ulysse et d'Odin, a heureusement conduit ce héros jusqu'au Malstrom, en Norvège, qui, sans doute mieux que le détroit de Sicile, représente la fabuleuse Charybdis d'Homère. (*Géogr. de Malte-Brun*, tom. I, pag. 227 et 228.)

Asciburgium. On croit que c'est le village d'Asburg, sur la rive gauche du Rhin, près de Mœrs, dans le duché de Clèves.

Inscriptions grecques. On a prétendu que ces tombeaux portaient des caractères runiques; mais Tacite dit lui-même (ch. II et XIX de cet ouvrage) que les Germains ne connaissaient pas l'écriture. Le plus ancien écrivain qui ait parlé des caractères runiques est Venantius Fortunatus (*Carm.* VII, 18); il vivait vers la fin du sixième siècle :

Barbara fraxineis pingatur runa tabellis.

IV. *Les yeux sont tous fiers et bleus.* La plupart des habitans du nord de l'Allemagne ont les cheveux blonds et les yeux bleus. Quant à la figure de ces barbares, l'histoire leur donne des cheveux blonds, des yeux bleus, un regard farouche, une voix effrayante, une stature prodigieuse, qu'ils augmentaient encore en mettant sur leur casque des aigrettes de plumes, des ailes d'oiseaux singuliers, des têtes ou d'autres dépouilles d'animaux sauvages.

V. *Hérissé de forêts.* Il subsiste encore des restes considérables des anciennes forêts qui traversaient la Germanie. On trouve des bois immenses au sud du Mecklenbourg; ils se continuent à l'est dans différentes parties des domaines prussiens.

Plus humide vers les Gaules. La Hollande et la Frise sont couvertes de lacs.

Et la gloire de son front. Hippocrate, au livre *des Airs et des Eaux*, dit que ces bœufs étaient privés de cornes par l'effet du froid.

Les vases formés d'argile. « L'on a banni des temples les vases de Numa et les ustensiles d'airain du temple de Saturne; on a remplacé les urnes des vestales, et les vaisseaux d'argile des Toscans. » (PERSE, sat. II.)

Les pièces dentelées ou empreintes d'un char. On voit à la Bibliothèque Royale un très-grand nombre de ces monnaies dentelées. La dentelure paraît faite avec la lime, et probablement pour s'assurer que la monnaie était entièrement d'argent, et c'est par cette raison que les Germains les préféraient. Il s'y trouve aussi beaucoup de monnaies empreintes de chars. Ces chars sont attelés tantôt de deux, tantôt de quatre chevaux; celles dont parle ici Tacite étaient empreintes d'un char attelé de deux chevaux seulement.

VI. *Des lances ou framées.* Sous la première race des rois de France, tous les soldats étaient armés d'une lance et d'un bouclier.

Mais fort acéré. Il paraît même, par des framées et des lances trouvées dans des sépulcres antiques, qu'elles avaient eu à la pointe, non du fer, mais un caillou tranchant et aiguisé. (*Esprit milit. des Germains*, p. 41.)

Nulle recherche de leur parure. Ceci s'adressait aux jeunes Romains, qui affectaient les recherches les plus efféminées dans leurs habillemens.

Ils peignent seulement leurs boucliers. C'est là sans doute l'origine des pals, des fasces, des bandes, des échiquiers, des losanges et des autres partitions du blason. Ces boucliers étaient quelquefois blancs, quelquefois ornés de peintures, tels que celui que Marius apporta à Rome, et sur lequel était représenté un coq.

A peine s'en trouve-t-il un ou deux portant des casques. L'usage des cuirasses et des casques, ainsi que celui de l'arc et des flèches, presque inconnu sous la première race, devint une loi militaire sous la deuxième.

Centeniers. Après la conquête, ces centeniers devinrent chefs de bourgade et de village. La plupart des ordonnances des rois de la première et de la deuxième race sont adressées à des centeniers.

Abandonner son bouclier. Ces peuples guerriers étaient extrêmement sensibles à tout ce qui pouvait blesser leur réputation comme soldats. Par la loi des Saliens, si un homme en appelait un autre *lièvre*, ou s'il l'accusait d'avoir laissé son bouclier au champ de bataille, il était condamné à payer une grosse amende. (*Leg. Salior.*, tit. 32, § 4, 6.)

VII. *Ils choisissent leurs rois.* La nation des Francs crut qu'il était plus sûr de mettre la puissance entre les mains d'un maire qu'elle élisait, et à qui elle devait imposer des conditions, qu'entre celles d'un roi dont le pouvoir était héréditaire. Un gouvernement dans lequel une nation qui avait un roi élisait celui qui devait exercer la puissance royale, paraîtra bien extraordinaire; mais, indépendamment des circonstances dans lesquelles on se trouvait, je crois que les Francs tiraient leurs idées de bien loin. Ils étaient descendus des Germains, dont Tacite dit que, dans le choix de leur roi, ils se déterminaient par sa noblesse, et, dans le choix de leur chef, par sa vertu. Voilà les rois de la première race et les maires du palais. Les premiers étaient héréditaires, les seconds étaient électifs. (*Espr. des lois*, liv. XXXI, ch. 3 et 4.)

Une puissance illimitée. Les rois n'avaient point d'autorité, mais ils avaient un nom; le titre de roi était héréditaire, et celui de maire était électif. Quoique les maires, dans les derniers temps, eussent mis sur le trône celui des Mérovingiens qu'ils voulaient, ils n'avaient point pris de roi dans une autre famille, et l'ancienne loi, qui donnait la couronne à une certaine famille, n'était point effacée du cœur des Francs. La personne du roi était presque inconnue dans la monarchie; mais la royauté ne l'était pas. Pepin, fils de Charles Martel, crut qu'il était à propos de confondre ces deux titres; confusion qui laisserait toujours de l'incertitude si la royauté nouvelle était héréditaire ou non; et cela suffisait à celui qui joignait à la royauté une grande puissance : pour lors, l'autorité du maire fut jointe à l'autorité royale. Dans le mélange de ces deux autorités, il se fit une espèce de conciliation : le maire avait été électif, et le roi héréditaire; la couronne, au commencement de la seconde race, fut élective, parce que le peuple choisit; elle fut héréditaire, parce qu'il choisit toujours dans la même famille. (*Esprit des lois*, liv. xxxi, ch. 16.)

Charger de liens. Bouchard de Montmorency refusa de déférer au jugement que Philippe Ier avait rendu contre lui. L'abbé Suger, si instruit de nos usages, dit que le roi ne fit point arrêter ce seigneur, qu'on lui permit de se retirer, parce que ce n'était pas la coutume d'emprisonner les Français. (*Mém. de l'Acad. des Belles-Lettres*, tom. II, pag. 639.)

N'est permis qu'aux pontifes. César dit le contraire (*Bell. gall.*, lib. VI, cap. 33). A l'en croire, les Germains, en temps de guerre, choisissaient des chefs auxquels ils donnaient pouvoir de vie et de mort. C'est en vain que Juste-Lipse essaie de concilier les deux auteurs, en disant que César n'a parlé que des temps de guerre, et Tacite que des temps de paix. Ce qui suit, dans Tacite, prouve évidemment qu'il entend parler de l'un et de l'autre temps, et plutôt même de la guerre que de la paix : « En subissant le châtiment ordonné par les prêtres, ils ne croient pas, dit-il, obéir au commandement du chef, mais à celui du dieu qui préside aux batailles. » Oberlin, qui reconnaît cette contradiction, préfère l'autorité de Tacite à celle de César.

Le hasard ne préside point. Déjà, sous Néron, la plupart des soldats romains ne voulaient plus se marier, pour n'avoir pas à nourrir des enfans. Ce n'étaient plus, comme autrefois, des légions unies entre elles par un amour mutuel et par les mêmes sentimens d'affection pour la république; c'étaient des gens inconnus les uns aux autres, tirés de divers corps, sans nulle affection mutuelle, et comme un assemblage de différentes espèces d'hommes placés ensemble tout à coup, et appelés seulement pour former un nombre de troupes. (Tacit., *Annal.*, chap. xiv et xxvii.)

Des familles rassemblées. Ce fut cette coutume de mener avec eux leurs femmes et leurs enfans, qui mit les Germains en état de former un nouveau peuple partout où ils s'établissaient. Durant tout le temps de la chevalerie, les femmes suivaient les guerriers, et beaucoup passèrent avec eux dans la Terre-Sainte. Tout ceci était bien opposé aux mœurs des Romains. Voyez dans les *Annales* de Tacite, liv. IV, les plaintes du sénat sur ce que les généraux se faisaient suivre par leurs épouses. Les Germains pénétrèrent jusque dans l'Italie, furent près de s'emparer de la ville d'Aquilée, et détruisirent celle d'Opitergium; ils eurent entre les mains plus de soixante mille captifs romains enlevés dans des courses ou pris dans des actions. En général ils montrèrent un courage et une obstination indomptables, et sur un champ de bataille on trouva parmi leurs morts des femmes soldats, qui avaient péri les armes à la main.

De compter et de sucer leurs plaies. Ceci prépara les mœurs de la chevalerie. Les dames désarmaient les chevaliers, lavaient le sang et la poussière dont ils étaient couverts, et pansaient leurs blessures. Regner Lodbrog, roi de Danemarck, avait dans ses troupes des femmes prêtes à panser les blessés, et auxquelles leurs mères avaient appris à guérir les blessures les plus dangereuses. — Yseult, fille du roi d'Angleterre, était la plus charmante princesse qui fût alors dans l'univers, et la plus habile dans l'art de guérir les plus dangereuses blessures. (Tristan le Léonois.)

VIII. *Et de prophétique.* On croit avec raison que ces devineresses sont l'original de nos fées, et leurs prétendus prodiges le canevas de toutes les merveilles de la féerie. (Lablettrerie.)

Ils n'en dédaignent point les avis. Plutarque, dans le livre sur les vertus des femmes, dit des Celtes ou Germains : « Ils délibèrent avec leurs femmes touchant la paix ou la guerre; c'est par elles qu'ils éclaircissent les difficultés qui s'élèvent entre eux. »

Véléda. Tacite en a parlé (*Hist.*, ch. IV, LXI, LXV.) Cette femme, au rapport de Stace (*Silv.* I, 4, 89), fut prise et conduite en triomphe. Ganna, qui lui succéda dans l'art de la divination, fut, selon Dion (*in Frag.*, cap. XLIX, 67, 5), appelée auprès de Domitien, qui lui fit des présens. Véléda, femme bructère, eut beaucoup de part au projet que forma Civilis de chasser les Romains de la Gaule. Rutilius Gallicus la fit prisonnière et la mena à Rome. Elle vivait retirée dans une tour élevée. Il y eut une autre prophétesse du pays des Cattes, qui prédit à Vitellius que son règne serait long et heureux, s'il survivait à sa mère.

Des déesses créées par eux-mêmes. Caligula voulant faire de sa sœur une déesse, ordonna aux sénateurs d'en délibérer : le sénateur Livius Geminius jura qu'il l'avait vue monter au ciel, et fut gratifié d'un million de sesterces. — Cléopâtre ne paraissait en public que vêtue de la robe consacrée à Isis; elle se faisait appeler la jeune Isis. Cette folie grossière d'usurper le nom et les emblèmes des dieux fut commune à plusieurs autres empereurs. Caligula, Néron, Domitien, affectèrent les honneurs divins avec une insolence inouïe. (*Vie privée des empereurs romains.*)

IX. *Mercure,* dieu du commerce. Les Romains donnaient les noms de leurs divinités aux dieux des autres peuples qui avaient les mêmes attributions.

Des victimes humaines. Les anciens parlent souvent de ces barbares sacrifices, comme étant communs aux Gaulois et aux Germains; je remarque que cette férocité subsista dans les âges suivans. Procope nous apprend (liv. II, ch. 25 de la *Guerre des Goths*), que les Français, déjà convertis au christianisme, immolèrent des victimes humaines jusqu'au siècle où il vivait; et Dithmar (liv. I) rapporte que les Normands et les Danois sacrifiaient à leurs dieux, au mois de janvier de chaque année, jusqu'à quatre-vingt-dix-neuf victimes humaines, avec autant de chiens, de chevaux et de coqs. Henri l'Oiseleur détruisit cet abominable usage.

Une partie des Suèves sacrifie aussi à Isis. Quelques personnes pensent que le nom moderne de Paris vient d'un temple consacré à Isis dans le voisinage de cette capitale, παρ' Ἴσιν. Les armes de Paris sont un navire, et l'on sait que la déesse Isis était représentée tenant un navire dans sa main, comme protectrice de la navigation. Une statue d'Isis a été, dit-on, conservée avec grand soin dans l'église de Saint-Germain, jusqu'au commencement du seizième siècle. M. Petit-Radel, consulté par le préfet de la Seine sur le titre des armoiries de Paris, a proposé les anciennes. On avait écrit depuis long-temps pour et contre l'opinion qui fait dériver du culte d'Isis, et le nom des *Parisii,* et le symbole de la nef qui, dès le treizième siècle, faisait la pièce principale de leurs armoiries. M. Petit-Radel rétablit la première opinion dans ses droits. En adoptant pour principe fondamental l'antiquité du culte d'Isis, dont l'introduction chez les Suèves était d'une époque inconnue à Tacite, l'auteur a suivi, sur la trace même des monumens, l'extension de ce culte dans les régions septentrionales qui étaient ignorées des Romains. Fixant ensuite l'objet principal de son Mémoire, il montre que le nom de *Parisii* se trouve toujours dans les chartes avec des circonstances locales qui en expliquent la signification. Les *Parisii* de Lutèce avaient leur *Iseum* au village d'Issy; les *Parisii* des *Brigantes* d'Angleterre étaient voisins d'un *Isurium*; dans la région des *Brigantes* du lac de Constance, les noms dérivés d'Isis sont nombreux; enfin, selon les savans les plus versés dans les antiquités de leur pays, *Isenach*, dans l'ancien idiome germanique, signifie, non du fer, mais *voisin d'Isis*; une ville d'*Isenach* a, comme Paris, une nef pour armoirie. M. Petit-Radel conclut en alléguant qu'on ne trouve ce symbole dans un sceau municipal du treizième siècle, qu'à raison du rapport des anciens *Parisii* avec le culte d'Isis, et non pas à raison de la *marchandise de l'eau*, comme on l'a pensé; la preuve en est que, dans ce sceau municipal, la nef a la quille arrondie, que son extrémité s'évase en épaulement, qu'enfin la voile en est triangulaire, comme celle du *baris* égyptien, tel qu'on le voit sur les médailles de l'empereur Julien; enfin la nef du sceau ressemble en tout à ce *baris*, et nullement aux bateaux plats qui, de tout temps, ont été en usage sur la Seine. (*Cinquième Mémoire de M. Petit-Radel*, juillet 1810.) Dulaure n'est pas de cette opinion; mais ce passage de Tacite lui a échappé.

Ni les enfermer entre des murs. Il existait cependant un temple de Tanfana, chez les Marses; Tacite en a parlé dans les guerres de Germanicus.

Donnent des noms de divinités. « Certainement, dit Grégoire de Tours (liv. II, ch. 10), les Français ne connaissaient pas le vrai Dieu, mais ils s'étaient formé des simulacres de forêts et d'eaux qu'ils adoraient comme des divinités. » Claudien parle de ce culte (1, 228) : « Nos haches frappent impunément ces bois affreux, consacrés par une antique superstition; on abat ces chênes révérés comme des divinités barbares. » Lucain dit aussi (III, 399) : « Il y avait un bois consacré depuis un long âge; là on rendait aux dieux un culte barbare; là s'élevaient d'affreux autels, et chaque arbre était arrosé de sang humain. » Maxime de Tyr (xxxviii) rapporte que les Celtes adoraient le chêne, et qu'ils l'appelaient du même nom que Jupiter. Ce culte subsista dans les siècles suivans : nous avons de Luitprand, roi des Lombards, une loi sur les devins, qui fixe le prix que paiera celui qui aura fait quelque sacrilège ou quelque enchantement auprès des fontaines, ou d'un arbre que les paysans regardent comme sacrés. Les Romains avaient aussi des bois sacrés. (Plin., *De arboribus*, lib. xii, cap. i, et Senec., ep. 41.)

X. *Ils détachent une baguette.* Les Romains avaient divers modes pour connaître les évènemens futurs : c'étaient des dés de bois ; on les faisait rouler, et, d'après le point qu'on amenait, les prêtres prédisaient ce qui devait arriver. Tacite rapporte que, pour deviner l'avenir, les anciens Germains se servaient de petits bâtons qui avaient une entaille à l'extrémité, et, comme les Chinois, ils les jetaient trois fois, en cas qu'ils ne fussent pas contens de ce qu'ils leur avaient d'abord annoncé. (*Voyage de J. Barrow*, tom. ii, pag. 283.) — Sur l'autel de chaque temple on voit une coupe de bois remplie de bâtons, sur les bords desquels il y a certains caractères. L'homme qui veut consulter le sort prend la coupe dans ses mains, et la remue jusqu'à ce qu'un des petits bâtons tombe à terre. Après avoir examiné le caractère tracé sur le petit bâton, il cherche ce même caractère dans un livre qui est suspendu aux murailles du temple. Le sort est consulté de cette manière à plusieurs reprises : si en trois fois il sort de la coupe un bâton heureux, on le regarde comme un augure favorable. (*Ibid.*, pag. 325.)

Lorsqu'ils cherchent à connaître le résultat de guerres importantes. Des peuples qui croyaient que le combat singulier réglerait les affaires publiques, pouvaient bien penser qu'il pourrait encore régler les différens des particuliers. (*Esprit des lois*, liv. xxviii, chap. 17.) — Les combats singuliers usités chez les Germains se retrouvent également dans les lois saxonnes. (*Mém. inéd. sur la chev., par A. Delaborde.*) — Un Teuton défia Marius en combat singulier, et lui proposa de décider ainsi du sort des deux armées. (Frontin, *Stratag.*, liv. iv, chap. 7.)

XI. *Les chefs délibèrent sur les affaires.* Les nations germaniques qui conquirent l'empire romain étaient, comme l'on sait, très-libres. On n'a qu'à voir là-dessus Tacite sur les Mœurs des Germains. Les conquérans se répandirent dans le pays; ils habitaient les campagnes, et peu les villes. Quand ils étaient en Germanie, toute la nation pouvait s'assembler; lorsqu'ils furent dispersés dans la conquête, ils ne le purent plus. Il fallait pourtant que la nation délibérât sur ses affaires, comme elle avait fait avant la conquête; elle le fit par des représentans. Voilà l'origine du gouvernement gothique parmi nous. (*Esprit des lois*, liv. xi, chap. 8.)

Sont d'abord discutées par les chefs. « Les princes, dit Tacite, délibèrent sur les petites choses, toute la nation sur les grandes, de sorte pourtant que les affaires dont le peuple prend connaissance sont portées de même devant les princes. » Cet usage se conserva après la conquête, comme on le voit dans tous les monumens. *Lex consensu populi fit et constitutione regis.* (*Capitulaires de Charles-le-Chauve*, ann. 864, art. 6; *Esprit des lois*, liv. xviii, chap. 30.) — Si l'on veut lire l'admirable ouvrage de Tacite sur les Mœurs des Germains, on verra que c'est d'eux que les Anglais ont tiré l'idée de leur gouvernement politique. Ce beau système a été trouvé dans les bois. (*Esprit des lois*, liv. xi, ch. 6.) — Le sénat, aux premiers temps de Rome, avait une grande autorité: les rois prenaient des sénateurs pour juger avec eux; ils ne portaient point d'affaires au peuple qu'elles n'eussent été délibérées dans le sénat. (*Ibid.*, liv. xi, chap. 12.)

Ils s'assemblent. Tout ce qui avait rapport au bien général de la nation était mis en délibération publique, et se concluait par les suffrages du peuple, dans les assemblées annuelles appelées *Champs de Mars* et *Champs de Mai*. On donnait le nom de champs à ces sortes d'assemblées, parce que, conformément à la coutume de tous les peuples barbares, elles se tenaient en plein air, dans quelque plaine assez grande pour contenir la multitude de ceux qui avaient droit d'y assister. (ROBERTSON, *Charles V*, introd. ii, pag. 349.) — Les diètes de l'empire étaient parfaitement semblables aux assemblées de mars et de mai; les diètes s'assemblaient au moins une fois l'an; tout homme libre avait droit d'y assister. C'étaient des assemblées dans lesquelles le monarque délibérait avec ses sujets sur les intérêts communs. (*Ibid.*, pag. 403.) —

Les assemblées de la nation, connues sous le nom d'*états-généraux*, furent convoquées pour la première fois en 1302, et se tinrent de temps en temps jusqu'à l'année 1614; on ne les a pas convoquées depuis. Ces assemblées étaient bien différentes des anciennes assemblées de la nation française sous les rois de la première et de la seconde race. Les états-généraux n'avaient point droit de suffrage pour la promulgation des lois, et ne possédaient point de juridiction qui leur fût propre. Il n'y a aucun point dans les antiquités françaises, sur lequel les savans soient plus généralement d'accord, et toute la teneur de l'histoire de France confirme cette opinion. Voici quelle était la manière de procéder dans les états-généraux. Le roi s'adressait à tout le corps assemblé dans un même lieu, et lui exposait les objets pour lesquels il l'avait convoqué; les députés de chacun des trois ordres, c'est-à-dire de la noblesse, du clergé et du tiers-état, se réunissaient en particulier, et préparaient leur *cahier* ou mémoire, contenant leurs réponses aux propositions qui leur avaient été faites, avec les représentations qu'ils jugeaient convenable d'adresser au roi. Ces réponses et ces représentations étaient ensuite examinées par le roi dans son conseil, et donnaient ordinairement lieu à une ordonnance. Les ordonnances n'étaient pas adressées aux trois ordres en commun : quelquefois le roi adressait une ordonnance à chaque ordre en particulier; quelquefois il y faisait mention de l'assemblée des trois ordres; quelquefois il n'y était question que de l'assemblée de celui des ordres auquel l'ordonnance était adressée; quelquefois on n'y faisait aucune mention de l'assemblée des états qui avait suggéré l'idée de faire la nouvelle loi. (*Préf. du tome* III *des Ordonn.*, pag. 20.) Ainsi, les états-généraux n'avaient que le droit d'aviser et de remontrer, et l'autorité législative résidait dans la personne du roi seul. (ROBERTSON, *Charles V*, introduction.)

Par le nombre des nuits. Ils comptent le temps par les nuits et par les jours, suivant la coutume des anciens Germains. (*Voyage de J. Hoche dans le Saterland*, pag. 197.) — Les expressions anglaises et allemandes qui désignent un certain nombre de jours sont exprimées par le nombre des nuits. Dans plusieurs cantons de la France, on dit *à nuit* pour aujourd'hui.

Ils prennent place tout armés. Les Français ne quittaient les armes que lorsqu'ils allaient à l'église, ainsi que nous l'apprenons des Capitulaires de Charlemagne (liv. VII, pag. 202).

Son éloquence. Dans cette nation indépendante et guerrière, il fallait plutôt inviter que contraindre. (*Esprit des lois*, liv. XXXI, chap. 6.)

XII. *On peut aussi porter devant ces assemblées.* Tacite dit que les crimes capitaux pouvaient être portés devant l'assemblée; il en fut de même après la conquête, et les grands vassaux y furent jugés. (*Esprit des lois*, liv. XVIII, chap. 30.)

La peine varie suivant le délit. Il paraît que les Germains ne connaissaient que deux crimes capitaux : ils pendaient les traîtres et noyaient les poltrons; c'étaient chez eux les seuls crimes qui fussent publics. Lorsqu'un homme avait fait quelque tort à un autre, les parens de la personne offensée ou lésée entraient dans la querelle, et la haine s'apaisait par une satisfaction. Cette satisfaction regardait celui qui avait été offensé, si l'injure ou le tort leur était commun, ou si, par la mort de celui qui avait été offensé ou lésé, la satisfaction leur était dévolue.

Les traîtres et les transfuges sont pendus. Le supplice des chevaliers félons condamnés était d'être traînés aux fourches qu'on élevait au bout de la lice, et d'y être pendus. Des peuples qui habitaient les bois pendaient les criminels aux arbres; de cet usage le supplice de la potence s'est établi chez toutes les nations conquises par les Germains. (*De Sainte-Palaye*, tome I.)

Par de moindres châtimens. De la manière dont parle Tacite, ces satisfactions se faisaient par une convention réciproque entre les parties : aussi, dans les codes des peuples barbares, ces satisfactions s'appellent-elles des compositions. (*Esprit des lois*, liv. XXX, chap. 19.)

Les coupables paient une amende en chevaux ou en troupeaux. Nos pères, les Germains, n'admettaient guère que des peines pécuniaires; ces hommes guerriers et libres estimaient que leur sang ne devait être versé que les armes à la main. (*Esprit des lois*, liv. VI, chap. 18.)

A la cité, l'autre au plaignant. Cette amende était nommée *fredum* dans les monumens de la première race, et *bannum* dans ceux de la seconde race, et forma ensuite les profits judiciaires. — Ce *fredum* était un droit local pour celui qui jugeait dans le territoire. Je vois déjà naître la justice des seigneurs, dit Montesquieu. (*Espr. des lois*, liv. xxx, ch. 20.) — Celui qui avait le fief avait aussi la justice, qui ne s'exerçait que par des compositions aux parens et des profits aux seigneurs.

On choisit en ces mêmes assemblées. La justice, sous nos rois mérovingiens, s'administrait par le roi et ses conseillers, qu'on nommait seigneurs, et, dans les provinces, par des seigneurs aussi qui avaient une espèce de sénat composé de cent personnes. (*Établissem. des Francs*, par Hénault, tome II, p. 257.)

Qui rendent la justice. Il y a encore en Hongrie des comtes que l'on nomme comtes de paroisse, et qui sont juges et gouverneurs des petites villes ou villages. — Chez les Cosaques, avant qu'ils fussent conquis, la puissance législative n'appartenait qu'à la nation, et chaque bourgade avait un ou plusieurs *centuriens* qui jugeaient les différens des particuliers, maintenaient la police, et présidaient aux exercices militaires de ceux qu'ils devaient conduire à la guerre. Plusieurs centuries formaient une brigade (polk) commandée par un polkowinck. (*Mémoires secrets sur la Russie*, tom. III, pag. 105.)

On adjoint à chacun d'eux. Dans la seconde race, quoique le comte eût plusieurs officiers sous lui, la personne de ceux-ci était subordonnée, mais la juridiction ne l'était pas. Ces officiers, dans leurs plaids, assises ou placites, jugeaient en dernier ressort comme le comte même : toute la différence était dans le partage de la juridiction; par exemple, le comte pouvait condamner à mort, juger de la liberté et de la restitution des biens; le centenier ne le pouvait pas. (*Esprit des lois*, liv. XXVIII, chap. 28.)

Cent assesseurs. Adjutores centum : d'où est venu probablement l'expression de canton. Les troupes de France, dit Grégoire de Tours (liv. v, chap. 20), étaient commandées par des *centeniers* qui leur servaient de capitaines à la guerre et de juges en temps de paix.

XIII. *Ils ne traitent nulle affaire ni publique ni particulière, sans être armés.* Les peuples barbares qui ne cultivent point les terres n'ont point proprement de territoire, et sont plutôt gouvernés par le droit des gens que par le droit civil; ils sont donc presque toujours armés; aussi Tacite dit-il que « les Germains ne faisaient aucune affaire publique ni particulière, sans être armés. Ils donnaient leur avis par un signe qu'ils faisaient avec leurs armes. Sitôt qu'ils pouvaient les porter, ils étaient présentés à l'assemblée ; on leur mettait dans les mains un javelot. Dès ce moment ils sortaient de l'enfance ; ils étaient une partie de la famille, ils en devenaient une de la république. » — « Les aigles, disait le roi des Ostrogoths, cessent de donner la nourriture à leurs petits sitôt que leurs plumes et leurs ongles sont formés; ceux-ci n'ont plus besoin du secours d'autrui quand ils vont eux-mêmes chercher une proie. Il serait indigne que nos jeunes-gens qui sont dans nos armées fussent censés être dans un âge trop faible pour régir leur bien et pour régler la conduite de leur vie. C'est la vertu qui fait la majorité chez les Goths. » (*Esprit des lois*, liv. XVIII, chap. 26.)

Aucun ne porte les armes. Comme chez les Germains on devenait majeur en recevant les armes, on était adopté par le même signe; ainsi, Gontran voulant déclarer majeur son neveu Childebert, et, de plus, l'adopter, il lui dit : « J'ai mis ce javelot dans tes mains comme un signe que je t'ai donné mon royaume; » et se tournant vers l'assemblée : « Vous voyez que mon fils Childebert est devenu un homme, obéissez-lui. » (*Esprit des lois*, l. XVIII, ch. 28.)

Le père du jeune candidat. Le jeune gentilhomme, nouvellement *sorti hors de page* pour être reçu chevalier, était présenté à l'autel par son père et sa mère, qui, chacun un cierge à la main, allaient à l'offrande. (DE SAINTE-PALAYE, tom. I, pag. 11.)

Le décore du bouclier et de la framée. L'auteur de la vie de Louis-le-Débonnaire rapporte que ce prince, étant encore jeune, alla trouver l'empereur Charlemagne, son père, au château de Reusbourg, où il reçut de sa main son épée et ses premières armes. — Au rapport de Cluvier, cette cérémonie est encore en usage dans quelques cours d'Allemagne, lorsqu'un jeune homme doit sortir de la condition de page ; d'abord il ne s'appelait qu'*enfant*, et alors on l'appelle homme. (LABLETTERIE.)

Jusque-là on n'est que membre d'une famille. Cela fit que les enfans de Clodomir, roi d'Orléans, et conquérant de la Bourgogne, ne furent point déclarés rois, parce que, dans l'âge tendre où ils étaient, ils ne pouvaient pas être présentés à l'assemblée ;

ils n'étaient pas rois encore, mais ils devaient l'être lorsqu'ils seraient capables de porter les armes. (*Esprit des lois*, liv. XVIII, chap. 27.)

Même à des enfans. Il ne faut pas omettre que Clovis était à la tête des Français à l'âge de quinze ans. Si ce n'avait pas été le roi, auraient-ils pris un capitaine de cet âge pour les commander? (*Établiss. des Francs*, par Hénault, tom. II, pag. 181.) — Sigebert, âgé de cinq ans, ayant échappé aux fureurs de Frédégonde, fut présenté à Metz à l'assemblée des grands, et reconnu roi d'Austrasie. — Le délire de la nation pour la famille de Pépin alla si loin, qu'elle élut pour maire un de ses petits-fils, qui était encore dans l'enfance.

Ils ne rougissent pas. Gœtz de Berlichingen, *à la main de fer*, raconte, dans l'histoire de sa vie, qu'il vécu cinq ans au service d'un de ses cousins, Conrad de Berlichingen, uniquement occupé à seller et à brider ses chevaux, à porter les casques et les lances de son maître. — Une des coutumes introduites par les Francs dans la Gaule y mit la *domesticité* en honneur, et contribua à l'avilissement général. Les Romains, pour le service de leur personne, avaient des esclaves; les Francs, orgueilleux comme le sont tous les barbares, trouvèrent cet usage indigne d'eux; ils continuèrent, suivant leurs antiques coutumes, à se faire servir par des hommes d'une naissance illustre, par les fils de leurs parens, de leurs leudes ou fidèles; ils renvoyèrent à l'agriculture et aux travaux mécaniques les esclaves romains, et les serviles emplois de ces derniers furent remplis par des fils de princes ou de nobles jeunes-gens que Grégoire de Tours qualifie de *pueri*, employés au service domestique. (DULAURE, *Hist. de Paris*, tom. I, pag. 133.)

Ces compagnons d'armes ou COMTES. J'ai parlé de ces volontaires qui, chez les Germains, suivaient les princes dans leurs entreprises; le même usage se conserva après la conquête. Tacite les désigne par le nom de *compagnons*; la loi salique, par celui d'hommes qui sont sous la foi du roi; les formules de Marculfe, par celui d'*antrustions* du roi; nos premiers historiens, par celui de *leudes*, de *fidèles*; et les suivans, par celui de *vassaux* et *seigneurs*. On trouve, dans les lois saliques et ripuaires, un nombre infini de dispositions pour les Francs, et quelques-unes seulement pour les antrustions. Les dispositions sur ces antrustions sont différentes de celles faites pour les autres Francs; on y règle partout les biens des Francs, et on ne dit rien de ceux des antrustions, ce qui vient de ce que les biens de ceux-ci se réglaient plutôt par la loi politique que par la loi civile, et qu'ils étaient le sort d'une armée et non le patrimoine d'une famille. Les biens réservés pour les leudes furent appelés des biens fiscaux, des bénéfices, des honneurs, des fiefs, dans les divers auteurs et dans les divers temps. (*Esprit des lois*, liv. XXX, chap. 16.)

Auprès de leur chef ou DUC. En entrant dans la Gaule, les Francs laissèrent subsister l'état des choses en tout ce qui ne contrariait pas leurs coutumes barbares; ils conservèrent les dénominations de *ducs*, de *comtes*, mais en approprièrent les fonctions à ces coutumes. Chaque duc, sous la fin de la domination romaine, commandait la force armée dans une province; chaque comte, subordonné au duc, la commandait dans une ville ou cité. Sous les Francs, chaque duc exerçait dans sa province un empire souverain, levait à son gré des troupes, les dirigeait contre ses voisins, avait le droit de vie et de mort, de paix et de guerre. Le comte conduisait, sous les ordres du duc, son contingent de troupes, levait les contributions, rendait la justice avec ses assesseurs : il agissait en souverain dans sa cité. Dans cet état de choses, les institutions préexistantes, les ordres municipaux, les sénats des Gaules ne purent subsister long-temps. (DULAURE, *Hist. de Paris*, tom. I, pag. 128.)

Ils sont alors recherchés. Les condottieri étaient des chefs de troupes qui vendaient leurs services au plus offrant.

XIV. *En survivant à leur duc.* Chnodomaire fut pris en se retirant; et, ce qui nous donne ici un trait des mœurs militaires de ces nations, deux cents de ses satellites ou gardes-du-corps, qui pouvaient éviter le même malheur, revinrent aussitôt se rendre volontairement et recevoir des chaînes, regardant comme un crime de vivre sans leur roi, ou de ne pas mourir pour lui. (AMMIEN, liv. XVI, chap. 12.)

Ils réclament en effet de la libéralité de leur duc. Ainsi, chez les Germains, il y avait des vassaux, et non pas des fiefs. Il n'y avait point de fiefs, parce que les princes n'avaient point de terres à donner, ou plutôt les fiefs étaient des chevaux de bataille, des armes, des repas, parce qu'il y avait des hommes fidèles qui étaient liés par leur parole, qui étaient engagés pour la guerre, et qui faisaient à peu près le même service que l'on fit depuis pour les fiefs. (*Esprit des lois*, liv. xxx, chap. 3.) — Tant que les Germains restèrent dans leur propre pays, ils cherchèrent à s'attacher ces compagnons par des présens d'armes et de chevaux, et par les services d'hospitalité. Tant qu'ils n'eurent aucun droit fixe de propriété sur les terres, c'étaient les seuls dons que les chefs pussent faire, et la seule récompense que leurs suivans pussent attendre. Mais dès que ces peuples se furent établis dans les provinces conquises, et qu'ils eurent connu l'importance de la propriété, les rois et les chefs, au lieu de ces présens peu considérables, donnèrent pour récompense à leurs suivans des portions de terre. Ces concessions s'appelèrent *bénéfices* (*beneficia*), puisqu'elles étaient gratuites, et *honneurs* (*honores*), parce qu'on les regarda comme des marques de distinction. (ROBERTSON, *Charles V*, tom. II, pag. 49 et 50.)

Leur cheval de bataille. D'autres fois, des chevaliers abandonnaient à des chevaliers pauvres (qui manquaient peut-être de monture) les chevaux qu'ils avaient pris; sur quoi je ferai remarquer que toutes les vertus recommandées par la chevalerie tournaient au bien public, au profit de l'état. (PERCEFOREST, tom. I, pag. 26.)

Sa table, et des festins abondans. Le chevalier libéral et magnifique se distingue par l'usage qu'il fait de ses richesses pour tenir cour ouverte à tout le monde, y faire grande chère, et répandre l'argent à pleines mains; ces trois qualités réunies forment un chevalier accompli. (DE SAINTE-PALAYE, tom. I, part. 2.)

La guerre et les rapines. Dulaure (*Hist. de Paris*, tom. II, pag. 264) cite une foule d'exemples de ces pillages. Les seigneurs, dit-il, continuèrent pendant cette période leurs guerres privées; mais elles furent moins multipliées qu'aux siècles précédens. Quelques-uns volaient même les passans sur les chemins. Saint Louis fut obligé d'assiéger et de faire démolir en partie le château de la *Roche de Gluy*, situé sur le Rhône, dont le seigneur, appelé Roger, s'occupait à piller les voyageurs. Le roi rendit le château au seigneur Roger, à cette condition, qu'il ne volerait plus les passans. (*Hist. de saint Louis*, par Joinville, édit. de 1761, pag. 27.)

Ce qu'on peut obtenir par le sang. L'histoire entière du moyen âge prouve que la guerre était la seule profession de la noblesse, et l'unique objet de son éducation. Lors même que les mœurs changèrent, et que les arts eurent acquis quelque considération, les anciennes idées sur les qualités qui forment et distinguent le gentilhomme subsistèrent long-temps dans toute leur force. (ROBERTSON, *Charles V*, tom. 11, pag. 270.)

XV. *Laissant... aux femmes.* On a généralement observé parmi les sauvages de l'Amérique, que les femmes sont réservées aux plus pénibles travaux, et que les hommes ne s'occupent que de la chasse et de la guerre.

Du bétail et des grains. Plus tard on leur accorda des terres; ces concessions se nommaient le *bénéfice militaire* : c'était la jouissance d'un héritage que le prince donnait à ses capitaines et soldats, pour leurs *vivres* et *entretien*, tant qu'ils étaient à son service et portaient les armes sous son enseigne. Cette concession fut depuis accordée pour un an, après pour trois, et enfin à vie, à la charge du service militaire, à peine de privation du bénéfice : voilà l'origine des fiefs. Le prince les distribuait à ses gens de guerre pour en jouir et user en manière de solde, qu'en leur langue ils appelaient *féod*, qui veut dire jouissance de la solde. (HÉNAULT, tom. 11, pag. 195 et 197.)

Sont des subsides. Lorsque les hommes libres accordaient à leurs souverains quelque subside extraordinaire, c'était un acte purement volontaire. Dans les assemblées de mars et de mai, qu'on tenait annuellement, on avait coutume de faire au roi un présent d'argent, de chevaux, d'armes, ou de quelques autres objets précieux. C'était une coutume ancienne, que les Francs tenaient de leurs ancêtres : *Mos est civitatibus ultro ac viritim conferre principibus, vel armentorum, vel frugum, quod pro honore acceptum, etiam necessitatibus subvenit.* (TACIT., *de morib. Germ.*, cap. XV.) Ces dons étaient considérables, si nous en pouvons juger par les termes généraux dans lesquels s'expriment les anciens historiens, et ce n'était pas la moindre partie des revenus de la couronne. Ducange rapporte à ce sujet un grand nombre de passages. (*Dissert.* IV, *sur Joinville*, pag. 153.) Quelquefois une nation conquise spécifiait le don qu'elle s'obligeait de fournir au roi chaque année; et, lorsqu'elle y manquait, on exigeait ce don comme une dette. (*Annal. metenses*, ap. Ducange, pag. 155.) Il est probable que le premier pas qu'on fit vers l'imposition fut d'assurer la valeur de ces dons qui, dans leur origine, étaient purement volontaires, et d'obliger le peuple à payer la somme à laquelle ils avaient été évalués. Mais on a conservé jusqu'à ce jour la mémoire de leur origine, et l'on sait que les subsides accordés alors aux souverains, dans tous les royaumes de l'Europe, étaient appelés *bienveillance* ou *dons gratuits*. (ROBERTSON, *Charles V*, introd., tom. II, pag. 355 et suiv.) — L'auteur de la *Chronique de Hildeshein* (ann. 750), après avoir rapporté les différentes affaires qui se traitaient dans ces grandes assemblées qui *estoient comme le parlement général de la nation*, ajoute, « et pour lors on offroit aux rois des présens, suivant l'ancienne coutume des François. » (*Mém. de l'Ac. des Belles-Lettres*, tom. II, pag. 626.)

Ce sont des chevaux de choix, des armes. Défrayés de tout pendant leur séjour, eux et leur suite, ils partaient comblés de présens; on leur donnait des armes et des robes précieuses, des chevaux et même de l'argent. (DE SAINTE-PALAYE, *Mém. sur la chevalerie*, tom. I.)

A recevoir de l'argent. Les plus grands seigneurs acceptaient sans scrupule ces sortes de libéralités, même celles qui se faisaient en argent. — Un chevalier, qui s'était fait un nom, se voyait prévenu par les plus grands seigneurs et par les plus grandes dames : les princes, les princesses, les rois et les reines s'empressaient de l'enrôler, pour ainsi dire, dans l'état de leur maison, de l'inscrire dans la liste des héros qui en faisaient l'ornement et le soutien, sous le titre de chevalier d'honneur. Le même pouvait être tout à la fois attaché à plusieurs cours différentes, en toucher les appointemens, avoir part aux appointemens des robes, livrées ou fourrures, et des bourses d'or et d'argent, que les seigneurs répandaient avec profusion. (DE SAINTE-PALAYE, *Mém. sur la chevalerie*, tom. I, part. 4.)

XVI. *N'habitent point de villes.* Les anciens Germains n'avaient point de villes; même dans leurs hameaux ou villages, ils ne bâtissaient point de maisons contiguës les unes aux autres. Ils regardaient comme une marque de servitude d'être obligés d'habiter une ville entourée de murs. Lorsqu'une de leurs tribus avait secoué le joug des Romains, les autres exigeaient d'elle, comme une preuve qu'elle avait recouvré sa liberté, qu'elle démolit les murailles de quelque ville bâtie par les Romains sur son territoire. Les animaux même les plus féroces, disaient-ils, perdent leur ardeur et leur courage lorsqu'ils sont renfermés. (Tacit., *Hist.*, liv. iv, chap. lxiv.) Les Romains bâtirent plusieurs grandes villes sur les bords du Rhin; mais dans toutes les vastes provinces qui s'étendent, depuis cette rivière jusqu'aux côtes de la mer Baltique, il y avait à peine une seule ville, avant le neuvième siècle de l'ère chrétienne. (Conring, *Exercit. de urbib. Germ.*) Heinneccius diffère en ce point de Conring; mais en convenant même de toute la force de ses argumens et de ses autorités, il en résulte seulement qu'il y avait dans ce vaste pays quelques endroits auxquels certains historiens ont donné le nom de villes. (*Elem. jur. Germ.*, lib. 1, § 102.) Sous Charlemagne et les empereurs de son sang, l'état politique de l'Allemagne commençant à prendre une meilleure forme, on fonda plusieurs villes, et les hommes s'accoutumèrent à se réunir et à vivre ensemble dans un même lieu. Charlemagne fonda, dans les villes les plus considérables d'Allemagne, deux archevêchés et neuf évêchés. Ses successeurs en augmentèrent le nombre; et comme les évêques fixaient leur résidence dans ces villes, et qu'ils y célébraient le service divin, cette circonstance engagea bien des gens à s'y établir. (Conring, *Exercit. de urbib. Germ.*, § 48.) Mais Henri l'Oiseleur, qui monta sur le trône en 920, doit être regardé comme le grand fondateur des villes en Allemagne. L'empire était alors ravagé par les incursions des Hongrois et d'autres peuples barbares. Henri, dans le dessein d'en arrêter le cours, engagea ses sujets à s'établir dans des villes qu'il fortifia de murailles et de tours. Il ordonna et persuada à une partie des nobles, de fixer aussi leur résidence dans les villes, et rendit ainsi la condition des citoyens plus honorable qu'elle ne l'avait été auparavant. Depuis cette époque, le nombre des villes ne fit qu'augmenter. (Robertson, *Charles V.*)

Chacun entoure son habitation d'un certain espace. J'expliquerai, dit Montesquieu (*Esprit des lois*, liv. xviii, chap. 22), comment ce texte particulier de la loi salique, que l'on appelle ordinairement la loi salique, tient aux institutions d'un peuple qui ne cultivait pas les terres, ou, du moins, les cultivait peu. La loi salique veut (tit. 62) que, lorsqu'un homme laisse des enfans, les mâles succèdent à la terre salique au préjudice des filles. Pour savoir ce que c'était que les terres saliques, il faut chercher ce que c'était que les propriétés ou l'usage des terres chez les Francs, avant qu'ils fussent sortis de la Germanie. M. Echard a très-bien prouvé que le mot *salique* vient du mot *sala*, qui signifie maison, et qu'ainsi la terre salique était la terre de la maison. J'irai plus loin, et j'examinerai ce que c'était que la maison et la terre de la maison chez les Germains. « Ils n'habitent point de villes, dit Tacite, et ils ne peuvent souffrir que leurs maisons se touchent les unes aux autres; chacun laisse autour de sa maison un petit terrain ou espace qui est clos et fermé. » Tacite parlait exactement; car plusieurs lois des codes barbares ont des dispositions différentes contre ceux qui renversaient cette enceinte et ceux qui pénétraient dans la maison même. Nous savons par Tacite et César que les terres que les Germains cultivaient ne leur étaient données que pour un an, après quoi elles redevenaient publiques; ils n'avaient de patrimoine que la maison et un morceau de terre dans l'enceinte autour de la maison; c'est ce patrimoine particulier qui appartenait aux mâles. En effet, pourquoi aurait-il appartenu aux filles? elles passaient dans une autre maison. La terre salique était donc cette enceinte qui dépendait de la maison du Germain; c'était la seule propriété qu'il eût. Les Francs, après la conquête, acquirent de nouvelles propriétés, et continuèrent à les appeler des terres saliques.

Des cavernes souterraines. Les paysans russes enfouissent dans la terre tous les grains; il faut sonder avec de grandes perches ferrées pour découvrir ces magasins souterrains. Les Moscovites et les Suédois se servirent tour à tour de ces provisions. (*Hist. de Charles XII*, par Voltaire, ann. 1708.)

C'est un lieu de dépôt pour leurs grains. M. Ternaux, l'un de nos plus honorables industriels, ayant désiré donner à l'agriculture française les moyens les plus sûrs et les plus économiques pour la conservation des blés, a fait enfouir, en 1818, dans des fosses souterraines ou *silos*, des blés annuellement récoltés; ces *silos* ont été ouverts le 10 octobre 1822 : les blés ont été reconnus dans un état parfait de conservation.

XVII. *Mais qui est étroit et dessine toutes les formes.* Cluvier rapporte que les paysans de la Franconie et de la Souabe portent un habit extrêmement juste, et même immodeste. — Un vêtement serré et qui ne descendait pas jusqu'aux jarrets, laissait voir toute la forme de ces grands corps. (*Esprit milit. des Germains*, pag. 395.) — Les *braccæ* ou culottes furent dans tous les temps la grande marque distinctive des Scythes ou Goths. (PINKERTON, *Recherches sur les Scythes*, pag. 89.)

Une autre mer inconnue. La mer glaciale.

Le haut de leur sein reste à découvert. Toutes les femmes en Saxe, en Livonie, en Prusse, et les paysanes dans le reste de l'Allemagne, ont des chemises sans manches et la gorge découverte. (Voyez le *Commentaire de Cluvier.*)

XVIII. *Les unions sont chastes.* Les mariages chez les Germains sont sévères, dit Tacite : les vices n'y sont point un sujet de ridicule : corrompre ou être corrompu ne s'appelle point un usage ou une manière de vivre; il y a peu d'exemples, dans une nation si nombreuse, de la violation de la foi conjugale. Cela explique l'expulsion de Childéric : il choquait des mœurs rigides, que la conquête n'avait pas eu le temps de changer. (*Esprit des lois*, liv. XVIII, chap. 25.) — Childéric Ier, fils de Méroué, lui succéda en 456, et fut déposé l'année suivante, à cause seulement de la dissolution de ses mœurs. — Les fils de Clotaire se déshonorèrent en répudiant leurs femmes légitimes pour épouser des esclaves, ce qui choquait les mœurs de la nation. (*Hist. de la nat. franç.*, p. 188.)

Pour augmenter leur noblesse. Chez les peuples qui ne cultivent point les terres, les mariages étaient beaucoup moins fixes, et on y prenait ordinairement plusieurs femmes. « Les Germains étaient presque les seuls de tous les barbares qui se contentassent d'une seule femme, si l'on en excepte, dit Tacite, quelques personnes qui, non par dissolution, mais à cause de leur noblesse, en avaient plusieurs. » Cela explique comment les rois de la première race eurent un si grand nombre de femmes. Ces mariages étaient moins un témoignage d'incontinence qu'un attribut de dignité : c'eût été les blesser dans un endroit bien tendre, que de leur faire perdre une telle prérogative. Cela explique comment l'exemple ne fut pas suivi par les sujets. (*Esprit des lois*, liv. XVIII, chap. 24.) — Dagobert Ier eut trois femmes dans le même temps, sans compter les concubines.

Un cheval avec son frein. Voyez les détails donnés par Grégoire de Tours (liv. VII) sur le mariage de la fille de Chilpéric. Childebert lui envoie des ambassadeurs pour lui dire qu'il n'ait point à remettre des villes du royaume de son père à sa fille, ni de ses trésors, ni des serfs, ni des chevaux, ni des attelages de bœufs, « parce que, dit Montesquieu (*Esprit des lois*, liv. XXX, chap. 4), le trésor du roi fut regardé comme nécessaire à la monarchie, et qu'un roi ne peut, même pour la dot de sa fille, en faire part aux étrangers sans le consentement des autres rois. »

Étrangère même aux hasards des combats. On voit les femmes des Cimbres immoler des prisonniers avant la bataille, pour en deviner l'évènement dans de grands vases remplis du sang des victimes, combattre sur les chariots qui fermaient le camp, se jeter dans la mêlée pour ranimer leurs gens, frapper et percer les fuyards, égorger leurs propres enfans après la défaite, les faire écraser sous les roues des chariots ou sous les pieds des chevaux, s'étrangler elles-mêmes pour se soustraire à la captivité, ou se détruire par d'autres genres de mort plus affreux. (*Esprit milit. des Germains*, pag. 17.) — Interrogées par Bassien si elles aimaient mieux se résoudre à mourir que d'être vendues comme esclaves, elles n'hésitèrent point à choisir la mort; et, quand elles virent qu'on leur conservait la vie pour la servitude, elles se tuèrent toutes elles-mêmes, plusieurs après avoir égorgé leurs enfans. (*Ibid.*, pag. 186.)

Dans la guerre, souffrir et oser. On vit plus tard des femmes se couvrir d'armures et chercher des dangers; les romans de chevalerie ont célébré les Bradamante, les Marfise, les Clorinde, etc., qui combattaient contre les guerriers les plus vaillans, et qui partageaient la gloire et les dangers des batailles.

XIX. *L'époux l'inflige lui-même.* Il paraît, par les divers codes des lois des barbares, que les femmes, chez les premiers Germains, étaient aussi dans une perpétuelle tutelle. Cet usage passa dans les monarchies qu'ils fondèrent, mais il ne subsista pas. (*Esprit des lois*, liv. VII, chap. 12.)

N'obtient aucun pardon. La loi de Récessuinde permettait aux enfans de la femme adultère ou à ceux de son mari, de l'accuser, et de mettre à la question les esclaves de la maison. (*Esprit des lois*, liv. XXVI, chap. 4.)

Plus sages encore sont les cités. On peut compter parmi ces cités celles des Hérules, chez qui les femmes étaient tellement éloignées d'un second mariage, que si les veuves ne s'étranglaient pas sur le tombeau de leurs époux, elles vivaient à jamais odieuses et infâmes. (PROCOPE, *Hist. des Goths*, tom. II, pag. 14.)

Ne peuvent plus former d'union. Livie accoucha peu de temps après son divorce avec son premier époux et son union avec Auguste, et l'on disait publiquement à Rome que les gens heureux avaient des enfans après trois mois de mariage, ce qui passa même en proverbe. (Voyez *Ann.*, liv. I.)

Ne sont permis qu'une seule fois. Martial a fait une épigramme contre une dame romaine qui, en moins de trente jours, en était à son dixième époux.

Limiter le nombre de ses enfans. Les Romains exposaient une partie de leurs enfans, ou les faisaient périr. Térence qui, bien qu'il ait toujours mis dans la Grèce la scène de ses comédies, a peint cependant les mœurs romaines, introduit plusieurs de ces personnages qui avouent froidement avoir commis de ces horreurs, et ces personnages sont les honnêtes gens de ses pièces : ce qui prouve combien cette atrocité était commune, puisque de pareils aveux ne révoltaient pas les spectateurs. (DELAMALLE, note au livre III *des Annales.*)

Faire périr les derniers. Les Romains avaient droit de vie et de mort sur leurs enfans, et ils étaient les maîtres de ne pas les reconnaître. Ce ne fut que sous Constantin que l'infanticide fut regardé comme un crime digne de mort; et ce ne fut que sous Valentinien Ier que l'on commença à punir les meurtriers de leurs enfans.

XX. *Son enfant de son lait.* Cet éloge des vertus des femmes germaines était une critique des dames romaines; Tacite paraît insister sur le peu de soins que celles-ci donnaient à leurs enfans, et se trouve ainsi d'accord avec J.-J. Rousseau, qui avait traduit une partie des Histoires, et qui était plein d'admiration pour Tacite, aussi pur moraliste que profond historien.

Les fils des sœurs. C'est pour cela que nos premiers historiens

(Grégoire de Tours, liv. VIII, chap. 18 et 20; liv. IX, chap. 16 et 20) nous parlent tant de l'amour des rois francs pour leurs sœurs et pour les enfans de leurs sœurs, que si les enfans des sœurs étaient regardés dans la maison comme les enfans mêmes, il était naturel que les enfans regardassent leur tante comme leur propre mère. (*Esprit des lois*, liv. XVIII, chap. 22.)

Jamais on ne fait de testament. Tacite déplore ainsi les abus des nombreux testamens qui se faisaient alors à Rome, au détriment des héritiers légitimes, et rappelle indirectement que, dans les premiers temps de Rome, il n'était pas permis de faire de testament.

La privation de postérité. Silvanus, proconsul d'Afrique, était accusé de concussion; mais il fallait du temps pour fournir les preuves. Silvanus demanda à être jugé sur-le-champ : il était d'un grand âge, sans enfans et fort riche. Dans l'espoir d'être appelés à sa succession, les juges le sauvèrent; mais Silvanus survécut à tous ceux dont les intrigues l'avaient favorisé. (*Annal.*, liv. XIII, ch. 52.) Calvia Crispinella avait été l'intendante des plaisirs de Néron; elle passa en Afrique pour animer Macer à la révolte, et fit ouvertement ses efforts pour réduire le peuple romain à la famine : on demanda son supplice. L'empereur Othon la sauva à force de détours et d'adresse, et se couvrit lui-même de déshonneur. Elle parvint à une grande puissance dans la suite, parce qu'elle était riche et sans enfans, ce qui, de nos jours, en toutes les circonstances, fut un grand moyen de fortune. (*Hist.* liv. I, chap. 73.)

XXI. *Prendre part aux inimitiés d'un père.* Les peuples germains n'étaient pas moins sensibles que nous au point d'honneur; ils l'étaient même plus. Ainsi les parens les plus éloignés prenaient une part très-vive aux injures, et tous leurs codes sont fondés là-dessus. La loi des Lombards veut que celui qui, accompagné de ses gens, va battre un homme qui n'est point sur ses gardes, afin de le couvrir de honte et de ridicule, paye la moitié de la composition qu'il aurait due s'il l'avait tué; et que si, par le même motif, il le lie, il paye les trois quarts de la même composition. (*Esprit des lois*, liv. XXVIII, chap. 20.)—Rotharic déclara, dans la loi des Lombards, qu'il avait augmenté les compositions de la coutume ancienne pour les blessures, afin que le blessé étant satisfait, les inimitiés pussent cesser. (*Ibid.*, liv. XXX, chap. 19.) — La vengeance, chez les Français comme parmi les Germains, regardait toute la famille de l'offensé, et faisait même partie de sa succession. L'histoire de Grégoire de Tours est remplie de ces sortes de guerres particulières. (*Mém. de l'Acad. des Belles-Lettres*, tom. 11, pag. 638.)

L'homicide même est racheté. La personne ou la famille qui a reçu une injure peut en tirer la vengeance qu'elle veut. Ils sont implacables dans leur ressentiment, et le temps ne peut éteindre ni même affaiblir le désir d'une juste vengeance. C'est le principal héritage que les pères, en mourant, laissent à leurs enfans, et le soin de venger un affront se transmet de génération en génération, jusqu'à ce que l'occasion arrive de satisfaire ce sentiment. Quelquefois cependant la partie offensée s'apaise ; on fixe une compensation pour un meurtre qui aura été commis. Les parens du mort reçoivent le présent dont on est convenu, et il consiste ordinairement en un prisonnier de guerre qui prend la place et le nom de celui qui a été tué, et qui est adopté dans la famille. (Robertson, *Charles V*, Intr., tom. 11, pag. 35.)

De grand et de petit bétail. Le paiement d'une amende, en forme de satisfaction pour la personne ou la famille qui avait souffert quelque affront ou dommage, fut le premier expédient qu'un peuple grossier imagina pour arrêter le cours du ressentiment personnel, et pour éteindre ces *faidœ* ou vengeances cruelles, qui se transmettaient de parens à parens, et ne s'apaisaient que par le sang. Cet usage remonte jusqu'au temps des anciens Germains, et régna chez d'autres nations aussi peu civilisées que les Germains. On en connaît beaucoup d'exemples qui ont été recueillis par l'ingénieux et savant auteur de l'ouvrage intitulé : *Historical law-tracts*, tom. 1, pag. 41. Ces amendes étaient fixées et perçues de trois manières différentes : elles furent d'abord établies par une convention volontaire entre les parties opposées. Lorsque les premiers mouvemens du ressentiment étaient un peu calmés, elles s'apercevaient des inconvéniens qui résultaient de la durée d'une inimitié réciproque, et la satisfaction qu'on fixa en faveur de l'offensé fut appelée *composition*, ce qui supposait qu'elle avait été fixée d'un consentement mutuel. — On peut juger, par quelques-uns des plus anciens codes de lois, que quand ils furent compilés, les choses étaient encore dans ce premier état de simplicité.

Il y avait des cas où la personne qui avait commis une offense, restait exposée à tout le ressentiment de ceux qu'elle avait offensés, jusqu'à ce qu'elle pût les apaiser de quelque manière, et recouvrer leur amitié, *quoquo modo potuerit*. (*Lex Frision.*, tit. II, § 1.) — La seconde manière dont on fixa ensuite ces amendes, fut de s'en remettre à la décision de quelques arbitres. Dans le livre connu sous le titre de *Regiam majestatem*, un arbitre est appelé *amicabilis compositor*. (ROBERTSON, *Charles V*, Intr., tom. II, pag. 228.) — La nature du crime et de l'offense était déterminée par le magistrat, et la somme due à la personne offensée fut réglée avec une exactitude minutieuse et souvent bizarre. Rotharic, le législateur des Lombards, qui régnait vers le milieu du septième siècle, fait bien connaître son intention, en fixant la composition qui devait être payée par l'agresseur, et en augmentant la valeur primitive de cette amende : « C'est afin, dit-il, que l'inimitié s'éteigne, que la poursuite ne soit pas perpétuelle, et que la paix se rétablisse. » (*Leg. Longob.*, liv. VI et VII, § 10.) (ROBERTSON, *Charles V*, Introd., tom. II, pag. 181.) — L'homicide se payait quatorze livres, savoir trois livres pour le roi et onze pour la réparation du meurtre. — Chez les habitants du Cattaro, on peut encore se racheter par argent de tous les crimes : une blessure est payée dix sequins, deux blessures vingt, et un assassinat cent vingt sequins. (*Annales des Voyages*, quinzième cahier.) — Celui qui tue un homme libre, est-il dit dans la loi des Bavarois, paiera la composition à ses parens, s'il en a ; et s'il n'en a point, il la paiera au duc ou à celui auquel il s'était recommandé pendant sa vie. On sait ce que c'était que se recommander pour un bénéfice. (*Esprit des lois*, liv. XXX, chap. 22.)

Les inimitiés sont d'autant plus terribles. La coutume barbare de se faire justice soi-même par la force, et d'associer toute sa famille à sa vengeance, était passée de la Germanie dans les Gaules, et elle s'y conserva pendant plus de six cents ans : les Français, uniquement élevés dans la profession des armes, et jaloux de leur liberté, ne pouvaient se résoudre à renoncer à un usage qu'ils regardaient comme le privilège de la noblesse et le caractère prétendu de leur indépendance. Il faut remarquer que, si quelqu'un de la famille offensée trouvait la poursuite et la vengeance des torts trop dangereuses, en ce cas la loi salique lui permettait de se désister publiquement de cette guerre particulière ; mais aussi la même loi (titre 63) le privait du droit de succession, comme étant devenu étranger à sa famille, et en punition de son peu de courage. (*Hist. de France du prés. Hénault*, pag. 81.)

Qu'il y a plus de liberté. Les Germains, qui n'avaient jamais été subjugués, jouissaient d'une indépendance extrême : les familles se faisaient la guerre pour des meurtres, des vols, des injures. On modifia cette coutume en mettant ces guerres sous des règles ; elles se firent par ordre et sous les yeux du magistrat, ce qui était préférable à une licence générale de se nuire. (*Esprit des lois*, liv. XXVIII, chap. 17.) — Bientôt suivirent les combats entre quatre lances, les carrousels, les tournois, les joûtes, etc.

Aucune autre nation n'accueille ses convives et ses hôtes avec plus de générosité. La loi des Bourguignons veut que chaque Bourguignon soit reçu en qualité d'hôte chez un Romain. Cela est conforme aux mœurs des Germains qui, au rapport de Tacite, étaient le peuple de la terre qui aimait le plus à exercer l'hospitalité. (*Esprit des lois*, liv. XXX, chap. 9.)

Est un crime. La loi ripuaire faisait de l'hospitalité un devoir précis, et punissait d'une amende ceux qui y manquaient. (*Hénault*, tom. II, p. 203.)

XXII. *Toujours armés.* De là vient, dans tous les états formés par des peuples germaniques, l'usage de porter l'épée, si général en quelques-uns, que, par exemple, en Espagne, il s'étend aux artisans et aux laboureurs. Cette coutume ferait croire aux Romains et aux Grecs, s'ils revenaient au monde, que nous sommes toujours en guerre. (LABLETTERIE.)

Les rixes, suites inévitables de l'ivresse. Le goût déterminé pour le vin était si général en Allemagne, que plusieurs princes de l'empire se réunirent pour en modérer les excès. L'ordonnance du tournoi d'Heilbron porte des défenses sévères à cet égard. En 1524, les électeurs de Trèves, de Wurtzbourg, de Spire et de Ratisbonne, avec cinq comtes palatins du Rhin, le margrave Casimir de Brandebourg et le landgrave Philippe de Hesse, se réunirent également pour abolir l'usage immodéré des juremens, des blasphèmes et de l'ivrognerie. L'ordonnance qu'ils rédigèrent est ainsi conçue : « Après avoir assisté en personne au *tir* de l'arbalète des artisans de Heidelberg, nous nous sommes tous convaincus que l'usage grossier des juremens et des excès du vin occasione une foule de maux dans la nation allemande ; c'est pourquoi nous tous, électeurs ou princes sus-mentionnés, tant ecclésiastiques que laïques, nous nous sommes engagés d'un commun accord, à la louange du Dieu tout-puissant, et sous notre parole de prince, à nous abstenir, en ce qui nous concerne personnellement, de jurer, de blasphémer et de nous enivrer, ou, du moins, à ne plus le faire qu'à moitié. Nous ordonnons en même temps, sous des peines spéciales, à tous nos magistrats supérieurs et inférieurs, aux officiers et employés de la cour, de suivre notre exemple. Les chevaliers sous notre juridiction sont également invités à nous imiter, et à ne plus se livrer ni au blasphème ni à l'ivrognerie, ou, du moins, à ne plus le faire qu'à moitié. » (*Mém. manuscr. sur la chevalerie*, par le comte A. Delaborde.)

Ils ont délibéré lorsqu'ils ne pouvaient feindre.

> L'Anglais, le seul Anglais, instruit dans l'art de vivre,
> Pense et raisonne encore au moment qu'il s'enivre;
> Le coude sur le table, appuyé gravement;
> L'esprit préoccupé d'un bill du parlement,
> Il contemple sa coupe, en silence vidée,
> Et, plein de ses vapeurs, il creuse son idée.

(*Épître de Colardeau à Duhamel.*)

XXIII. *Achètent même du vin.* Les Romains avaient fait de l'Europe, de l'Asie et de l'Afrique, un vaste empire : la faiblesse des peuples et la tyrannie du commandement unirent toutes les parties de ce corps immense. Pour lors, la politique romaine fut de se séparer de toutes les nations qui n'avaient pas été assujéties : la crainte de leur porter l'art de vaincre fit négliger l'art de s'enrichir; ils firent des lois pour empêcher tout commerce avec les barbares. « Que personne, disent Valens et Gratien, n'envoie du vin, de l'huile ou d'autres liqueurs aux barbares, même pour en goûter.... Qu'on ne leur porte point de l'or, ajoutent Gratien, Valentinien et Théodose, et que même, ce qu'ils en ont, on le leur ôte avec finesse. » Le transport du fer fut défendu, sous peine de la vie. Domitien, prince timide, fit arracher les vignes dans la Gaule, de crainte, sans doute, que cette liqueur n'y attirât les barbares, comme elle les avait autrefois attirés en Italie. (*Esprit des lois*, liv. XXI, chap. 15.)

Leurs mets sont simples. Tacite, par cet éloge, blâme indirectement les honteuses profusions de la table chez les Romains. Plutarque raconte qu'un jour le médecin Philotas voyant dans la cuisine d'Antoine un appareil extraordinaire, et, entre autres choses, huit sangliers qu'on faisait rôtir tout entiers, fut bien surpris quand on lui dit que les convives n'étaient que douze.

Sans raffinement. Aujourd'hui les moissonneurs mêmes assaisonnent leurs mets de diverses épices, dit Perse (liv. VI). Voy., *Hist.*, liv. II et III, la description des festins de Vitellius, qui employait des villes entières à fournir à sa gloutonnerie. On connaît le luxe et les dépenses de Lucullus et d'Apicius pour leur table.

XXIV. *En sautant au milieu des glaives.* Au hameau du Pont-de-Cervières, chaque année, le jour de la fête patronale, on exécute diverses danses; le bal s'ouvre par une danse que des jeunes gens du pays exécutent l'épée à la main. Cet usage paraît avoir été transmis par une colonie descendue de la Germanie. (*Voyez* la description de cette danse guerrière dans le *Moniteur* du 22 mars 1806.) — Les jeux du carrousel furent une suite de ces danses au milieu des lances et des épées; c'était ce que, dans les tournois de chevalerie, on appelait l'*étour* ou le *behourdis* : les chevaliers, rangés par escadrons, se chargeaient la lance en arrêt; ceux dont la lance était brisée au premier choc, combattaient l'épée à la main, etc. — Ces jeux ne furent d'abord que des danses qui simulaient des combats semblables à ceux qu'on appelait depuis *combats à la foule*, ou, peut-être, *trespignées* : ils se perfectionnèrent dans les siècles suivans. (DE SAINTE-PALAYE, pag. 149.)

Pour aucun salaire. Néron fit paraître sur la scène les descendans des plus illustres familles : leur misère leur fit recevoir le prix de tant de honte. Ils ne sont plus : je ne dirai pas leur nom; c'est un tribut que je crois devoir à leurs ancêtres. Néron força aussi, par des dons immenses, des chevaliers romains à descendre sur l'arène. Ils n'y eussent pas consenti, si les présens que fait celui qui peut ordonner n'avaient toute la force de la contrainte. (*Annal.*, liv. XIV, chap. 14.)

Ils l'appellent bonne foi. Nous avons conservé ce sentiment d'honneur pour toutes les dettes de jeu, que nous regardons encore comme les plus sacrées de toutes les dettes. La bonne foi et la loyauté étaient le caractère de ces peuples, et ce caractère s'est conservé jusqu'à nous. Les plus grands reproches que se font les héros dans les romans de chevalerie, sont ceux de déloyal, de chevalier félon, parjure à sa foy, mensongier, couard, et foy mentie. (*De Sainte-Palaye*, t. I, p. 77.)

XXV. *Leurs autres esclaves ne servent pas comme les nôtres.* Il y a deux sortes de servitude : la réelle et la personnelle. La réelle est celle qui attache l'esclave au fonds de terre. C'est ainsi qu'étaient les esclaves chez les Germains. Au rapport de Tacite, ils n'avaient point d'offices dans la maison; ils rendaient à leurs maîtres une certaine quantité de blé, de bétail ou d'étoffe. Cette espèce de servitude est encore établie en Hongrie, en Bohême, et dans plusieurs endroits de la Basse-Allemagne. Les peuples simples n'ont qu'un esclavage réel, parce que leurs femmes et leurs enfans font les travaux domestiques. Les peuples voluptueux ont un esclavage personnel, parce que le luxe demande le service des esclaves dans la maison. Vous ne pourriez, dit Tacite, distinguer le maître de l'esclave par les délices de la vie. (*Esprit des lois*, liv. XV, chap. 10.)

Le maître exige seulement. En lisant les monumens de nos premiers rois capétiens, il paraît que les deux tiers du royaume étaient serfs de corps et de biens, ou, du moins, serfs de biens. Personne n'ignore qu'on appelait alors serfs de biens ou d'héritages ceux qui tenaient de quelque seigneur une portion de terre qu'il ne pouvait pas leur ôter arbitrairement, à condition de la bien tenir en valeur, et de payer à ce seigneur une redevance fixe. (*Hist. de l'établiss. des Francs dans les Gaules*, par le président Hénault, tom. II, pag. 45.) — Le nombre des serfs chez toutes les nations de l'Europe était prodigieux. En France, au commencement de la troisième race, la plus grande partie de la classe inférieure du peuple était réduite à cette condition. (*Esprit des lois*, liv. XXX, chap. 11.)

La servitude ne va pas au delà. Les nations simples et qui s'attachent elles-mêmes au travail ont plus de douceur pour leurs esclaves que celles qui y ont renoncé..... Mais lorsque les Romains se furent agrandis, que leurs esclaves ne furent plus les compagnons de leur travail, mais les instrumens de leur luxe et de leur orgueil, comme il n'y avait point de mœurs, on eut besoin de lois, et il en fallut de terribles pour établir la sûreté de ces maîtres cruels, qui vivaient au milieu de leurs esclaves comme au milieu de leurs ennemis. (*Esprit des lois*, liv. xv, chap. 16.)

Qu'ils le font impunément. Quand la loi permet au maître d'ôter la vie à son esclave, c'est un droit qu'il doit exercer comme juge et non pas comme maître : il faut que la loi ordonne des formalités qui ôtent le soupçon d'une action violente. (*Esprit des lois*, liv. xv, chap. 17.)

La liberté se reconnaît à l'abaissement même des affranchis. Polycletus, l'affranchi de Néron, fut envoyé pour réprimer les Bretons. Il fatigua l'Italie et la Gaule de son nombreux cortège, et, par sa dureté, se fit redouter même de nos propres soldats. Mais ce fut un sujet de risée pour ces barbares, brûlant encore de tout l'amour de la liberté, et qui ne savaient pas encore qu'un affranchi pût être puissant, de voir un général et des soldats victorieux obéir à un esclave. (*Ann.*, liv. xiv, chap. 34.) — Othon ayant été élu empereur, un affranchi de Néron, Crescens (car c'est au milieu de tous les troubles publics que ces hommes cherchent à s'immiscer dans l'état), se permit d'offrir un grand festin au peuple, pour célébrer ce nouvel avénement. (*Hist.*, liv. 1, ch. 76.) — Voyez comme Horace insulte à un affranchi arrogant. (*Epod.* IV.) — Dans le gouvernement de plusieurs, il est souvent utile que la condition des affranchis soit peu au dessous de celle des ingénus, et que les rois travaillent à leur ôter le dégoût de leur condition ; mais dans le gouvernement d'un seul, lorsque le luxe et le pouvoir arbitraire règnent, on n'a rien à faire à cet égard : les affranchis se trouvent presque toujours au dessus des hommes libres ; ils dominent à la cour du prince et dans les palais des grands, et comme ils ont étudié les faiblesses de leur maître et non pas ses vertus, ils le font régner, non pas par ses vertus, mais par ses faiblesses. (*Esprit des lois*, liv. xv, chap. 19.)

XXVI. *L'accroître par des usures.* Perse (*sat.* v) se plaint de l'amour des Romains pour l'usure. « Ah! que désirez-vous! faire travailler vos fonds, qu'ici vous placiez à un intérêt modeste, et les forcer à vous rapporter cent pour cent? Ah! jouissez plutôt de la vie. »

Ignorance plus salutaire que des lois prohibitives. Quand un peuple n'a pas l'usage de la monnaie, on ne connaît guère chez lui que les injustices qui viennent de la violence; et les gens faibles, en s'unissant, se défendent contre la violence. Il n'y a guère là que des arrangemens politiques. Mais chez un peuple où la monnaie est établie, on est sujet aux injustices qui viennent de la ruse; et ces injustices peuvent être exercées de mille façons. On y est donc forcé d'avoir de bonnes lois civiles; elles naissent avec les nouveaux moyens et les diverses manières d'être méchant. (*Esprit des lois*, liv. XVIII, chap. 16.)

Leurs terres sont successivement occupées par tous. César dit que les Germains ne s'attachaient point à l'agriculture; que la plupart vivaient de lait, de fromage et de chair; que personne n'avait de terres ni de limites qui lui fussent propres; que les princes et les magistrats de chaque nation donnaient aux particuliers la portion de terre qu'ils voulaient, et dans le lieu qu'ils voulaient, et les obligeaient l'année suivante de passer ailleurs. (*Esprit des lois*, liv. XXX, chap. 3.) — Les magistrats publics distribuaient tous les ans aux familles des portions de terre, qui changeaient de maîtres l'année suivante, de peur, disaient-ils, que le goût de l'agriculture ne remplaçât la passion des armes, et que le désir d'agrandir des propriétés héréditaires ne détruisît l'égalité des fortunes. (CÉSAR, *Guerre des Gaules*, liv. VI, chap. 22.)

Leur sont également inconnus. L'automne n'a point de nom dans la langue anglo-saxonne; les Anglais ont emprunté l'expression française.

XXVII. *Les armes du mort.* Les chevaliers, si l'on s'en rapporte à l'auteur du roman de Lancelot, n'étaient point anciennement mis en terre qu'ils ne fussent armés de toutes leurs armes. — « Le corps de messire Corneille, dit La Colombière, fust envoyé à Bruxelles, et le feit enterrer la duchesse (de Bourgogne) à Sainte-Goule moult honorablement; car elle l'aimoit moult pour ses bonnes vertus, et fust mise sur lui sa bannière, son étendart et son pennon. » (DE SAINTE-PALAYE, tom. I, pag. 4.)

Quelquefois son cheval. On a trouvé dans le tombeau de Chilpéric ses armes et son cheval enterrés avec lui. (*Mém. de l'Acad. des Belles-Lettres*, tom. II, pag. 648.) — Enfin Rammont de Venout, ou Raimon le Venoul, se fit amener trente chevaux, et, pour donner le spectacle d'une magnificence qui n'avait point d'exemples, il fit brûler ces malheureuses victimes de vanité aux yeux de tous les assistans. (DE SAINTE-PALAYE, tom. II, pag. 78.)

Quant à tous les honneurs de mausolées. Licinius, barbier et affranchi d'Auguste, avait acquis des biens immenses : à sa mort on lui éleva un tombeau de marbre. (*Voyez* la sat. II, de Perse.)

Aux femmes il convient de pleurer. Chez les Iroquois, il n'y a que les femmes qui pleurent à la perte d'un parent ou d'un ami. (*Voyage de M. Malouet.*)

XXVIII. *Diffère d'institutions et de coutumes.* Les nations germaines, dit Tacite, avaient des usages communs; elles en avaient aussi de particuliers. La loi salique et la loi des Bourguignons ne donnèrent point aux filles le droit de succéder à la terre avec leurs frères; elles ne succédèrent pas non plus à la couronne. La loi des Wisigoths, au contraire, admit les filles à succéder aux terres avec leurs frères; les femmes furent capables de succéder à la couronne. (*Esprit des lois*, liv. XVIII, chap. 22.) — Les Gaules furent envahies par les nations germaines. Les Wisigoths occupèrent la Narbonnaise et presque tout le midi; les Bourguignons s'établirent dans la partie qui regarde l'orient, et les Francs conquirent à peu près le reste. Il ne faut pas douter que ces barbares n'aient conservé, dans leurs conquêtes, les mœurs, les inclinations et les usages qu'ils avaient dans leur pays, parce qu'une nation ne change pas, dans un instant, de manière de penser et d'agir. (*Ibid.*, liv. XXX, chap. 6.)

Des Gaulois aussi ont passé autrefois en Germanie. C'est apparemment cet alliage qui a fait regarder, par des auteurs du moyen âge, la nation allemande comme étrangère à la Germanie, et non sans quelque raison, car il paraît très-probable qu'elle fut d'abord formée d'aventuriers gaulois qui, suivant Tacite, enhardis par la pauvreté, s'emparèrent, au delà du Rhin et du Danube, de terres d'une possession douteuse, c'est-à-dire sans maîtres : ce qui désigne assez bien les pays abandonnés par les Marcomans, lorsque, sous le règne d'Auguste, leur roi Maroboduus les transporta dans la Bohême. Ces Gaulois, émigrés en grand nombre, accrus des restes des anciens habitans, ensuite des débris d'autres peuples germaniques, et par des incorporations successives, étaient devenus Germains avec le temps, ou ne conservaient que de faibles traces de leur origine gauloise.

La forêt d'Hercynie. Cette forêt était nommée Orcynie par Eratosthène, Arcinie par Aristote; une partie s'appelle encore aujourd'hui le Hartz, nom corrompu d'*Hercynia*, ou qui était peut-être le nom primitif de ces forêts, et dont les Romains avaient adouci la prononciation en les désignant sous le nom d'*Hercynia*. — César, d'après les géographes grecs, avait confondu toutes les forêts et toutes les montagnes de la Germanie sous le nom de forêt Hercynienne; cette vague tradition se propagea parmi les géographes romains; ni Pline, ni Tacite, ne surent s'en former une idée plus exacte. (*Géogr. de Malte-Brun*, tom. 1, pag. 252.) — M. Peyer-Imhoff, lieutenant-colonel d'artillerie, nous communique une note qui peut servir au tracé de ces vastes forêts sur la carte.

En traversant le Rhin à Basle, se dirigeant au N.-E., on arrive, après six heures de marche, à un groupe de montagnes nommé Fichtelberg, qu'il ne faut pas confondre avec le Fichtelberg de la Franconie : c'est au premier que commence la forêt Hercynienne. Continuant de marcher vers l'E., on arrive, en suivant la rive gauche du Danube, à la petite ville de Huffingen, et ensuite à,

1° Haartz-Beyern : la plus ancienne abbaye de l'Allemagne;
2. Haartz : village à trois lieues plus loin, et à une demi-lieue du Danube;
3. Haartz-Wald : grande forêt à une lieue au couchant;
4. Haartz-Auf : sommet de la montagne, à une lieue au N.;
5. Haartz-Lauch : rivière à sept lieues plus bas, vers le Danube;
6. Haartz-Haussen : sur la rivière de la Scheer, à six lieues ;
7. Haartz-Lau, en face de Sigmarin;
8. Haartz-Hausen, à six lieues du Danube.

Suivant le fleuve pendant neuf lieues, se dirigeant ensuite vers le N., on trouve à trois lieues,

9. Haartz-Hof. — A trois lieues plus loin la

NOTES.

10. Haartz : grande forêt au N.
    A neuf lieues, vers le N., on rencontre, sur la rive gauche du Neck-Ar ou Neck-Haartz,
11. Haartzen-Hoffen. — A une lieue à son couchant,
12. Haartz-Platten. — A une lieue au N.-E. plus loin,
13. Haartz-Mur. — A neuf lieues droit au N.,
14. Haartz-Hauser-Wald. — A six lieues à son couchant,
15. Haartz-Hausen; et à neuf lieues plus bas qu'Ulm, on trouve, sur la rive droite du Danube,
16. Haartz-Hausen.

En suivant le cours du Rhin :

17. Haartz : village près d'Alstetten, au bord du fleuve, avant son entrée dans le lac de Constance.
18. Haartz-Ober : grande forêt aux environs de Basle;
19. Haartz-Mittel, entre Huningue et Bauzenheim;
20. Haartz-Nider, de Bauzenheim à Colmar;
21. Haartz-Hausen : village et forêt près de Haguenau;
22. Haartz-Neustatt : ville et forêt au N. de Landau;
23. Haartzen-Berg : château;
24. Haartz-Hausen : village à l'embouchure de la Speyerbach;
25. Haartz-Wald; rive gauche du Mein, près Carelsruh;
26. Haartz Delbele : rivière;
27. Haartz-Spes; rive droite du Mein;
28. Haartz-sur-l'Alme, versant dans la Lippe;
29. Haartz-Wald, entre la Fulde et l'Ulster;
30. Haartz-Rhein, au N. de Hessen-Cassel;
31. Haartz Wald, sur le Haartz, près de Quedlibourg.

Les Helvétiens. Aux Boïens, Tacite associe les Helvétiens, autre nation gauloise qu'il fait rester entre le Rhin, le Mein et l'Hercynie. Strabon ne parle que des Boïens, qu'il établit dans la vaste enceinte de la même forêt; et l'identité du lieu ne permet guère de douter que César, Strabon et Tacite, n'aient parlé de la même expédition, que Tite-Live date du règne de Tarquin l'Ancien. Celle des Helvétiens pourrait d'ailleurs n'être pas précisément du même temps, et les Gaulois, soit avant, soit après cette époque, avaient peut-être fait beaucoup d'autres établissemens dans la

Germanie, ainsi que dans la Pannonie et l'Illyrie, où l'on voit des cantons occupés par des Seordisques, des Teuristes, des Taurisques, des Bastarnes, que les plus anciens auteurs reconnaissent pour les nations émigrées de la Gaule. (*Esprit milit. des Germains*, pag. 10.)

Plus au delà les Boïens. Les Boïens étaient la principale nation celtique de ces contrées; ils étendirent, un siècle avant Strabon, leur domination sur une grande partie de la Bavière et de l'Autriche actuelles : leurs terres atteignaient même le lac *Peiso*, probablement le lac Balaton en Hongrie. Dans leurs migrations, ils envahirent le *Boiohæmum*, et lui donnèrent leur nom. (*Géogr. de Malte-Brun*, tom. 1, pag. 113.)

Se conserve encore dans celui de Bohême. Le mot germanique *haim* signifiait demeure : *Boiohæmum*, demeure des Boïens.

De cette ancienne émigration. Du temps de Tarquin l'Ancien, vers l'an de Rome 162, près de six cents ans avant l'ère vulgaire, les Gaulois, embarrassés d'une population surabondante, envoyèrent une nombreuse armée au delà des Alpes, aux ordres de Bellovèze; une autre au delà du Rhin, sous la conduite de son frère Sigovèze, qui la mena vers la forêt Hercynie. Les peuples de la Gaule qui, selon César, firent cet établissement dans l'intérieur de la forêt de ce nom, sur les terres les plus fertiles de la Germanie, sont nommés dans ses Commentaires *Volces-Tectosages*, probablement par une ancienne erreur des copistes, puisque Tacite, en s'appuyant de l'autorité de César, appelle ces peuples Boïens, et dit positivement qu'ils donnèrent au pays le nom de *Boiæmum*, qui subsistait de son temps, quoique les Boïens eussent été déplacés. La même contrée s'appelle encore *Boheim* dans les langues allemandes, et *Bohême* dans la nôtre. Les Boïens sortaient-ils, comme on le croit communément, du Bourbonnais, qui pouvait être alors plus étendu, ou étaient-ils une portion des Séquanais?

Quoique ce pays ait depuis changé d'habitans. Du temps d'Auguste ils furent chassés par les Marcomans, et ils se retirèrent dans la Norique.

Les Aravisces habitaient la Haute-Hongrie.

Les Oses étaient situés dans la partie orientale de la Silésie et vers la source de la Vistule. On s'imagine apercevoir le nom d'Ose dans celui d'Osvicezin, ville de Pologne.

Les Trévirs et les Nerviens. Les Trévirs occupaient le pays de Trèves : les Nerviens habitaient une grande partie de la Flandre ; *Cameracum*, Cambrai, était leur capitale. — Les Nerviens s'étendaient dans tout le Hainaut et dans le midi de la France ; leurs villes étaient Cambrai, *Cameracum*, Tournai, *Turnacum*, et Bavai, *Bagacum*, la plus anciennement connue des trois. De petites tribus soumises aux Nerviens occupaient probablement la côte de la Flandre actuelle, qui fut nommée *Neuvicanus tractus*. (*Géogr. de Malte-Brun*, tom. 1, pag. 272.)

Les Vangions occupaient les territoires de Mayence et de Worms, en deçà du Rhin.

Les Triboques résidaient dans la partie septentrionale de l'Alsace.

Les Némètes occupaient la portion du pays de Spire qui est sur la rive gauche du Rhin. — Dans la Germanie supérieure, nous trouvons du nord au sud les Vangions, les Némètes et les Triboques ; la capitale, *Moguntiacum*, Mayence, qui est probablement le *Magetobria* de César. (*Géogr. de Malte-Brun*, t. 1, p. 274.)

Du nom de leur fondatrice. Agrippine, épouse de l'empereur Claude et mère de Néron. — La même année (de l'ère vulgaire 50), marquée par les discordes des Quades et par les incursions des Cattes, le fut aussi par l'ambitieuse fantaisie qu'eut l'impératrice de transporter des soldats vétérans dans la ville des Ubiens (Cologne), pour donner le nom de *colonie d'Agrippine* à une nation germanique établie depuis plus de quatre-vingts ans sur les terres de la Gaule. (TACITE, *Ann.*, liv. XII, chap. 27.) — Par ses ordres, le brave Agrippa, le second général qui ait montré les aigles romaines au delà du fleuve de séparation, entra dans la Germanie pour protéger, ou plutôt pour recueillir les Ubiens, vaincus par des peuples Suèves, probablement par les Cattes, leurs anciens ennemis, poursuivis avec acharnement et forcés de venir chercher un asile dans la Belgique. En les plaçant à la rive gauche du Rhin, sur le territoire des Ménapiens et des Condruses, il paraissait généreux envers des alliés fidèles, dont il ne voulait que se servir utilement à garder une certaine étendue du fleuve contre d'autres nations transrhénanes. Il donna aux Ubiens, pour être la capitale de leurs nouveaux états, la ville qui s'appela dans la suite la *colonie Agrippinienne*, après que la fameuse Agrippine, femme de l'empereur Claude, et petite-fille d'Agrippa, y eut envoyé une colonie de vétérans. C'est aujourd'hui Cologne, nommée Koln par ses habitans. (*Esprit milit. des Germains*, pag. 48 et 49.)

XXIX. *Des Bataves.* Derrière les Frisons habitaient les Bataves, entre les bras du Rhin; ce peuple était une colonie des Cattes. (*Géogr. de Malte-Brun*, tom. I, pag. 246.)

Mais ils en occupent une île. L'ancienne île des Bataves se trouve renfermée entre les deux bras du Rhin, s'étendant ainsi sur une longueur d'environ cent milles romains, et sur vingt-deux dans sa plus grande largeur. (PINKERTON, tom. III, pag. 188.) — Cette île, formée par le Rhin, le Wahal et l'Océan, était située à l'extrémité de la Gaule Belgique.

Réservés pour nos guerres. Lorsque les Cimbres et les Teutons, l'an de Rome 640, environ quatre cent soixante-dix-huit ans après l'expédition de Sigovèze, et cent treize avant l'ère chrétienne, se jetèrent sur les Gaules, ils ne trouvèrent de résistance invincible que dans la Belgique.

De Mattiaques. Ils habitaient la Vétéravie, la Hesse et le pays de Fulde; il y avait dans leur territoire un fort qui portait leur nom, *Castrum Mattiacorum*, Marpurg; *Locoritum* leur appartenait encore, Lorhr ou Forcheim, et *Aquæ Mattiacæ*, vis-à-vis de Baden. (*Géogr. comp. de J. Joly.*)

Les champs décumates. Ces peuples habitaient les champs décumates, qui comprenaient presque toute la Souabe. Les Marcomans ayant abandonné ces contrées pour se fixer en Bohême, des peuples errans vinrent s'y établir. Les Romains leur accordèrent leur protection, sous la condition qu'ils leur payeraient le dixième de leur récolte.

Vinrent occuper ce territoire. Vers le confluent du Rhin et du Mein, une foule de Gaulois avaient occupé des terrains vagues qui reçurent le nom d'*agri decumates*, parce qu'ils ne payaient que la dîme de leurs fruits. Ces terrains, voisins du pays des Cattes, selon Tacite, et mal à propos placés par d'Anville sur les bords du Danube, étaient entourés d'un rempart dont les ruines existent encore sous le nom de Pohlgraben; ce rempart paraît avoir embrassé les environs de Wisbaden, de Francfort et d'Aschaffenbourg. Les eaux thermales du premier de ces endroits étaient connues des

Romains sous le nom d'*aquæ Mattiacæ*, nom qui rappelle celui des Mattiaques, petite nation vassale de ces conquérans. (*Géogr. de Malte-Brun*, tom. 1, pag. 249.)

XXX. *Les Cattes* habitaient la Hesse, une partie de la Thuringe et du duché de Brunswick. Une de leurs colonies alla s'établir chez les Bataves, où les deux villages de Cattevisch portent encore leur nom. Leurs résidences étaient *Sterenontium*, Cassel, *Munitium*, Gottingen, *Devona*, près Wurtzbourg, *Calegia*, Weimar, et *Artamum*, aux environs de Rotzbach. (*Géographie comparée de Joly.*) — Ces peuples restèrent plus tranquilles que les autres Istævons; ils occupaient la Hesse et les pays de Fulde et d'Hanau, avec une partie de la Franconie. La forêt de *Bacenis*, qui les bornait au nord-est, est une partie de celle dite aujourd'hui de Thuringe, et qui encore dans le moyen âge s'appelait *Buchonia*. Les Cattes se montrent rarement après le premier siècle de l'ère vulgaire; ils paraissent, pour la dernière fois, en 392, comme alliés des Francs. (*Géogr. de Malte-Brun*, tom. 1, pag. 249.) — Il s'éleva entre les Cattes et les Hermondures de violentes querelles pour la propriété des salines abondantes placées sur les confins des deux peuples. Telle était avant le combat leur animosité, que réciproquement ils avaient dévoué à leurs dieux les hommes, les chevaux, et tout ce qui resterait de vivant dans l'armée vaincue. (TACIT., *Annal.*, liv. XIII, chap. 57.) — L'an de Rome 744, Drusus, secondé de Tibère, son frère aîné, et éclairé par Auguste, qui observait de la Gaule les évènemens de la Germanie, attaqua les Cattes, que les Sicambres venaient enfin de réunir à la ligne patriotique. Il réduisit pour le moment quelques peuples de la confédération, et dévasta d'autres contrées sans faire d'ailleurs de grands progrès. (*Esprit milit. des Germains*, pag. 54.) — Au commencement du printemps de l'an de Rome 768, et le quinzième de l'ère vulgaire, les Cattes, surpris par la diligence de Germanicus à prévenir la saison ordinaire par l'extrême célérité de sa marche, éprouvèrent la même inhumanité que les Marses. Les femmes, les enfans, les vieillards, dans les cantons sur lesquels tomba l'armée, furent d'abord massacrés ou enlevés pour l'esclavage, les campagnes ravagées, et le chef-lieu de la nation, appelé *Mattium*, et qu'on croit être aujourd'hui Marbourg, dans la

Hesse, livré aux flammes. Les gens de guerre et la jeunesse des Cattes échappèrent en traversant l'Eder à la nage : ils osèrent même disputer le passage de la rivière, avec des flèches peut-être, ou d'autres armes de jet, jusqu'à ce que, foudroyés par les machines de guerre qui protégeaient la construction d'un pont, et près d'être accablés par quatre légions et plus de dix mille auxiliaires, ils n'eurent d'autre parti à prendre que de se disperser dans les forêts. (*Ibid.*, pag. 80 et 81.)

Leur force est en infanterie. L'infanterie faisait la principale force des armées sous Clovis. (*Hist. de France du président Hénault*, pag. 4.) — L'usage de la cavalerie s'étant introduit dans les armées sous la deuxième race, la nécessité de trouver des fourrages engagea Pépin à remettre les assemblées de la nation au mois de mai. (*Ibid.*, pag. 36.)

La précipitation est souvent près de la crainte. La cavalerie fut peu nombreuse chez les premiers Romains; elle ne faisait que la onzième partie de la légion, et très-souvent moins; et, ce qu'il y a d'extraordinaire, ils en avaient beaucoup moins que nous, qui avons tant de sièges à faire, où la cavalerie est peu utile : quand les Romains furent dans la décadence, ils n'eurent presque plus que de la cavalerie. Il me semble que plus une nation se rend savante dans l'art militaire, plus elle agit par son infanterie, et que moins elle le connaît, plus elle multiplie sa cavalerie; c'est que, sans la discipline, l'infanterie pesante ni légère n'est rien, au lieu que la cavalerie va toujours, dans un désordre même : l'action de celle-ci consiste plus dans son impétuosité et un certain choc; celle de l'autre, dans sa résistance, et une certaine immobilité; c'est plutôt une réaction qu'une action. Enfin la force de la cavalerie est momentanée, l'infanterie agit plus long-temps; mais il faut de la discipline pour qu'elle puisse agir long-temps. (*Grand. et décad. des Romains*, chap. XVIII.)

XXXI. *A se laisser croître les cheveux et la barbe.* Dans la guerre que Clovis fit aux Ariens, ses soldats jurèrent de laisser croître leur barbe jusqu'à ce qu'ils eussent vaincu. (*Hist. de la nat. française*, pag. 130.) — A soixante ans généralement en Suisse, on a le droit de porter la barbe longue; c'est de plus une marque qu'on est dispensé de porter les armes. (*Voyage de Coxe*, lett. IV.)

Après avoir immolé un ennemi. Dans les Pays-Bas, vers la fin du seizième siècle, après l'exécution des comtes de Horn et d'Egmond, quelques-uns firent l'ancien vœu germanique, promettant de ne point toucher à leurs cheveux, jusqu'à ce qu'ils eussent vengé ces deux victimes de la cruauté du duc d'Albe. (LABLETTERIE.)

Ce n'est que sur son sang, sur ses dépouilles qu'ils se découvrent le front. Les chevaliers, comme on peut l'inférer d'un passage du manuscrit de Joinville, se rasaient le devant de la tête, soit de peur d'être saisis par les cheveux, s'ils perdaient leur casque dans le combat; soit qu'ils les trouvassent incommodes sous la coiffe de fer et sous le heaume dont ils étaient continuellement armés. (DE SAINTE-PALAYE, tom. 1.) — Je crois plutôt qu'ils se rasaient ainsi le devant de la tête, d'après cet ancien usage des Cattes, et parce qu'ils avaient déjà, par quelque action d'éclat, mérité le titre de chevalier et le droit de se découvrir le front.

Cachés sous leur chevelure hideuse. Civilis, qui avait réprimandé justement les violateurs de la foi des traités, eut néanmoins tant de joie, qu'aussitôt il se coupa les cheveux, s'applaudissant d'être dégagé du vœu qu'il avait fait, au commencement de la guerre, de les porter épars et négligés, jusqu'à ce qu'il eût tiré quelque vengeance éclatante de ses ennemis. (*Esprit milit. des Germains*, pag. 152.)

Les plus courageux portent de plus un anneau de fer. Les chevaliers qui faisaient des emprises ou entreprises d'armes, soit courtoises, soit à outrance, c'est-à-dire meurtrières, chargeaient leurs armes de chaînes ou d'autres marques, attachées le plus souvent par la main des dames. (DE SAINTE-PALAYE, tom. 1, pag. 3.) — Saintré et ses compagnons avaient promis de ne point ôter de dessus leurs épaules le signe ou le gage de leur entreprise d'armes, jusqu'à ce qu'ils eussent trouvé un nombre de chevaliers ou d'écuyers de nom et d'armes, sans reproche, pareil au leur, qui les combattissent de lances de ject, de haches d'armes, d'épées de corps et de dagues. (*Hist. de Jehan de Saintré*, pag. 522.) — Le comte de Loiseleng, l'un des plus grands seigneurs de la Pologne, et grand officier de cette couronne, se rendit en France; ce brave et riche palatin venait admirer la cour du roi Jean, accompagné de quatre autres palatins d'un rang à peine inférieur au sien. Tous les cinq ayant fait la même entreprise d'armes, portaient au bras un *carcan d'or* et une chaîne qui l'attachait au pied, sans leur ôter la liberté de se servir de l'un et de l'autre. Ils furent supplier le monarque de leur permettre d'attendre dans sa cour qu'il se présentât le même nombre de chevaliers pour les délivrer. (*Ibid.*, pag. 113.) — En 1414, Jean de Bourbon, pour éviter l'oisiveté, acquérir de la gloire et la bonne grâce de sa dame, fit vœu, avec seize autres chevaliers et écuyers de nom et d'armes, de porter pendant dix ans, tous les dimanches, à la jambe gauche, un *fer de prisonnier*, savoir en or pour les chevaliers, et en argent pour les écuyers, jusqu'à ce qu'ils eussent trouvé pareil nombre de chevaliers et d'écuyers pour les combattre.

Jusqu'à ce qu'ils s'en soient délivrés par la mort d'un ennemi. Les chevaliers faisaient aussi vœu « de ne dormir au lit, ne dépouiller ne de jour ne de nuit qu'ils ne fussent venus à bout de leur entreprise. » D'autres chevaliers, par une ambition encore plus délicate et plus élevée, ne voulaient point prendre de noms, de cris ou de devises, ni d'armoiries, avant que de les mériter par leurs propres exploits. (DE SAINTE-PALAYE, tom. I, pag. 292.) — La demoiselle, au lieu d'un doigt, lui en accorde deux, et lui ferme si bien l'œil, qu'il ne peut en faire aucun usage; aussitôt le chevalier jure de ne point l'ouvrir qu'il ne soit entré sur les terres de France, et que, pour venger les droits d'Édouard, il n'ait combattu l'armée de Philippe en bataille rangée. En effet, pendant tout le temps que dura la guerre, le comte de Salisbery ne se permit pas de voir de cet œil. (*Ibid.*, tom. III, pag. 5.)

Sans maison, sans champs. Tels furent les chevaliers errans, qui ne possédaient aucuns biens, cherchaient des aventures, protégeaient les faibles, redressaient les torts et étaient défrayés partout où ils se présentaient.

Courage aussi extraordinaire. Je crois intéressant de citer un fait qui prouve l'ardeur extrême de ces peuples pour les combats, ardeur que les glaces mêmes de l'âge ne pouvaient refroidir. « Le roi de Bohème étant devenu aveugle, ce brave et généreux vieillard dit à deux de ses chevaliers, la veille de la bataille : « Eh! « chiers amis, ne me procurerez-vous pas le bonheur de faire en- « core un coup de lance ou branc d'acier? » « Oui-dà, sire, » dirent-ils. Sitôt ils enresnerent leurs chevaux avec le sien, et, le lendemain, les trois donnerent au plus fort de la bataille et furent trouvés après tous trois tués, unis encore ensemble. » (*Hist. de France de Froissart.*)

XXXII. *Les Tenctères* étaient situés vis-à-vis de Cologne, dans le duché de Berg et le comté de la Mark.

Les Usipiens occupaient le duché de Clèves au delà du Rhin, et une partie de l'évêché de Munster. — Les Tenctères et les Usipiens, que Jules-César n'avait pas détruits aussi complètement qu'il l'avait cru, s'étant ligués avec les Sicambres par le ressentiment commun de leurs anciennes injures, firent mettre en croix, comme espions, quelques Romains qu'ils surprirent dans leur pays, passèrent le Rhin après ce premier signal de guerre, s'avancèrent dans la Gaule avec leur avidité ordinaire pour le butin, défirent la cavalerie romaine envoyée contre eux par le général Lellius, arrivèrent, en poursuivant les fuyards, jusqu'à l'infanterie, qu'ils battirent également, et enlevèrent l'aigle de la cinquième légion. (Dion, liv. XLIV, chap. 20; Velleius Paterc., liv. II, chap. 49.) — Trois ans après la défaite d'Arioviste, les Tenctères et les Usipiens, peuples de la Westphalie, chassés de leur pays par des voisins plus puissans, passèrent le Rhin pendant l'hiver, l'année 697 de la fondation de Rome, au nombre de plus de quatre cent mille; femmes, enfans, vieillards, gens de guerre, se fixèrent dans la Gaule, sur les terres des Ménapiens, nation gauloise, mais d'origine germanique, dont le territoire s'étendait du Rhin à la Meuse, et probablement de la Meuse au Denier et à l'Escaut. Il est très-probable qu'avant leur expulsion, ces deux peuples habitaient sur les bords de la Lippe; qu'au couchant ils s'étendaient jusqu'au Rhin, et qu'au levant ils étaient voisins des Cattes. (Strab., liv. IV; Cluvier; *Ant. germ.*, liv. II, chap. 16; liv. III, chap. 10.)

L'exercice des vieillards. L'habitude du maniement des armes et des chevaux se conserva long-temps parmi notre noblesse, qui en faisait un jeu continuel dans les châteaux, comme on peut le voir par l'exemple du duc d'Epernon. (De Thou, liv. XCII.)

XXXIII. *Les Bructères.* Il y avait de grands et de petits Bructères : les petits, voisins des Frisons et des Chauques, habitaient des deux côtés de la Lippe; les grands s'étendaient jusqu'à l'Ems, occupaient une partie de la Westphalie, les pays de Munster, d'Osnabruck, etc. (CLUV., *Antiq. germ.*, liv. III, chap. 13.) — Cette tribu, qui habitait le pays de Munster et d'Osnabruck, existait sous Trajan, se retrouva parmi les peuples confédérés, sous le nom de Francs, et ne s'éteignit que dans le huitième siècle. (*Géogr. de Malte-Brun*, tom. I, pag. 248.) — Constantin conquit dans la suite le pays des Bructères, brûla tous les villages, et fit égorger indistinctement les hommes et les animaux. (EUMEN., *Paneg. Constant.*, chap. XII.)

Les Chamaves avaient leur demeure vers le fleuve *Amasia*, l'Ems; mais ayant chassé les petits Bructères de leur pays, ils occupèrent cette étendue où sont à présent la partie méridionale de l'évêché de Munster et la partie orientale de celui de Paderbonn, avec les comtés de Lippe et de Rietberg; enfin s'étant approchés du Rhin, ils se joignirent aux Francs pour ne faire plus qu'un même peuple avec eux. Ils habitaient *Mediolanum*, Munster, *Vitus Alisonis*, Alsen, *Asciburgium*, Doesbourg, et *Pontes Longi*, entre Ham et Alom. (*Géogr. comp. de J. Joly.*)

Les Angrivariens étaient dans la Westphalie; ils se joignirent aux Francs Saliens, ainsi que les Chamaves, et prirent leur nom et leurs costumes; on leur donne pour habitation *Navalia*. Quelques-uns supposent cette ville auprès de Doesbourg, dans la Gueldre, les autres à Kempen, partie à l'embouchure de l'Issel. (*Géogr. comp. de J. Joly.*)

Devant nos propres yeux et pour notre seul plaisir. Les choses changèrent bien dans la suite, et les Romains, conquis et asservis sous le joug de ces peuples, dont les massacres n'étaient alors pour eux que des jeux de gladiateurs et une occasion de se réjouir, éprouvèrent toutes les humiliations de la servitude. Nous en citerons quelques exemples puisés dans l'*Esprit des lois*. (P.) La loi salique établit entre les Francs et les Romains les distinctions les plus affligeantes. Quand on avait tué un Franc, un barbare ou un homme qui vivait sous la loi salique, on payait à ses parens une composition de deux cents sols; on n'en payait qu'une de cent, lorsqu'on avait tué un Romain possesseur, et seulement une de quarante-cinq quand on avait tué un Romain tributaire. La composition pour le meurtre d'un Franc vassal du roi était de six cents sols, et celle du meurtre d'un Romain convive du roi n'était que de trois cents. Elle mettait donc une cruelle différence entre le seigneur franc et le seigneur romain, et entre le Franc et le Romain, qui étaient d'une condition médiocre. Ce n'est pas tout : si l'on assemblait du monde pour assaillir un Franc dans sa maison, et qu'on le tuât, la loi salique ordonnait une composition de six cents sols; mais si on avait assailli un Romain ou un affranchi, on ne payait que la moitié de la composition. Par la même loi, si un Romain enchaînait un Franc, il devait trente sols de composition; mais si un Franc enchaînait un Romain, il n'en devait qu'une de quinze. Un Franc dépouillé par un Romain avait soixante-deux sols et demi de composition, et un Romain dépouillé par un Franc n'en recevait qu'une de trente. Tout cela devait être accablant pour les Romains. (*Esprit des lois*, liv. XXVIII, chap. 3.)

Ces haines contre elles-mêmes ! Rhadamiste ayant trahi Mithridate, et l'ayant fait périr avec toute sa famille, s'empara de son trône. Le lieutenant Quadratus assembla son conseil et parla ainsi : « Tout crime commis entre les barbares doit être un sujet de joie pour Rome; elle doit même leur jeter des semences de dissensions. Que Rhadamiste jouisse de son injuste conquête, pourvu qu'il soit odieux, infâme : la haine qu'on lui portera nous sera profitable; sa gloire, son honneur ne nous le seraient pas. » (TACITE, *Ann.*, liv. XII, chap. 58.)

La fortune ne peut rien nous offrir de plus que les discordes de nos ennemis. Tacite semble ici prévoir les destinées de l'empire. En effet, dès que les barbares ne s'attaquèrent plus entre eux, et dès qu'ils se réunirent, Rome fut perdue et sa destinée fut accomplie. (*P.*)

XXXIV. *Les Dulgibins* habitaient près des sources de la Lippe.

Les Chasuares s'étaient établis entre l'Ems et le Weser; longtemps ils dépendirent des Chérusques, mais ayant secoué le joug, ils entrèrent dans la ligue des Istævons. Ce fut sur leur territoire que les légions commandées par Varus furent taillées en pièces dans une forêt qui s'étendait entre l'Ems et la Lippe. Il y a près de là un village qui s'appelle *Winfeld*, c'est-à-dire champ de la victoire. Ce fut dans ce lieu que, plus tard, Charlemagne défit les Saxons. (*Géogr. comp. de J. Joly.*)

Les Frisons, dont le nom a survécu à toutes les révolutions, s'étendaient depuis l'Ems jusqu'à l'embouchure la plus occidentale du Rhin, qui s'appelait *Helium*, et qui aujourd'hui, sous le nom de la Meuse, sépare la Hollande de la Zélande. (*Géogr. de Malte-Brun*, tom. 1, pag. 246.) — Sous Tibère, les Frisons s'étaient soumis à livrer, par forme de tribut, ou plutôt comme une marque d'affection et de reconnaissance, un certain nombre de cuirs de bœufs destinés à des usages militaires. La manière tyrannique dont un des principaux officiers d'une légion, homme avide et cruel, imagina de percevoir cette légère contribution, indigna tellement les Frisons qu'ils prirent les armes, et que, dans leur fureur, ils attachèrent à des potences les soldats ministres des violences d'Olennius, qui n'eut que le temps de se réfugier dans le fort appelé *Flevum*, où les Romains tenaient une garnison considérable. Informé que, pour se faire rendre le fugitif, les mécontens tenaient la place investie, Apronius, commandant de la basse Belgique, appelée déjà la Germanie inférieure, accourut avec toutes ses forces, augmentées d'un puissant renfort qu'il avait tiré des parties du haut Rhin, ou de la Germanie supérieure. Le seul bruit de son arrivée fit retirer les assiégeans; mais lorsqu'Apronius se fut avancé dans l'intérieur de leur pays, ils se présentèrent fièrement en bataille rangée, défirent d'abord son infanterie et sa cavalerie auxiliaires, mêlées de mercenaires germains, soutinrent un rude combat entre les légions, demeurèrent maîtres du champ de bataille et des morts de l'ennemi, parmi lesquels il y avait un grand nombre de tribuns, de préfets et de centurions distingués. Le lendemain neuf cents Romains, enveloppés dans un bois sacré, furent taillés en pièces, après un combat que la nuit avait interrompu; et quatre cents autres, qu'un homme du pays, autrefois au service de l'empire dans les troupes auxiliaires, avait retirés sur son habitation, se tuèrent entre eux, dans la crainte d'être livrés aux vainqueurs. Cet évènement rendit le nom des Frisons célèbre parmi les nations germaniques, et flétrit celui des Romains, sans ébranler Tibère, qui aima mieux dissimuler sa honte que de la venger. (TACITE, *Ann.*, liv. IV, chap. 14 et 72.) — Vainqueurs des armées de Tibère, les Frisons furent soumis par Corbulon, sous le règne de Claude; mais l'imbécile monarque ordonna au général victorieux d'abandonner cette conquête, ce qui fit perdre de vue les Frisons pendant deux siècles. (*Géogr. de Malte-Brun*, tom. I, pag. 246.) — Ce fut avec le secours des Frisons que Civilis détruisit ou fit prisonnières les garnisons romaines répandues dans l'île des Bataves, qu'il s'empara d'une flotte ennemie, et qu'il défit ensuite deux légions près du camp de Vétéra, aujourd'hui Santen, où elles se réfugièrent. (*Hist.*, liv. IV, chap. 15, 16 et 18.) — Les Frisons, au septième siècle, étendirent leurs conquêtes jusqu'à l'Escaut; dans le huitième siècle, les Francs, ayant à leur tête Charles Martel, subjuguèrent les Frisons. — Les Saterlandais, qui ont conservé presque tous les usages germaniques, paraissent descendre de ces peuples. (*Voyage de J. Hoche dans le Saterland*, pag. 159.)

En grands et en petits Frisons. Les grands Frisons étaient établis depuis l'Océan jusqu'au Zuiderzée et la rivière d'Ems; ils occupaient la Frise moderne, le pays de Groningue et une partie de l'Over-Issel. Les petits Frisons étaient placés entre l'Ems et le Weser; mais ils n'allaient pas jusqu'à l'Océan comme les autres, et étaient renfermés dans la partie méridionale de l'Ost-Frise. (*Géogr. comp. de J. Joly.*)

Des lacs immenses. Tout ce pays est maintenant couvert par la mer de Zuiderzée, depuis l'inondation de 1569, qui submergea une grande partie de la Frise. — Avant son extension, le Zuiderzée se nommait le lac *Flevo*. (PINKERTON, *Recherches sur les Scythes*, pag. 268.)

De nouvelles colonnes d'Hercule. Les anciens les plaçaient aux extrémités des îles de Scanie et de la Zélande.

Drusus le Germanique, fils de Livie et frère de Tibère, porta ses armes jusqu'à l'Elbe et jusqu'au Jutland; il mourut à trente ans, regretté de tous les Romains. (*Voyez* les détails de cette glorieuse expédition, dans les *Annales de Tacite*, liv. II.)

XXXV. *Elle remonte vers le Nord.* Tacite exprime par là que la côte de ce pays, qui faisait face à l'ouest, revient tout à coup faire face au nord, ce qui a lieu dans les provinces de Frise et de Groningue. (PINKERTON, *Recherches sur les Scythes*, part. II, chap. V, pag. 268.)

Des Chauques. A la suite des Frisons vient la nation considérable des Chauques, les principaux ancêtres des Francs. (PINKERton, *Recherches sur les Scythes*, part. II, chap. 5.) — Sur les bords de l'Océan, entre l'Elbe et l'Amisia, habitaient les Chauques. Pline, qui avait visité leur pays, les peint comme très-malheureux : obligés à demeurer sur des collines, au milieu d'une plage inondée par la haute marée, leurs cabanes ressemblaient à des vaisseaux voguant dans la mer, et quand le flot s'était retiré, à des navires échoués sur quelque écueil. N'ayant ni bestiaux, ni laitage, ni même un arbrisseau, ils vivaient du poisson qu'ils prenaient avec des filets de jonc, et qu'ils cuisaient à un feu de tourbe. Tacite, au contraire, nous les représente comme un des peuples les plus puissans et les plus célèbres de la Germanie. Leurs nombreuses tribus peuplent tous les pays sur le Weser, jusqu'au pays des Cattes, la Hesse moderne; maltraités par les Romains, dont ils avaient été les amis, ils ravageaient les côtes des Gaules. Cependant ils avaient pour principe de conserver leur puissance à force de justice; ils ne provoquaient jamais la guerre, mais ils repoussaient vigoureusement toute attaque; au sein de la paix, ils ne perdaient point leur réputation de valeur. Ces contradictions se lèveraient naturellement si, en se rappelant que les Chauques, vers le quatrième siècle, paraissent fondus dans la confédération des peuples nommés *Saxons*, on admettait que cette confédération aurait déjà été formée du temps de Tacite, quoique plus connue alors sous le nom de Chauques que sous celui de Saxons. Pline aurait parlé du peuple des Chauques, et Tacite de la confédération. (*Géogr. de Malte-Brun*, tom. I, pag. 245 et 246.) — Les Chauques touchaient aux Frisons du côté du couchant et du midi; ils occupaient au nord de vastes régions sur les bords de la mer Germanique, depuis l'embouchure de l'Ems (*Amisia*) jusqu'à celle du Weser, et du Weser à l'Elbe. (*Esprit milit. des Germains*, pag. 52.)

XXXVI. *Les Chérusques* habitaient la contrée qui contient aujourd'hui les duchés de Brunswick et de Lunébourg, et partie du terroir de Magdebourg et d'Halberstaedt; ils furent subjugués par les Cattes, dont ensuite Arminius leur fit secouer le joug. Ils habitaient *Leuphana*, Hanovre, *Idistavines*, *Campus* et *Tulli Surgium*, qui paraît être Brunswick, etc. (*Géogr. comp. de J. Joly.*) — Les Cattes, avant que l'empereur se montrât chez eux, étaient en guerre avec Cariomer, roi des Chérusques, et n'en devinrent que plus ardens, après la retraite précipitée de l'armée romaine, à poursuivre un prince qu'ils avaient détrôné en haine de ses liaisons avec l'empire. Rétabli par les armes de quelques peuples voisins, qui l'abandonnèrent ensuite, il implora celles de Domitien, dont il n'obtint que des secours pécuniaires ; et ce fut probablement alors que la nation des Chérusques, si fameuse sous Arminius, perdit sa considération et sa puissance, pour s'être livrée trop long-temps (peut-être depuis la mort du roi Italus) aux douceurs trompeuses de la paix. (*Esprit milit. des Germains*, pag. 166.) — Les Chérusques, ces destructeurs des légions romaines, tombèrent après la mort de leur Hermann, l'Arminius des Romains, dans un état de langueur et de mollesse qui permit aux Longobardes d'envahir les pays sur le haut Weser, et d'arriver jusqu'au Rhin. (*Géogr. de Malte-Brun*, tom. 1, pag. 248.)

Les Foses. On croit que le texte est ici corrompu : ce peuple est entièrement inconnu. — Comment pourrait-on donc indiquer avec certitude la demeure des Foses, que l'on a cherchés tantôt sur l'île de Helgoland, nommée Fosetisland, et tantôt, avec plus de probabilité, sur les bords de la Fuse, près de Brunswick ? (*Géogr. de Malte-Brun*, tom. 1, pag. 248.) — Cluvier a pris sans fondement ces peuples pour les Saxons, oubliant que les Saxons étaient une association de différens peuples qui, comme les Francs et les Allemands, s'étaient réunis sous une seule dénomination. (Pinkerton, *Recherches sur les Scythes*, pag. 268.)

XXXVII. *Les Cimbres.* D'après une opinion différente établie parmi les Romains dans le siècle de Pline et de Tacite, suivie par Ptolémée, les Cimbres existaient encore à cette époque sous leur ancien nom, dans le coin septentrional du Jutland : cette péninsule, appendice de la Germanie, était nommée *Chersonèse Cimbrique*. C'était la mer qui, en inondant leur pays, les avait en partie obligés de chercher une nouvelle patrie. Ce déluge, dans lequel les Cimbres, dit-on, marchèrent les armes à la main pour combattre la mer irritée, semble indiqué par les auteurs du siècle d'Alexandre. Le nom de *Kimbri*, dans la langue germanique de ce peuple, signifiait guerrier, comme le fait encore aujourd'hui le mot *Kiemper*, en danois. Ils justifiaient cette orgueilleuse dénomination par une valeur extrême; liés ensemble au moyen de chaînes de fer, ils s'étaient ôté la possibilité de fuir : leurs femmes mêmes se donnèrent la mort, à elles et à leurs tendres nourrissons, plutôt que de recevoir les fers du vainqueur. Un taureau de cuivre était leur idole principale : on en a trouvé un près d'Odensée, en Fionie. Les faibles restes de cette nation conservèrent la gloire de leurs ancêtres; Auguste reçut d'eux une de ces chaudières consacrées au culte sanguinaire de leurs dieux, et si souvent nommées dans les sagas d'Islande. (*Géogr. de Malte-Brun*, tom. 1, pag. 239.)

Les armes des Cimbres retentirent jusqu'à nous. Ce qui caractérise le plus particulièrement les Cimbres et les Teutons, c'est un esprit de guerre perpétuelle, l'habitude incorrigible, la fausse gloire de vivre de brigandage, qui donnèrent lieu à des écrivains de les regarder comme des voleurs attroupés plutôt que comme des guerriers; c'est cette humeur vagabonde qui les fit errer si long-temps, peut-être plus d'un siècle, dans tant de pays différens, sans prendre de repos, sans en laisser aux autres, et sans penser à se fixer nulle part. Leurs forces, quand ils entrèrent dans les provinces gauloises, ont été évaluées à plus de trois cent mille hommes, non compris les Helvétiens, qui devaient aussi être très-nombreux. (PLUTARCH., *in Mario*; STRAB., lib. VII; *Esprit milit. des Germains*, pag. 19 et 20.)

La liberté germanique est plus redoutable que le trône des Arsacides. Ce que Tacite avait avancé dans un ouvrage antérieur aux grandes conquêtes de Trajan sur les Parthes, « Que la liberté germanique avait bien plus de vigueur que la monarchie des Arsacides, » était donc plus vrai que jamais à la mort de Marc-Aurèle. Non-seulement les Germains conservaient la même valeur, le même caractère militaire qu'on leur a vu cent quarante ans auparavant, sous Caligula; mais ils sentaient mieux leurs forces, ils redoutaient moins celles de l'empire. (*Esprit milit. des Germains*, pag. 180.)

Ventidius, fait prisonnier dans la guerre sociale, étant encore enfant, fut traîné au triomphe de Pompeius Strabo, père du grand Pompée; il devint ensuite citoyen romain, et fut distingué par César, passa par toutes les charges, battit les Parthes et leur gagna trois batailles, à la dernière desquelles il tua Pacorus, fils du roi Orodès : il revint à Rome, où il jouit des honneurs du triomphe. Il vécut considéré, et l'état voulut se charger de ses funérailles.

NOTES.

Enlevèrent avec eux au peuple romain cinq armées consulaires. Ce fut vraisemblablement par un de ces grands évènemens, qui appartiennent autant à l'histoire naturelle de notre globe qu'à celle des nations, que les Cimbres sortirent de la Chersonèse Cimbrique, aujourd'hui le Jutland, et les Teutons, leurs voisins, de la Codanonie ou des autres îles qui composent à présent le Danemarck. Une violente inondation de l'Océan, rapportée par d'anciens auteurs, et très-croyable, malgré les objections de Strabon, ayant couvert une partie de ces contrées, et fait périr beaucoup d'habitans, les deux peuples ne prirent pas les armes, comme l'ont conté des écrivains trop amateurs des fables, pour combattre fièrement les flots de la mer, contre lesquels il n'y a rien à gagner; mais avec de grandes armées ils allèrent d'abord chercher des subsistances, l'épée à la main, dans le continent de la Germanie, et s'avancèrent, selon des auteurs cités par Strabon et par Plutarque, jusqu'aux Palus-Méotides : d'autres expéditions les conduisirent auprès des Boïens, qu'ils attaquèrent sans succès. Repoussés par cette colonie gauloise, ils se portèrent sur le Danube et sur d'autres peuples gaulois établis dans l'Illyrie.

Et à Auguste Varus et ses trois légions. Il se forma chez les Chérusques une conspiration secrète, dont le célèbre Arminius fils de Ségimère, l'un des princes de sa nation, fut l'auteur et le chef principal. D'une prudence consommée à vingt-cinq ans, d'un génie égal à son grand courage, ennemi d'autant plus dangereux, qu'ayant servi et mérité les titres de citoyen et de chevalier dans les camps romains, il y avait étudié l'art de combattre un jour ses maîtres : Arminius s'était d'ailleurs insinué dans la familiarité de Varus, et mesurait la hardiesse de ses projets sur l'aveuglement du général. Tout étant disposé pour l'exécution, le fils de Ségimère et ses associés, qui avaient déjà rassemblé clandestinement une partie de leurs troupes, firent soulever sur la frontière des Chérusques d'autres Germains de la ligne, dans l'espérance que Varus irait promptement au secours des quartiers romains attaqués; qu'il marcherait sans précaution, en croyant traverser un pays ami; que les confédérés trouveraient l'occasion de le battre en chemin; et l'évènement prouva la justesse de leurs mesures. Attendus, selon leur promesse, avec quelques bandes auxiliaires, les Chérusques parurent bientôt comme ennemis avec une armée nombreuse, à la vue de celle des Romains, engagée alors dans une épaisse forêt, déjà fatiguée du travail pénible d'abattre des arbres pour s'ouvrir des routes et de construire des ponts et des marais, embarrassée d'une multitude excessive de voitures qui portaient les vivres et les bagages, éparse dans les bois, sans point de ralliement, sans terrain libre pour former un ordre de bataille. Les Germains, profitant aussitôt de la position et de l'étonnement de l'ennemi, l'assaillirent de toutes parts; ils s'attachèrent surtout aux corps les plus écartés du centre, et firent un grand carnage jusqu'à la nuit. Les Romains, obligés, le jour suivant, de continuer leur retraite à travers les bois, et, pour l'accélérer, de brûler ou d'abandonner leurs gros équipages, marchèrent avec plus d'ordre, avec plus de circonspection que la veille, et ne furent pas moins battus dans plusieurs actions sanglantes. En vain tentèrent-ils de faire une charge générale avec toute leur infanterie et leur cavalerie jointes ensemble; les deux corps, trop pressés, embarrassés par l'interposition des arbres, se confondirent et se firent plus de mal à eux-mêmes qu'à l'ennemi. Enfin la valeureuse, la magnifique armée de Varus, ainsi que Velleius la nomme, composée d'abord de trois légions, d'autant d'ailes de cavalerie et de six cohortes auxiliaires, mais fort diminuée par les combats précédens, succomba la troisième journée sous les nouveaux efforts des Chérusques et des autres Germains, que les premiers succès d'Arminius avaient fait accourir des cantons voisins. Varus, blessé, consterné de voir les siens recevoir la mort ou des fers, et craignant de tomber au pouvoir des vainqueurs, se tua lui-même. Des officiers de différens grades et des soldats l'imitèrent; d'autres combattirent jusqu'au dernier moment; une partie jetèrent leurs armes par découragement. La nuit, les bois, les ailes que donne la peur, la négligence des Germains, trop occupés des dépouilles des vaincus, sauvèrent quelques faibles débris de l'armée. Les prisonniers, pour le plus grand nombre, furent égorgés dans la première fureur; quelques-uns, les officiers surtout, réservés pour l'esclavage, ou pour être immolés sur des autels, et leurs têtes, clouées à des troncs d'arbre, tinrent lieu de trophées. Celle de Varus fut portée à Maroboduus et renvoyée à Auguste par ce politique ambitieux, qui osa se placer pour quelque temps entre la Germanie et l'empire. (TACITE, *Ann.*, liv. 1, chap. 61; VELLEIUS

PATERCULUS, liv. II, chap. 119; *Esprit milit. des Germains,* pag. 66.) — Auguste imposa si peu aux peuples germaniques, que la troisième année après les victoires d'Actium, l'an de Rome 735, ils prêtèrent, comme autrefois, des troupes auxiliaires à des cités gauloises révoltées contre les Romains, et les Suèves firent des incursions en deçà du Rhin. (*Ibid.*, pag. 49.)

Marius. Les Cimbres, après avoir parcouru dans leurs longues courses une grande partie de l'Europe, s'approchèrent enfin de l'Helvétie, partagée alors en quatre cantons, dont trois se laissèrent débaucher. Secondés de ces alliés, aussi braves qu'eux, aussi avides de butin, peu attachés apparemment à ce qu'ils devaient au nom de Gaulois, peut-être trop serrés dans leur pays, les Cimbres et les Teutons ravagèrent les Gaules pendant douze ans avec la rapidité d'un violent incendie, battirent partout les troupes gauloises, excepté celles des Belges, détruisirent cinq armées consulaires envoyées par les Romains au secours de leur province Narbonnaise, prirent l'audacieuse résolution de marcher au capitole sur les vestiges des anciens Gaulois : il fallut un Marius pour les arrêter. Après avoir défait aux environs d'Aix les Teutons, les Ambrons et les Tugènes dans deux batailles très-sanglantes, le nouveau Camille suivit les Cimbres, qu'il n'avait pu empêcher de pénétrer en Italie, et les joignit dans les champs Raudiens, près de Verceil, où il acheva, par leur défaite, de ruiner entièrement les deux armées germaniques. Des trois cantons helvétiques, dont on n'a dû parler ici qu'en passant, parce qu'ils étaient Gaulois, les Tigariens furent les seuls qui échappèrent à la vengeance des Romains. (PLUTARCH., *in Mario;* PATERCUL., lib. II, cap. 12; FLORUS, lib. III, cap. 3; *Esprit milit. des Germains,* pag. 13 et suiv.)

Drusus. La première campagne de Drusus se borna à ravager quelques cantons des Usipiens et des Sicambres, à reconnaître avec une flotte le cours inférieur du Rhin et les rivières affluentes; plus loin les côtes de la mer occidentale, et l'embouchure des fleuves par lesquels on pourrait pénétrer dans l'intérieur de la Germanie. Il aborda chez les Frisiens, dont il se fit des alliés utiles, toucha aux terres des Cauces leurs voisins, et rentra dans la Gaule en remontant le Rhin. L'ayant passé une seconde fois, au commencement du printemps suivant, il accabla les Usipiens, qui ne furent point secourus par leurs alliés, jeta un pont sur la

Lippe, traversa librement le territoire des Sicambres, et s'avança par celui des Chérusques jusqu'au Weser, qu'il aurait entrepris de passer, s'il n'eût été retenu par la crainte de manquer de vivres et par les approches de l'hiver. Les Sicambres, en sortant à contre-temps de chez eux, pour aller avec toutes leurs forces contraindre les Cattes à se joindre aux autres nations liguées pour la liberté, avaient imprudemment favorisé les opérations de Drusus; mais lorsqu'il s'éloigna du Weser, pour se rapprocher des Frisiens et de sa flotte, les confédérés, devenus plus audacieux, le suivirent de près, lui dressèrent souvent des embûches, et le resserrèrent enfin dans une vallée étroite et profonde, où il devait périr avec toute son armée. Il n'en sortit à son honneur que par la témérité des Germains, qui, regardant les légions romaines comme des victimes déjà liées qu'il était facile d'immoler d'un seul coup, les attaquèrent sans précaution, sans garder aucun ordre, et si inconsidérément, qu'ils se firent battre eux-mêmes. (*Esprit milit. des Germains*, pag. 53 et 54.)

Germanicus. Les campagnes de Germanicus dans la Germanie sont décrites dans les premiers livres des *Annales* de Tacite.

Ces grandes menaces de guerre par Caligula. Caligula rentra en Germanie la seconde année de son règne, à la tête de deux cent ou de deux cent cinquante mille hommes, y commença, avec de grandes menaces, un genre de guerre sans exemple, et reçut de son armée, autant de fois qu'il le voulut, le titre d'*Imperator* ou de général victorieux, sans presque s'éloigner du Rhin, sans livrer de combats, sans avoir vu d'ennemis. Il envoyait se cacher, dans quelques forêts, des Germains de sa garde ou des jeunes gens de la même nation qu'il avait eus en otages; ensuite il se faisait annoncer, tantôt après son dîner, tantôt au milieu du repas, que les Barbares paraissaient. A l'instant il volait précipitamment, avec des troupes d'élite, où le danger semblait l'appeler, et revenait toujours couvert de gloire et suivi de captifs qu'il n'avait pas été difficile d'atteindre. Quelquefois aussi il faisait marcher toute son armée, comme s'il allait donner une grande bataille. Dans une de ces marches de parade, il échappa à quelqu'un de dire, en plaisantant, que le chemin était étroit, et qu'on verrait bien des visages consternés si les ennemis venaient à paraître. Aussitôt le fils de Germanicus quitte sa voiture pour se sauver plus vite, court au pont du Rhin, qu'il trouve engagé par les équipages et par les valets de l'armée; et, dans l'impossibilité de percer, il se fait passer de main en main par dessus les têtes. Après cette belle retraite, il vint continuer ses horribles rapines dans la Gaule, et triompher fastueusement de la Germanie, traînant après son char des Germains transfuges, d'autres enlevés par surprise, un plus grand nombre de Gaulois de la plus haute stature, qu'il avait obligés de se vêtir et de rougir leurs cheveux à la manière des nations transrhénanes. (SUETON., *in Calig.*, cap. XLVII; *Esprit milit. des Germains*, pag. 133 et 134.)

Plutôt que les résultats d'une victoire. Domitien, pour faire croire aux Romains qu'il avait vaincu les Germains, fit acheter, dans le commerce, des esclaves auxquels il donna l'habillement et la coiffure des peuples de Germanie; ces esclaves, chargés de chaînes, suivirent son triomphe. On s'aperçut de la supercherie, et ce fut un grand sujet de risée dans Rome. (*Agricola*, cap. XXXIX.) — Domitien n'eut pas honte de prendre le nom de *Germanique* sur des médailles dont il nous reste un grand nombre.

XXXVIII. *Je dois parler des Suèves.* Le nom de Suèves vient du mot allemand *schweif*, qui signifie une tresse de cheveux. Les Suisses du canton de Schwitz se prétendent issus des Suèves. — La Germanie orientale, à laquelle l'Albis ou l'Elbe servait de boulevard contre les Romains, ne présente pas même chez Tacite autant de clarté que les pays sur la Vistule. On y place communément les Suèves, connus depuis les expéditions de César; mais ce nom a-t-il jamais, avant le quatrième siècle, désigné une nation particulière? César décrit les Suèves comme un peuple qui changeait tous les ans de demeure, qui mettait sa gloire à transformer en de vastes déserts tous les pays limitrophes, et qui vivait principalement du produit de ses troupeaux et de la chasse. Ce Romain marcha même contre les peuples qu'il croyait faire partie des Suèves, et qu'il chercha dans le pays où les géographes placent les Cattes, ancêtres des Hessois. (*Géographie de Malte-Brun*, tom. I, pag. 234 et 235.) — Strabon, fidèle aux idées que César avait puisées dans les relations des Gaulois, étend la Suévie depuis le Rhin jusqu'à l'Elbe; il place en même temps des Suèves sur le Danube, et donne ce nom aux *Sennones*, peuple qui habitait le Brandebourg actuel. A l'époque où vivait Strabon, une horde de Suèves, nommés aussi *Marcomanni*, quittèrent, sous la conduite de Maroboduus, leur pays, voisin de la Pannonie et de Noricum, passèrent le Danube, et conquirent sur les Boïens la contrée nommée *Boiohemum*, notre Bohème. Plus tard, nous voyons Tacite étendre le nom de Suèves à tous les peuples qui demeuraient entre l'Elbe et l'Oder, et même à ceux de la Scandinavie. Ptolémée ne donne le nom de Suèves qu'aux seuls Longobardes, quoiqu'il connaisse un fleuve *Suevus*, vraisemblablement la Peenne avec le détroit de Stralsund. Enfin, dans le quatrième siècle, le nom de Suèves reparaît comme appartenant à une nation qui occupait une partie de la Souabe actuelle. Y a-t-il un moyen d'expliquer tant de variations, si ce n'est celui de considérer la dénomination des Suèves comme étant collective et dérivée du mot allemand *schweifer*, c'est-à-dire vagabonds ou nomades ? Tacite convient que le nom de Suèves est collectif; il en donne une autre étymologie : mais la nôtre semble nécessaire pour expliquer comment les tribus les plus éloignées les unes des autres ont pu successivement porter ou quitter ce nom, selon qu'elles se livraient à la vie de nomades, ou se choisissaient des demeures fixes. (*Géographie de Malte-Brun*, tom. 1, pag. 235.) — Les Suèves d'Espagne résistèrent vaillamment aux troupes romaines, aux milices du pays, ainsi qu'aux Wisigoths.

De l'assujétir par un nœud. Les guerriers de Golconde portent leurs cheveux longs et relevés sur la tête par un nœud. (Puffendorf, *Afriq.*, tom. vii, pag. 573.) — Les Cafres tressent leurs cheveux et les attachent en forme de houppe sur le haut de la tête. (*Voyage de Damberger*, tom. 1, pag. 143.) — Les Muscogulges laissent au sommet de la tête une touffe de cheveux d'environ deux pouces de haut et de large, etc. (*Voyage à la Floride*, par W. Bartram, tom. 1, pag. 392.) — Les Indiens portent au sommet de la tête une touffe de cheveux qu'ils ornent de grains de verre et de colifichets d'argent; ils enlèvent avec beaucoup d'adresse cette touffe à leurs ennemis vaincus, et la remportent comme un signe de leur victoire. (*Voyage d'Isaac Weld au Canada*, tom. iii, pag. 17.)

C'est ainsi que les Suèves se distinguent des autres Germains.

Comme ce ne fut que les Suèves guerriers et libres qui passèrent dans les parties septentrionales de l'Espagne, tous les habitans de ces contrées qui se regardent comme leurs descendans se prétendent nobles; ils ont conservé le même usage d'assujétir leur longue chevelure par un nœud.

Les hommes libres des esclaves. Cette distinction prouve que les hommes libres avaient les cheveux longs, et les esclaves les cheveux coupés; en effet, si les esclaves n'avaient pas le droit de tresser leurs cheveux et de les assujétir par un nœud, sans doute ils étaient dans l'obligation de les couper : cet usage se conserva, et Clodion le Chevelu fit une ordonnance par laquelle il ne fut permis qu'aux ingénus de porter les cheveux longs. — L'usage contraire subsistait chez les Romains; leurs esclaves portaient les cheveux fort longs; ils les coupaient dès qu'ils étaient affranchis. — Dès qu'un Franc ou un autre barbare embrassait l'état ecclésiastique, il était réputé avoir renoncé à sa nation, et avoir, pour ainsi dire, passé dans la nation romaine; il se faisait couper les cheveux, et vivait selon le droit romain. (*Hist. de l'établiss. des Francs dans les Gaules*, par le prés. Hénault, tom. II, pag. 52.) — La coutume de porter une longue chevelure n'était permise qu'aux nobles; elle était une prérogative de leur dignité. Les nobles étaient appelés *criniti* et *capillati*. « Il n'est point permis, dit Agathias, aux rois francs de se faire couper les cheveux : ils conservent leur chevelure dès l'enfance. Elle leur descend noblement sur les épaules; et sur le front elle se partage des deux côtés. Tel est l'honneur, telle est la prérogative du sang royal. Pour les sujets, ils sont tondus orbiculairement, et c'est difficilement qu'on leur permet de laisser croître leur chevelure trop longue. » C'est à ce sentiment qu'il faut encore rapporter les paroles par lesquelles Childebert consulte, dans Grégoire de Tours (liv. III, chap. 18), son frère Clotaire, pour savoir comment il traitera les enfans de Clodomir, et *s'il doit, en leur coupant les cheveux, les faire descendre dans la classe du peuple*. En d'autres endroits, Grégoire parle encore de la *longue chevelure des rois de France* (liv. VI, chap. 24; liv. VIII, chap. 10). — La loi des Bourguignons porte (liv. I, tit. V, § 1) : « Nous ordonnons qu'un homme libre qui aura entrepris de couper, dans sa maison, les cheveux à une femme de la même condition, lui paie trente sous. » — Une lettre du roi Théodoric, adressée aux Barbares et aux Romains qui habitaient la Souabe, porte : « A tous les peuples de provinces, et qui ont les cheveux longs (*capillatis*)... » Un édit du même prince nomme plusieurs fois les Barbares et les distingue des Romains par le nom de *capillati*. — Une épaisse et ample chevelure plaisait aux Barbares d'origine germanique, et c'était par là que l'on distinguait l'homme libre de l'esclave, et non pas seulement le noble du plébéien ou de l'homme libre. La dénomination de *criniti* convenait à tous les citoyens; toutefois il est constant que les nobles, et surtout ceux qui étaient du sang royal, avaient une chevelure plus longue et plus ornée. Les rois et les citoyens différaient en ce que les premiers laissaient flotter par derrière leurs cheveux sans jamais les couper, et que les autres portaient une chevelure en partie coupée, en partie ramassée sur le sommet de la tête, tandis que, de chaque côté, tombaient des boucles qui leur couvraient les tempes et les oreilles, de sorte que la nuque était à découvert, selon Agathias et Sidoine, qui a dit encore (*carm.* v) : « La chevelure, ramassée par devant, forme une touffe couleur d'or sur le front des Français, et le derrière de la tête est dépouillé de cheveux; » et dans l'Épit. 1, 2 : « Le sommet de la tête des Goths est rond; ils y ramassent leurs cheveux, qui s'élèvent en touffe un peu au dessus du front. » — De là sans doute cette mode de perruques à la Louis XIV, ornées d'un nombre infini de boucles, et dont se parèrent tous les hommes de la cour; de là la mode de ces amples perruques de la magistrature : ces usages eussent été un objet de ridicule sans cette vénération que tous les peuples francs et germains accordaient depuis des siècles à la prérogative des longues chevelures.

Leurs chefs y mettent plus d'art et de soins. Les peuples qui ne cultivent point les terres n'ont pas même l'idée du luxe. Il faut voir, dans Tacite, l'admirable simplicité des peuples germains; les arts ne travaillaient point à leurs ornemens, ils les trouvaient dans la nature. Si la famille de leur chef devait être remarquée par quelque signe, c'était dans cette même nature qu'ils devaient le chercher. Les rois des Francs, des Bourguignons et des Wisigoths avaient pour diadème leur longue chevelure. (*Esprit des lois*, liv. XVIII, chap. 23.) — Grégoire de Tours rapporte que les Français, après s'être établis sur les confins de la Thuringe, avaient créé pour les gouverner des rois chevelus de la première et plus noble famille qui fût parmi eux, de laquelle était Clovis. (*Hist. de l'établiss. des Francs dans les Gaules*, par le prés. Hénault, tom. 11, pag. 146.) — Clovis est appelé le beau, le chevelu, l'illustre roi des Francs. (*Eccav.*, *Leg. Franc.*, pag. 4.) — Grégoire de Tours dit que les Francs sont sortis de la Pannonie et vinrent s'établir dans la cité de Tongres, où ils vivaient en plusieurs cités ou cantons, dont chacun avait élu son roi à longs cheveux. (*Hist. de l'établiss. des Francs dans les Gaules*, par le prés. Hénault, tom. 1, pag. 26.) — Une des louanges que Claudien donne à Stilicon, c'est que sa renommée eût réduit ces rois Francs à longue et blonde chevelure : *crinigero flaventes vertice reges*. (*Ibid.*, pag. 148.) — Ceux de nos rois qui, sous les deux premières races, furent chassés du trône, eurent leurs cheveux coupés. — En 654, Grimoald fit couper les cheveux au jeune Dagobert 11, et le fit transporter en Écosse. — Childéric 111, en 750, fut détrôné, rasé et enfermé dans un monastère.

Telle est l'unique recherche de leur parure. Trait de satire contre les jeunes Romains qui négligeaient la discipline et se livraient à tous les goûts de la coquetterie et de la frivolité. Horace, dans ses odes, avait déjà signalé ces honteux raffinemens qui énervaient la jeunesse de Rome.

> Quis multa gracilis te puer in rosa.
> (*Carm.*, lib. 1, ode 5, v. 1.)

> Quum tu, Lydia, Telephi
> Cervicem roseam, cerea Telephi
> Laudas brachia......
> (*Carm.*, lib. 1, ode 13, v. 1.)

De cette manière ils se grandissent. Les guerriers germains se couvraient de plus la tête de diverses peaux de bêtes, et en formaient des coiffures extrêmement élevées ; les bonnets de nos grenadiers sont peut-être un reste de cet usage.

XXXIX. *Les Semnones.* Le premier peuple des Suèves était les Semnones, nation composée de cent districts, placés avec raison dans le Brandebourg d'aujourd'hui. (PINKERTON, *Recherches sur les Scythes.*) — Les Semnones, la nation la plus puissante, selon

Tacite, et qui se regardait comme la première des Suèves, occupaient au delà de l'Elbe, entre ce fleuve, l'Oder, la Warta et la Vistule, de vastes pays : une partie de la Marche de Brandebourg, de la Silésie, de la principauté d'Anhalt, de la Saxe, de la Misnie, etc. (CLUVIER, *Ant. germ.*, liv. III, chap. 25.) — Les Semnones s'étant prodigieusement multipliés, passèrent l'Elbe et l'Oder, qui leur avaient servi de bornes, et allèrent s'établir dans la Misnie et dans la Pologne; ils avaient cent bourgs, parmi lesquels on distinguait *Lugidinum*, que la plupart des géographes placent à Glogaw, en Silésie; *Bunitium*, aujourd'hui Schwibusien; *Serivava*, qui est Stenlow ou Wladislaw. (*Géogr. comp. de J. Joly.*)

Que là réside le dieu souverain. On croit que ce dieu est le grand Tod, que les Celtes regardaient comme le créateur de l'univers et le souverain des dieux.

XL. *Les Lombards* ou *Longobards* devaient leur célébrité à la petitesse de leur nombre; entourés de nations plus puissantes, ce n'était point dans la soumission, c'était dans les hasards des combats qu'ils cherchaient leur sûreté. C'était, d'après leurs propres traditions, une colonie de Winiles qui habitaient probablement le Wan-Syssel, dans le Jutland : cette tradition s'accorde bien avec leur conduite hostile envers les peuples germaniques. (*Géogr. de Malte-Brun*, tom. I, pag. 236.) — Les Longobards, ainsi nommés de leur longue barbe, ou les Lombards, s'étaient établis entre l'Elbe et l'Oder; ils occupaient une grande partie de la Marche de Brandebourg. On les nommait ainsi, suivant Paul Diacre, à cause de leur longue barbe, dont ils se faisaient une marque d'honneur : c'était un peuple guerrier et redouté de ses voisins. Velleius Paterculus dit qu'ils surpassaient les autres peuples en férocité. L'empereur Justinien les fit venir en Italie pour s'en servir contre les Goths, et, en récompense de leurs services, il leur céda la Norique et une partie de la Haute-Pannonie. Quelques années après ils rentrèrent en Italie, à la sollicitation de Narsès; Alboin, leur général, fut proclamé roi par son armée, l'an 570, à Milan. Le royaume des Lombards subsista jusqu'aux conquêtes de l'Allemagne en Italie. La ville capitale de ce peuple en Germanie se nommait *Budorigum*, aujourd'hui Brandebourg, suivant quelques modernes, et, selon d'autres, Breslaw. (*Géogr. comp. de J. Joly.*) — Le nom de Lombard est dérivé de la longueur du bar, ou hallebarde, dont ces peuples étaient armés. Thorlacius (*Spec. ant. Boreal.*; *Hauniæ*, 1778, in-8°) donne en gothique l'ancien vers suivant, avec la traduction littérale en latin :

Lutu Laugbardor *od Lyda fiorvi.*
Imminebant longæ bipennes *vitæ virorum.*

(Pinkerton, *Recherches sur les Goths*, pag. 326.) — Paul Diacre, qui suit Jornandès, l'oracle du moyen âge, fait venir les Lombards de la Scandinavie; mais il faut préférer le sentiment de Tacite, qui les trouve au centre de la Germanie; ils se portèrent de là au sud-ouest, et s'établirent dans la Pannonie, environ quatre cents ans après J.-C., ou plutôt, selon mes présomptions, après la mort d'Attila, ou vers l'an 453; lorsque les Gépides, dont les anciens auteurs disent que les *Longobardi* faisaient partie, s'emparèrent de la Dacie. Les Lombards restèrent dans la Pannonie jusque vers l'an 570, époque à laquelle ils s'emparèrent, sous Alboin, du nord de l'Italie; ils possédèrent ensuite cette contrée presque toute entière, à l'exception de Rome et de Ravennes, jusqu'en l'année 773, où Didier, leur dernier roi, fut vaincu par Charlemagne. (*Ibid.*) — Il y a dans les lois saliques et ripuaires, dans celles des Allemands, des Bavarois, des Thuringiens et des Frisons, une simplicité admirable : on y trouve une rudesse originale et un esprit qui n'avait point été affaibli par un autre esprit. Elles changèrent peu, parce que ces peuples, si on en excepte les Francs, restèrent dans la Germanie; les Francs mêmes y fondèrent une grande partie de leur empire : ainsi leurs lois furent toutes germaines. Il n'en fut pas de même des lois des Wisigoths, des Lombards et des Bourguignons; elles perdirent beaucoup de leur caractère, parce que ces peuples, qui se fixèrent dans leurs nouvelles demeures, perdirent beaucoup du leur. (*Esprit des lois*, liv. XXVIII, chap. 1.)

Les Reudignes, les Aviones. Ces peuples sont inconnus, mais il n'est pas douteux qu'ils habitaient une portion de la Poméranie, le Mecklembourg, le Holstein et une partie du Sleswick.

Les Angles et quelques autres tribus dispersées dans le Mecklembourg et le Holstein actuel, adoraient Herta, la déesse scandinave de la terre; son temple s'élevait dans une île (probablement Fermern), auprès d'un lac qui devenait le tombeau des esclaves par les mains desquels les sacrifices étaient offerts. Il est probable que plusieurs de ces petites tribus, nommées par Tacite, faisaient partie de la nation, ou plutôt de la confédération des Saxons, dont le nom cependant ne se trouve pas avant Ptolémée. (*Géographie de Malte-Brun*, tom. 1, pag. 237.) — Les Angles étaient situés au levant des Lombards; ils habitaient le duché de Sleswich, la Stormatie dans le Holstein, la Wagrie et une partie des duchés de Mecklembourg et de Lawembourg. Une de leurs colonies passa en Espagne au cinquième siècle; une autre alla s'établir dans l'île d'Albion, et ce qui resta de ce peuple se fixa dans l'électorat de Saxe et dans la Lusace. (*Géogr. comp. de J. Joly.*) — Les Angles, que Tacite place dans une liste de noms obscurs, étaient destinés à donner le leur à un pays fameux par les arts et par la guerre, par la sagesse et par la liberté. (PINKERTON, *Recherches sur les Scythes*, pag. 246.)

Les Varins faisaient partie des Vandales. Selon Pline, ils tiraient leurs noms de la rivière de Varne, qui baigne les murs de Rostock; ils occupaient la plus grande partie du Mecklembourg. Le seul lieu remarquable qu'ils aient occupé est *Varinium*, dont le nom est resté au bourg de Waren, de la principauté de Wenden. (*Géogr. comp. de J. Joly.*) — Les *Varini* de Tacite sont les Warnes du moyen âge. (*Géogr. de Malte-Brun*, tom. 1, pag. 236.) Les *Leges Warinorum et Anglorum* existent encore et ont été publiées par Leibnitz. (PINKERTON, *Recherches sur les Scythes*, pag. 341.)

Les Eudoses sont les Yeutones ou peuples de l'Yeutland; car c'est ainsi que les Danois prononcent Jutland. Ceux-ci paraissent avoir été la nation la plus considérable, celle qui occupait le centre de la Chersonèse, et qui a donné son nom à toute la presqu'île du Nord-Jutland et du Sud-Jutland. Plus voisine des provinces romaines de la haute et basse Germanie, que les côtes méridionales de la mer Baltique, il était bien impossible que cette péninsule ne fût pas aussi mieux connue des Romains. (PINKERTON, *Rech. sur l'origine des Scythes*, pag. 271.)

Les Suardones étaient peut-être les *Swathedi*, auxquels les historiens anglais Henri de Huntington, Roger Heveden, Mathieu de Westminster, donnent une place parmi les peuples danois qui envahirent l'Angleterre aux neuvième et dixième siècles. (Pinkerton, *Recherches sur les Scythes*, pag. 271.)

Les Nuithones habitaient la Poméranie Citérieure et une partie du Mecklembourg et du Brandebourg; ils s'unirent aux Bourguignons, et ravagèrent ensemble le pays des Rausarques et celui des Helvétiens; ils ruinèrent Augusta, Vindonissa, Aventicum. Plusieurs de ces barbares s'établirent dans une contrée à laquelle ils ont donné le nom de Nuithland, dans les territoires de Berne et de Fribourg. (*Géogr. comp. de J. Joly.*) — Les Nuithones sont vraisemblablement les *Huitoni*, dont parle Pontanus dans son ouvrage intitulé *Descriptio Daniæ*, c'est-à-dire les habitans de la pointe du Jutland la plus éloignée, qui forme le Witland de l'Atlas de Blaen. (Pinkerton, *Rech. sur les Scythes*, pag. 271.)

Herthe, c'est-à-dire la Terre Mère. Dans la langue anglo-saxonne, *Hearth* signifie encore la terre. — Les sublimes horreurs de la religion odinique n'étaient point étrangères à la Germanie; mais les Romains appliquèrent, au gré de leurs caprices, les noms des divinités grecques à celles que révérait le Nord; celui de *Hertha*, échappé à la plume de Tacite, fait entrevoir la vérité. Il est cependant conforme à toutes les traditions historiques de considérer la Scandinavie comme le centre du culte odinique, de même qu'elle seule possède des monumens marqués de runes. L'influence de cette religion est visible dans toute l'histoire des anciens Germains : le mépris de la vie et la soif des combats découlaient de cette source. (*Géogr. de Malte-Brun*, tom. 1, pag. 255.)

Au milieu d'une île de l'Océan. On croit que c'est l'île de Rugen, dans la mer Baltique; d'autres l'ont cherchée dans la mer du Nord. Indépendamment de plusieurs motifs qui font pencher en faveur de la première opinion, une tradition venue à nous des temps les plus reculés, semble la confirmer presque entièrement. Cette tradition concerne le culte primitif de l'île de Rugen. Dans une partie de cette île, que l'on nomme la presqu'île de Jasmund, se trouve une grande forêt, appelée le Stubbenitz, qui s'étend jusqu'à la rive de Terre-Blanche, qui est très-élevée et très-escarpée. Cette rive est connue sous le nom de Stubben-Kammer; elle est située à la pointe nord-ouest de l'île et de l'Allemagne. Cette contrée est sauvage et romantique, et sa vue sur une mer immense attire beaucoup de voyageurs. Il en existe plusieurs descriptions : la meilleure se trouve dans le *Voyage dans l'île de Rugen*, de M. Zollner. On montre dans cette forêt l'endroit où se trouvait le temple. Cet endroit est entouré d'une élévation en terre. Tout près de là se voit le lac que l'on nomme le lac noir, où l'on noyait des hommes pendant la célébration du culte. Les gens du pays disent que ce lac trouve encore tous les ans une victime humaine; les bons habitans de cette contrée croient par conséquent que le diable y avait des autels. Albert Schwarz, professeur à Greisfwalde, qui a publié, il y a une quarantaine d'années, un ouvrage sur la géographie ancienne de l'Allemagne du nord, a aussi émis l'opinion, fondée sur la ressemblance d'une tradition populaire avec la description de Tacite, que cette île de Rugen est l'*insula Oceani* de l'écrivain romain. Les personnes qui ont vu les lieux en ont acquis la conviction. J'ai remarqué que cette opinion est aussi reçue en France; il en est question dans la traduction de Tacite de M. Dotteville, tom. 1, pag. 434 de la quatrième édition; on y examine et on y réfute les objections contre cette opinion. Les Rugiens habitèrent, outre l'île qui porte encore leur nom, une grande partie de la terre-ferme qui s'étendait jusque dans l'Autriche. Cette île a cinq lieues de longueur sur quatre de largeur; elle se trouve sur la côte de la Poméranie, vers Stralsund.

On n'entreprend point de guerres. La trêve du seigneur fut établie en 1041, sous Henri I : c'était une loi qui défendait les combats particuliers depuis le mercredi au soir jusqu'au lundi matin, pour le respect que l'on doit à ces jours, que Jésus-Christ a consacrés par les derniers mystères de sa vie. L'autorité royale et ecclésiastique n'en pouvaient pas faire davantage alors pour empêcher les sujets de se détruire. (*Hist. de France du prés. Hénault*, pag. 106.) — On convint d'une trêve de quatre jours : rien n'était alors plus religieusement observé que ces sortes de trêves; toute animosité paraissait suspendue, et les chevaliers des deux partis, passant librement d'un camp à l'autre, ne combattaient plus ensemble que de courtoisie. (*Roman de Guérin de Monglave.*) — Dans les états où les guerres ne se font pas par une délibération commune, et où les lois ne se sont laissé aucun moyen de les terminer ou de les prévenir, la religion établit des temps de paix ou de trêves, pour que le peuple puisse faire les choses sans lesquelles l'état ne pourrait subsister, comme les semailles et les travaux pareils. Chaque année, pendant quatre mois, toute hostilité cessait entre les tribus arabes : le moindre trouble eût été une impiété. Quand chaque seigneur faisait en France la guerre ou la paix, la religion donna des trèves qui devaient avoir lieu dans de certaines saisons. (*Esprit des lois*, liv. xxiv, chap. 16.)

XLI. *Les Hermundures.* Les contrées intérieures et orientales de la Germanie, n'ayant point été traversées par les légions romaines, restèrent presque inconnues aux géographes anciens. Nous savons, par Tacite, que les Hermundures, grande nation du centre de la Germanie, étaient amis des Romains. Distingués du reste des Germains, qui ne pouvaient commercer que sur la frontière, ils étaient admis dans les florissantes villes de la Vindélicie et de la Rhétie. Sans escorte, ils parcouraient le territoire romain; et tandis qu'on ne montrait aux autres que les légions et les camps, on ouvrait aux Hermundures les palais et les maisons de plaisance, dont ils n'étaient point jaloux. Mais si l'on demande les frontières exactes de cette nation, la géographie est réduite à des conjectures. Il est probable que la Saale de Franconie les séparait des Cattes : les salines, auxquelles cette rivière doit son nom, devinrent, entre les deux nations, le sujet d'une guerre qui se termina par la presque extinction des Cattes. (*Géogr. de Malte-Brun*, tom. 1, pag. 251.)

Librement, et sans gardes, pénétrer. L'effet naturel du commerce est de porter à la paix : deux nations qui négocient ensemble se rendent réciproquement dépendantes : si l'une a intérêt d'acheter, l'autre a intérêt de vendre, et toutes les unions sont fondées sur des besoins mutuels. (*Esprit des lois*, liv. xx, chap. 11.)

Notre riche et florissante colonie de Rhétie. On croit que c'est Augsbourg. — La Rhétie comprenait une partie du Tyrol, de la Souabe et de la Bavière.

Prend sa source. Ce n'est point l'Elbe, c'est l'Éger qui prend sa source chez les Hermundures. Les Romains n'avaient pas pénétré jusqu'aux sources de l'Elbe, qui sort des confins de la Bohème et de la Silésie. L'Éger se jette dans l'Elbe.

On en parle seulement. Depuis la mort de Germanicus on laissait reposer les Barbares, et déjà ils apprenaient à ne plus redouter les Romains.

XLII. *Les Narisques* habitaient entre la Bohème et le Danube, vis-à-vis de Ratisbonne et de Passaw. — Les Narisques bornaient les Hermundures au sud-est, et occupaient une partie du Haut-Palatinat. Tacite les joint aux Marcomans et Quades, habitans de la Bohème, de la Moravie et de l'Autriche septentrionale. Ces trois peuples formaient pour ainsi dire le front de la Germanie de ce côté. Plus tard, les Romains apprirent les noms indigènes de quelques-unes de ces nations et des tribus dont elles se composaient. Voilà pourquoi Ptolémée distingue, entre autres, les Kampes, qui demeuraient sur la rivière du même nom en Autriche. Les Baimes, que ce géographe indique comme un grand peuple, nous paraissent être les mêmes que les Marcomans, conquérans du *Boiohemum*, ou la Bohème. (*Géogr. de Malte-Brun*, tom. 1, pag. 251 et 252.)

Les Marcomans s'étaient établis dans la Bohème, autrefois le pays des Boïens; c'était un des plus vaillans peuples de la Germanie. Maroboduus qui, de simple particulier, devint leur roi par le secours d'Auguste, établit parmi eux la discipline militaire des Romains; il s'assujétit une multitude de peuples voisins, et laissa à ses successeurs une puissante monarchie. Leurs principales demeures étaient *Maroboduum*, Prague, *Rubienum*, où Maroboduus faisait sa résidence, aujourd'hui Sudweih; *Casurgis*, *Kauris* et *Alisum*, aujourd'hui Arnesteim, sur le Necker. (*Géogr. comp. de J. Joly.*)

Les Quades occupaient la Moravie et une partie de l'Autriche. La noble race de Tuder y régna long-temps; ils habitaient *Elbuonum*, Olmutz, *Medoslanium*, Znaym, *Rhobodunum*, aujourd'hui Brunn. (*Géogr. comp. de J. Joly.*)

Maroboduus. Ce roi des Chérusques fut le rival d'Arminius, chef des Suèves : Tibère envoya Drusus au secours des Suèves. Maroboduus fut défait et se retira chez les Marcomans, d'où il fit demander à Tibère de le secourir. Drusus parvint à rétablir la paix entre ces barbares. (TACIT., *Ann.*, liv. II, XLV et XLVI.)

XLIII. *Les Marsignes* habitaient la partie septentrionale de la

Silésie, et *Hegithmatia* était leur principale demeure. On croit que c'est à présent Libnitz, ville située au confluent du Katzbach et de la Swartz. (*Géogr. comp. de J. Joly.*)

Les Gothins habitaient la partie méridionale de la Silésie; *Parienna* était dans leur territoire, Parn ou Frédeck. — Tacite dit que les Gothins, peuples du sud de la Germanie, parlaient la langue gauloise ou celtique. Il est probable qu'ils étaient des restes des Celtes proprement dits, qui s'étaient avancés jusque là dans cette direction, et qui, se trouvant dans un pays de montagnes, furent employés par les Germains aux travaux des mines. (PINKERTON, *Rech. sur les Scythes*, pag. 83.)

Les Oses occupaient la partie de la Hongrie qui s'étend jusqu'au Danube.

Les Buriens. Leur pays était situé au mont Krapach et aux environs des sources de la Vistule.

Se soumettant à des tributs. Il règne en Asie un esprit de servitude qui ne l'a jamais quittée, et dans toutes les histoires de ce pays il n'est pas possible de trouver un seul trait qui marque une âme libre : on n'y verra jamais que l'héroïsme de la servitude. (*Esprit des lois*, liv. XVII, chap. 7.)

Les Lygiens. Sur la Vistule, et vers le milieu de son cours, Tacite connaît encore une grande nation, les *Lygii*, nommés *Luii* par Strabon, *Luti* et *Longi* chez Ptolémée. Pline les passe sous silence. Leur nom paraît slavon, et signifie habitans des plaines; ce sont probablement les Lièches du moyen âge et les ancêtres des Polonais. (*Géogr. de Malte-Brun*, tom. 1, pag. 232.) — Les Lygiens sont, avec raison, placés par Cluvier dans la Silésie actuelle. (PINKERTON, *Recherches sur les Scythes.*) — Les Lygiens étaient situés entre les Bourguignons et les Sarmates : chacune de leurs nations avait son étendard particulier, et se gouvernait aristocratiquement. Le lieu de leur assemblée, qui se tenait tous les ans, était *Carrodunum*, qu'on croit être Cracovie. (*Géogr. comp. de J. Joly.*) — Une tradition apportée sans doute à Rome, soit par des marchands romains, soit par des Germains prisonniers ou fugitifs, avait fait connaître au géographe grec les noms des peuples qui habitaient vers la Vistule, et même au delà, et sur lesquels Maroboduus avait étendu sa domination. Parmi ces peuples, les *Luii* nous paraissent être les *Lygii* des auteurs romains, les Lièches du moyen âge, et par conséquent les ancêtres des Polonais modernes. (*Géographie de Malte-Brun*, tom. 1, pag. 110)

Les Aries. On trouve chez les *Arii* le culte de deux dieux jumeaux, connus dans la mythologie slavone. Les noms de plusieurs endroits dans le pays des Lygiens, ainsi que dans celui des Gètes ou Daces, donnés par Ptolémée, sont évidemment d'origine slavone. Ces circonstances, jointes aux traits plus européens qu'asiatiques des Polonais, des Bohèmes, des Esclavons de Hongrie, et en partie des Russes, nous font considérer les Gètes ou Daces, les Bastarnes, les Lygiens, les Venèdes, et peut-être quelques autres nations anciennes, comme la vraie et unique source des nations slavones modernes. On conçoit que Tacite a pu hésiter s'il devait compter ces peuples parmi les Germains ou parmi les Sarmates; ils n'étaient ni l'un ni l'autre; mais les Romains, ne les ayant connus que de loin, ne pouvaient guère s'en former une idée distincte. (*Géogr. de Malte-Brun*, tom. 1, pag. 232.)

Les Helvécones, les Manimes, les Elysiens et les Naharvales. Ces peuples, de la nation des Lygiens, devaient être placés entre la Varra et la Vistule, dans le coude que fait ce fleuve du côté de l'est. On pense que les Lygiens ont pu donner leur nom à la Silésie.

En habit de femme. Parce que sans doute il était revêtu d'une large robe, qui contrastait avec l'habillement étroit des Germains. Nos prêtres ont conservé cette manière de se vêtir.

Les Romains prétendent. On sait, de plus, que les Romains avaient coutume de donner aux divinités étrangères les noms de celles des leurs qui y avaient le plus de rapport. (*Grandeur et décadence des Romains*, chap. XVI.)

Ils teignent en noir. Dans le roman de Guérin de Monglave, cent chevaliers couverts d'armes noires, et portant des lances de feu, s'élancèrent contre les Sarrasins. — Charlot, fils de Charlemagne, voulant se venger d'Ogier, fils du roi de Danemarck, arme ses varlets, les fait couvrir d'armes noires et cacher dans une embuscade. (Voyez le roman intitulé *la Fleur des batailles.*) — Dans le poëme de Roland furieux, figure un chevalier nommé Griffon le noir, ainsi nommé parce que toute son armure était noire : d'autres chevaliers avaient aussi adopté cette couleur. — Le prince de Galles, fils d'Edouard III, roi d'Angleterre, fut surnommé *le prince noir*, peut-être par la même raison. (DE SAINTE-PALAYE, *Mém. sur la chev.*, tom. 1, pag. 213.) — Les chefs de guerre américains ont le visage, les épaules, la poitrine, noircis de charbon. (PUFFENDORF, *Amérique*, tom. VIII, pag. 556.) — A peine elle eut fini sa danse, qu'elle s'approcha de moi d'un air obligeant, prit dans un sac de jonc quelques charbons qui s'y trouvaient, les écrasa dans sa main, et se disposa à m'appliquer une couche du fard ordinaire de ces régions. Je me prêtai volontiers à ce caprice obligeant : M. Heirisson eut la même complaisance, et reçut un pareil masque. Nous parûmes être alors un grand sujet d'admiration pour les femmes ; elles semblaient nous regarder avec une douce satisfaction, et nous féliciter des nouveaux agrémens que nous venions d'acquérir. Ainsi donc, cette blancheur européenne dont notre espèce est si fière, n'est plus qu'un défaut réel, une sorte de difformité qui doit le céder, dans ces climats lointains, à la couleur noire du charbon, au rouge sombre de l'ocre ou de la terre glaise. (*Voyage de découv. aux terres austr.*, pag. 253.)

Imprime la terreur. Il est impossible de bien dépeindre l'horreur qui règne dans un village américain surpris ou forcé. Le vainqueur, barbouillé de noir et de rouge, d'une manière propre à inspirer la plus grande terreur, court partout comme un forcené, en chantant son triomphe et insultant au malheur des vaincus par ses cris. (PUFFENDORF, *Amér.*, tom. VIII, pag. 548.) — Les sauvages de la baie d'Hudson voulant détruire une habitation d'Esquimaux, résolurent de les attaquer par surprise : ils se peignirent le visage, les uns de noir, les autres de rouge, plusieurs d'un mélange de ces deux couleurs. A une heure du matin ils attaquèrent leurs victimes surprises, et les massacrèrent entièrement. (*Voyage de Samuel Hearne à l'Ocean du nord.*)

Et pour ainsi dire infernal. Les Indiens, quand ils vont à la guerre, cherchent à se rendre aussi horribles qu'ils peuvent ; ils se couvrent tout le corps de rouge, de noir et de blanc, et ressemblent plus à des diables qu'à des créatures humaines. (*Voyage au Canada par Isaac Weld*, tom. III, pag. 80.)

Les Gothones. Les côtes où la Vistule mêle ses eaux tranquilles aux flots de la Baltique, avaient pour habitans les Gothones, chez qui la liberté s'alliait avec le gouvernement d'un seul. (*Géogr. de*

Malte-Brun, tom. 1, pag. 236.) — Les peuples qui habitaient la Scandinavie, le Danemarck, la Prusse, portaient le nom commun de Goths : ce sont les *Guttones*, ou, plus exactement, les *Goutones* de Strabon, vaincus par Maroboduus, les *Gothones* de Tacite, les *Gythones* et les *Gutæ* de Ptolémée, les *Gautes* de Procope et des Islandais. Pythéas a évidemment employé le nom de *Guttones* dans cette signification générale, signification que les recherches des vrais savans ont depuis long-temps mise hors de doute. (*Ibid.*, pag. 106.) — Les *Gutæ* étaient certainement les *Gutones* de Pline et les *Gothones* de Tacite, qui, du rivage opposé, avaient passé dans cette contrée; et leur pays répond à l'Ostrogothie d'aujourd'hui. (PINKERTON, *Rech. sur les Scythes.*) — Nous trouvons, sur les mêmes bords, les *Gothones*, *Guthones* ou *Gytones*, selon qu'ils sont nommés par Tacite, ou par Pline ou par Ptolémée. Il serait difficile d'assigner la cause qui fit donner à cette peuplade une dénomination si voisine de celle des Goths, à moins qu'on ne suppose que le nom *gut* ou *good* (bon), appliqué au sol, au peuple, etc., ne soit l'origine du *Gudske* scaudique, traduit en latin par *Gothlandia;* nos Gothones tirent probablement leur nom de la même source, ou peut-être du mot *gote* (cavalier), parce qu'ils confinaient aux *Bastarnæ*, qui, de même que les Sarmates, avaient beaucoup de cavalerie; et comme, selon toute apparence, les Gothones en avaient aussi beaucoup, ils reçurent cette dénomination des autres Germains qui en avaient peu ou qui n'en avaient point. (*Ibid.*)

Les Rugiens habitaient le long de la mer Baltique; ils se partagèrent en trois corps vers le Bas-Empire; l'un se joignit aux Hérules dans leur expédition; le second alla s'établir dans une île de la mer Baltique, qui a retenu leur nom; et les derniers, qui étaient moins nombreux, restèrent dans ce pays, où ils bâtirent *Rugium*, Rugenwald, dans la Poméranie Ultérieure. (*Géographie comp. de J. Joly.*) — Le nom de Rugiens, fameux dans l'histoire des grandes migrations du cinquième siècle, se trouve dans Tacite, tandis que Ptolémée le défigure entièrement. (*Géographie de Malte-Brun*, tom. 1, pag. 236.) — Sur l'Océan, les Rugiens, exactement placés dans l'île de Rugen, et les Lémoves, que Cluvier croit être les mêmes que les *Heruli*, et qu'il place dans la Poméranie. Mais la narration de Tacite fait entendre que les Lémoves étaient à l'ouest des Rugiens ; car il arrive chez eux successivement, *deinde*, après être parti des *Gothones* et des *Lygii*. (Pinkerton, *Recherches sur l'origine des Scythes.*) — Les Rugiens et les Thuringiens sont les seuls peuples que nous trouvions rangés sous les bannières d'Attila dans les plaines de Châlons. (*Ibid.*)

Les Lémoves résidaient dans une partie de la Poméranie. — Les Lémoves étaient nécessairement à l'ouest des Rugiens ou de Rugen, comme l'exprime le texte littéral de Tacite, qui semble renfermer, dans le nom général de *Gothones*, les trois autres nations désignées par Ptolémée, et étendre ainsi ces derniers sur la Poméranie, aussi bien que sur la Pomérellie. Les *Lemovii*, par une conséquence naturelle, existaient dans les provinces de Lubeck et de Wagerland. (Pinkerton, *Recherches sur l'origine des Scythes.*) — On a conjecturé que les étonnantes révolutions opérées dans le nord de l'Europe par les fureurs des Huns, avant et immédiatement après Attila, avaient fait retourner les Lémoves ou Hérules vers leur ancienne patrie; qu'ils s'étaient ensuite transportés près de l'Océan Germanique, entre les embouchures de l'Elbe et du Wéser; et que c'est de là qu'ils allèrent insulter l'Espagne. (*Espr. milit. des Germains*, pag. 425.) — Les Lémoves sont placés par Tacite dans les provinces de Lubeck et de Wagerland. (Pinkerton, *Recherches sur l'origine des Scythes.*)

XLIV. *Au sein même de l'Océan*. Les anciens pensaient que la Scandinavie était une île. — Tacite décrit les Suiones, ancêtres des Danois et non des Suédois, comme l'ont cru quelques géographes. Les états de ces peuples étaient situés dans la mer, suivant Tacite, c'est-à-dire dans les îles de Zélande et autres, qui forment encore le siége de la puissance danoise : il serait facile de le prouver; tous les détails, aussi bien que le cours de la narration, s'appliquent aux Danois, et non aux Suédois, qui sont les Sitones de ce grand écrivain. (Pinkerton, tom. III, pag. 234.)

Des Suiones. Des Lémoves, aux environs de Lubeck, Tacite passe à l'île de Zeeland, de là chez les Æstiens, possesseurs de la péninsule de Glessaria, située vis-à-vis; puis, traversant la mer Baltique, il arrive sur la côte, encore vis-à-vis, habitée par les Suédois de Smaland; enfin, en droite ligne, et pour finir sa description, chez les Peucins, les Venèdes et les Fennois. Ajoutez à cela que les restes des Sitones mentionnés dans Ptolémée, etc., sont exactement sur la côte en face de la province de Smaland; et comme ils n'ont laissé aucune trace derrière eux, il y a certainement plus de vraisemblance qu'ils se sont portés sur le rivage opposé que dans la Norwège, distante de plus de trois cents milles. Ces raisons pressantes et décisives doivent, je crois, fixer pour toujours les Suiones dans l'île de Zeeland et les îles environnantes, en y réunissant Schonen, Halland et la Westrogothie, leurs véritables *civitates in Oceano*, ainsi que les Sitones, faisant partie des Suitones ou Suédois, dans l'angle au sud-est de la Suède, où est aujourd'hui la province de Smaland. (Pinkerton, *Rech. sur l'origine des Scythes.*) — Le professeur Schwarz a fait un ouvrage sur les campagnes en Autriche des anciens Rugiens. Les Suiones, dont parle Tacite, habitaient aussi l'île de la déesse Hertz. Un des bras de l'Oder, qui donne dans la mer Baltique, s'appelle encore maintenant la *Suine*, à l'embouchure de laquelle est située la commune de Suinamünde. — Tacite, qui ne s'était pas proposé de tracer une description géographique, nomme un des peuples les plus éloignés de la Scandinavie. Les Suiones, dit-il, habitaient plusieurs cantons garantis par l'Océan contre une invasion subite. Ces peuples, puissans sur mer comme sur terre, savaient apprécier leurs richesses; leurs monarques possédaient un pouvoir absolu, comme, selon les sagas islandaises, les pontifes-rois, successeurs immédiats d'Odin. Les armes de tout le peuple étaient sous la garde d'un esclave du roi. Une tribu de Suiones, les Sitones, obéissaient même à des princesses. (*Géogr. de Malte-Brun*, tom. 1, pag. 244.) — Le nom de Svéons ou Suédois, conservé chez les voyageurs du moyen âge, ne laisse aucun lieu à des doutes sur la demeure des Suiones de Tacite. On a voulu retrouver ce nom dans celui des *Relleviones* de Pline, qui nous semble plutôt une dénomination générale qu'un vrai nom de peuple. (*Ibid.*)

Puissantes par leurs flottes. Ces peuples, sous le nom de Normands, vinrent dans la suite ravager les côtes de la France, et enfin s'y établir.

Les richesses sont en honneur. — « Les Suiones, nation germanique, rendent honneur aux richesses, dit Tacite; ce qui fait qu'ils vivent sous le gouvernement d'un seul. » Le luxe est nécessaire dans les états monarchiques; il l'est encore dans les états despotiques. Dans les premiers, c'est un usage que l'on fait de ce qu'on possède de liberté ; dans les autres, c'est un abus qu'on fait des avantages de sa servitude..... Dans le sénat de Rome, composé de graves magistrats, de jurisconsultes et d'hommes pleins de l'idée des premiers temps, on proposa, sous Auguste, la correction des mœurs et du luxe des femmes. Il est curieux de voir dans Dion avec quel art il éluda les demandes importunes des sénateurs. C'est qu'il fondait une monarchie et dissolvait une république. (*Esprit des lois*, liv. VII, chap. 4.)

Elles restent enfermées. Il existait encore, en 1153, une loi en Suède, qui défendait l'usage des armes à toute personne, excepté aux gardes du roi. (*Hist. de Suède*, par Dalin, dans la *Bibliothèque raisonnée*, tom. XL et XLV.)

XLV. *Une autre mer, dormante.* Hécatœus appelle *Amalchium* l'Océan du Nord, depuis le lieu où le fleuve *Paropamisus* arrose la Scythie; et ce nom, dans le langage des habitans, signifie *congelatum* ou glacial. Philémon dit que, jusqu'au promontoire *Rubeas*, cet Océan est nommé par les Cimbres *Morimarusa*, mot qui signifie *mer Morte*. (PLINE, *Hist. nat.*, liv. IV, chap. 13.)

La dernière clarté du soleil à son couchant. Dans ces cantons du nord, les nuits d'été sont agréables; à peine le soleil gagne-t-il le couchant, qu'il reparaît bientôt à l'orient. L'intervalle d'un point à l'autre n'est qu'un crépuscule assez clair pour qu'il soit possible de lire et de vaquer à ses affaires. (*Voyage en Norwège de J.-Ch. Fabricius en* 1778.)

La mer Suévique. La mer Baltique. — La mer qu'on nomme à présent la Baltique, s'appelait anciennement *sinus Codanus*, d'où Pline et Mela donnent le nom de Codanie ou de Codanonie aux îles et aux terres adjacentes.

Des Æstyens. Le nom d'*Esthiens* ou *Æstiens* est donné, dans les sixième et neuvième siècles, à une nation qui habitait non loin de la Vistule, et qui récoltait l'ambre jaune. C'était probablement une dénomination générale, donnée par les Scandinaves ou les Germains aux peuples du rivage oriental de la Baltique. Peut-être aussi les Esthes modernes de l'Esthonie ont-ils demeuré quelque temps en Prusse. (*Géogr. de Malte-Brun*, t. 1, p. 234.) — L'analogie des noms a fait placer assez légèrement les Æstiens dans l'Estonie, quoique l'on convienne que leur île de Glessaria est réellement dans la Prusse actuelle, éloignée de deux cents milles au sud-ouest de l'Estonie, et qu'aujourd'hui on ne trouve plus de semblables quantités d'ambre que sur les côtes de Prusse. Estonie, il faut bien le dire, signifie tout simplement pays de l'est; et c'est peut-être une dénomination moderne, car il n'y a rien de plus ordinaire que les noms de pays tirés des points cardinaux vers lesquels ils sont situés, tels qu'*Aestsexia* ou Essex, en Angleterre, etc., etc., etc. Les Æstiens étaient certainement dans la Péninsule au delà de Dantzick, c'est-à-dire, selon la description de Tacite, *à main droite*, en faisant voile vers le *Suevicum mare* ou vers la partie méridionale de la Baltique, qui était au nord des Suèves. (PINKERTON, *Rech sur l'origine des Scythes.*)

Leur langage plutôt celui des Bretons. Tacite parle des Æstiens, nation située sur la Baltique, dans la Prusse d'aujourd'hui, et il dit qu'ils se servaient d'un langage approchant du breton, c'est-à-dire du *comraig* ou *welche*; ils étaient évidemment des débris des anciens habitans confinés dans ces contrées reculées. (PINKERTON, *Rech. sur l'origine des Scythes.*)

Des figures de sangliers. Sur le rivage occidental de la mer Baltique, Tacite connait par ouï-dire les Æstiens. Leurs mœurs étaient celles des Germains; leur idiome ressemblait à la langue britannique. Ils adoraient spécialement la mère des dieux; ils portaient en son honneur l'image d'un sanglier; c'était précisément l'animal consacré à Freya, la Vénus des Scandinaves, souvent confondue avec Frigga, la mère des dieux dans la même mythologie. Ces peuples, adonnés à l'agriculture, recueillaient aussi sur leurs rivages et dans la mer même l'ambre jaune, qu'ils nommaient *glesum*. (*Géogr. de Malte-Brun*, tom. 1, pag. 234.)

Le plus souvent de bâtons. Dans le roman de Tristan le Léonois, le géant Nabon le Noir combat armé d'un escu et d'un *baston propre à l'escrime.*

Le succin, nommé ambre jaune ou karabé, est le plus beau de tous les bitumes par ses caractères extérieurs; il est en morceaux irréguliers, d'une couleur jaune ou brune, transparens ou opaques, formés par couches ou par écailles; il est susceptible d'un très-beau poli; lorsqu'on le frotte quelque temps, il devient électrique et capable d'attirer des pailles. Les anciens, qui connaissaient cette propriété, avaient donné au succin le nom d'*electrum*, d'où est venu celui d'électricité. Ce bitume est d'une consistance assez dure, et qui approche de celle de certaines pierres, ce qui a engagé quelques auteurs, et particulièrement Hartmann, naturaliste qui vivait sur la fin du dernier siècle, à le ranger parmi les pierres précieuses; cependant il est friable et cassant; lorsqu'on le pulvérise, il répand une odeur assez agréable. On rencontre souvent dans son intérieur des insectes très-bien conservés et très-reconnaissables; ce qui prouve qu'il a été liquide, et que dans cet état il a enveloppé les corps qu'on y trouve. Il nage encore sur le bord de la mer : on le ramasse sur les bords de la mer Baltique, dans la Prusse ducale. Les montagnes de Provence, près la ville de Sisteron, la Marche d'Ancône et le duché de Spolette en Italie, la Sicile, la Pologne, la Suède, et plusieurs autres pays en fournissent aussi...... Quoiqu'il soit très-vraisemblable que ce bitume doit sa naissance à des matières résineuses végétales, plusieurs naturalistes ont eu des opinions différentes sur sa formation : quelques-uns l'ont regardé comme de l'urine durcie de certains quadrupèdes, d'autres comme un suc de la terre que la mer a détaché, et qui, porté par les eaux sur le rivage, s'y est desséché et durci par les rayons du soleil. Cette classe de naturalistes le désigne comme un suc minéral particulier. Telle était l'opinion d'un ancien naturaliste nommé Philémon, et cité par Pline; Georges Agricola l'a ensuite fait revivre. Frédéric Hoffmann croyait qu'il était formé d'une huile légère, séparée de bois bitumineux par la chaleur, et épaissie par l'acide des vitriols. On ne peut admettre cette opinion d'Hoffmann; car on ne conçoit pas comment une huile, séparée dans les entrailles de la terre, pourrait contenir des animaux qui ne vivent qu'à sa surface. On a cru jusqu'ici que le succin était dû à un suc résineux qui a coulé d'abord fluide de quelque arbre ; que ce suc, enfoui plus ou moins profondément dans la terre par des bouleversemens que le globe a éprouvés, s'était durci et imprégné des vapeurs minérales et salines qui circulent dans son intérieur. Il n'y a pas même d'apparence qu'il ait été altéré par des acides concentrés; car l'expérience nous apprend que l'action de ces acides l'aurait noirci et mis dans un état charbonneux. Pline pensait que le succin n'était *autre chose* que la résine du pin, durcie par la fraîcheur de l'automne. Le succin exposé au feu ne se liquéfie qu'à une chaleur assez forte ; il se ramollit et se boursoufle beaucoup. Lorsqu'on le chauffe avec le contact de l'air, il s'enflamme, et répand une fumée très-épaisse et très-odorante. Sa flamme est jaunâtre, variée de vert et de bleu ; il laisse après la combustion un charbon noir luisant, qui donne par l'incinération une terre brune en très-petite quantité. (*Élém. d'hist. nat. et de chimie de M. Fourcroy*, tom. IV, pag. 445.)

Gless, en langue germanique, signifie verre, glace. Les Electrides, que l'on appelait aussi les Glessaires, sont situées à l'embouchure de la Vistule, s'étendent depuis Dantzick jusqu'à Kœnigsberg. Solin vante l'ambre ou succin qu'on recueille sur leurs côtes. (*Géogr. comp. de J. Joly.*)

Nous l'apportent sans le préparer. Les îles de la côte occidentale du Jutland étaient probablement un des siéges du commerce de l'ambre jaune ; du moins les Romains donnèrent à une d'elles le nom de *Glessaria* ou île au succin. (*Géographie de Malte-Brun*, tom. I, pag. 241.) — La partie de la Germanie située vers l'embouchure de la Vistule, ou la Prusse actuelle, était, à n'en pas douter, connue des Grecs avant le temps d'Hérodote ; c'était là la contrée qui, dans les temps anciens, ainsi que de nos jours, fournissait tout l'ambre, et où on le trouve encore en si grande abondance, qu'il forme une branche de revenu très-importante. (PINKERTON, *Rech. sur l'origine des Scythes.*)

S'échauffant aux rayons voisins du soleil. Chez un auteur fidèle aux anciennes traditions, la douce température dont jouissait le pays des Hyperboréens est expliquée par la proximité momentanée du Soleil, lorsque, d'après les idées d'Homère, il passe pendant la nuit par l'Océan Septentrional pour retourner à son palais dans l'orient. Cette tradition antique, qui le croirait? n'a pas entièrement déplu à l'historien le plus philosophique des Romains : Tacite ne rougit pas de rapporter que, dans les extrémités de la Germanie, on croyait entendre le bruit que faisait le char du Soleil en se plongeant dans la mer ; qu'on distinguait les rayons de sa tête ; qu'on y voyait même apparaître les autres dieux ; « enfin, ajoute-t-il, je croirais volontiers que, de même que le soleil, dans l'orient, fait naître l'encens et les baumes, sa plus grande proximité dans les régions où il se couche fait transpirer les sucs les plus précieux de la terre pour former le succin. » C'est ce que les poètes avaient dit long-temps auparavant; c'est ce que dénotait la belle allégorie d'après laquelle le succin était les larmes d'or répandues par Apollon, lorsqu'il était allé chez les Hyperboréens pleurer la mort de son fils Esculape, ou par les sœurs de Phaéton, changées en peupliers; c'est ce que dénote le nom grec de l'ambre jaune, ἤλεκτρον, pierre du soleil. Les savans grecs avaient, long-temps avant Tacite, dit que cette matière si précieuse était une exhalaison de la terre produite et durcie par la force des rayons du soleil, plus grande, selon eux, dans l'Occident et le Nord. Toute cette docte théorie est évidemment puisée dans le système cosmographique d'Homère; elle vaut toujours autant que les explications moins merveilleuses, mais non moins fausses, que plusieurs historiens et géographes anciens tentèrent de donner de cette production naturelle. (*Géographie de Malte-Brun*, tom. 1, pag. 36 et 37.)

Les Sitones doivent avoir habité les provinces au sud de la Suède, et leur nom doit avoir pris son étymologie, ou de *Sictuna*, qui fut jadis celui d'une ville principale, ou de *Suitheod*, nom des natifs, dont les Romains, suivant leur coutume, avaient adouci la prononciation. (PINKERTON, *Recherches sur les Scythes*, tom. III.) — Sitones ou Suédois de Smaland sur la côte opposée; et comme les Suiones étaient indubitablement les peuples qui habitaient l'île de Zeeland, les autres îles circonvoisines et une petite partie du midi de la Scandinavie, en remontant le long de la côte occidentale jusqu'au lac Wener, les Sitones n'occupaient qu'une portion fort resserrée de la Suède ou Suitiod, savoir celle qui correspond à la province de Smaland. Quoique Tacite paraisse avoir lu Pline, puisqu'il copie l'histoire de l'origine de l'ambre donnée par cet écrivain, il ne parle pas de la Scandinavie; mais il fait entendre implicitement qu'une partie de cette contrée était habitée par les Suiones et les Sitones. (*Ibid.*) — Les Sitones me paraissent être infailliblement les Suédois actuels, et leur nom a la plus grande ressemblance possible avec l'ancien nom de la Suède, *Suitiod*, tandis que celui des Suiones a plus d'analogie avec le mot *zeewoners*, ou *habitans de la mer*, d'où l'île célèbre et fertile qui forme la plus belle partie des possessions danoises, est aujourd'hui appelée Zeeland. Le *su* parait être en effet la combinaison de lettres dont les Romains se servaient pour exprimer le son propre au *z* des Germains. Dans le *Knytlinga saga* et autres livres islandais, l'île de Zeeland est appelée *Sio-land;* nom qui présente autant d'affinité avec celui des Suiones, que le mot *Suitiod*, employé dans les mêmes ouvrages pour désigner l'ancienne dénomination des Suédois et de la Suède, a de rapport avec le nom de Sitones. (*Ibid.*) — Je trouve qu'Eginarht, écrivain du neuvième siècle, a le premier, depuis Tacite, fait mention des Suédois, désignés par Tacite sous le nom de Sitones. (*Ibid.*)

Une femme pour souveraine. Ici l'auteur fait sentir énergiquement combien la domination des femmes déplaisait aux Romains : l'ancienne maxime était qu'elles ne devaient avoir aucune part au gouvernement ; une femme était toute sa vie sous la tutelle de son père, de son mari, de ses frères. Depuis l'expulsion des rois, les Romains ne donnèrent jamais aux femmes de titre relatif aux emplois de leurs maris. Le latin n'a pas de mot pour dire une *sénatrice*, ni même une *impératrice ;* car le mot d'*augusta* n'était point un titre de dignité. Lorsque Tibère disait dans le sénat qu'il ne fallait pas prodiguer les honneurs aux femmes, *moderandos feminarum honores*, c'était autant pour afficher la maxime des vieux Romains, que par mauvaise humeur contre Livie sa mère. Freinshémius qui, dans ses supplémens de Tite-Live (liv. CIV), donne une description de la Germanie, s'emporte avec amertume contre Tacite et contre les Romains. Il observe que, dans le même temps où Tacite écrivait, des héroïnes norwégiennes et suédoises se signalaient par leurs exploits. Remarquons, en passant, que les supplémens de Tite-Live étaient dédiés à la reine Christine. (LA-BLETTERIE) — En 644, Nantilde gouverna pendant la minorité de son fils, Clovis II. — En 660, Batilde, mère de Clotaire III, gouverna la Bourgogne et la Neustrie. — Childebert n'ayant laissé que des filles de sa femme Ultrogothe, ce fut le premier exemple de la loi fondamentale qui n'admet que les mâles à la couronne. — Les Flamands furent long-temps gouvernés par des femmes ; avant et sous le règne de Philippe II, par Marguerite d'Autriche, par Marie, reine de Hongrie, et par la duchesse de Parme, sœur de Philippe ; la Russie fut sous les lois de plusieurs femmes ; Elisabeth gouverna l'Angleterre, et Médicis la France. — Vaillant a trouvé plusieurs hordes de nègres gouvernées par des femmes.

La servitude elle-même. Néron recevait des ambassadeurs ; sa mère s'approchait et allait se placer auprès de lui, si Néron, prévenu par Sénèque, n'eût été au devant d'elle comme par respect, et ne l'eût empêché de profaner la dignité impériale. (TACITE, *Ann.*, liv. XIII.) — Néron, dans sa lettre au sénat, se plaignant d'Agrippine, dit : « Elle a voulu s'associer à l'empire, faire jurer le serment par les cohortes prétoriennes à une femme, et souiller du même déshonneur et le sénat et le peuple romain. » (TACITE, *Ann.*, liv. XIV, chap. 11.)

> Vous avez vu cent fois nos soldats en courroux
> Porter en murmurant leurs aigles devant vous,
> Honteux de rabaisser par cet indigne usage
> Les héros dont encore elles portent l'image.
> (*Britannicus*, acte IV, scène 2.)

— Cataractacus, chef des Bretons, ayant obtenu son pardon de l'empereur Claude, vint au pied de son tribunal lui en rendre grâce, et ensuite à Agrippine même, qui se faisait remarquer sur une estrade élevée; spectacle nouveau, sans doute, et bien éloigné des usages antiques, de voir une femme au même rang que le prince; elle-même se disait associée à un empire fondé par ses aïeux. (TACITE, *Ann.*, liv. XII, chap. 37.)

XLVI. *Les Peucins* doivent avoir habité la côte de la mer Baltique, à l'embouchure de la Vistule, sur le bord oriental de cette rivière, c'est-à-dire la Prusse actuelle; de là ils s'étendirent au sud, jusqu'aux Basternæ, leurs frères, dans la partie occidentale de la Hongrie d'aujourd'hui, sur un espace de terrain long d'environ cinq cents milles, et large de cent cinquante à deux cents. (PINKERTON, *Rech. sur les Scythes.*) — Tacite fait une mention spéciale de plusieurs nations germaniques au delà de la Vistule, et principalement du grand peuple des *Peukini* ou *Basternæ*, que Pline évalue à un cinquième des Germains. (*Ibid.*) — Les Peucins, en particulier, qui formaient la plus grande et la plus célèbre division des *Basternæ*, à en juger par l'extension de leur nom à tout cet immense peuple, ont laissé derrière eux de tels vestiges depuis la Thrace jusqu'à la mer Baltique, que nous pouvons les suivre pas à pas. (*Ibid.*) — Les Peucins, ou cette nation Basternique sortie de l'île de Peukè, semblent, avec le temps, avoir surpassé en nombre toutes les autres branches de *Basternæ*; de telle sorte que Pline et Tacite regardent les noms de *Basternæ* et de *Peukini* comme appartenant au même peuple; mais Strabon, Ptolémée et d'autres auteurs qui ont écrit *ex professo* sur la géographie, et qui, par conséquent, sont plus exacts en ces divers points, ne considèrent les *Peukini* que comme une division des *Basternæ*. (*Ibid.*) — Strabon dit que, de son temps, les *Peukini* proprement dits, ou originaires, étaient cette portion de *Basternæ* qui habitait la grande île de Peuké, dans le Pont-Euxin, à l'embouchure du Danube. Ptolémée fait aussi la même remarque relativement au temps où il vivait; et ce sont peut-être leurs descendans qui conservent encore leurs demeures à Piczina, nom moderne de Peuké. (*Ibid.*)

Les Venèdes. Plus au nord, vers l'embouchure de la Vistule, nous voyons un peuple nommé *Venedi* par les Romains, et *Venedæ* chez Ptolémée; ces brigands, malpropres et féroces, étendaient au loin leurs courses vagabondes, mais avaient cependant des demeures fixes, et se servaient de boucliers. (*Géogr. de Malte-Brun*, tom. 1, pag. 232.)

Les Finnois. Parmi les Sarmates et les nations slavones, il demeurait deux peuples d'une classe différente. Les *Fenni*, placés par Ptolémée au sud-ouest de la Lithuanie, mais que Tacite recule plus au nord, paraissent déjà chez Strabon sous le nom de *Zoumi*, le même que celui de *Suome*, que les Finnois se donnent à eux-mêmes. (*Géogr. de Malte-Brun*, tom. 1, pag. 233.) — Les Finnois ou Finlandais paraissent avoir été une race européenne indigène; peut-être ne firent-ils que précéder les Sarmates dans leur émigration d'Asie. Les Lapons ont beaucoup de rapports avec les Samoyèdes d'Asie; mais la pauvreté de leur propre langue les obligea d'emprunter beaucoup de mots aux Fins, leurs voisins, plus civilisés, de sorte que leur langage est presque entièrement finlandais, tandis que leur conformation physique et leurs mœurs sont tout-à-fait différentes. (PINKERTON, *Recherches sur l'origine des Scythes.*) — Les Fins du nord, ou les Lapons, semblent être les aborigènes du pays qu'ils habitent; car ils sont si faibles et si pacifiques, leur sol est si ingrat et si malheureux, qu'ils n'ont pu vaincre aucune nation, et qu'aucune nation n'a pu porter envie à leurs possessions reléguées dans des climats inaccessibles aux rayons du soleil. (*Ibid.*) — Tacite avait entendu dire vaguement que, au delà de ces nations, il y avait un peuple qui se couvrait de peaux de bêtes sauvages, et que cette manière de se vêtir avait fait passer pour un peuple de bêtes à têtes humaines. D'après la relation de Tacite, c'était certainement les *Fenni*, qui n'étaient séparés des *Peukini* que par les forêts et les collines habitées par les *Venedi*. Il ne s'agit point ici des habitans de la Finlande, comme on l'a chimériquement imaginé, mais bien des Fins, grande nation aborigène. Les *Fenni* de Tacite étaient dans la Livonie et l'Estonie; et Ptolémée (liv. III) place même des *Fenni* sur la Vistule. (*Ibid.*)

Bastarnes. Interprète de l'opinion générale, Strabon dit expressément que les *Basternæ* occupaient la Scandinavie. (PINKERTON, *Rech. sur l'origine des Scythes.*) — Mais tous ces Germains *transvistulani*, l'immense nation de ceux appelés *Basternæ*, qui, d'après le calcul de Pline, formaient la cinquième partie des Germains, habitaient au delà de la Vistule, dans les contrées connues aujourd'hui sous les noms de Prusse, de Polachie, de Masovie, et de Russie-Rouge. (*Ibid.*) — Le mot *Basternæ*, dans la langue franque et tudesque, signifiait un *chariot*, vraisemblablement couvert, comme le chariot d'honneur que nous trouvons sur les médailles de Faustine et autres. *Voyez* Grégoire de Tours (liv. III, chap. 26). Le même mot se trouve aussi dans Lampridius (*in Heliog.*), dans Simmachus, dans les Capitulaires des rois de France, dans Ammien Marcellin (liv. XIV); Vopiscus (*in Probo*) dit que Probus n'établit pas moins de cent mille *Basternæ* dans la Thrace. (*Ibid.*) — Quelques auteurs mal informés ont dit que les *Basternæ* étaient Gaulois; mais en réfléchissant à la profonde connaissance qu'avait Tacite de la Germanie, son témoignage suffit pour nous convaincre de la fausseté de cette assertion. (*Ibid.*) — La première apparition des *Basternæ* dans l'histoire, semble avoir lieu à l'occasion du secours qu'ils donnèrent à Persée, roi de Macédoine, contre les Romains, cent soixante-six ans avant Jésus-Christ. Polybe, écrivain contemporain, rapporte que Persée reçut un renfort de dix mille hommes, *Basternæ* et Gaulois. (*Ibid.*) — Cette immense race d'hommes appelés *Basternæ* ne descendait pas seulement jusqu'aux *Alpes Basternicæ*, ou monts Carpathiens, et au Danube; elle s'étendait encore, du côté du nord, jusqu'à cette partie de la mer Baltique, sur laquelle est maintenant située la Prusse, et qui est la plus voisine du Pont-Euxin. (*Ibid.*)

De la difformité de ces peuples. Jornandès indique assez la grande différence entre les Scythes et les Huns : et nous pouvons encore aujourd'hui la reconnaître, en comparant la grande taille, les yeux bleus et les cheveux blonds d'un Allemand, avec la petite stature, les petits yeux noirs et les cheveux noirs d'un Tatâr. (Pinkerton, *Rech. sur l'origine des Scythes*, pag. 22.)

Est en proie à leurs brigandages. La méthode de faire la guerre en dévastant le pays est très-ancienne parmi les Tartares, et pratiquée par eux tous depuis les bords du Danube jusqu'à l'extrémité de la Tartarie, du côté de l'est. (*Voyage de Bell à Pékin, par la Sibérie, en* 1719, pag. 174.)

Toujours à cheval ou dans leurs chariots. Ce sont les Tartares que les Grecs et les Latins appelaient les Essédens, d'*esseda*, chariot.

Leur pauvreté hideuse. Les princes des grands états ont ordinairement peu de pays voisins qui puissent être l'objet de leur ambition : s'il y en avait eu de tels, ils auraient été enveloppés dans le cours de la conquête. Ils sont donc bornés par des mers, des montagnes et de vastes déserts que leur pauvreté fait mépriser : aussi les Romains laissèrent-ils les Germains dans leurs forêts, et les peuples du nord dans leurs glaces, et il s'y conserva, ou même il s'y forma des nations qui enfin les asservirent eux-mêmes. (*Grandeur et décadence des Romains*, chap. XVI.)

Ils s'y croient plus heureux. Il y a deux sortes de peuples pauvres : ceux que la dureté du gouvernement a rendus tels ; et ces gens-là sont incapables de presque aucune vertu, parce que leur pauvreté fait une partie de leur servitude : les autres ne sont pauvres que parce qu'ils ont dédaigné, ou parce qu'ils n'ont pas connu les commodités de la vie ; et ceux-ci peuvent faire de grandes choses, parce que cette pauvreté fait une partie de leur liberté. (*Esprit des lois*, liv. XX, chap. 11.) — Ces peuples en effet envahirent tout l'empire romain.

Les Helluses et les Oxiones. Les Samoyèdes, et non pas les Lapons.

Les membres de la bête. C'étaient les peuples les plus laids de la terre : leurs femmes étaient affreuses comme eux..... Cela donna lieu à cette tradition du nord, rapportée par le Goth Jornandès, que Philimer, roi des Goths, entrant dans les terres gétiques, y ayant trouvé des femmes sorcières, il les chassa loin de son armée; qu'elles errèrent dans les déserts, où des démons incubes s'accouplèrent avec elles, d'où vint la nation des Huns. (*Grandeur et décadence des Romains*, chap. XXIII.) — Comme l'observe aussi M. de Labletterie, les peaux de bêtes dont ces peuples se couvraient le corps ont dû donner lieu à ces fables.

VARIANTES.

II. *Nisi si patria sit*. Le manuscrit de Zurich porte *nisi sibi patria sit*. (E.) *Nisi si* se trouve dans l'édition de Rome, dans celle de Nuremberg, et ailleurs. (*Voyez* DUKER, *sur Florus*, 4, 7, 15). Sénèque, qui a parlé du climat de la Germanie (*De provid.*, cap. IV), s'accorde avec Tacite dans la peinture qu'il en fait : *perpetua illos hiems, triste cœlum premit, maligne solum sterile sustentat*, etc. (O.)

Tuistonem. Le manuscrit de Zurich, le texte de Kappius, et l'édition de Rhagius portent *Tuisconem*; plusieurs autres éditions, comme la première de Jean de Spire, *Tuistonem*. J'ai souvent observé dans les anciennes éditions *st* au lieu de *sc*; on lit dans les éditions de Jean de Spire et du Pogge *stutis* au lieu de *scutis*. (E.)

Licentia vetustatis. On lit dans Kappius, *ut in licentia*. Cette leçon se trouve encore dans deux manuscrits du Vatican, cités par Brotier. (E.) Ainsi porte l'édition de Nuremberg, qui n'est autre chose que le texte de Kappius et d'Artolphe; cependant le mot *autem* ne s'y trouve point. L'édition de Rome porte la même leçon, approuvée par Zinzerling. (*In crit. juv. prom.*, cap. LI.) (O.)

Deo ortos. Alciat écrit *deos*; cette leçon est vicieuse. Les éditeurs de Deux-Ponts préféreraient à *deo ortos*, *de eo* (*Munno*) *ortos*.

Vandalios. Le texte de Kappius porte *Vandilios*, ainsi que l'édition de Rome; le manuscrit d'Arundel, Rhagius, Béroalde, *Vandalos*. La leçon vulgaire n'est donc pas aussi sûre que le pense Hardouin, dans ses notes sur Pline l'Ancien (liv. IV, chap. 14). (E.)

Recens et nuper additum. Juste-Lipse préfère *auditum* à *additum*, dans le même sens qu'*auditur*, chap. XLI. Quant au mot *nuper*, il ajoute que ce nom ne leur fut pas donné si nouvellement, puisqu'il date du temps de Jules César, époque à laquelle les Germains firent une irruption dans la Gaule. Selon Gronovius, *additum* convient ici bien mieux qu'*auditum* : il signifie ici donné, imposé, etc., comme dans Virgile (*Æn.*, lib. 1, v. 267) :

...... Puer Ascanius, cui nunc cognomen Iulo
Additur.

et dans Sénèque (*Herc. fur.*, 1237) :

Quis nomen unquam sceleris errori addidit ?

III. *Fuisse apud eos.* Dans toutes les éditions cette phrase se lie au chap. II : ces divisions sont arbitraires, et j'ai pensé qu'elle se liait mieux au chapitre suivant, où Ulysse est mentionné.

Barditum vocant. Ainsi porte le texte de Farnèse, et je sais que les chanteurs ou poètes gaulois sont appelés bardes. *Baritum* me plairait davantage ; ce mot aurait pour nous un air de famille, car nous avons le mot allemand *beren* ou *baeren*, crier, élever la voix. Althamer voudrait qu'on lût *blaritum*. (J.-L.) Le manuscrit d'Arundel et le texte de Kappius portent *barditum*; d'autres éditions, *baritum*. (E.) L'édition d'Artolphe et de Rome portent *barditum*. Ammien Marcellin (liv. XXVI, chap. 7, et XXXI, 7) et Végèce (liv. III, chap. 18) adoptent *barritum*; Perizonius, *baritum*. (O.)

Græcis litteris. Ce sont, selon moi, les lettres, et non la langue, qui étaient grecques. Les Helvétiens et les Gaulois se servaient des lettres grecques avant de connaître les caractères des Romains, ni leur domination. (J.-L.) César laissa aux Gaulois l'usage des lettres grecques (*Guerre des Gaules*, liv. VI, chap. 14.) (E.)

V. *Non in alia vilitate.* Non *alia* est ici pour *pari*, *non minori*. Rhenanus (1519) a d'abord adopté *utilitate*, mais ensuite a préféré *vilitate*; Juste-Lipse lit *utilitate*. (E.) Perizonius veut que l'on retranche *quam*. Cet endroit est corrompu dans l'édition de Rome. L'édition de Nuremberg porte *vilitate*, leçon qu'ont également adoptée Béroalde et Kappius. (O.)

VI. *Variare.* On trouve aussi dans le manuscrit de Zurich *varietate*, ainsi que dans les éditions de J. de Spire et du Pogge. (E.) Les éditions de Rome et de Nuremberg ont *varietate* : au contraire Béroalde, Putcolanus et Rhenanus, lisent *variare*. (O.)

VII. *Nec illæ numerare, aut exsugere plagas pavent.* Ainsi porte le texte de Rhenanus. Homère a dit de Machaon (*Iliad.*, liv. IV, v. 218) : « Il suce le sang, il applique sur la plaie des remèdes adoucissans. » (J.-L.) *Exigere* me plaît, mais dans le sens où l'on dit *sarta tecta exigere*; *ad summam veritatem jus exigere*. (G.) J'ai mis *exigere* d'après tous les textes, excepté celui d'Arundel. Rhenanus est le premier qui ait écrit *exsugere*; il a suivi son sentiment, contre l'autorité des manuscrits. *Pavent* ne convient point avec *exsugere*, qui exprime une action dans laquelle il entre plus de sensibilité que de courage. Le manuscrit de Zurich porte *nec exigere*, ainsi que les éditions de J. de Spire, du Pogge, de Rhagius, Puteolanus, Béroalde. (E.) Le mot *pavent* peut s'accorder également avec *exigere* et *exsugere*; il faut examiner lequel des deux exige le plus de courage. Je ne change donc rien aux anciens textes. Les éditeurs de Deux-Ponts lisent *exsugere*, leçon approuvée par Colerus et Conring. (O.) J'ai préféré *exsugere*, sucer, parce que la crainte qu'une plaie ne soit empoisonnée, ou qu'il ne s'y soit introduit quelque corps étranger, a porté tous les peuples à *sucer* les plaies, afin d'en obtenir une plus parfaite guérison. Je pense que *pavent* va fort bien avec *exsugere* : il faut en effet un certain courage pour sucer une plaie ensanglantée.

VIII. *Puellæ quoque nobiles.* Heinsius préfèrerait *nubiles*.

Auriniam. Le texte de Farnèse porte *Fluriniam* : je crois qu'il faut lire *Aluriniam*, d'après Jornandès (*Hist. des Goths*, chap. XXIV). On trouve, dit-il, parmi le peuple, des magiciennes nommées, en langue du pays, *aliorunas*. Voyez, sur ces prophétesses, CÉSAR (*Guerre des Gaules*, liv. I, chap. 50.), PLUTARQUE (*Vies de Marius et de César*, chap. XIX), STRABON (liv. VII, pag. 294), CLÉMENT D'ALEXANDRIE (*Stromat.*, ch. I, pag. 131). (J.-L.)

XI. *Hoc auspicatissimum initium.* Le texte de Kappius, l'édition de J. de Spire, du Pogge, de Puteolanus, de Rhagius, portent *auspicacissimum*; Béroalde est le premier qui ait changé ce mot en *auspicatissimum*: je ne sais s'il y a été autorisé par aucun manuscrit; mais la correction est bonne. (E.) L'édition de Rome porte aussi *auspicatissimum*. (O.)

XV. *Multum venatibus.* Plusieurs éditions portent *non multum*, ce qui serait en contradiction avec un passage de César (*De bell. gall.*, lib. VI, c. 21), qui dit que « la vie des Germains se passe à la chasse et dans les exercices militaires. » Il dit encore (liv. IV, ch. 1), en parlant des Suèves : « Ils s'adonnent beaucoup à la chasse. » Cette opinion est d'accord avec la raison et l'expérience : des peuples braves, sauvages, entourés de forêts, doivent être des peuples chasseurs. (J.-L.) Cluvier, Conring, Perizonius et les éditeurs de Deux-Ponts suppriment la négation, et lisent *multum venatibus*. (O.)

XVI. *Non in nostrum morem.* Le manuscrit d'Arundel porte *nostro more*.

Aperta populatur. Le texte de Kappius porte *aperta populatio*. (E.) Le manuscrit de Longolius et l'édition de Rome offrent la même leçon. (O.)

XIX. *Publicatæ enim.* Je préfère *etiam*, et je ne rapporte pas cette idée aux femmes adultères; je crois qu'il s'agit ici des femmes qui se prostituaient sans être mariées. (J.-L.) Si les textes le permettaient, je suivrais le sentiment de Juste-Lipse. (E.)

Invenerit. Telle est la leçon des éditions de Rome et de Nuremberg. Puteolanus lit *invenit.* (O.)

Sæculum vocatur. Sénèque a dit aussi : « Il n'y a plus de remède, dès que les vices sont devenus les mœurs publiques. » (J.-L.) Le texte de Kappius porte *vocantur*, comme l'a déjà remarqué Rhenanus. (E.) On lit *vocatur* dans l'édition de Rome. (O.)

Ne ulla cogitatio. Groslotius veut qu'il y ait trois fois *nec*, sur la foi d'un ancien texte; mais il ne faut qu'une négation, à moins de corriger aussi *amant*, ce que j'approuverais, si l'on pouvait s'appuyer de quelque autorité. (E.) L'édition de Rome et celle de Nuremberg portent *ne ulla c. ultra, ne l c., ne tamq.*, etc., leçon adoptée par Puteolanus. (O.)

Tamquam maritum. Dans la troisième édition de Juste-Lipse, on trouve *meritum*, ce qui peut être une faute d'impression. Dans la quatrième, on lit *maritum*, leçon adoptée par tous les textes qui ont précédé les éditions de Juste-Lipse, et que j'ai pu consulter. (E.)

Ex adgnatis necare. J'aimerais mieux simplement *gnatis*. Il est étonnant que Tacite ne parle point ici d'une coutume singulière, et particulière aux Germains, pour s'assurer de la légitimité de leurs enfans. Ils plaçaient le nouveau-né sur un bouclier, et l'abandonnaient ainsi sur les eaux : si le bouclier s'enfonçait, l'enfant était regardé comme le fruit de l'adultère; s'il surnageait, l'enfant était cru légitime. Claudien (*In Rufin.*, liv. II, vers 112) parle des enfans « dont le Rhin éprouve la naissance : »

Et quos nascentes explorat gurgite Rhenus. (J.-L.)

Adgnati signifie *nés en surcroît*, ἐπίγονοι. Quant à cette épreuve à laquelle on soumettait les enfans, Amelang, dans un opuscule joint à une traduction allemande de la Germanie de Tacite, publiée par J.-H.-M. Ernesti, la regarde comme fabuleuse, et pense que Tacite a eu raison de la passer sous silence : ce qui a donné lieu à cette erreur, c'est que les Germains avaient coutume de plonger les enfans dans le Rhin pour endurcir leurs membres. (O.)

XX. *Dignoscas.* Les plus anciennes éditions portent *dinoscas*; telle est la leçon des textes de Kappius et de J. de Spire. (E.) L'édition de Nuremberg porte *dinoscas*, celle de Rome, *noscas*, et celle de Puteolanus, *dignoscas.* (O.)

Donec œtas separet ingenuos, virtus agnoscat. Cette phrase doit s'entendre comme s'il y avait *donec œtas faciat ut separentur; virtus faciat ut agnoscantur.* (G.) C'est dans le même sens que Sénèque (ep. 120) et Pline le Jeune (ep. 5, 17.) emploient le mot *agnoscat.* (O.)

Pares validæque. Le texte de Kappius, l'édition de J. de Spire, l'édition de Bologne et toutes celles que j'ai sous les yeux, antérieures à celle de Juste-Lipse, portent *validæque*, et je l'ai rétabli. (E.) Pichena voulait *validique*, mais Ernesti a choisi la leçon de *validæque*, suivie aussi par Lallemant, Brotier, et les éditeurs de Deux-Ponts. (O.)

Apud patrem. Le texte de Kappius et celui de Rhagius portent *ad patrem*. C'est ainsi qu'on trouve dans Cicéron *ad me* pour *apud me*. (*Ad Att.*, 2, 16, et 1, 16.) (O.)

Obsidibus. Le manuscrit de Longolius porte *obsidiis*. (O.)

Tamquam ii. On lit *tamquam in* dans les éditions de Rome et de Nuremberg, dans le texte de Rhagius et dans les manuscrits de Longolius et d'Hummel. (O.)

XXI. *Victus inter hospites comis.* Lableterie, dans sa traduction française, a omis cette phrase, qu'il ne croit pas être de Tacite : elle est au moins suspecte à la place qu'elle occupe. (E.) Il est vraisemblable que cette phrase n'est autre chose qu'une glose. (O.) Nous l'avons conservée, parce qu'elle se trouve dans toutes les éditions latines. (P.)

XXII. *Ut inter vinolentos.* Vainement Rhenanus veut qu'on lise *violentos*, parce que les Germains ne connaissaient point le vin. Il faut entendre ici, non le vin de raisin, mais celui qu'ils faisaient avec de l'orge. Les anciennes éditions portent *vinulentos*. (E.)

Nec callida. Groslotius dit qu'un ancien texte porte *aut callida*. (O.)

Aperit adhuc secreta pectoris. Le manuscrit d'Arundel et le texte de Kappius portent *ad hoc*. On lit *ad hæc* dans une ancienne édition citée par J. Gronovius. Groslotius pensait que l'on devait admettre l'une ou l'autre de ces corrections. Colerus préfère *ad hæc*; moi je pencherais pour *adhuc*, qui d'ailleurs est dans le manuscrit de Zurich. (E.) L'édition de Rome porte *ad hec*; le manuscrit de Longolius *adhoc*; celui d'Hummel, *adhuc*. (O.)

XXIII. *Vitiis, quam.* Le manuscrit de Bamberg porte *vino quam armis*; *vino* n'a pu s'introduire que par le caprice de quelque scoliaste. *Vinci vitiis*, etc., a ici le même sens que dans cette phrase de Justin (liv. 1, chap. 8) : *Scythæ prius ebrietate, quam bello vincuntur*, et dans cette autre phrase de Florus (liv. 1, chap. 8) : *Rex jam luxuria sua debellatur*. (G.) Conring aimerait mieux *vino*; mais les manuscrits de Longolius et d'Hummel, ainsi que les éditions anciennes, portent *vitiis*. (O.)

XXV. *Nisi quod impune.* Le manuscrit de Zurich porte *impune est*. (E.) Cette leçon est adoptée par les éditeurs de Deux-Ponts. (O.)

XXVI. *In usuras extendere.* Il s'agit ici de l'usure (*Saumaise, De l'Usure*, pag. 24). *In usuras extendere* équivaut à *per usuras extendere*. Virgile a dit (*Énéide*, liv. x, v. 468) :

.... Famamque extendere factis.

Peut-être Tacite avait-il mis *et usuris* ou *per usuras extendere* : on voit que l'on a confondu un peu plus bas *in vices* et *per vices*. (E.)

Ideoque magis servatur. Que signifie *servatur*? Il y a quelque faute dans le texte : peut-être faudrait-il *spernitur* ou *spernatur*. (J.-L.) Saumaise remplace *servatur* par *aversantur*. Mais comment les Germains détesteraient-ils ce qu'ils ignorent ? *Servatur* signifie que les Germains sont préservés de l'usure par leur ignorance, beaucoup mieux que par les lois qui la leur interdiraient. (E.)

Amplitudine soli labore contendunt. Les éditions de Bologne, de J. de Spire, de Puteolanus, de Rhagius, de Béroalde, de Rhenanus (1519) portent *laborare*; mais ce dernier a préféré ensuite *labore*. (E.) Les éditions de Nuremberg et de Rome, avec les manuscrits d'Hummel et de Longolius, portent *labore*. (O.)

XXVII. *Operosum honorem.* On lit *peroperosum* dans les éditions de J. de Spire, de Puteolanus et de Béroalde. Rhenanus a introduit *operosum*, d'après le texte de Kappius. (E.) Quelques manuscrits portent *peroperosum*, et cette leçon est préférable ; Pichena l'a adoptée. C'est ainsi que, dans les *Annales* (liv. xv, chap. 26), on trouve *perasper*. (H.) L'édition de Rome porte *operosum*. (O.)

Ut gravem defunctis. Béroalde et Rhenanus lisent *et gravem defunctis*. Les éditions antérieures et le manuscrit de Zurich portent *ut gravem*. (E.)

Ponunt. On lit *deponunt* dans le manuscrit d'Arundel. (E.)

Viris meminisse. Sénèque a dit de même (*Epist.* 100) : *Vir prudens meminisse perseveret, lugere desinat.*

XXVIII. *Divus Julius tradit. Bellum gallicum* (lib. vi, cap. 24). (E.)

Potentia divisas. L'édition de J. de Spire et toutes les autres avant celles de Rhenanus portent *diversas*. Rhenanus est le premier qui ait écrit *divisas*, d'abord en 1519, à la marge de son texte, parmi les diverses leçons, et enfin, en 1533, dans son texte même. Il avait tiré cette leçon du texte d'Artolphe, que nous appelons texte de Kappius. (E.) Ce texte d'Artolphe ou de Kappius est l'édition de Nuremberg ; l'édition de Rome s'accorde avec elle sur ce passage. Conring regarde *divisas* comme plus clair. Lallemant, Brotier et Longolius sont de cet avis. Les éditeurs de Deux-Ponts préfèrent au contraire *diversas*, auquel ils donnent le sens de *disjunctas*. (O.)

Custodirentur. Le manuscrit de Zurich porte *custodirent*. (E.)

XXX. *Copiis onerant.* L'édition de J. de Spire et toutes les autres antérieures à celle de Juste-Lipse portent *coonerant*. Juste-Lipse a introduit *onerant*, sans rien alléguer pour ce changement. Pichena a rétabli *coonerant*, et il s'est conservé dans les éditions suivantes. J'avoue que je préfère *onerant*, et parce que je trouve cette leçon dans le texte de Kappius, et parce que je crois la syllabe placée devant *onerare* une surcharge

VARIANTES.

inutile au sens, et peut-être sans exemple. (E.) Les manuscrits de Longolius et d'Hummel, ainsi que l'édition de Rome, portent aussi *onerant*. (O.)

XXXI. *Rara et privata.* Le manuscrit de Zurich porte *raro*. (E.) L'édition de Rome porte aussi *raro*; mais l'édition de Nuremberg, celles de Rhenanus et de Puteolanus présentent *rara*. (O.)

In consensum vertit. Groslotius préfère *conventum*, d'après un ancien texte. (E.) L'édition de Rome, celle de Nuremberg et celle de Puteolanus portent *consensum*. (O.)

Nec, nisi hoste cæso. Je préfère cette leçon à celle de *nec non hoste*. (J.-L.) *Voyez* TACITE (*Hist.*, liv. IV, chap. 61). (O.)

XXXIII. *Penitus excisis.* Il est parlé cependant des Bructères plusieurs siècles après Tacite (*Claudien*, quatrième consulat d'*Honorius*, liv. V, v. 452). (O.)

Urgentibus imperii fatis. Mon manuscrit porte avec raison *vergentibus*, au lieu de *urgentibus* que l'on trouve dans la plupart des éditions. (J.-L.) On lit dans le manuscrit d'Arundel, *quando in vergentibus*; dans le manuscrit de Zurich, l'édition de J. de Spire et celles qui l'ont suivie, jusqu'à Rhenanus, *quando in urgentibus*. Gronovius, d'après un ancien texte, lit *quando jam urgentibus*; mais il croit qu'on doit plutôt lire, *quando jam vergentibus*, comme dans les *Annales* (liv. XII, chap. 44) : *vergentibus jam annis*. Tite-Live a dit (liv. V, chap. 36) : *jam urgentibus... fatis*. Cet exemple me décide, et je me tiens à la leçon de *urgentibus imperii fatis*. (E.) Les éditions de Rome et de Nuremberg, les manuscrits de Longolius et d'Hummel portent *urgentibus*. Huet voulait que ce fût *vigentibus*, et Labletterie a suivi cette leçon dans sa traduction française. (O.)

XXXVII. *Eundem Germaniæ sinum.* Le manuscrit du Vatican, le manuscrit d'Arundel, le texte de Kappius et une ancienne édition citée par Gronovius, portent *situm*. (E.)

Cn. Manlio. Freinshemius voulait qu'on lût *C. Manlio*: c'est une erreur; le vrai prénom est *Cn.*, tel qu'on le trouve dans Cicéron.

XXXVIII. *Obliquare crinem.* Le manuscrit d'Hummel porte *obligare*. (O.)

XXXIX. *Auguriis patrum et prisca formidine sacram.* Colerus pense que ce vers s'est formé par hasard : on trouve en effet dans les ouvrages de Tacite d'autres hexamètres échappés de sa plume sans intention de faire des vers (*Ann.*, liv. I, ch. 1). Cependant je crois que celui-ci est une citation de quelque poète : les mots de *patres*, d'*auguria*, de *formido*, ne sont guère employés dans ce sens par les prosateurs. (E.) Dureau Delamalle cite, dans une note, le vers suivant, qu'il attribue à Virgile :

Relligione patrum et prisca formidine sacram :

et il ajoute : « Tacite, qui ne le citait apparemment que de mémoire, l'a, comme on voit, légèrement altéré. » Nous avons vainement cherché ce vers dans Virgile ; nous n'en avons trouvé que quelques expressions partielles, comme :

> Relligione patrum multos servata per annos.
> (*Æn.*, lib. II, v. 715.)
> Horrendum silvis et relligione parentum.
> (*Ibid.*, lib. VII, v. 172.)
> Relligione sacræ et sævi formidine Martis.
> (*Ibid.*, lib. VII, v. 608.)
> Est ingens gelidum lucus prope Cæritis amnem,
> Relligione patrum late sacer........
> (*Ibid.*, lib. VIII, v. 597.)

XLIII. *Gothini.* On trouve toujours *Gothuni* dans Claudien. (J.-L.) Il y a *Gothini* dans le texte de Kappius. (E.) L'édition de Rome porte *Gotini*. (O.)

Arios, etc. Le texte de Kappius porte *Harios*, *Helvetonas*, *Mammos*, *Helisios*, *Nahanarvalos*, et ensuite *Naharvalos*. Les éditions de J. de Spire et de Puteolanus varient également sur ce dernier mot. Le manuscrit de Zurich porte constamment *Nahanarvalos*. (E.) L'édition de Rome porte *Harios...*, *Manimos*. On lit dans le manuscrit d'Hummel *Harios...*, *Lanimos*. (O.)

XLIV. *Ipso in Oceano.* Telle est la leçon adoptée en 1533 par Rhenanus. Avant lui il y avait *ipsæ* dans tous les textes, et même dans le manuscrit d'Arundel. Le texte de Kappius porte *in Oceanum*. (E.)

XLV. *Formasque equorum.* Des manuscrits portent *formasque deorum*. T. Lefèvre veut *formas equorum*, qui est préférable : cette dernière leçon est aussi celle du manuscrit de Zurich. (E.) Brotier approuve *formasque equorum*. Les éditeurs de Deux-Ponts conservent la leçon communément reçue.

TABLEAU CHRONOLOGIQUE

Des faits indiqués par Tacite dans son ouvrage sur la Germanie, des guerres des peuples germains, de leurs incursions, de leurs conquêtes, de leurs établissemens.

La Germanie et l'histoire de ses peuples furent long-temps inconnues aux Romains : le fait le plus ancien auquel Tacite ait pu remonter date de l'émigration des Boïens, peuple gaulois qui passa dans la Germanie vers l'an cinq cent quatre-vingt-onze avant Jésus-Christ, et l'an cent soixante-trois de Rome. Depuis, les Romains n'entendirent plus parler, pendant près de cinq siècles, de ces peuples sauvages retirés dans le fond de leurs vastes forêts. Quatre cent soixante-dix-sept années après l'émigration des Boïens, c'est-à-dire l'année cent quatorze avant Jésus-Christ, et de la fondation de Rome six cent quarante, les Cimbres s'approchèrent du Danube ; c'est de ce moment que les Romains, occupés jusqu'alors par tant de guerres en Italie, en Espagne, en Afrique, commencèrent à porter des yeux attentifs vers ces régions du Nord, qui leur étaient totalement inconnues. Rome comptait six cent quarante années d'existence, lorsque des masses immenses de ces peuples sauvages, accompagnés de leurs femmes et de leurs enfans, descendirent des régions glacées de la Chersonèse Cimbrique vers les riantes contrées du midi de la Gaule : des consuls furent envoyés, et leur fermèrent le passage. Dix-neuf années après cette première apparition, ils revinrent en foule, égorgèrent quatre-vingt mille Romains, pénétrèrent en Italie, et, sans la victoire de Marius et de Catulus, l'empire romain n'existait plus, les destinées du monde étaient changées. Depuis, Jules César subjugua la Gaule et quelques parties de la Germanie ; Drusus y fit quelques conquêtes; Tibère soumit les Marcomans et les Chérusques; mais les Germains, bien loin de se laisser abattre, semblaient reprendre sans cesse de nouvelles forces. Commandés par Arminius, ils attaquèrent, au milieu de leurs forêts profondes, Varus, envoyé par Auguste, et taillèrent en pièces ses trois légions : Germanicus consola Rome d'un si grand désastre, et défit Arminius sur les bords du Weser. La politique entretint habilement des discordes parmi ces peuples, qui ignoraient l'art de la dissimulation, et dont plusieurs se soumirent d'abord à des tributs; mais bientôt ce joug leur pesa, ils se révoltèrent, furent soumis par Galba, se révoltèrent de nouveau, et, toujours poussés par cet amour des combats dont Tacite les a dépeints sans cesse tourmentés, ils vinrent ravager les côtes de la Belgique, et battirent Cornelius Fuscus. Ce fut trois ans après ce désastre que Tacite, sous le second consulat de Trajan, en l'an huit cent cinquante-un de Rome, et quatre-vingt-dix-huit ans après Jésus-Christ, écrivit son ouvrage sur les Germains.

Que d'évènemens ont suivi cette époque! Rome avait conquis tout le monde connu; les Germains s'emparèrent des conquêtes des Romains. De tous côtés se forment leurs confédérations; sans cesse la paix est conclue et aussitôt rompue; ils s'entraînent les uns les autres; leurs incursions menacent l'empire de toutes parts; on leur avait imposé des tributs, ils reçoivent un tribut annuel pour ne point attaquer l'empire; ils traversent tous les fleuves, ils pénètrent partout : portant en tous lieux l'effroi et la désolation, ils refusent la paix, et l'empereur Gallus, suppliant, l'achète d'eux au prix qu'ils imposent. Leurs nombreuses tribus forment de vastes coalitions qui inondent la Gaule, l'Italie, l'Espagne, et s'élancent jusque sur l'Afrique; on les voit de toutes parts, tels que les a montrés Tacite, méprisant le travail, appelant les combats et les blessures, prenant des noms qui inspirent d'abord l'effroi, celui de *Germains*, qui signifie hommes avides de guerre, celui d'*Allemands*, d'hommes de courage par excellence, celui de *Francs* ou d'hommes libres, qui ne veulent ni obéir ni payer de tributs. Le Pont-Euxin n'est pas à l'abri de leurs ravages : ils pillent la Bithynie, dévastent la Grèce; envain Claude leur tue trois cent mille hommes, ils reparaissent sur l'Hellespont, prennent Athènes, ravagent la Béotie, l'Arcadie et l'Épire. On marche pour les arrêter, et ils forcent Aurélien à leur céder la province de Dacie; l'empire épouvanté cherche à se prémunir contre les Barbares, qui l'assiègent sans cesse, et Probus fait construire une large muraille depuis le Rhin jusqu'au Danube, pour être protégé contre les nations germaniques : le désordre suit ces attaques sans cesse renouvelées : bientôt quatre empereurs se disputent le trône et règnent en même temps; le siège de l'empire est transporté à Constantinople. Les Romains avaient fait de ces peuples des esclaves, et déjà un Barbare d'origine germaine, Magnence, est proclamé empereur d'Italie. Valens est défait à la bataille d'Andrinople, et les Goths, sous le commandement d'Alaric, envahissent l'Italie; Rome est trois fois assiégée; prise d'assaut, elle est livrée au pillage. Dès cette époque la puissance romaine est abattue, et ses conquérans sauvages, fatigués de tant d'incursions, pensent à former des établissemens dans les contrées fertiles qu'ils ravagent depuis tant de siècles. Ils fondent des royaumes en Italie, en France, en Espagne; ils en établissent un en Afrique, sur les ruines mêmes de Carthage; ils se livrent entre eux de longues guerres qui semblent n'avoir pas encore cessé, et leurs chefs, sous les titres de ducs, de comtes et de centeniers, ainsi que les nomme Tacite, gouvernent ces portions de terres qu'ils sont venus saisir. Tous les habitans du sol, les Romains, les Ibères, les Gaulois, sont traités en esclaves attachés à ces terres conquises : des tributs, des droits, des redevances, sont imposés de la manière même indiquée par Tacite, et les mœurs germaines se retrouvent tout entières, et telles que l'historien les a fait connaître, chez ces peuples barbares que Rome avait vus jadis avec tant de joie s'égorger entre eux.

Après des siècles de fer où les sciences, les arts semblent à jamais perdus, la civilisation renaît peu à peu; avec elle les vainqueurs s'adoucissent et se rapprochent des vaincus, la servitude s'allège, et, après une lutte opiniâtre et sanglante, un nouvel accord semble devoir se maintenir sur d'égales lois entre les princes et les peuples.

Il était sans doute d'un grand intérêt de connaître l'ordre des faits que Tacite rapporte dans son ouvrage sur la Germanie, et il ne l'était pas moins de suivre dans leur existence militaire et politique ces peuples barbares, si nombreux, si divers, que Tacite a si bien décrits, dont les mœurs et les usages se sont maintenus jusqu'à nos jours, et formeront, pendant des siècles encore, les bases de la politique et de la civilisation européennes.

Av. J.-C. De Rome.

753	1	Romulus.
591	163	Les Boïens, peuple gaulois, émigrent en Germanie. XXVIII et XLII*.
300	454	Les Belges passent dans le sud de la Grande-Bretagne et de l'Irlande.
—	—	Les Picks passent dans le nord de la Grande-Bretagne.
114	640	Les Cimbres s'approchent du Danube; Carbon est envoyé dans les Alpes pour leur fermer le passage. XXXVII.
106	648	Q. S. Cépion est envoyé contre les Cimbres. XXXVII.
105	649	Les Cimbres défont les Romains et leur tuent quatre-vingt mille hommes.
101	651	Les Cimbres pénètrent en Italie.
—	653	Marius et Catulus défont les Cimbres. XXXVII.
58	694	Guerre entre César et Arioviste, roi des Suèves. II, XXXVIII.
57	695	Confédération des Belges.
55	697	Les Suèves attaquent les Ubiens et les Cattes. II, XXXVIII.
52	702	Crassus est tué, et son armée taillée en pièces par les Parthes. XXXVII.
39	715	Défaite des Parthes par Ventidius. XXXVII.
20	734	Tibère rapporte les aigles romaines enlevées par les Parthes.
15	739	Conquêtes de Drusus en Germanie. XXIV, XXXVII.
11	743	Drusus bat les Sicambres et les Chauques.
10	745	Drusus fait la guerre aux Cattes et aux Chérusques, et s'avance jusqu'à la pointe du Jutland. XXXIV, XXXVII.
6	748	Tibère attaque Maroboduus, roi des Marcomans.
4	750	Tibère passe le Weser et soumet les Chérusques.

Ap. J.-C.

10	763	Arminius taille en pièces trois légions romaines commandées par Q. Varus.
14	767	Tibère. Expédition de Germanicus, fils de Drusus, en Germanie. XXXVII.
16	769	Germanicus défait Arminius près le Weser. XXXVII.
—	—	Maroboduus et Arminius se font la guerre.
37	790	Caligula. Révolte des Frisons. XXXVII.
41	794	Claude. Galba soumet les Cattes, qui refusaient de payer le tribut.
41	797	Galba défait les Cattes, la quatrième et dernière année du règne de Caligula; Gabinius défait les Marses, ensuite les Chauques; et, peu de temps après, l'empereur Claude,

* Ces indications renvoient aux paragraphes de l'ouvrage sur la Germanie.

Ap. J.-C.	De Rome.	
		en arrivant au trône, se laisse décerner les honneurs du triomphe pour des victoires antérieures à son règne. Il accorde toutefois à Gabinius le surnom de Chaucique. xxxv. p*.
46	799	Les Chauques ravagent les côtes de la Belgique. xxxv. Corbulon fait couler bas leurs vaisseaux.
47	800	Les Cattes désolent la Germanie supérieure; L. Pomponius les force à se retirer. xxx, xxxi.
48	801	Guerre civile chez les Suèves.
50	802	Agrippine envoie une colonie chez les Ubiens : cette colonie s'établit où est maintenant Cologne.
58	811	Les Frisons passent dans la Belgique. xxviii, xxxiv.
77	830	Second consulat de Trajan. Tacite, xxxvii de la *Germanie*, compte, de l'an de Rome 640 à cette année 830, près de deux cents années employées, dit-il, à soumettre la Germanie.
95	848	Les Quades, réunis aux Marcomans, battent Cornelius Fuscus.
98	851	Trajan. Tacite écrit son ouvrage *sur les mœurs des Germains*, M. Cocceius Nerva étant consul pour la quatrième fois, M. Ulpius Trajan César pour la seconde. p.
145	898	Antonin remporte une victoire sur les Germains.
161	914	Les Sarmates entraînent les Germains; Lucius Verus leur demande la paix.
169	922	Les barbares campent près d'Aquilée, et sont battus par Marc-Aurèle.
173	926	Marc-Antonin repousse les Quades et les Marcomans.
173	926	Incursions des Hermondures, xli, et des Jazyges.
181	934	Commode fait la paix avec les Germains.
214	967	Caracalla passe en Germanie, propose aux jeunes guerriers de les prendre à sa solde, et les fait massacrer.
215	968	Entre le Leck et le Rhin, des peuplades germaines forment une confédération sous le nom d'Allemands, et passent dans l'Italie et la Gaule, dont ils sont repoussés; ils se fixent ensuite entre le Mein et le Rhin.
222	975	Alexandre Sévère. Les Goths reçoivent un subside annuel pour ne point attaquer l'empire.
234	987	Les Germains menacent de nouveau la Gaule.
240	993	Les Goths pénètrent dans la Mœsie.
250	1003	Les Gètes ou Goths passent le Tyras ou Niester, entrent dans la Dacie, et, ravageant cette province, marchent

* Les notes marquées d'un P sont empruntées à Pinkerton, *Recherches sur l'origine des Goths*.

Ap J.-C.

  au sud, arrivent sur le Danube, et pénètrent dans la Thrace. P.

  Les chronologistes cessent ici de compter l'ère romaine.

251 Décius est battu et tué dans la Mœsie par les Wisigoths ou Gètes de l'Ouest.

252 Gallus achète la paix des Goths par un tribut annuel; ils repassent dans leur patrie.

253 Les Francs, sortis des Palus-Méotides, où ils habitaient la Sicambrie, sont employés par Valérien contre les Alains; il les exempte de leur tribut, et c'est la première fois qu'on entend prononcer le nom des Francs.

260 Les Chauques, xxxvi, les Chérusques, xxxvi, et les Cattes, xxx, xxxi, grandes nations de la Germanie (en comprenant sous ces trois dénominations les Bructères, xxxii, les Usipiens, xxxii, les Tenctères, xxxii, les Saliens, les Ansivariens, les Chamaves, xxxiii, les Dulgibiens, les Chassuares, xxxiv, les Angrivariens, xxxiii, autres peuples moins considérables), forment une immense coalition, sous le nom de Francs ou hommes libres, inondent la Gaule et ravagent l'Espagne; une partie même passe en Afrique. Toutes les nations ci-dessus mentionnées sont nominativement désignées par différens écrivains anciens, comme faisant partie des Francs. P.

— Vers le même temps, les Alamanni envahissent l'Italie, et s'en retournent chargés de ses dépouilles. Ce peuple était composé de plusieurs tributs de la vaste nation des Suèves, qui, réunissant leurs forces, prirent, au rapport des auteurs, le nom de *All men*, tous les hommes, c'est-à-dire hommes de toutes les tribus. Il semble néanmoins plus vraisemblable que leur nom exprimait la supériorité de leur courage, et signifiait *tout-à-fait hommes*, hommes par excellence. P.

— Vers ce même temps, les Goths s'emparèrent du petit royaume du Bosphore Cimmérien, depuis long-temps sous la protection des Romains. Comme il était situé à l'extrémité méridionale des possessions des Ostrogoths, tandis que les Wisigoths en étaient à une grande distance, il y a tout lieu de croire qu'il s'agit ici des premiers. Ils prennent ensuite Trébisonde dans une expédition navale, et ravagent le Pont-Euxin; dans un second mouvement vers l'Ouest, ils pillent la Bithynie; dans un troisième ils dévastent la Grèce. P.

267 Les Goths sont défaits par Atheneus.

268 Claudius II bat les Goths et leur tue trois cent mille hommes.

— La dernière année du règne de Gallien, les Hérules paraissent avec une flotte nombreuse sur l'Hellespont, pillent les îles de

Ap. J.-C.

Lemnos et de Scyros, prennent Athènes, ravagent la Béotie, l'Arcanie et l'Epire. P.

269 Les Goths, avec un autre armement maritime, abordent en Macédoine. L'empereur Claude s'étant avancé à leur rencontre, une grande bataille s'engage à Naissus, en Dardanie, et Claude, resté vainqueur, obtient le surnom de Gothique. P.

270 Aurélien marche en Pannonie pour arrêter les Scythes.

272 Aurélien est forcé de céder aux Goths la province de Dacie : il faut entendre ici les Wisigoths, qui confinaient avec la Dacie au nord et à l'ouest.

276 Les Alains font une irruption sur le royaume de Pont, et sont défaits par l'empereur Tacite.

278 Probus construit une muraille depuis le Rhin jusqu'au Danube, longue d'environ deux cents milles anglais, pour protéger l'empire contre les nations germaniques.

285 Dioclétien. Les Barbares attaquent l'empire et envahissent plusieurs provinces.

307 Quatre empereurs régnent en même temps.

322 Les Goths de l'Ouest, qui avaient déjà envahi la Dacie, fondent sur l'Illyrie; ils sont repoussés par Constantin I.

328 Le siège de l'empire est transporté à Constantinople.

331 Des Vandales ayant trouvé la Germanie ouverte par les fréquens passages, au sud-ouest, des Francs et des Alamans, et s'étant insensiblement épanchés au sud-est, jusqu'à ce qu'ils fussent devenus limitrophes des Wisigoths, engagent plusieurs combats avec ce dernier peuple. Constantin I repousse de nouveau les Goths et subjugue quelques peuples sarmates. P.

350 Magnence, Germain d'origine, se fait proclamer empereur, et attire en Italie un grand nombre de Francs et de Saxons.

351 Les Barbares, invités par Constance, entrent dans les Gaules.

355 Les Francs et les Alamans passent le Rhin et ravagent la Gaule; Julien les défait et les repousse.

358 Julien confirme les Francs dans leurs possessions de Batavie.

363 A la mort de Jovien, l'empire est divisé en empire d'occident et en empire d'orient.

365 Les Alamans se reportent sur la Gaule et sont vaincus.

370 Les Bourguignons, peuple d'origine vandalique, qui parut sous ce nom au sud-ouest de la Germanie, aux environs de l'Alsace d'aujourd'hui, envahissent la Gaule. Vers ce temps les Saxons, aussi d'origine vandalique, et dont Ptolémée parle le premier comme étant situés à l'embouchure de l'Elbe, ravagent les côtes maritimes de la Gaule et de la Grande-Bretagne. P.

A la même époque, les Picks, nation germanico-gothique de la Scandinavie, qui, à peu près trois siècles avant Jésus-

Christ, s'étaient établis dans l'Écosse actuelle, ravagent le nord de la Bretagne romaine, comme c'était leur usage, selon Eumène le panégyriste, avant le temps de Jules César. Théodose, général de Valentinien, trouva les Picks, et les Scots, leurs alliés, avancés jusqu'à Londres, d'où il les repoussa ; et chassant les Picks dans leurs anciennes possessions, au delà de la Clyde et du Forth, il conquit la province, qu'il appela Valentia. p.

370 Le grand Hermanric, roi des Ostrogoths, pousse si loin ses conquêtes et les étend sur un si vaste territoire, que Jornandès l'a comparé à Alexandre. Les rois wisigoths furent réduits à prendre le titre de juges. Les Hérules et les Venètes de la Pologne, les Aestiens de la Prusse, et plusieurs autres peuples furent subjugués par ses armes. p.

375 Les Goths, sortis du midi de la Suède, s'établissent dans la Thrace.

— Les Huns, sortant de la Tartarie, tombent à la fois sur les possessions des Alains et des Ostrogoths.

— Julien bat les Allemands près Strasbourg.

376 Les Huns, commandés par Balamir (ils eurent encore trois autres chefs avant le fameux Attila), entrent sur le territoire des Wisigoths.

377 Les Goths pénètrent dans la Thrace.

378 Le 9 août fut livrée la fameuse bataille d'Andrinople, dans laquelle Valens fut défait et tué par les Goths.

392 Argobaste, de la nation des Francs, commande l'armée romaine.

395 Les Goths se lèvent en masse sous le commandement du grand Alaric.

396 Alaric ravage la Grèce.

398 Alaric est élu roi des Wisigoths. Les Ostrogoths demeurent dans le territoire des Huns en qualité d'alliés.

400
403 Alaric fait une irruption dans l'Italie ; il est défait par Stilicon, qui était lui-même un Goth Vandale.

406 Les Suèves, xxxviii, les Vandales et les Bourguignons, sous la conduite de Radagaise, quittent les bords de la Baltique et se précipitent sur l'Italie. Stilicon le bat devant Florence.

— Honorius cède aux Goths l'Espagne et une partie des Gaules.

408 Alaric envahit l'Italie. Rome, assiégée trois fois, est enfin livrée par lui au pillage en 410. Plusieurs écrivains contemporains donnent de grandes louanges à la modération des Goths ; ils respectèrent les monumens des arts, qui ne souffrirent d'autres atteintes que celles du temps et des pontifes barbares. Alaric meurt en 410. p.

Ap J.-C.	
409	Les Suèves pénètrent en Espagne. XXXVIII.
412	Ataulphe, beau-frère d'Alaric, et choisi pour son successeur, fait la paix avec les Romains; il marche dans le sud de la Gaule, dont les Wisigoths conservent long-temps la possession.
413	Les Bourguignons s'établissent dans la Gaule.
415	Les Wisigoths se fixent à Toulouse.
—	Les Suèves, XXXVIII, les Vandales et les Alains ayant, en 409, pénétré, du sud-ouest de la Germanie, dans la Gaule qu'ils ravageaient, sont forcés par Constantin, beau-frère d'Honorius, d'abandonner la Gaule et de passer en Espagne.
417	Les Wisigoths passent en Espagne.
420	Pharamond.
—	Les Francs, les Bourguignons et les Wisigoths fixent leur séjour et leur domination dans la Gaule.
429	Les Vandales d'Espagne passent en Afrique, sous leur roi Genseric, et établissent le royaume des Vandales d'Afrique.
430	C'est vers ce temps que commence le règne du grand Attila, roi des Huns.
447	Attila, à la tête des Huns, ravage l'Europe.
449	Les Anglais et les Saxons, appelés par les Bretons, débarquent en Angleterre et fondent l'Heptarchie. XL.
451	Attila envahit la Gaule avec une armée de sept cent mille hommes; il est battu à Châlons par Aetius.
452	Attila marche de nouveau sur l'Italie.
453	Attila meurt en Pannonie
475	Odoacre, à la tête des Hérules et d'autres nations mixtes, partie sarmates, partie gothiques, achève la ruine de l'empire romain dans l'Ouest, règne à Rome pendant quatorze ans, et fonde le nouveau royaume d'Italie.
490	Les Francs, sous Clovis, subjuguent les Wisigoths de la Gaule et les Bourguignons.
493	Les Ostrogoths conquièrent l'Italie.
496	Clovis bat les Allemands et les Suèves à Tolbiac, près Juliers.
514	Les Goths assiègent Constantinople.
534	Bélisaire défait les Vandales en Afrique.
568	Les Lombards, originaires des bords de la Baltique, fondent un royaume en Italie.
583	Les Suèves établis en Espagne sont subjugués par les Wisigoths.
626	Arnoul, maire du palais. VII, XIII, XIV, XV.
635	Eudes, duc d'Aquitaine. VII, XIII, XIV, XV.
646	Pépin, maire du palais. VII, XIII, XIV, XV.
656	Archambaud, maire du palais et duc d'Austrasie. VII, XIII, XIV, XV.
679	Pépin et Martin se font déclarer ducs. VII, XIII, XIV, XV.

Ap. J.-C.
712	Les Sarrasins détruisent les Wisigoths établis en Espagne.
719	Chilpéric II est forcé de reconnaître Charles Martel pour son maire du palais. VII, XIII, XIV, XV.
772	Charlemagne fait la guerre aux Saxons, les bat près de Paderborn, et pille le temple d'Irminsul.
774	Charlemagne détruit la monarchie des Lombards.
785	Tassilon, duc de Bavière. VII, XIII, XIV, XV.
800	Charlemagne, empereur d'Occident.
823	Popiel, duc de Pologne. VII, XIII, XIV, XV.
853	Les Normands ravagent la France. Ce sont les peuples Suiones et Sitones de Tacite. XLIII.
888	Paris est assiégé par les Normands. Voyez ce que dit Tacite des flottes nombreuses des Germains du Nord.
911	Les Normands s'établissent en France. Rollon est leur premier duc.
1118	L'ordre des chevaliers du temple est institué. Ces institutions viennent de la Germanie. XXX, XXXI.
1331	Les chevaliers de l'ordre teutonique. XXX, XXXI.
1784	On découvre au mont Abnoba, dans la Forêt-Noire, une inscription qui porte le mot *Dianæ Abnobæ*. I.
1790	Assemblée nationale en France, qui rappelle les assemblées de la nation chez les Germains. XI.

VIE
D'AGRICOLA

> Cette vie d'Agricola est le chef-d'œuvre de Tacite, qui n'a fait que des chefs-d'œuvre. (LAHARPE, *Cours de littérature*, t. IV, Historiens.)

CN. JULII AGRICOLÆ
VITA

SCRIPTORE C. C. TACITO.

I. Clarorum virorum facta moresque posteris tradere antiquitus usitatum, ne nostris quidem temporibus, quamquam incuriosa suorum, ætas omisit, quotiens magna aliqua ac nobilis virtus vicit, ac supergressa est vitium parvis magnisque civitatibus commune, ignorantiam recti, et invidiam. Sed apud priores, ut agere memoratu digna pronum, magisque in aperto erat; ita celeberrimus quisque ingenio, ad prodendam virtutis memoriam, sine gratia aut ambitione, bonæ tantum conscientiæ pretio ducebatur. Ac plerique, suam ipsi vitam narrare, fiduciam potius morum, quam arrogantiam arbitrati sunt : nec id Rutilio et Scauro citra fidem, aut obtrectationi fuit : adeo virtutes iisdem temporibus optime æstimantur, quibus facillime gignuntur. At mihi, nunc narraturo vitam defuncti hominis, ve-

VIE
DE CN. JULIUS AGRICOLA

PAR C. C. TACITE.

I. Transmettre à la postérité les actions et les caractères des hommes illustres est un usage antique que notre siècle même, malgré son indifférence pour ceux qu'il a produits, n'a pas négligé toutes les fois qu'une vertu noble et supérieure a vaincu et surmonté ces vices communs aux plus petits comme aux plus grands états, la sottise et l'envie. Mais, chez nos ancêtres, comme on se portait davantage et plus ouvertement à faire des choses dignes de mémoire, de même alors chaque écrivain distingué par son génie, sans flatterie et sans calcul, s'empressait à consacrer le souvenir de la vertu, n'acceptant pour prix et pour guide que le sentiment qu'on éprouve à bien faire. Plusieurs pensèrent, qu'écrire soi-même sa propre vie, était de la confiance en la pureté de ses mœurs plutôt que de la présomption; et ce ne fut pour Rutilius et Scaurus un motif ni de blâme ni d'incrédulité : tant il est vrai que les vertus ne sont jamais si bien estimées que dans les temps mêmes où elles se produisent le plus facilement ! Pour moi, qui vais écrire la vie d'un homme qui n'est plus, j'ai besoin

nia opus fuit; quam non petissem, ni incusaturus tam sæva, et infesta virtutibus tempora.

II. Legimus, quum Aruleno Rustico Pætus Thrasea, Herennio Senecioni Priscus Helvidius laudati essent, capitale fuisse : neque in ipsos modo auctores, sed in libros quoque eorum sævitum, delegato triumviris ministerio, ut monumenta clarissimorum ingeniorum in comitio ac foro urerentur : scilicet, illo igne vocem populi romani, et libertatem senatus, et conscientiam generis humani aboleri arbitrabantur, expulsis insuper sapientiæ professoribus, atque omni bona arte in exsilium acta, ne quid usquam honestum occurreret. Dedimus profecto grande patientiæ documentum : et, sicut vetus ætas vidit, quid ultimum in libertate esset, ita nos, quid in servitute, adempto per inquisitiones et loquendi audiendique commercio : memoriam quoque ipsam cum voce perdidissemus, si tam in nostra potestate esset oblivisci, quam tacere.

III. Nunc demum redit animus : et quamquam, primo statim beatissimi sæculi ortu, Nerva Cæsar res olim dissociabiles miscuerit, principatum ac libertatem, augeatque quotidie facilitatem imperii Nerva Trajanus, nec spem modo ac votum securitas publica, sed ipsius voti fiduciam ac robur assumpserit; natura tamen infirmitatis humanæ tardiora sunt remedia, quam mala;

d'une indulgence que je n'eusse pas demandée, si je n'avais à parcourir des temps si cruels et si funestes aux vertus.

II. Nous apprenons qu'alors Arulenus Rusticus, pour avoir fait l'éloge de Pétus Thraseas, Herennius Sénécion, celui de Priscus Helvidius, furent mis à mort, et que l'on sévit non-seulement contre les auteurs, mais même contre leurs écrits, l'ordre ayant été donné aux triumvirs de brûler dans les comices, au forum, ces monumens des plus illustres génies. Sans doute, on pensait étouffer à jamais en ces flammes, et la voix du peuple romain, et la liberté du sénat, et la conscience du genre humain. Déjà étaient expulsés ceux qui enseignaient la sagesse, relégué en exil tout art libéral, de peur que désormais rien d'honorable pût se présenter. Certes, nous avons donné un prodigieux exemple de patience, et si les siècles précédens ont vu ce qu'il y a d'extrême dans la liberté, nous avons vu, nous, ce qu'il y a d'extrême dans la servitude, alors qu'on nous épiait pour nous ôter tout usage de parler et d'entendre. L'on nous eût même ravi le souvenir avec la parole, s'il nous eût été possible d'oublier aussi bien que de nous taire.

III. Maintenant enfin nous commençons à respirer : et quoique dès l'aurore du siècle le plus fortuné Nerva César ait associé des choses jadis incompatibles, l'autorité d'un seul et la liberté; quoique chaque jour Trajan, son fils adoptif, rende le gouvernement plus facile, et que la sécurité publique ne soit plus un espoir, un vœu, mais la certitude et l'accomplissement de ce vœu même; cependant, par la nature de la faiblesse humaine, les

et, ut corpora lente augescunt, cito exstinguuntur, sic ingenia studiaque oppresseris facilius, quam revocaveris. Subit quippe etiam ipsius inertiæ dulcedo; et invisa primo desidia postremo amatur. Quid? si per quindecim annos, grande mortalis ævi spatium, multi fortuitis casibus, promptissimus quisque sævitia principis interciderunt? Pauci, ut ita dixerim, non modo aliorum, sed etiam nostri superstites sumus; exemptis e media vita tot annis, quibus juvenes ad senectutem, senes prope ad ipsos exactæ ætatis terminos, per silentium venimus: non tamen pigebit, vel incondita ac rudi voce, memoriam prioris servitutis, ac testimonium præsentium bonorum composuisse. Hic interim liber honori Agricolæ, soceri mei, destinatus, professione pietatis aut laudatus erit, aut excusatus.

IV. Cnæus Julius Agricola, veteri et illustri Forojuliensium colonia ortus, utrumque avum procuratorem Cæsarum habuit: quæ equestris nobilitas est. Pater Julius Græcinus, senatorii ordinis, studio eloquentiæ sapatientiæque notus, iisque virtutibus iram Caii Cæsaris meritus: namque M. Silanum accusare jussus, et, quia abnuerat, interfectus est. Mater Julia Procilla fuit, raræ castitatis: in hujus sinu indulgentiaque educatus, per omnem honestarum artium cultum pueritiam adolescentiamque transegit. Arcebat eum ab illecebris pec-

remèdes sont moins prompts que les maux, et de même que les corps s'accroissent lentement, s'éteignent en un instant, ainsi il est plus facile d'étouffer le génie et l'émulation que de les ranimer. Car la douceur de l'oisiveté même, s'insinue peu à peu, et l'inaction, à charge d'abord, finit par nous charmer. Que sera-ce donc si, durant quinze années, espace considérable de la vie des mortels, beaucoup d'entre nous ont succombé par des accidens fortuits, et les plus généreux sous la cruauté du prince? Nous restons en petit nombre, survivant, non-seulement aux autres, mais pour ainsi dire à nous-mêmes, si nous ôtons du cours de notre existence tant d'années, durant lesquelles nous sommes parvenus en silence, les jeunes à la vieillesse, les vieillards presque au terme de leur carrière. Toutefois, je n'hésiterai point à exposer ici, quoique d'une voix sans art et peu exercée, le souvenir de la précédente servitude et les témoignages du bonheur présent. En attendant, ce livre consacré à l'honneur d'Agricola, mon beau-père, pourra, dans l'expression de ma piété filiale, trouver son éloge ou son excuse.

IV. Cn. Julius Agricola, originaire de Fréjus, colonie ancienne et célèbre, eut ses deux aïeuls procurateurs des Césars, dignité qui égale celle de chevalier. Son père, Julius Grécinus, de l'ordre des sénateurs, connu par son amour pour l'éloquence et la philosophie, mérita, par ces qualités mêmes, la colère de l'empereur Caligula; et en effet, il reçut l'ordre d'accuser Marcus Silanus, refusa et périt. Sa mère fut Julia Procilla, de la plus rare chasteté. Élevé dans son sein et par sa tendresse, il passa au milieu des études de tous les arts libéraux son enfance et sa jeunesse. Ce qui l'éloigna des séductions du vice fut, outre son naturel pur et vertueux, la résidence

cantium, præter ipsius bonam integramque naturam, quod statim parvulus sedem ac magistram studiorum Massiliam habuerit, locum græca comitate, et provinciali parcimonia mistum, ac bene compositum. Memoria teneo, solitum ipsum narrare, « se in prima juventa studium philosophiæ acrius, ultra quam concessum Romano ac senatori, hausisse, ni prudentia matris incensum ac flagrantem animum coercuisset. » Scilicet, sublime et erectum ingenium, pulchritudinem ac speciem excelsæ magnæque gloriæ vehementius, quam caute, adpetebat : mox mitigavit ratio et ætas ; retinuitque, quod est difficillimum, ex sapientia modum.

V. Prima castrorum rudimenta in Britannia, Suetonio Paullino, diligenti ac moderato duci, approbavit, electus, quem contubernio æstimaret. Nec Agricola licenter, more juvenum, qui militiam in lasciviam vertunt, neque segniter, ad voluptates et commeatus titulum tribunatus et inscitiam retulit ; sed noscere provinciam, nosci exercitui, discere a peritis, sequi optimos, nihil appetere jactatione, nihil ob formidinem recusare, simulque anxius et intentus agere. Non sane alias exercitatior, magisque in ambiguo Britannia fuit : trucidati veterani, incensæ coloniæ, intercepti exercitus : tum de salute, mox de victoria, certavere. Quæ cuncta etsi consiliis ductuque alterius agebantur, ac

qu'il fit, dès son jeune âge, et les leçons qu'il recueillit à Marseille, ville où l'urbanité grecque et l'économie de nos provinces se trouvaient réunies et heureusement associées. Je me rappelle qu'il racontait assez souvent lui-même que, dans sa première jeunesse, il se serait jeté dans l'étude de la philosophie avec trop d'entraînement, et plus qu'il ne convient à un Romain et à un sénateur, si la prudence de sa mère n'eût tempéré son âme ardente et pleine de feu. C'est que son génie sublime et enthousiaste, aspirant à l'éclat d'une gloire élevée et supérieure, en saisissait les apparences avec plus d'impétuosité que de circonspection. Bientôt l'âge et la raison le modérèrent, et de l'étude de la philosophie il recueillit, ce qui est le plus difficile, la juste mesure qui fait la sagesse.

V. Il reçut sa première éducation militaire en Bretagne, sous Suetonius Paullinus, général actif et sage, qui le distingua et l'apprécia d'autant mieux qu'il partageait sa tente avec lui. Agricola, loin de la licence des jeunes gens, qui font du service un état de dissolution, loin de leur oisiveté, ne se prévalut jamais de son titre de tribun ni de son inexpérience pour se livrer aux plaisirs et obtenir des congés; mais il voulut connaître la province, être connu de l'armée, s'instruire auprès des habiles, se lier avec les plus recommandables, ne rien briguer par jactance, ne rien refuser par timidité, se montrer à la fois et vigilant et circonspect. Jamais, sans doute, la Bretagne ne fut plus agitée, son sort plus incertain : nos vétérans étaient égorgés, nos colonies incendiées, nos armées interceptées; elles combattirent alors pour leur salut, bientôt après pour la victoire.

summa rerum et reciperatæ provinciæ gloria in ducem cessit; artem, et usum, et stimulos addidere juveni; intravitque animum militaris gloriæ cupido, ingrata temporibus, quibus sinistra erga eminentes interpretatio, nec minus periculum ex magna fama, quam ex mala.

VI. Hinc ad capessendos magistratus in Urbem digressus, Domitiam Decidianam, splendidis natalibus ortam, sibi junxit; idque matrimonium ad majora nitenti decus ac robur fuit : vixeruntque mira concordia, per mutuam caritatem, et invicem se anteponendo : nisi quod in bona uxore tanto major laus, quanto in mala plus culpæ est. Sors quæsturæ provinciam Asiam, proconsulem Salvium Titianum, dedit : quorum neutro corruptus est; quamquam et provincia dives, ac parata peccantibus, et proconsul in omnem aviditatem pronus, quantalibet facilitate redempturus esset mutuam dissimulationem mali. Auctus est ibi filia, in subsidium et solatium simul; nam filium ante sublatum brevi amisit. Mox inter quæsturam, ac tribunatum plebis, atque etiam ipsum tribunatus annum quiete et otio transiit, gnarus sub Nerone temporum, quibus inertia pro sapientia fuit. Idem præturæ tenor et silentium : nec enim jurisdictio obvenerat. Ludos et inania honoris,

Tous ces évènemens, quoique dirigés par les conseils et sous les ordres d'un autre, et quoique la gloire des principales opérations et de la délivrance de la province appartînt au général, donnèrent au jeune Agricola de l'habileté, de l'expérience, de l'émulation, et firent entrer dans son âme la passion de la gloire militaire, passion ingrate en ces temps, où de sinistres soupçons enveloppaient tout ce qui s'élevait, et où une grande réputation n'était pas moins périlleuse qu'une mauvaise.

VI. De là revenu à Rome pour y solliciter les magistratures, il épousa Domitia Decidiana, issue d'illustres aïeux; cette alliance prêta de la force et de l'éclat à ses projets d'élévation. Ils vécurent dans une parfaite concorde, par leur mutuelle tendresse et leur déférence réciproque; également admirables, s'il n'était dû d'autant plus d'éloge à la femme vertueuse, que celle qui ne l'est pas mérite plus de blâme. Nommé questeur, le sort lui donna pour gouvernement l'Asie, pour proconsul Salvius Titianus. Ni l'Asie, ni le proconsul ne purent le corrompre, quoique cette province fût riche et ouverte aux déprédations, et le proconsul porté à toute avidité, et prêt à acheter, par une facilité sans bornes, un silence réciproque sur le mal. Là, sa famille s'accrut d'une fille, soutien et consolation à la fois, car il perdit bientôt un fils né auparavant. Tout le temps qui suivit, depuis sa questure jusqu'à ce qu'il devînt tribun du peuple, et l'année même de son tribunat, il les passa dans le repos et l'oisiveté, ayant appris, sous Néron, qu'il est des temps où l'inaction est de la prudence. Durant sa préture, même conduite, même silence, et d'ailleurs il ne lui fut attribué aucune juridiction. Quant aux jeux publics et aux vains honneurs de sa place, il y mit

modo rationis atque abundantiæ duxit, uti longe a luxuria, ita famæ propior. Tum electus a Galba ad dona templorum recognoscenda, diligentissima conquisitione fecit, ne cujus alterius sacrilegium respublica, quam Neronis sensisset.

VII. Sequens annus gravi vulnere animum domumque ejus afflixit : nam classis Othoniana, licenter vaga, dum Intemelios (Liguriæ pars est) hostiliter populatur, matrem Agricolæ in præsidiis suis interfecit : prædiaque ipsa et magnam patrimonii partem diripuit, quæ causa cædis fuerat. Igitur ad solennia pietatis profectus Agricola, nuntio affectati a Vespasiano imperii deprehensus, ac statim in partes transgressus est. Initia principatus, ac statum Urbis Mucianus regebat, admodum juvene Domitiano, et ex paterna fortuna tantum licentiam usurpante. Is missum ad delectus agendos Agricolam, integreque ac strenue versatum, vicesimæ legioni, tarde ad sacramentum transgressæ, præposuit, ubi decessor seditiose agere narrabatur : quippe legatis quoque consularibus nimia ac formidolosa erat. Nec legatus prætorius ad cohibendum potens, incertum, suo an militum ingenio : ita successor simul et ultor electus, rarissima moderatione, maluit videri invenisse bonos, quam fecisse.

VIII. Præerat tunc Britanniæ Vettius Bolanus, placi-

une juste mesure d'économie et de magnificence, et il sut, en s'éloignant de la profusion, se rapprocher davantage de l'estime publique. Ensuite, choisi par Galba pour reconnaître les offrandes des temples, ses diligentes recherches ne laissèrent à la république d'autres sacrilèges à ressentir que ceux jadis commis par Néron.

VII. L'année suivante affligea son âme et sa famille par une perte cruelle. Des soldats de la flotte d'Othon, portant çà et là leur licence, et dévastant, comme pays ennemi, l'Intemelium dans la Ligurie, assassinèrent, au sein de ses domaines, la mère d'Agricola, pillèrent ses propriétés et une partie de son patrimoine, seul motif d'un tel meurtre. Agricola se rendait aux solennités de ses funérailles, quand il fut surpris par la nouvelle que Vespasien aspirait à l'empire, et aussitôt il passa dans son parti. Mucien dirigeait les commencemens de ce règne, et gouvernait dans Rome : Domitien, fort jeune encore, n'avait usurpé de la puissance de son père que la licence pour ses vices. Mucien choisit Agricola pour faire des levées ; sa conduite intègre et habile lui mérita bientôt le commandement de la vingtième légion, qui avait tardé à prêter le serment, et dans laquelle son prédécesseur passait pour agir séditieusement. Elle était en effet, même pour les lieutenans consulaires, redoutable et trop exigeante, et le lieutenant prétorien ne pouvait la contenir, soit sa faute, soit celle des soldats. Choisi pour lui succéder et punir, Agricola, par la modération la plus rare, aima mieux paraître les avoir trouvés que les avoir rendus fidèles.

VIII. Alors commandait en Bretagne Vettius Bola-

dius, quam feroci provincia dignum est; temperavit Agricola vim suam, ardoremque compescuit, ne incresceret, peritus obsequi, eruditusque utilia honestis miscere. Brevi deinde Britannia consularem Petilium Cerialem accepit : habuerunt virtutes spatium exemplorum. Sed primo Cerialis modo labores et discrimina, mox et gloriam communicabat : saepe parti exercitus, in experimentum, aliquando majoribus copiis, ex eventu, praefecit : nec Agricola unquam in suam famam gestis exsultavit; ad auctorem et ducem, ut minister, fortunam referebat : ita virtute in obsequendo, verecundia in praedicando, extra invidiam, nec extra gloriam, erat.

IX. Revertentem ab legatione legionis D. Vespasianus inter patricios adscivit, ac deinde provinciae Aquitaniae praeposuit, splendidae in primis dignitatis, administratione ac spe consulatus, cui destinarat. Credunt plerique, militaribus ingeniis subtilitatem deesse; quia castrensis jurisdictio secura et obtusior, ac plura manu agens, calliditatem fori non exerceat. Agricola naturali prudentia, quamvis inter togatos, facile justeque agebat. Jam vero tempora curarum remissionumque divisa : ubi conventus ac judicia poscerent, gravis, intentus, severus, et saepius misericors : ubi officio satisfactum, nulla ultra potestatis persona : tristitiam, et

nus, avec plus de douceur que n'en méritait cette province intraitable. Agricola tempéra sa propre énergie et modéra son ardeur pour ne point paraître s'élever au dessus de son chef, sachant déférer à ses supérieurs, et ayant appris à unir les égards aux devoirs. Bientôt la Bretagne reçut pour consulaire Petilius Cerialis. Alors les mérites eurent un libre espace pour se montrer. D'abord Cerialis l'associa seulement aux travaux et aux périls, et bientôt à la gloire. Souvent, pour l'éprouver, il lui fit commander quelque portion de l'armée ; quelquefois, d'après ses succès, il lui confia de plus grandes forces ; et jamais Agricola n'exalta ses actions pour accroître sa renommée : se regardant comme simple subalterne, il rapportait ses succès à son général, comme à leur seul auteur. Ainsi, par son esprit de subordination, par sa modestie dans ses rapports, il échappait à l'envie, non pas à la gloire.

IX. A son retour de ce commandement, Vespasien l'admit entre les patriciens, et ensuite lui confia le gouvernement de l'Aquitaine, dignité des plus considérables par son administration, et parce qu'elle donnait l'espoir du consulat à qui en était revêtu. On croit en général que les esprits, voués aux études militaires, manquent de finesse, parce que la juridiction des camps, prompte, peu compliquée, et agissant le plus souvent par voie de fait, n'a point recours aux subtilités de la justice civile. Agricola, par sa pénétration naturelle, déploya, sous la toge même, autant de facilité que de justesse d'esprit. Tout aussitôt les momens de ses travaux et de ses loisirs furent réglés : dès que les assemblées et les jugemens l'exigeaient, il était grave, attentif, sévère, et, le plus souvent, indulgent; dès qu'il avait satisfait au devoir, le

arrogantiam, et avaritiam exuerat : nec illi, quod est rarissimum, aut facilitas auctoritatem, aut severitas amorem, deminuit. Integritatem atque abstinentiam in tanto viro referre, injuria virtutum fuerit. Ne famam quidem, cui etiam sæpe boni indulgent, ostentanda virtute, aut per artem quæsivit : procul ab æmulatione adversus collegas, procul a contentione adversus procuratores, et vincere inglorium, et atteri sordidum, arbitrabatur. Minus triennium in ea legatione detentus, ac statim ad spem consulatus revocatus est, comitante opinione, Britanniam ei provinciam dari : nullis in hoc suis sermonibus, sed quia par videbatur. Haud semper errat fama, aliquando et eligit. Consul egregiæ tum spei filiam juveni mihi despondit, ac post consulatum collocavit, et statim Britanniæ præpositus est, adjecto pontificatus sacerdotio.

X. Britanniæ situm, populosque, multis scriptoribus memoratos, non in comparationem curæ ingeniive referam; sed quia tum primum perdomita est : itaque, quæ priores, nondum comperta, eloquentia percoluere, rerum fide tradentur. Britannia, insularum, quas romana notitia complectitur, maxima, spatio ac cœlo in orientem Germaniæ, in occidentem Hispaniæ, obtenditur; Gallis in meridiem etiam inspicitur; septentrionalia ejus, nullis contra terris, vasto atque aperto mari

personnage du pouvoir n'était plus. Jamais la morosité, l'arrogance et la cupidité n'avaient trouvé accès dans son âme; et, ce qui est le plus rare, pour lui la facilité ne diminua point la puissance, ni la sévérité l'affection. Parler d'intégrité et de désintéressement dans un si grand homme serait injure à ses vertus. Quant à la renommée, à laquelle souvent même les plus vertueux sacrifient, il ne la rechercha ni par ostentation de son mérite, ni par artifice. Loin de toute rivalité avec ses collègues, loin de toutes contestations avec ses subordonnés, il pensait qu'en de tels débats il est peu glorieux de vaincre, honteux d'échouer. Il ne resta pas trois années dans ce gouvernement, et fut rappelé aussitôt à l'espoir du consulat : l'opinion publique y ajoutait la Bretagne pour gouvernement, non qu'aucun de ses discours le fît penser, mais parce qu'il en parut digne. La renommée ne se trompe pas toujours; quelquefois même elle choisit. Consul, il me promit, quoique je fusse jeune encore, sa fille, déjà de la plus belle espérance : après son consulat, il m'unit à elle, et aussitôt il fut préposé au gouvernement de la Bretagne avec la dignité de pontife.

X. Beaucoup d'auteurs ont décrit la Bretagne et ses peuples. J'en parlerai, non pour faire naître une comparaison de recherches ou de talent, mais parce qu'alors, pour la première fois, elle fut entièrement domptée : ainsi, ce que mes devanciers n'ont pu connaître et ont paré de leur éloquence, se recommandera par la fidélité des faits. La Bretagne, la plus grande des îles connues des Romains, s'étend à l'orient, vers la Germanie; à l'occident, vers l'Espagne; au midi, vers les Gaules, d'où même on l'aperçoit : ses côtes septentrionales, en face desquelles il n'est plus de terres, sont battues par

pulsantur. Formam totius Britanniæ, Livius veterum, Fabius Rusticus recentium eloquentissimi auctores, oblongæ scutulæ, vel bipenni assimulavere : et est ea facies citra Caledoniam, unde et in universum fama est transgressa; sed immensum et enorme spatium procurrentium extremo jam litore terrarum, velut in cuneum tenuatur. Hanc oram novissimi maris tunc primum romana classis circumvecta, insulam esse Britanniam affirmavit, ac simul incognitas ad id tempus insulas, quas Orcadas vocant, invenit domuitque: dispecta est et Thule, quam hactenus nix et hiems abdebat; sed mare pigrum et grave remigantibus : perhibent, ne ventis quidem perinde attolli : credo, quod rariores terræ montesque, causa ac materia tempestatum, et profunda moles continui maris tardius impellitur. Naturam Oceani atque æstus, neque quærere hujus operis est, ac multi retulere : unum addiderim, nusquam latius dominari mare, multum fluminum huc atque illuc ferre, nec litore tenus adcrescere aut resorberi, sed influere penitus atque ambire, et jugis etiam atque montibus inseri, velut in suo.

XI. Ceterum, Britanniam qui mortales initio coluerint, indigenæ an advecti, ut inter barbaros, parum compertum. Habitus corporum varii; atque ex eo argu-

une mer immense et sans bornes. Nos auteurs les plus éloquens, Tite-Live parmi les anciens, et Fabius Rusticus parmi les modernes, l'ont assimilée à un plat oblong ou à une hache à deux tranchans, et telle est en effet sa figure en deçà de la Calédonie; et de là on l'a admise pour toute l'île; mais un vaste et prodigieux espace de terres, se prolongeant jusqu'à son extrémité, va s'y rétrécir en forme de coin. Ce fut alors que la flotte romaine, ayant, pour la première fois, visité le tour de ces bords d'une mer toute nouvelle, s'assura que la Bretagne était une île; et, en même temps, elle découvrit et subjugua des îles inconnues jusqu'alors, et qu'on appelle les Orcades; elle entrevit aussi Thulé, quoique cachée sous les neiges et les frimats. Du reste, cette mer est dormante et lourde à la rame : on dit même que les vents la soulèvent peu : c'est, je crois, parce que les terrains, les montagnes, où se forment et grossissent les tempêtes, y sont plus rares, et que la masse profonde de cette mer sans bornes est plus lente à s'émouvoir. Il n'est point dans l'objet de cet ouvrage, de rechercher quelle est la nature de l'Océan et de ses mouvemens, dont beaucoup d'autres ont parlé; j'ajouterai seulement que nulle part la mer ne fait plus sentir sa puissance; elle refoule çà et là des eaux dans l'intérieur, et non-seulement elle s'élève au dessus du rivage, ou même se répand au loin, mais elle flue intérieurement, y circule, et s'enferme dans les vallées, au milieu des montagnes, comme en ses propres bords.

XI. Du reste, les mortels qui habitèrent les premiers la Bretagne, étaient-ils indigènes ou étrangers? comme chez tous les barbares, on le sait peu. Les conformations varient, et de là des conjectures. Les chevelures rousses

menta : namque rutilæ Caledoniam habitantium comæ, magni artus, germanicam originem adseverant. Silurum colorati vultus, et torti plerumque crines, et posita contra Hispania, Iberos veteres trajecisse, easque sedes occupasse, fidem faciunt : proximi Gallis, et similes sunt; seu durante originis vi, seu, procurrentibus in diversa terris, positio cœli corporibus habitum dedit : in universum tamen æstimanti, Gallos vicinum solum occupasse, credibile est. Eorum sacra deprehendas, superstitionum persuasione : sermo haud multum diversus; in deposcendis periculis eadem audacia; et, ubi advenere, in detrectandis eadem formido : plus tamen ferociæ Britanni præferunt, ut quos nondum longa pax emollierit : nam Gallos quoque in bellis floruisse accepimus : mox segnitia cum otio intravit, amissa virtute pariter ac libertate; quod Britannorum olim victis evenit : ceteri manent, quales Galli fuerunt.

XII. In pedite robur; quædam nationes et curru prœliantur : honestior auriga, clientes propugnant : olim regibus parebant, nunc per principes factionibus et studiis trahuntur : nec aliud adversus validissimas gentes pro nobis utilius, quam quod in commune non consulunt. Rarus duabus tribusve civitatibus ad propulsandum commune periculum conventus : ita, dum singuli pugnant, universi vincuntur. Cœlum crebris im-

des habitans de la Calédonie, leur grande stature, attestent l'origine germanique. Le teint basané des Silures, leurs cheveux la plupart crépus, et leur position en face de l'Espagne, font croire que des Ibères ont jadis traversé ces mers et occupé ces demeures. Les Bretons les plus voisins des Gaulois, leur ressemblent, soit que la force de l'origine se conserve, soit que, dans ces contrées qui s'avancent l'une vers l'autre, un même climat ait donné au corps une même conformation. Cependant, d'après les probabilités générales, il est croyable que des Gaulois ont occupé ce sol, rapproché du leur. Vous y découvrez leur culte dicté par la superstition ; le langage diffère peu ; même audace à chercher les périls, et, dès qu'ils sont présens, même terreur pour s'y soustraire. Cependant les Bretons offrent plus d'intrépidité, une longue paix ne les ayant pas encore amollis : car nous savons que les Gaulois ont aussi brillé dans les guerres. Bientôt l'apathie s'introduisit avec l'inaction : la perte de la liberté entraîna celle du courage ; c'est ce qui est arrivé aux premiers Bretons, jadis vaincus : les autres sont encore tels que furent les Gaulois.

XII. Leur force est dans l'infanterie : quelques peuplades se servent aussi de chars à la guerre : le plus noble conduit, ses vassaux combattent autour. Jadis ils obéissaient à des rois ; ils sont maintenant partagés entre divers chefs, par les brigues et les factions : et rien, contre les nations les plus puissantes, ne nous fut plus utile que leur défaut de concert. Rarement deux ou trois cités se réunissent pour repousser le péril commun : aussi, tandis qu'elles combattent séparément, elles sont toutes vaincues. Le ciel est souvent obscurci

bribus ac nebulis fœdum; asperitas frigorum abest : dierum spatia ultra nostri orbis mensuram ; et nox clara, et extrema Britanniæ parte brevis, ut finem atque initium lucis exiguo discrimine internoscas. Quod si nubes non officiant, adspici per noctem solis fulgorem, nec occidere et exsurgere, sed transire affirmant : scilicet extrema et plana terrarum, humili umbra, non erigunt tenebras, infraque cœlum et sidera nox cadit. Solum, præter oleam, vitemque, et cetera calidioribus terris oriri sueta, patiens frugum, fecundum : tarde mitescunt, cito proveniunt; eadem utriusque rei causa multus humor terrarum cœlique. Fert Britannia aurum, et argentum, et alia metalla, pretium victoriæ : gignit et Oceanus margarita, sed subfusca ac liventia. Quidam artem abesse legentibus arbitrantur : nam in rubro mari viva ac spirantia saxis avelli, in Britannia, prout expulsa sint, colligi : ego facilius crediderim, naturam margaritis deesse, quam nobis avaritiam.

XIII. Ipsi Britanni delectum, ac tributa, et injuncta imperii munera impigre obeunt, si injuriæ absint; has ægre tolerant, jam domiti, ut pareant; nondum, ut serviant. Igitur primus omnium Romanorum D. Julius cum exercitu Britanniam ingressus, quamquam prospera pugna terruerit incolas, ac litore potitus sit, potest

de pluies et de brouillards; le froid n'y est pas rigoureux. Les jours ont plus de durée que ceux de notre monde; les nuits sont claires, et si courtes, à l'extrémité de la Bretagne, qu'entre la fin et le lever du jour il n'y a qu'un faible intervalle. On affirme même que, si les nuages ne s'y opposent pas, on voit durant la nuit la clarté du soleil, et qu'il ne se couche ni ne se lève, mais ne fait que passer à l'horizon. Sans doute que les extrémités planes de la terre, ne formant qu'une ombre très-basse, ne peuvent élever les ténèbres de la nuit, qui tombe sans atteindre le firmament et les astres. Le sol, à l'exception des plantes accoutumées à croître en des climats plus chauds, de l'olivier et de la vigne, les admet toutes, et même avec abondance; la maturité est tardive, la végétation rapide, et cela par une seule et même cause, la grande humidité de l'air et du terrain. La Bretagne renferme de l'or, de l'argent, et d'autres métaux, prix de sa conquête. L'océan y produit aussi des perles, mais ternes et livides : on a pensé qu'il fallait en accuser l'inhabileté des pêcheurs; car, dans la mer Rouge, on arrache des rochers les coquilles mères vivantes et respirant encore, tandis qu'en Bretagne on les ramasse à mesure qu'elles sont amenées par les flots; moi, je croirais que ces perles manquent de qualité plutôt que nous d'avarice.

XIII. Les Bretons se soumettent aux tributs, aux levées, aux autres charges qu'impose l'empire, avec bonne volonté, si l'on n'y joint pas l'injustice, qu'ils tolèrent impatiemment, assez domptés pour obéir, pas encore assez pour être esclaves. Jules César étant donc entré le premier des Romains en Bretagne avec une armée, quoique par un combat heureux il eût épouvanté les ha-

videri ostendisse posteris, non tradidisse. Mox bella civilia, et in rempublicam versa principum arma, ac longa oblivio Britanniæ etiam in pace : *consilium* id D. Augustus vocabat, Tiberius *præceptum.* Agitasse C. Cæsarem de intranda Britannia, satis constat, ni velox ingenio, mobilis pœnitentia, et ingentes adversus Germaniam conatus frustra fuissent. Divus Claudius auctor operis, transvectis legionibus auxiliisque, et assumpto in partem rerum Vespasiano; quod initium venturæ mox fortunæ fuit : domitæ gentes, capti reges, et monstratus fatis Vespasianus.

XIV. Consularium primus Aulus Plautius præpositus, ac subinde Ostorius Scapula, uterque bello egregius; redactaque paullatim in formam provinciæ proxima pars Britanniæ : addita insuper veteranorum colonia : quædam civitates Cogiduno regi donatæ, is ad nostram usque memoriam fidissimus mansit, vetere ac jam pridem recepta populi romani consuetudine, ut haberet instrumenta servitutis et reges. Mox Didius Gallus parta a prioribus continuit, paucis admodum castellis in ulteriora promotis, per quæ fama aucti officii quæreretur. Didium Veranius excepit, isque intra annum exstinctus est. Suetonius hinc Paullinus biennio prosperas res habuit, subactis nationibus, firmatisque præsidiis : quo-

bitans et se fût emparé du rivage, peut paraître avoir montré la Bretagne à ses successeurs, non leur avoir livrée. Bientôt survinrent nos guerres civiles; les armes de nos généraux se tournèrent contre la république : de là un long oubli de la Bretagne, même pendant la paix. C'était le plan d'Auguste; ce fut une loi pour Tibère. Il est assez certain que l'empereur Caligula se disposait à entrer en Bretagne, sans la mobilité de son esprit avide de changemens, et si ses grands préparatifs contre la Germanie n'eussent été un vain projet. L'empereur Claude accomplit l'entreprise en transportant en Bretagne des légions et des auxiliaires, et en associant à l'expédition Vespasien. Ce fut le commencement de la fortune qui l'attendait : des nations furent domptées, des rois captifs, et Vespasien désigné par les destins.

XIV. Le premier consulaire envoyé fut Aulus Plautius, et, peu après lui, Ostorius Scapula, tous deux excellens hommes de guerre; peu à peu fut réduite en forme de province la partie de la Bretagne la plus voisine : on y établit de plus une colonie de vétérans. Le roi Cogidunus, qui jusqu'à nos jours est resté très-fidèle, reçut en présent quelques cités : coutume ancienne et depuis long-temps pratiquée par le peuple romain, d'avoir pour instrumens de servitude même des rois. Ensuite vint Didius Gallus : il conserva les conquêtes de ses devanciers, et éleva seulement quelques forts plus avant dans le pays, pour se donner la renommée d'avoir agrandi son gouvernement. A Didius succéda Veranius, et celui-ci mourut dans l'année : après, Suetonius Paullinus eut deux ans de succès, soumit des nations, fortifia nos présides. Plein de confiance en ces dispositions, il alla attaquer l'île de Mona, qui fournissait des forces

rum fiducia, Monam insulam, ut vires rebellibus ministrantem, aggressus, terga occasioni patefecit.

XV. Namque absentia legati remoto metu, Britanni agitare inter se mala servitutis, conferre injurias, et interpretando accendere : « Nihil profici patientia, nisi ut graviora, tamquam ex facili tolerantibus, imperentur : singulos sibi olim reges fuisse, nunc binos imponi ; e quibus legatus in sanguinem, procurator in bona sæviret : æque discordiam præpositorum, æque concordiam, subjectis exitiosam : alterius manus, centuriones alterius, vim et contumelias miscere : nihil jam cupiditati, nihil libidini exceptum : in prœlio fortiorem esse, qui spoliet ; nunc ab ignavis plerumque et imbellibus eripi domos, abstrahi liberos, injungi delectus, tamquam mori tantum pro patria nescientibus : quantum enim transisse militum, si sese Britanni numerent ? sic Germanias excussisse jugum ; et flumine, non Oceano, defendi : sibi patriam, conjuges, parentes, illis avaritiam et luxuriam causas belli esse : recessuros, ut D. Julius recessisset, modo virtutes majorum suorum æmularentur; neve prœlii unius aut alterius eventu pavescerent : plus impetus, majorem constantiam penes miseros esse : jam Britannorum etiam deos misereri, qui romanum ducem absentem, qui relegatum in alia insula exercitum detinerent : jam ipsos, quod difficillimum

aux rebelles, et ainsi laissa derrière lui une occasion de soulèvement.

XV. En effet, l'absence du gouverneur éloignant toute crainte, les Bretons discourent entre eux sur les maux de la servitude, se rappellent les uns aux autres leurs outrages, et les aigrissent encore par l'interprétation : « La patience ne mène à rien, se disent-ils, qu'à faire subir un joug plus pesant à ceux qui semblent ainsi le supporter avec facilité. Jadis nous n'avions qu'un roi, maintenant deux nous sont imposés, un gouverneur avide de notre sang, un procurateur avide de nos biens : dans notre soumission, l'accord de ces maîtres et leur discorde sont également funestes. Les satellites de l'un, les centurions de l'autre, mêlent la violence aux outrages. Déjà rien n'échappe à la cupidité, rien à la brutalité. Dans les combats, les dépouilles sont le prix des plus braves; maintenant, des lâches, des poltrons, enlèvent nos demeures, ravissent nos enfans, imposent des levées, comme si c'était pour la patrie seulement que nous ne sussions pas mourir. Car combien de soldats ont passé sur ces bords, si les Bretons se comptent eux-mêmes! Ainsi la Germanie, défendue par un fleuve, non par l'Océan, a secoué le joug. Pour nous, patrie, épouses, pères, mères; pour eux, avarice et luxure sont des causes de guerre! Ils fuiront comme a fui leur divin Jules, pour peu que nous imitions les vertus de nos ancêtres. Ne nous effrayons pas de l'issue d'un ou de deux combats : plus de résolution, plus de constance appartient aux malheureux. Déjà les dieux mêmes ont compassion de nous : les dieux, qui éloignent le général romain, qui retiennent

fuerit, deliberare; porro in ejusmodi consiliis periculosius esse deprehendi, quam audere. »

XVI. His atque talibus invicem instincti, Boadicea, generis regii femina, duce, neque enim sexum in imperiis discernunt, sumpsere universi bellum: ac sparsos per castella milites consectati, expugnatis præsidiis, ipsam coloniam invasere, ut sedem servitutis : nec ullum in barbaris sævitiæ genus omisit ira et victoria. Quod nisi Paullinus, cognito provinciæ motu, propere subvenisset, amissa Britannia foret : quam unius prœlii fortuna veteri patientiæ restituit, tenentibus arma plerisque, quos conscientia defectionis, et propius ex legato timor agitabat. Hic quum, egregius cetera, arroganter in deditos, et, ut suæ quoque injuriæ ultor, durius consuleret, missus Petronius Turpilianus, tamquam exorabilior: et delictis hostium novus, eoque pœnitentiæ mitior, compositis prioribus, nihil ultra ausus, Trebellio Maximo provinciam tradidit. Trebellius segnior, et nullis castrorum experimentis, comitate quadam curandi provinciam tenuit. Didicere jam barbari quoque ignoscere vitiis blandientibus : et interventus civilium armorum præbuit justam segnitiæ excusationem : sed discordia laboratum, quum adsuetus expeditionibus miles otio lasciviret. Trebellius, fuga ac latebris vitata

son armée reléguée dans une autre île : déjà nous-mêmes, ce qui était le plus difficile, nous délibérons. Or, en de tels projets, il est plus périlleux d'être surpris que d'oser! »

XVI. Mutuellement enflammés par ces discours et de semblables, et prenant pour chef Boadicea, femme du sang royal, car pour les commander ils ne distinguent point de sexe, tous courent aux armes, dispersent les soldats disséminés dans les citadelles, enlèvent nos forts, et envahissent la colonie même comme siège de la tyrannie. La rage et la victoire n'omirent aucun genre de cruauté connu des barbares; et si Paullinus, instruit du soulèvement de la province, ne fût promptement survenu, la Bretagne était perdue. Le succès d'un seul combat la rendit à son ancienne soumission, quoique la plupart gardassent leurs armes : inquiets du résultat de leur révolte, la présence du gouverneur leur inspirait plus de crainte. Paullinus, si estimable d'ailleurs, traita les rebelles soumis avec arrogance et dureté, ce qui semblait la vengeance de sa propre injure; on envoya Petronius Turpilianus, comme moins inexorable : étranger aux crimes des ennemis, il devait par là même accueillir plus facilement leur repentir. Après avoir pacifié la province, sans oser rien de plus, il la remit à Trebellius Maximus. Trebellius, quoique sans énergie et sans aucune expérience des camps, la contint par une certaine urbanité d'administration. Dès lors ces barbares eux-mêmes apprirent à pardonner aux séductions des vices, et l'occasion de nos guerres civiles offrit à l'inertie une excuse plausible; mais la discorde vint tout troubler, dès que le soldat, accoutumé aux expéditions, eut puisé la licence dans l'oisiveté. Trebellius fuit, se

exercitus ira, indecorus atque humilis, precario mox præfuit; ac velut pacti, exercitus licentiam, dux salutem : hæc seditio sine sanguine stetit : nec Vettius Bolanus, manentibus adhuc civilibus bellis, agitavit Britanniam disciplina : eadem inertia erga hostes, similis petulantia castrorum; nisi quod innocens Bolanus, et nullis delictis invisus, caritatem paraverat loco auctoritatis.

XVII. Sed ubi cum cetero orbe Vespasianus et Britanniam reciperavit, magni duces, egregii exercitus, minuta hostium spes : et terrorem statim intulit Petilius Cerialis, Brigantum civitatem, quæ numerosissima provinciæ totius perhibetur, aggressus : multa prœlia, et aliquando non incruenta; magnamque Brigantum partem aut victoria amplexus, aut bello : et, quum Cerialis quidem alterius successoris curam famamque obruisset, sustinuit quoque molem Julius Frontinus, vir magnus, quantum licebat, validamque et pugnacem Silurum gentem armis subegit: super virtutem hostium, locorum quoque difficultates eluctatus.

XVIII. Hunc Britanniæ statum, has bellorum vices media jam æstate transgressus Agricola invenit, quum et milites, velut omissa expeditione, ad securitatem, et hostes ad occasionem, verterentur. Ordovicum civitas, haud multo ante adventum ejus, alam, in finibus suis

cache pour se soustraire à la fureur des troupes ; humilié et dégradé, il ne retrouva qu'un pouvoir précaire ; comme si l'armée eût stipulé pour la licence, et le général pour son salut : cette sédition ne fit point couler de sang. Vettius Bolanus, les guerres civiles durant encore, n'apporta pas à la Bretagne plus de discipline : même inertie envers l'ennemi, semblable désordre dans le camp ; si ce n'est que Bolanus, homme pur et qui ne s'était rendu odieux par aucun crime, se concilia l'affection à défaut de respect.

XVII. Mais dès qu'avec le reste du monde la Bretagne eut reconnu Vespasien, de grands généraux, d'excellentes armées parurent ; les espérances des ennemis diminuèrent, et aussitôt Petilius Cerialis les frappa de terreur en attaquant la cité des Brigantes, qui passe pour la plus populeuse de toute la Bretagne : il livra beaucoup de combats, et quelquefois de très-sanglans : la victoire ou la guerre enchaîna la plus grande partie de cette cité. Et lorsque Cerialis eût dû accabler par ses services et sa renommée son successeur, Julius Frontinus en soutint le fardeau : grand homme autant qu'on pouvait l'être alors, il subjugua, par les armes, la nation vaillante et belliqueuse des Silures, après avoir, outre la valeur des ennemis, triomphé des difficultés des lieux.

XVIII. Tel fut l'état de la Bretagne, telles furent les chances de guerre que trouva Agricola, qui s'y rendit vers le milieu de l'été, alors que les soldats, comme oubliant l'expédition, se livraient à la sécurité, et que les ennemis attendaient une occasion. Les Ordoviques, peu avant son arrivée, avaient massacré

agentem, prope universam obtriverat : eoque initio erecta provincia; et, quibus bellum volentibus erat, probare exemplum, aut recentis legati animum opperiri. Tum Agricola, quamquam transacta æstas, sparsi per provinciam numeri, præsumpta apud militem illius anni quies, tarda et contraria bellum inchoaturo, et plerisque custodiri suspecta potius videbatur, ire obviam discrimini statuit : contractisque legionum vexillis et modica auxiliorum manu, quia in æquum degredi Ordovices non audebant, ipse ante agmen, quo ceteris par animus simili periculo esset, erexit aciem : cæsaque prope universa gente, non ignarus instandum famæ, ac, prout prima cessissent, fore universa, Monam insulam, cujus possessione revocatum Paullinum rebellione totius Britanniæ supra memoravi, redigere in potestatem animo intendit. Sed, ut in dubiis consiliis, naves deerant : ratio et constantia ducis transvexit. Depositis omnibus sarcinis, lectissimos auxiliarium, quibus nota vada, et patrius nandi usus, quo simul seque, et arma, et equos regunt, ita repente immisit, ut obstupefacti hostes, qui classem, qui naves, qui mare exspectabant, nihil arduum aut invictum crediderint sic ad bellum venientibus. Ita petita pace, ac dedita insula, clarus ac magnus haberi Agricola : quippe cui ingredienti provinciam, quod tempus alii per ostentatio-

presque tout un corps de cavalerie campé sur leur territoire. A ce début, la province se soulève, et, pour ceux qui voulaient la guerre, c'était un exemple à suivre, ou un moyen de sonder le caractère du nouveau gouverneur. Alors Agricola, quoique l'été fût passé, les troupes éparses dans la province, le soldat s'attendant au repos pour cette année, la guerre contrariée par des retards et des obstacles, et quoiqu'à la plupart il semblât préférable de garder les lieux exposés, résolut d'aller au devant du danger. Il rassemble des détachemens de légions et une petite troupe d'auxiliaires ; et, comme les Ordoviques n'osaient pas descendre en plaine, marchant lui-même en tête de l'armée, pour lui donner son courage en partageant ses périls, il la fait monter en bataille, taille en pièces presque toute cette peuplade ; et, n'ignorant pas qu'il faut presser la renommée, et que des premiers évènemens dépendent tous les autres, il conçoit le projet de réduire l'île de Mona, dont Paullinus avait été rappelé par la rébellion de toute la Bretagne, ainsi que je l'ai rapporté plus haut. Mais, en ce dessein imprévu, les vaisseaux manquaient ; le génie et la constance du général n'en furent point arrêtés. Il choisit parmi nos auxiliaires ceux qui connaissaient les gués, et, suivant l'usage de leur pays, savaient nager en conduisant à la fois eux, leurs armes et leurs chevaux, ordonne qu'ils déposent les bagages, et les fait passer si soudainement, que les ennemis, qui attendaient une flotte, des vaisseaux et les effets du flux, sont stupéfaits et comprennent qu'il n'y a rien d'inaccessible, rien d'invincible pour ceux qui allaient de la sorte au combat. La paix fut donc sollicitée, l'île soumise, et la renommée du chef en acquit un grand éclat.

nem, aut officiorum ambitum, transigunt, labor et periculum placuisset. Nec Agricola, prosperitate rerum in vanitatem usus, expeditionem aut victoriam vocabat, victos continuisse : ne laureatis quidem gesta prosecutus est : sed ipsa dissimulatione famæ famam auxit, æstimantibus, quanta futuri spe tam magna tacuisset.

XIX. Ceterum animorum provinciæ prudens, simulque doctus per aliena experimenta, parum profici armis, si injuriæ sequerentur, causas bellorum statuit excidere : a se suisque orsus, primam domum suam coercuit; quod plerisque 'haud minus arduum est, quam provinciam regere. Agere nihil per libertos servosque publicæ rei : non studiis privatis, nec ex commendatione, aut precibus centurionum milites accire, sed optimum quemque fidelissimum putare : omnia scire, non omnia exsequi : parvis peccatis veniam, magnis severitatem commodare : nec pœna semper, sed sæpius pœnitentia contentus esse ; officiis et administrationibus potius non peccaturos præponere, quam damnare, quum peccassent. Frumenti et tributorum exactionem æqualitate munerum mollire, circumcisis, quæ, in quæstum reperta, ipso tributo gravius tolerabantur : namque per ludibrium adsidere clausis horreis, et emere ultro fru-

En effet, dès son entrée dans son gouvernement, tout le temps que les autres passent en ostentation et dans les brigues, il ne s'était plu qu'aux travaux et aux périls. Et alors, ne tirant nulle vanité de la réussite des choses, il n'appelait ni expédition ni victoire la soumission de peuples vaincus : aussi ne fit-il pas envelopper ses dépêches de lauriers; mais, par la dissimulation même de sa gloire, il augmentait cette gloire aux yeux de ceux qui appréciaient en quel espoir de l'avenir il avait tû de si grands exploits.

XIX. Du reste, l'étude du caractère de ces peuples, et en même temps l'expérience d'autrui lui ayant appris que l'on gagnait peu par les armes, si les injustices suivaient, il résolut d'éteindre les causes de ces guerres. Commençant par lui et par les siens, il régla d'abord sa maison; ce qui, pour bien des personnes, est non moins difficile que de régir une province. Rien du service public ne se fit par ses affranchis ou par ses esclaves : ni affection particulière, ni recommandation, ni prières des centurions n'élevèrent le soldat; mais pour lui le meilleur citoyen était le plus digne de sa confiance. Il voulut tout savoir, non tout exécuter : aux fautes légères réserver le pardon, aux grandes la sévérité; ne pas exiger toujours le châtiment, mais plus souvent se contenter du repentir; préposer aux places et aux administrations ceux qui ne prévariqueraient pas, pour n'avoir pas à punir lorsqu'on aurait prévariqué; adoucir l'augmentation des impôts en blé ou autres par l'égalité des répartitions, en retranchant ces inventions du fisc, plus intolérables que les tributs mêmes. En effet on forçait les Bretons, par raillerie, d'attendre auprès de leurs greniers fermés, d'acheter leurs propres blés, puis de les revendre à prix

menta, ac vendere pretio cogebantur : devortia itinerum et longinquitas regionum indicebatur, ut civitates a proximis hibernis in remota et avia referrent, donec, quod omnibus in promptu erat, paucis lucrosum fieret.

XX. Hæc primo statim anno comprimendo, egregiam famam paci circumdedit; quæ vel incuria, vel tolerantia priorum, haud minus quam bellum timebatur. Sed, ubi æstas advenit, contracto exercitu, militum in agmine laudare modestiam, disjectos coercere; loca castris ipse capere; æstuaria ac silvas ipse prætentare; et nihil interim apud hostes quietum pati, quo minus subitis excursibus popularetur : atque, ubi satis terruerat, parcendo rursus irritamenta pacis ostentare. Quibus rebus multæ civitates, quæ in illum diem ex æquo egerant, datis obsidibus, iram posuere, et præsidiis castellisque circumdatæ, tanta ratione curaque, ut nulla ante Britanniæ nova pars illacessita transierit.

XXI. Sequens hiems saluberrimis consiliis absumpta : namque, ut homines dispersi ac rudes, eoque in bello faciles, quieti et otio per voluptates adsuescerent, hortari privatim, adjuvare publice, ut templa, fora, domus exstruerent, laudando promptos, et castigando segnes : ita honoris æmulatio pro necessitate erat. Jam vero principum filios liberalibus artibus erudire, et ingenia

fixé. Des chemins détournés et des régions lointaines étaient indiqués aux cités pour qu'elles fissent leurs transports, non pas aux quartiers les plus voisins, mais en des pays éloignés et presque inabordables, jusqu'à ce qu'ainsi, ce qui eût été convenable pour tous, fût devenu lucratif pour quelques-uns.

XX. En réprimant aussitôt ces abus dès la première année, il fit estimer et honorer la paix, qui, soit par l'incurie, soit par la mollesse de ses prédécesseurs, n'était pas moins redoutée que la guerre. Mais, dès que l'été fut arrivé, il rassemble l'armée, loue, dans les marches, la subordination des soldats, contient ceux qui s'écartent, prend lui-même des positions pour ses campemens, reconnaît lui-même les marais et les bois, ne souffre cependant nul repos chez les ennemis, qu'il désole par des incursions subites ; et, quand il a assez effrayé, dès lors il les ménage, et excite en eux tous les désirs de la paix. Par ces moyens, beaucoup de cités, qui jusqu'à ce jour avaient traité en égales, donnèrent des ôtages, déposèrent tout ressentiment, et furent cernées par des forts et des garnisons avec tant d'intelligence et de soins, que jamais auparavant aucune partie nouvellement conquise de la Bretagne n'avait été si peu inquiétée.

XXI. L'hiver suivant fut employé en dispositions des plus salutaires. Et en effet, pour que ces hommes épars et grossiers, et par là même toujours prêts à la guerre, s'accoutumassent à la tranquillité et au repos par les plaisirs, il les exhortait particulièrement, les aidait des deniers publics à construire des temples, des forums, des maisons, louant les actifs, excitant les indolens. Ainsi une émulation honorable tint lieu de contrainte. Déjà il faisait instruire les fils des principaux Bretons

Britannorum studiis Gallorum anteferre, ut, qui modo linguam romanam abnuebant, eloquentiam concupiscerent : inde etiam habitus nostri honor, et frequens toga : paullatimque discessum ad delinimenta vitiorum, porticus, et balnea, et conviviorum elegantiam : idque apud imperitos *humanitas* vocabatur, quum pars servitutis esset.

XXII. Tertius expeditionum annus novas gentes aperuit, vastatis usque ad Taum (æstuario nomen est) nationibus : qua formidine territi hostes, quamquam conflictatum sævis tempestatibus, exercitum lacessere non ausi; ponendisque insuper castellis spatium fuit. Adnotabant periti, non alium ducem opportunitates locorum sapientius legisse : nullum ab Agricola positum castellum, aut vi hostium expugnatum, aut pactione, aut fuga desertum. Crebræ eruptiones : nam adversus moras obsidionis annuis copiis firmabantur : ita intrepida ibi hiems, et sibi quisque præsidio, irritis hostibus, eoque desperantibus, quia soliti plerumque damna æstatis hibernis eventibus pensare, tum æstate atque hieme juxta pellebantur. Nec Agricola unquam per alios gesta avidus intercepit : seu centurio, seu præfectus, incorruptum facti testem habebat. Apud quosdam acerbior in conviciis narrabatur, ut bonis comis, ita adversus malos injucundus : ceterum ex iracundia nihil supererat :

dans les arts libéraux, et disait préférer le génie naturel des Bretons à l'esprit cultivé des Gaulois. Ainsi ceux qui auparavant dédaignaient la langue latine, ambitionnèrent de la parler avec éloquence : de là aussi fut mis en honneur notre habillement, et la toge devint en usage. Peu à peu survinrent les recherches de nos vices, les portiques et les bains, et l'élégance des festins : ce que dans leur imprévoyance ils appelaient civilisation, c'était une partie de leur servitude.

XXII. La troisième année de l'expédition découvrit des peuples nouveaux : toutes ces nations furent ravagées jusqu'à l'embouchure du Taüs. Les ennemis en furent frappés d'une telle terreur, qu'ils n'osèrent pas harceler notre armée, quoiqu'elle fût harassée par des temps affreux; et l'on eut même le loisir d'établir des forts. Les habiles remarquaient que nul autre général n'avait choisi plus savamment les avantages des positions; qu'aucun poste placé par Agricola n'avait été enlevé de force par les ennemis, ou abandonné par capitulation ou par désertion. Les sorties étaient fréquentes; car des approvisionnemens pour l'année soutenaient contre les longueurs des sièges. Ainsi l'hiver s'y passait avec sécurité, et chaque garnison s'y suffisait à elle-même. Les ennemis attaquaient vainement, et se désespéraient, parce que, accoutumés le plus souvent à compenser les pertes de l'été par les succès de l'hiver, alors ils étaient également repoussés et l'hiver et l'été. Et jamais Agricola ne s'attribuait, par ambition, les exploits d'autrui. Centurion, préfet, avaient en lui le témoin le plus sincère de ses actions. Quelques-uns le disaient trop acerbe dans ses reproches : affable aux bons, il était sévère pour les méchans : d'ailleurs, rien ne restait de sa colère : vous

secretum et silentium ejus non timeres : honestius putabat offendere, quam odisse.

XXIII. Quarta æstas obtinendis, quæ percurrerat, insumpta : ac, si virtus exercituum et romani nominis gloria pateretur, inventus in ipsa Britannia terminus. Nam Clota et Bodotria, diversi maris æstibus per immensum revectæ, angusto terrarum spatio dirimuntur : quod tum præsidiis firmabatur : atque omnis propior sinus tenebatur, summotis velut in aliam insulam hostibus.

XXIV. Quinto expeditionum anno, nave prima transgressus, ignotas ad id tempus gentes crebris simul ac prosperis prœliis domuit : eamque partem Britanniæ, quæ Hiberniam adspicit, copiis instruxit, in spem magis, quam ob formidinem : siquidem Hibernia, medio inter Britanniam atque Hispaniam sita, et Gallico quoque mari opportuna, valentissimam imperii partem magis invicem usibus miscuerit. Spatium ejus, si Britanniæ comparetur, angustius, nostri maris insulas superat. Solum, cœlumque, et ingenia, cultusque hominum haud multum a Britannia differunt. Melius aditus portusque per commercia et negotiatores cogniti. Agricola expulsum seditione domestica unum ex regulis gentis exceperat, ac specie amicitiæ in occasionem retinebat. Sæpe ex eo audivi, legione una et modicis auxi-

n'eussiez craint ni sa réserve ni son silence ; il croyait plus honorable de choquer que de haïr.

XXIII. Le quatrième été fut employé à s'assurer des pays qu'on avait parcourus ; et, si la valeur de nos armées et la gloire du nom romain devaient rencontrer des limites, elles les trouvèrent dans la Bretagne même : car les rivières de Glota et de Bodotria, que refoulent à une immense hauteur les flux de deux mers opposées, ne sont séparées l'une de l'autre que par une langue étroite de terre, alors fortifiée de citadelles ; nous tenions tout le pays de notre côté, et les ennemis étaient au delà, comme rejetés dans une autre île.

XXIV. La cinquième année de l'expédition, Agricola passa en Calédonie, sur le premier de nos vaisseaux qui vît ces bords ; et, par des combats aussi heureux que multipliés, il dompta des peuplades inconnues jusqu'à ce temps, et garnit de troupes la partie de la Bretagne qui regarde l'Hibernie, plutôt dans un espoir de conquête que par crainte. En effet l'Hibernie, située entre la Bretagne et l'Espagne, et à portée aussi de la mer des Gaules, pouvait un jour réunir, par de grands rapports, cette portion très-puissante de l'empire. L'Hibernie, plus petite que la Bretagne, surpasse en étendue toutes les îles de notre mer. Le sol et le climat, le caractère et les usages des habitans, diffèrent peu de ceux de la Bretagne. Le commerce et les marchands nous ont fait mieux connaître ses côtes et ses ports. Agricola avait accueilli un des petits rois de cette nation, chassé par une sédition domestique, et, sous apparence d'amitié, il le retenait pour l'occasion. Souvent je lui ai entendu dire qu'avec une seule légion et quelques auxi-

liis debellari obtinerique Hiberniam posse; idque etiam adversus Britanniam profuturum, si romana ubique arma, et velut e conspectu libertas tolleretur.

XXV. Ceterum æstate, qua sextum officii annum inchoabat, amplexus civitates trans Bodotriam sitas, quia motus universarum ultra gentium, et infesta hostili exercitu itinera, timebantur, portus classe exploravit: quæ, ab Agricola primum assumpta in partem virium, sequebatur egregia specie, quum simul terra, simul mari bellum impelleretur, ac sæpe iisdem castris pedes, equesque, et nauticus miles, mixti copiis et lætitia, sua quisque facta, suos casus adtollerent: ac modo silvarum et montium profunda, modo tempestatum ac fluctuum adversa, hinc terra et hostis, hinc auctus Oceanus militari jactantia compararentur. Britannos quoque, ut ex captivis audiebatur, visa classis obstupefaciebat, tamquam, aperto maris sui secreto, ultimum victis perfugium clauderetur. Ad manus et arma conversi Caledoniam incolentes populi, paratu magno, majore fama, uti mos est de ignotis, oppugnasse ultro, castella adorti, metum, ut provocantes, addiderant: regrediendumque citra Bodotriam, et excedendum potius, quam pellerentur, specie prudentium ignavi admonebant; quum interim cognoscit, hostes pluribus agminibus irrupturos. Ac, ne superante numero et peritia locorum

liaires on pouvait subjuguer et occuper l'Hibernie ; que ce serait même très-utile contre la Bretagne, si elle ne voyait de toutes parts que les armes romaines, et si la liberté était comme ravie à ses regards.

XXV. L'été suivant, qui commençait la sixième année de son gouvernement, il fit cerner les cités placées de l'autre côté de la Bodotria ; effrayé du soulèvement de toutes les peuplades ultérieures, et de voir les chemins infestés par l'armée ennemie, il fit explorer les ports par sa flotte. Employée pour la première fois par Agricola, comme partie de ses forces, elle suivait l'armée, et formait un admirable spectacle. Alors la guerre se poussait à la fois et sur terre et sur mer ; et souvent, dans le même camp, fantassin, cavalier, marin, confondant et leurs rangs et leur joie, exaltaient chacun ses exploits, ses aventures. Tantôt c'était les profondeurs des forêts et des vallées, tantôt les furies des flots et des tempêtes ; ici leur victoire sur terre, là leur conquête sur l'Océan qu'ils dépeignaient avec toute la jactance militaire. La vue de la flotte, ainsi qu'on l'apprenait des prisonniers, consternait les Bretons, comme si, le secret de leur mer étant découvert, le dernier refuge eût été fermé aux vaincus. Ne comptant donc plus que sur leur valeur et leurs armes, tous les peuples de la Calédonie vinrent, avec un grand appareil que la renommée, selon qu'il arrive dans les choses inconnues, agrandissait encore, attaquer les premiers nos forteresses, et, comme agresseurs, répandirent l'effroi ; déjà les plus pusillanimes, sous le voile de la prudence, conseillaient de retourner en deçà de la Bodotria, et de se retirer plutôt que d'être repoussés, lorsque Agricola s'aperçoit que les ennemis se préparent à fondre

circumiretur, diviso et ipse in tres partes exercitu incessit.

XXVI. Quod ubi cognitum hosti, mutato repente consilio, universi nonam legionem, ut maxime invalidam, nocte aggressi, inter somnum ac trepidationem cæsis vigilibus, irrupere. Jamque in ipsis castris pugnabant, quum Agricola, iter hostium ab exploratoribus edoctus, et vestigiis insecutus, velocissimos equitum peditumque adsultare tergis pugnantium jubet, mox ab universis adjici clamorem : et propinqua luce fulsere signa : ita ancipiti malo territi Britanni; et Romanis redit animus, ac, securi de salute, pro gloria certabant : ultro quin etiam erupere; et fuit atrox in ipsis portarum angustiis prœlium, donec pulsi hostes ; utroque exercitu certante, his, ut tulisse opem, illis, ne eguisse auxilio viderentur : quod nisi paludes et silvæ fugientes texissent, debellatum illa victoria foret.

XXVII. Cujus constantia ac fama ferox exercitus, nihil virtuti suæ invium ; penetrandam Caledoniam, inveniendumque tandem Britanniæ terminum continuo prœliorum cursu, fremebant : atque illi modo cauti ac sapientes, prompti post eventum ac magniloqui erant : iniquissima hæc bellorum conditio est, prospera omnes

en plusieurs troupes. Craignant que, par la supériorité du nombre et la connaissance des lieux, ils ne parviennent à l'entourer, il divise son armée en trois parties, et lui-même marche en avant.

XXVI. Dès que cela fut connu des ennemis, changeant aussitôt de projet, ils vinrent tous à la fois attaquer de nuit la neuvième légion, qu'ils savaient la plus faible, et, ayant au milieu du sommeil et de la consternation égorgé les sentinelles, ils pénétrèrent. Déjà ils combattaient dans le camp même, lorsque Agricola, instruit par ses éclaireurs de la marche de l'ennemi, s'attache à leurs traces, ordonne aux plus alertes de ses cavaliers et de ses fantassins de se précipiter sur ses derrières, puis de pousser un grand cri tous ensemble. Aux premières lueurs du jour brillent nos étendards : les Bretons sont effrayés de ce double danger. Le courage revint aux Romains, et, assurés de leur salut, ils combattirent pour la gloire ; bien plus, ils devinrent agresseurs et se précipitèrent. Le combat fut terrible au passage même des portes, jusqu'à ce que les ennemis fussent entièrement repoussés par nos deux troupes, qui voulaient, l'une, paraître avoir fourni un secours nécessaire, l'autre, n'avoir pas eu besoin de renfort. Si les marais et les bois n'eussent couvert les fuyards, la guerre était terminée par cette victoire.

XXVII. Fière de son intrépidité et de sa gloire, l'armée criait, en frémissant, qu'il n'y avait rien d'inaccessible à sa valeur ; qu'il fallait pénétrer dans la Calédonie, et trouver enfin l'extrémité de la Bretagne par une suite rapide de combats : et ces hommes, tout-à-l'heure réservés et prudens, se montraient hardis après l'évènement, et en parlaient avec jactance. Tel est, dans

sibi vindicant, adversa uni imputantur. At Britanni non virtute, sed occasione et arte usos rati, nihil ex arrogantia remittere, quo minus juventutem armarent, conjuges ac liberos in loca tuta transferrent, cœtibus ac sacrificiis conspirationem civitatum sancirent : atque ita irritatis utrimque animis discessum.

XXVIII. Eadem æstate cohors Usipiorum, per Germanias conscripta, in Britanniam transmissa, magnum ac memorabile facinus ausa est. Occiso centurione ac militibus, qui, ad tradendam disciplinam immixti manipulis, exemplum et rectores habebantur, tres liburnicas, adactis per vim gubernatoribus, ascendere : et uno remigrante, suspectis duobus, eoque interfectis, nondum vulgato rumore, ut miraculum prævehebantur : mox hac atque illa rapti, et cum plerisque Britannorum, sua defensantium, prœlio congressi, ac sæpe victores, aliquando pulsi, eo ad extremum inopiæ venere, ut infirmissimos suorum, mox sorte ductos, vescerentur : atque ita circumvecti Britanniam, amissis per inscitiam regendi navibus, pro prædonibus habiti, primum a Suevis, mox a Frisiis intercepti sunt : ac fuere, quos per commercia venumdatos, et in nostram usque ripam mutatione ementium adductos, indicium tanti casus illustravit. Initio æstatis Agricola, domestico vulnere ictus,

les guerres, le trop injuste jugement : tous pour eux réclament les succès, à un seul sont imputés les revers. Cependant les Bretons, attribuant leur défaite non pas à notre valeur, mais à l'occasion et à l'adresse de notre général, ne rabattent rien de leur arrogance; ils arment leur jeunesse, transportent en lieux sûrs leurs femmes et leurs enfans, et par des assemblées et des sacrifices sanctionnent la ligue de toutes leurs cités : ainsi l'on se sépara, les esprits animés des deux parts.

XXVIII. Ce même été, une cohorte d'Usipiens, levée en Germanie et transportée en Bretagne, osa une action extraordinaire et mémorable. Ayant égorgé le centurion et les soldats romains mêlés à leur bataillon pour leur apprendre la discipline et leur servir d'exemple et de chefs, ils montèrent sur trois galères, en y retenant de force nos pilotes. L'un d'eux s'étant échappé, les deux autres, devenus suspects, furent massacrés; et le bruit n'en était pas encore parvenu, qu'ils voguaient en pleine mer comme miraculeusement. Puis, emportés çà et là, ayant à combattre les Bretons qui défendaient leurs propriétés, souvent vainqueurs, quelquefois vaincus, ils furent réduits à une détresse si affreuse, qu'ils se nourrirent des plus faibles des leurs, et bientôt de ceux que le sort désignait. Ils errèrent ainsi autour de la Bretagne, perdirent leurs vaisseaux, faute de savoir les gouverner, et, pris pour des pirates, furent saisis d'abord par les Suèves, ensuite par les Frisons; il s'en trouva même qui, vendus comme esclaves et amenés jusque sur notre frontière par la succession des achats, y acquirent la célébrité due à de si grands évènemens. Au commencement de l'été, Agricola, frappé dans sa propre famille, perdit son fils, âgé d'un an; et ce mal-

anno ante natum filium amisit. Quem casum neque, ut plerique fortium virorum, ambitiose, neque per lamenta rursus ac mœrorem muliebriter tulit : et in luctu bellum inter remedia erat.

XXIX. Igitur præmissa classe, quæ, pluribus locis prædata, magnum et incertum terrorem faceret, expedito exercitu, cui ex Britannis fortissimos et longa pace exploratos addiderat, ad montem Grampium pervenit, quem jam hostes insederant. Nam Britanni, nihil fracti pugnæ prioris eventu, et ultionem aut servitium exspectantes, tandemque docti, commune periculum concordia propulsandum, legationibus et fœderibus omnium civitatum vires exciverant. Jamque super triginta millia armatorum adspiciebantur, et adhuc adfluebat omnis juventus, et quibus cruda ac viridis senectus, clari bello, ac sua quisque decora gestantes; quum inter plures duces virtute et genere præstans, nomine Galgacus, apud contractam multitudinem, prœlium poscentem, in hunc modum locutus fertur :

XXX. « Quotiens causas belli et necessitatem nostram intueor, magnus mihi animus est, hodiernum diem, consensumque vestrum, initium libertatis totius Britanniæ fore. Nam et universi servitutis expertes, et nullæ ultra terræ, ac ne mare quidem securum, imminente nobis classe romana : ita prœlium atque arma,

heur, il ne le supporta ni avec ce courage orgueilleux affiché par quelques âmes fortes, ni avec cette faiblesse féminine qui s'abandonne aux pleurs et aux lamentations. La guerre était une des distractions de ses douleurs.

XXIX. La flotte étant donc partie en avant pour répandre le ravage en plusieurs lieux, et semer ainsi une grande et vague terreur, Agricola, avec son armée sans bagages, à laquelle il avait joint les plus vaillans des Bretons, éprouvés par une longue paix, parvint au mont Grampius, que déjà couvraient les ennemis : car les Bretons, nullement abattus par l'évènement du dernier combat, n'attendant plus que la vengeance ou l'esclavage, et sachant enfin que l'accord seul repousse le péril commun, avaient, par des ambassades et des confédérations, rassemblé les forces de toutes leurs cités. Déjà l'on voyait réunis plus de trente mille combattans; toute la jeunesse accourait encore, et, de plus, les guerriers d'une vieillesse forte et vigoureuse, qui s'étaient illustrés à la guerre, et chacun portant ses insignes. Ce fut alors qu'un de leurs chefs, le plus distingué par sa valeur et par sa naissance, nommé Galgacus, parla, dit-on, en ces termes au milieu de la multitude assemblée, qui demandait le combat :

XXX. « Toutes les fois que je considère les causes de la guerre et l'extrémité à laquelle nous sommes réduits, un grand espoir m'anime; oui, ce jour même et votre accord fonderont l'époque de la liberté de toute la Bretagne. Et en effet, tous nous fûmes exempts de la servitude; au delà plus de terres; la mer même ne serait pas un asile : la flotte romaine nous y menace. Ainsi le combat et les armes, seul parti honorable pour les

quæ fortibus honesta, eadem etiam ignavis tutissima sunt. Priores pugnæ, quibus adversus Romanos varia fortuna certatum est, spem ac subsidium in nostris manibus habebant : quia nobilissimi totius Britanniæ, eoque in ipsis penetralibus siti, nec servientium littora adspicientes, oculos quoque a contactu dominationis inviolatos habebamus. Nos, terrarum ac libertatis extremos, recessus ipse ac sinus famæ in hunc diem defendit : nunc terminus Britanniæ patet : atque omne ignotum pro magnifico est. Sed nulla jam ultra gens, nihil nisi fluctus, et saxa; et infestiores Romani; quorum superbiam frustra per obsequium et modestiam effugeris : raptores orbis, postquam cuncta vastantibus defuere terræ, et mare scrutantur : si locuples hostis est, avari; si pauper, ambitiosi : quos non Oriens, non Occidens satiaverit; soli omnium opes atque inopiam pari affectu concupiscunt. Auferre, trucidare, rapere, falsis nominibus imperium; atque, ubi solitudinem faciunt, pacem appellant.

XXXI. « Liberos cuique ac propinquos suos natura carissimos esse voluit : hi per delectus, alibi servituri, auferuntur : conjuges sororesque, etsi hostilem libidinem effugiant, nomine amicorum atque hospitum polluuntur. Bona fortunasque in tributum egerunt; in annonam frumentum : corpora ipsa ac manus, silvis ac

braves, sont ici même le plus sûr pour les lâches. Les guerres précédentes, où l'on combattit contre les Romains avec une fortune diverse, avaient leur espoir et leur ressource en nous, nous les fils les plus nobles de la Bretagne, et qui, placés au fond même de son sanctuaire, et ne voyant pas les rivages de la servitude, avons eu nos yeux même préservés du contact de la tyrannie. Placés à l'extrémité du monde, derniers restes de sa liberté, cette retraite, qui nous cache à la renommée, nous avait jusqu'ici protégés : maintenant les dernières limites de la Bretagne sont à découvert; ce qu'on ignore est ce qui en impose. Mais derrière nous plus de nation, rien, que des flots et des rochers ; et à l'intérieur sont les Romains, à l'orgueil desquels vainement vous penseriez échapper par l'obéissance et par la soumission : envahisseurs de l'univers, quand les terres manquent à leurs dévastations, ils fouillent même les mers; avares, si l'ennemi est riche; ambitieux, s'il est pauvre. Ni l'Orient ni l'Occident ne les ont rassasiés; seuls, de tous les mortels, ils poursuivent d'une égale ardeur et les richesses et la misère : enlever, égorger, piller, c'est, dans leur faux langage, gouverner; et, où ils ont fait un désert, ils disent qu'ils ont donné la paix.

XXXI. « La nature a voulu que les enfans et les parens fussent à chacun ce qu'il eût de plus cher : ils nous sont enlevés par des enrôlemens, pour aller obéir en d'autres climats. Si nos épouses et nos sœurs échappent à la brutalité ennemie, les Romains les déshonorent sous le nom d'hôtes et d'amis. Nos biens, nos fortunes, sont absorbés par les tributs; nos blés, par les réquisitions : nos corps mêmes et nos bras s'usent,

paludibus emuniendis, verbera inter ac contumelias, conterunt. Nata servituti mancipia semel veneunt, atque ultro a dominis aluntur; Britannia servitutem suam quotidie emit, quotidie pascit : ac, sicut in familia recentissimus quisque servorum et conservis ludibrio est; sic, in hoc orbis terrarum vetere famulatu, novi nos et viles in excidium petimur. Neque enim arva nobis, aut metalla, aut portus sunt, quibus exercendis reservemur. Virtus porro ac ferocia subjectorum ingrata imperantibus; et longinquitas ac secretum ipsum quo tutius, eo suspectius. Ita, sublata spe veniæ, tandem sumite animum, tam quibus salus, quam quibus gloria, carissima est. Trinobantes, femina duce, exurere coloniam, expugnare castra, ac, nisi felicitas in socordiam vertisset, exuere jugum potuere; nos integri et indomiti, et libertatem non in præsentia laturi, primo statim congressu nonne ostendemus, quos sibi Caledonia viros seposuerit?

XXXII. « An eamdem Romanis in bello virtutem, quam in pace lasciviam, adesse creditis? Nostris illi dissensionibus ac discordiis clari, vitia hostium in gloriam exercitus sui vertunt; quem contractum ex diversissimis gentibus, ut secundæ res tenent, ita adversæ dissolvent; nisi si Gallos, et Germanos, et (pudet dictu) Britannorum plerosque, licet dominationi alienæ san-

sous les coups et les opprobres, à des travaux au milieu des bois et des marais. Les malheureux nés dans l'esclavage, une seule fois vendus, sont nourris par leurs maîtres : la Bretagne achète chaque jour sa propre servitude, chaque jour elle l'entretient. Et, comme dans une maison le plus nouveau des esclaves est le jouet même de ses camarades, ainsi, dans cet antique servage du monde, nouveaux et méprisés, nous sommes destinés à être victimes. Nous n'avons point, en effet, des champs, des mines, ou des ports aux travaux desquels on puisse nous réserver ; nous n'avons que du courage et de la fierté, vertus insupportables à des dominateurs ; et plus notre éloignement et le mystère de nos retraites nous protègent, plus nous sommes suspects. Ainsi, perdant tout espoir de pardon, enfin prenez courage, et vous à qui la vie, et vous à qui la gloire est la plus chère. Les Trinobantes, conduits par une femme, ont pu incendier la colonie des Romains, dévaster leur camp ; et, si leur prospérité ne les eût endormis, ils eussent secoué à jamais le joug. Nous, intacts et indomptés, nous qui n'avons point à conquérir une liberté, dès le premier choc ne montrerons-nous pas quels hommes la Calédonie s'était réservés ?

XXXII. « Croyez-vous aux Romains autant de courage dans la guerre que d'insolence dans la paix ? Ces hommes, qu'ont illustrés nos dissensions et nos discordes, tournent à la gloire de leur armée les fautes de leurs ennemis ; cet assemblage des nations les plus diverses, le succès le maintient, un revers le dissoudra. A moins que vous ne pensiez que ces Gaulois, ces Germains, et, j'ai honte de le dire, ces Bretons qui prêtent leur sang à une tyrannie étrangère, toutefois plus long-

guinem commodent, diutius tamen hostes quam servos, fide et affectu teneri putatis : metus et terror est, infirma vincula caritatis; quæ ubi removeris, qui timere desierint, odisse incipient. Omnia victoriæ incitamenta pro nobis sunt : nullæ Romanos conjuges accendunt; nulli parentes fugam exprobraturi sunt; aut nulla plerisque patria, aut alia est : paucos numero, trepidos ignorantia, cœlum ipsum, ac mare, et silvas, ignota omnia circumspectantes, clausos quodam modo ac vinctos dii nobis tradiderunt. Ne terreat vanus adspectus, et auri fulgor atque argenti, quod neque tegit, neque vulnerat. In ipsa hostium acie inveniemus nostras manus : agnoscent Britanni suam causam; recordabuntur Galli priorem libertatem; deserent illos ceteri Germani, tamquam nuper Usipii reliquerunt : nec quidquam ultra formidinis; vacua castella, senum coloniæ, inter male parentes et injuste imperantes, ægra municipia et discordantia : hic dux, hic exercitus; ibi tributa, et metalla, et ceteræ servientium pœnæ; quas in æternum proferre, aut statim ulcisci, in hoc campo est. Proinde, ituri in aciem, et majores vestros, et posteros cogitate. »

XXXIII. Excepere orationem alacres, et barbari moris cantu, et fremitu, clamoribusque dissonis. Jamque agmina, et armorum fulgores, audentissimi cujusque

temps ennemis qu'esclaves, soient retenus par fidélité et par attachement; c'est par la crainte et la terreur, faibles liens d'affection; brisez-les : cessant de craindre, ils commenceront à haïr. Tout ce qui peut exciter à la victoire est pour nous ; nulle épouse n'enflamme le courage des Romains, nul père ne va leur reprocher leur fuite. Pour la plupart, point de patrie, ou ils servent une patrie qui n'est point la leur. Peu nombreux, tremblans, incertains, ne voyant autour d'eux qu'un ciel, une mer, des forêts inconnues, enfermés et comme enchaînés, ils nous sont livrés par les dieux. Qu'un vain appareil ne vous épouvante, ni cet éclat d'or et d'argent qui ne blesse ni ne défend. Dans les rangs mêmes de l'ennemi nous retrouverons les bras de nos frères ; les Bretons reconnaîtront leur cause ; les Gaulois se rappelleront leur ancienne liberté : ce qui leur reste de Germains les abandonnera, ainsi que naguère les Usipiens les ont délaissés, et dès lors plus de crainte. Des forts évacués, des colonies de vieillards, des municipes affaiblis et en proie aux discordes entre des maîtres injustes et des sujets prêts à la révolte. Ici est votre chef, ici est votre armée ; là, des tributs, les travaux des mines et tous les autres châtimens des esclaves : les rendre éternels, ou s'en venger aussitôt, va se décider sur ce champ même. Ainsi, en marchant au combat, pensez et à vos ancêtres et à vos descendans. »

XXXIII. Ils reçurent cette harangue avec transport, et, selon la coutume des barbares, avec des chants, des frémissemens et des clameurs discordantes. Déjà s'agitaient les bataillons et brillaient les armes des plus

procursu; simul instruebatur acies; quum Agricola, quamquam lætum, et vix munimentis coercitum, militem adhortatus, ita disseruit : « Octavus annus est, commilitones, ex quo virtute et auspiciis imperii romani, fide atque opera vestra, Britanniam vicistis : tot expeditionibus, tot prœliis, seu fortitudine adversus hostes, seu patientia ac labore, pæne adversus ipsam rerum naturam opus fuit : neque me militum, neque vos ducis pœnituit. Ergo egressi, ego veterum legatorum, vos priorum exercituum terminos, finem Britanniæ, non fama, nec rumore, sed castris et armis, tenemus. Inventa Britannia, et subacta. Equidem sæpe in agmine, quum vos paludes montesve, et flumina fatigarent, fortissimi cujusque voces audiebam : Quando dabitur hostis, quando acies? Veniunt, e latebris suis extrusi : et vota virtusque in aperto, omniaque prona victoribus, atque eadem victis adversa. Nam, ut superasse tantum itineris, silvas evasisse, transisse æstuaria, pulchrum ac decorum in frontem; ita fugientibus periculosissima, quæ hodie prosperrima sunt : neque enim nobis aut locorum eadem notitia, aut commeatuum eadem abundantia; sed manus et arma; et in his omnia. Quod ad me adtinet, jam pridem mihi decretum est, neque exercitus, neque ducis terga tuta esse. Proinde et honesta mors turpi vita potior; et incolumitas ac decus

audacieux, qui se précipitaient en avant. En même temps leur armée se rangeait en bataille. Alors Agricola, quoiqu'il vît le soldat animé et à peine contenu par les retranchemens, parla ainsi :.« Voici la huitième année, compagnons d'armes, que, sous le génie et les auspices de l'empire romain, par votre constance et vos exploits, vous triomphez de la Bretagne. En tant d'expéditions, de combats, soit qu'il fût besoin de valeur contre les ennemis, soit de patience et d'efforts contre la nature même, nous n'avons eu à nous plaindre, ni moi de mes soldats, ni vous de votre général. Après avoir été plus loin, moi que les anciens lieutenans, vous que les précédentes armées, nous occupons l'extrémite de la Bretagne, non par la renommée ni par un vain bruit, mais par nos camps et nos armes. La Bretagne est découverte et soumise. Souvent, dans les marches, lorsque les marais, les montagnes, les fleuves, vous donnaient tant de fatigues, j'entendais ces cris des plus braves : « Quand se présentera l'ennemi? quand le combat? » Ils viennent, arrachés de leurs repaires : vos vœux sont accomplis, votre valeur peut se montrer; tout sera favorable au vainqueur ; tout, fatal au vaincu. En effet, s'il est beau et glorieux d'avoir, en marchant à l'ennemi, franchi tant de contrées, traversé tant de forêts, passé tant de bras de mer ; ces avantages, si heureux aujourd'hui, se changeront en périls si nous fuyons. Nous n'avons pour nous ni la même connaissance des lieux, ni la même abondance de vivres, mais nos bras et nos armes, et tout est là. Quant à moi, je tiens pour maxime qu'il n'y a, dans la fuite, de salut ni pour l'armée ni pour le général. Une mort honorable est donc préférable à

eodem loco sita sunt : nec inglorium fuerit, in ipso terrarum ac naturæ fine cecidisse.

XXXIV. « Si novæ gentes atque ignota acies constitisset, aliorum exercituum exemplis vos hortarer : nunc vestra decora recensete, vestros oculos interrogate. Ii sunt, quos proximo anno, unam legionem furto noctis aggressos, clamore debellastis; ii ceterorum Britannorum fugacissimi, ideoque tam diu superstites. Quomodo, silvas saltusque penetrantibus, fortissimum quodque animal robore; pavida et inertia ipso agminis sono, pelluntur; sic acerrimi Britannorum jam pridem ceciderunt; reliquus est numerus ignavorum et metuentium : quos, quod tandem invenistis, non restiterunt, sed deprehensi sunt novissimi; ideo extremo metu corpora defixere in his vestigiis, in quibus pulchram et spectabilem victoriam ederetis. Transigite cum expeditionibus; imponite quinquaginta annis magnum diem; approbate reipublicæ nunquam exercitui imputari potuisse, aut moras belli, aut causas rebellandi. »

XXXV. Et adloquente adhuc Agricola militum ardor eminebat, et finem orationis ingens alacritas consecuta est, statimque ad arma discursum. Instinctos ruentesque ita disposuit, ut peditum auxilia, quæ octo millia erant, mediam aciem firmarent; equitum tria millia cornibus adfunderentur : legiones pro vallo stetere, ingens victo-

une vie honteuse. Au même lieu résident pour nous honneur et sûreté; et, d'ailleurs, il ne serait pas sans gloire de succomber là où finissent le monde et la nature.

XXXIV. « Si de nouvelles nations, des bataillons inconnus, étaient devant vous, je vous exhorterais par les exemples d'autres armées. Maintenant comptez vos triomphes, interrogez vos yeux. Ces barbares sont ceux qui, l'année dernière, ayant, à la faveur de la nuit, attaqué une légion, furent défaits par un seul de vos cris; ces barbares, de tous les Bretons, sont les plus habiles à fuir, et voilà pourquoi ils ont si long-temps survécu. Ainsi qu'au fond des forêts les animaux les plus courageux ne cèdent qu'à la force, les animaux craintifs et faibles, au seul bruit de la chasse; de même les plus intrépides des Bretons ont depuis long-temps succombé : ce qui reste n'est plus qu'une foule de lâches et de timides. Si enfin vous les avez découverts, ce n'est pas qu'ils vous aient attendus, mais ils viennent d'être surpris les derniers; et, immobiles de terreur, ils restent fixés en ces lieux mêmes où vous allez remporter une belle et mémorable victoire. Mettez un terme à tant d'expéditions; couronnez cinquante années par un grand jour; prouvez à la république que jamais on ne dut imputer à l'armée ni les lenteurs de la guerre, ni les causes des révoltes. »

XXXV. Agricola parlait encore, l'ardeur des soldats ne se contenait plus. De grands transports éclatèrent à la fin de son discours, et aussitôt on courut aux armes. Pleins d'impétuosité, ils se précipitent à leurs rangs. Agricola les disposa de la manière suivante. Les auxiliaires à pied, au nombre de huit mille, formèrent le centre de bataille; trois mille cavaliers se répandirent aux deux ailes; les légions se tinrent devant les retran-

riæ decus citra romanum sanguinem bellanti, et auxilium, si pellerentur. Britannorum acies, in speciem simul ac terrorem, editioribus locis constiterat, ita ut primum agmen æquo, ceteri per acclive jugum connexi velut insurgerent; media campi covinarius et eques strepitu ac discursu complebat. Tum Agricola, superante hostium multitudine, veritus ne simul in frontem, simul et latera suorum pugnaretur, diductis ordinibus, quamquam porrectior acies futura erat, et arcessendas plerique legiones admonebant, promptior in spem, et firmus adversis, dimisso equo, pedes ante vexilla constitit.

XXXVI. Ac primo congressu eminus certabatur : simul constantia, simul arte Britanni, ingentibus gladiis, et brevibus cetris, missilia nostrorum vitare, vel excutere, atque ipsi magnam vim telorum superfundere; donec Agricola tres Batavorum cohortes ac Tungrorum duas cohortatus est, ut rem ad mucrones ac manus adducerent; quod et ipsis, vetustate militiæ, exercitatum, et hostibus inhabile, parva scuta et enormes gladios gerentibus : nam Britannorum gladii sine mucrone complexum armorum, et in aperto pugnam non tolerabant. Igitur, ut Batavi miscere ictus, ferire umbonibus, ora fœdare, et, stratis qui in æquo obstiterant, erigere in colles aciem cœpere, ceteræ cohortes, æmulatione et im-

chemens. C'eût été un grand éclat pour sa victoire, de la remporter sans verser de sang romain, une ressource, si l'on était repoussé. L'armée des Bretons, pour se développer et à la fois épouvanter, s'était postée en des lieux élevés; de sorte que leur première ligne était sur un terrain uni; les autres, par échelons sur la pente des collines, s'élevaient comme en amphithéâtre. Les cavaliers et les chars, courant çà et là, remplissaient de leur fracas le milieu de la plaine. Agricola, à la vue de ce grand nombre d'ennemis, craignant d'être à la fois attaqué de front et de côté, dédoubla ses lignes, quoique ainsi l'armée parût trop déployée, et que la plupart conseillassent d'y réunir les légions. Plus prompt à espérer et ne cédant point aux obstacles, Agricola renvoie son cheval, et, à pied, se place au devant des enseignes.

XXXVI. D'abord on ne combattit que de loin. Par leur fermeté et à la fois par leur adresse, les Bretons, armés de petits boucliers et de longues épées, évitaient ou détournaient les javelots des nôtres, et firent pleuvoir sur nous une grande quantité de traits, jusqu'à ce qu'Agricola exhorta trois cohortes de Bataves et deux de Tongres à engager la mêlée à la pointe de l'épée; genre d'attaque depuis long-temps familier pour eux, et désavantageux à des ennemis armés de petits boucliers et de glaives énormes : car ces glaives, sans pointes, ne leur permettaient pas de croiser les armes et de combattre mêlés. Aussi, dès que les Bataves, en venant aux mains, heurtant l'ennemi de leurs larges boucliers, lui en meurtrissant le visage, eurent rompu tout ce qui les arrêtait dans la plaine, et commencé de monter en bataille sur les collines, les autres co-

petu commistæ, proximos quosque cædere : ac plerique semineces, aut integri, festinatione victoriæ, relinquebantur. Interim equitum turmæ fugere, covinarii peditum se proelio miscuere : et, quamquam recentem terrorem intulerant, densis tamen hostium agminibus et inæqualibus locis hærebant; minimeque equestris ea pugnæ facies erat, quum, in gradu stantes, simul equorum corporibus impellerentur; ac sæpe vagi currus, exterriti sine rectoribus equi, ut quemque formido tulerat, transversos, aut obvios incursabant.

XXXVII. Et Britanni, qui adhuc pugnæ expertes summa collium insederant, et paucitatem nostrorum vacui spernebant, degredi paullatim, et circumire terga vincentium cœperant; ni id ipsum veritus Agricola, quatuor equitum alas, ad subita belli retentas, venientibus opposuisset, quantoque ferocius accurrerant, tanto acrius pulsos in fugam disjecisset. Ita consilium Britannorum in ipsos versum; transvectæque præcepto ducis a fronte pugnantium alæ, aversam hostium aciem invasere. Tum vero patentibus locis grande et atrox spectaculum; sequi, vulnerare, capere, atque eosdem, oblatis aliis, trucidare. Jam hostium, prout cuique ingenium erat, catervæ armatorum paucioribus terga præstare,

hortes rivalisent de zèle et d'impétuosité, massacrent tous les ennemis qu'elles approchent, et, dans la précipitation de la victoire, en laissent beaucoup demi-morts ou sans blessures. Pendant que la cavalerie des Bretons fuyait, leurs chars vinrent se mêler aux fantassins qui combattaient; et, quoique d'abord ils y eussent jeté quelque épouvante, ils furent toutefois arrêtés par les bataillons serrés des Romains et par l'inégalité du terrain : aussi ce combat n'offrit-il point du tout l'aspect d'une attaque de cavalerie. D'un côté, des soldats, placés sur la pente de la montagne, étaient poussés par le choc de leur propre cavalerie; d'un autre, des chars errant à l'aventure, des chevaux épouvantés et sans guide, se précipitaient, dans toutes les directions, sur tous ceux que la frayeur leur présentait.

XXXVII. Alors ceux des Bretons qui, sans avoir encore pris part au combat, couvraient les sommets des collines, et, tranquilles, méprisaient le petit nombre des nôtres, commencèrent à descendre peu à peu ; et ils allaient envelopper les derrières des vainqueurs, si, craignant cela même, Agricola n'eût opposé à leur rencontre quatre ailes de cavalerie, réservées pour les besoins subits du combat. Les ennemis furent culbutés et mis en déroute avec d'autant plus de vigueur, qu'ils étaient accourus de leur côté avec plus d'orgueil et de confiance. Ainsi le dessein des Bretons tourna contre eux-mêmes ; et notre cavalerie, quittant, par ordre du général, le front de bataille, fondit sur les derrières des lignes ennemies. Mais alors, dans une vaste étendue, ce fut un grand et horrible spectacle de voir les Romains poursuivre, blesser, saisir des Bretons, puis les égorger sitôt que d'autres se présentaient : et parmi nos enne-

quidam inermes ultro ruere, ac se morti offerre. Passim arma, et corpora, et laceri artus, et cruenta humus; et aliquando etiam victis ira virtusque: postquam silvis adpropinquarunt, collecti, primos sequentium, incautos et locorum ignaros, circumveniebant. Quod ni frequens ubique Agricola validas et expeditas cohortes, indaginis modo, et sicubi arctiora erant, partem equitum, dimissis equis, simul rariores silvas equitem persultare jussisset, acceptum aliquod vulnus per nimiam fiduciam foret. Ceterum, ubi compositos firmis ordinibus sequi rursus videre, in fugam versi, non agminibus, ut prius, nec alius alium respectantes, rari et vitabundi invicem, longinqua atque avia petiere: finis sequendi nox et satietas fuit. Cæsa hostium ad decem millia; nostrorum trecenti sexaginta cecidere; in quis Aulus Atticus, præfectus cohortis, juvenili ardore et ferocia equi hostibus inlatus.

XXXVIII. Et nox quidem gaudio prædaque læta victoribus; Britanni palantes, mixtoque virorum mulierumque ploratu, trahere vulneratos; vocare integros; deserere domos ac per iram ultro incendere; eligere la-

mis, selon les diverses impulsions, des soldats armés fuir par troupes devant quelque peu de Romains; d'autres, isolés, sans armes, se précipiter d'eux-mêmes, et s'offrir à la mort : çà et là des armes, des cadavres, des membres mutilés; la terre ensanglantée. Et quelquefois aussi renaissaient chez les vaincus la fureur et le courage. Dès qu'ils furent près des forêts, ils se rallièrent et entourèrent ceux des nôtres qui les poursuivaient de plus près, sans précaution et sans connaissance des lieux : et si, présent partout, Agricola n'eût donné à des cohortes fraîches et légères l'ordre d'entourer ces forêts, comme dans un réseau; à une portion de ses cavaliers mis à pied, de pénétrer dans le plus épais de ces bois, et en même temps aux autres de battre à cheval tous les endroits les plus clairs, nous eussions reçu quelque échec par cet excès de confiance. Mais, dès que les Bretons virent les Romains les poursuivre de nouveau les rangs serrés, ils reprirent la fuite, non par troupes comme auparavant, ni s'attendant les uns les autres : mais, épars et s'évitant réciproquement, ils gagnèrent des sentiers lointains et détournés : la nuit et la satiété mirent fin à la poursuite. Il fut massacré près de dix mille ennemis : trois cent quarante des nôtres succombèrent; parmi eux Aulus Atticus, préfet de cohorte, que sa jeune ardeur et la fougue de son cheval avaient emporté au milieu des ennemis.

XXXVIII. La nuit ne fut que joie pour les vainqueurs entourés de butin. Les Bretons, hommes et femmes, errant çà et là, et confondant leurs lamentations, la passèrent à traîner leurs blessés, à rappeler ceux qui ne l'étaient pas, à déserter leurs maisons, puis, de rage,

tebras et statim relinquere; miscere invicem consilia aliqua, dein separare; aliquando frangi adspectu pignorum suorum, sæpius concitari : satisque constabat, sævisse quosdam in conjuges ac liberos, tamquam miserentur. Proximus dies faciem victoriæ latius aperuit : vastum ubique silentium, secreti colles, fumantia procul tecta, nemo exploratoribus obvius : quibus in omnem partem dimissis, ubi incerta fugæ vestigia, neque usquam conglobari hostes compertum, et exacta jam æstate spargi bellum nequibat; in fines Horestorum exercitum deducit. Ibi acceptis obsidibus, præfecto classis circumvehi Britanniam præcepit : datæ ad id vires, et præcesserat terror : ipse peditem atque equites lento itinere, quo novarum gentium animi ipsa transitus mora terrerentur, in hibernis locavit. Et simul classis secunda tempestate ac fama Trutulensem portum tenuit, unde proximo latere Britanniæ lecto omni redierat.

XXXIX. Hunc rerum cursum, quamquam nulla verborum jactantia epistolis Agricolæ auctum, ut Domitiano moris erat, fronte lætus, pectore anxius, excepit. Inerat conscientia, derisui fuisse nuper falsum e Germania triumphum, emptis per commercia, quorum habitus

à les incendier; à choisir des retraites, et aussitôt les abandonner; à échanger quelques avis, puis se séparer : quelquefois ils sont brisés de douleur, plus souvent, transportés de fureur à la vue des gages de leur tendresse; et l'on assure même que quelques-uns, comme par un sentiment de pitié, égorgèrent leurs femmes et leurs enfans. Les premières lueurs du jour découvrirent plus largement tout le spectacle de la victoire : partout un vaste silence, des collines désertes, des toits fumant au loin, pas un Breton rencontré par nos éclaireurs, qui furent envoyés de tous côtés. Dès qu'il ne resta plus de traces certaines de la fuite des ennemis, et qu'on fut assuré qu'ils ne se réunissaient en aucun lieu, comme l'été était déjà passé, Agricola, ne voulant pas diviser ses troupes, conduisit son armée dans le pays des Horestes. Là, ayant reçu des ôtages, il ordonna au commandant de la flotte de se porter autour de la Bretagne. Les forces nécessaires lui furent données, et la terreur les précédait. Agricola, afin d'épouvanter les esprits de ces nouvelles nations par la lenteur même de sa marche, alla, à petites journées, placer son infanterie et sa cavalerie dans leurs quartiers d'hiver. En même temps la flotte, secondée par les vents et par la renommée, atteignait déjà le port de Trutule, d'où elle était revenue, après avoir longé toute la côte voisine de la Brétagne.

XXXIX. Le récit de ces évènemens, quoique Agricola dans ses lettres n'y joignît aucune expression orgueilleuse, fut reçu par Domitien, selon sa coutume, la joie au front, le tourment au cœur. Il lui restait le ressentiment des dérisions qui avaient accueilli naguère son faux triomphe de la Germanie, triomphe où des es-

et crines in captivorum speciem formarentur : at nunc veram magnamque victoriam, tot millibus hostium caesis, ingenti fama celebrari. Id sibi maxime formidolosum, privati hominis nomen supra principis adtolli : frustra studia fori, et civilium artium decus in silentium acta, si militarem gloriam alius occuparet : et cetera utcunque facilius dissimulari, ducis boni imperatoriam virtutem esse. Talibus curis exercitus, quodque saevae cogitationis indicium erat, secreto suo satiatus, optimum in praesentia statuit reponere odium, donec impetus famae et favor exercitus langueceret : nam etiam tum Agricola Britanniam obtinebat.

XL. Igitur triumphalia ornamenta, et illustris statuae honorem, et quidquid pro triumpho datur, multo verborum honore cumulata, decerni in senatu jubet : additque insuper opinionem, Syriam provinciam Agricolae destinari, vacuam tum morte Atilii Rufi consularis, et majoribus reservatam. Credidere plerique, libertum ex secretioribus ministeriis missum ad Agricolam, codicillos, quibus ei Syria dabatur, tulisse, cum praecepto, ut, si in Britannia foret, traderentur; eumque libertum in ipso freto Oceani obvium Agricolae, ne appellato quidem eo, ad Domitianum remeasse; sive verum istud, sive ex ingenio principis fictum ac compo-

claves, achetés exprès, figuraient des captifs germains par la forme de leurs habillemens et de leurs coiffures; et maintenant une victoire réelle et éclatante, où tant de milliers d'ennemis avaient péri, était célébrée avec une grande renommée. Ce qu'il redoutait le plus vivement, c'était qu'un nom privé fût élevé au dessus de celui du prince. Vainement avait-il réduit au silence les talens du forum et les arts de la paix, si un autre s'emparait de la gloire militaire. Peut-être eût-il pardonné plus facilement d'autres succès ; mais la qualité de grand général était exclusivement une vertu impériale. Agité par de tels soucis, et, ce qui était l'indice de pensers cruels, rassasié de solitude, il jugea toutefois préférable, pour le moment, d'ajourner sa haine, jusqu'à ce que les premiers transports de la renommée et la faveur de l'armée commençassent à languir; car alors encore Agricola commandait en Bretagne.

XL. Il ordonna donc au sénat de lui décerner les ornemens triomphaux, l'honneur de la statue, et tout ce qui est offert au lieu du triomphe; joignant à tout cela une profusion de complimens, et donnant de plus à penser qu'il lui destinait le gouvernement de la Syrie, vacant alors par la mort du consulaire Atilius Rufus, et réservé aux personnages les plus distingués. On a cru même généralement qu'un affranchi, de ses plus intimes confidens, fut dépêché vers Agricola, avec les titres de gouverneur de Syrie, qu'il était chargé de lui remettre s'il était encore en Bretagne; et que cet affranchi, l'ayant rencontré dans le détroit de l'Océan, et ne l'ayant pas seulement averti, retourna subitement vers Domitien. Ce fait est peut-être vrai ; peut-être aussi fut-il imaginé et composé

situm est. Tradiderat interim Agricola successori suo provinciam quietam tutamque. Ac, ne notabilis celebritate et frequentia occurrentium introitus esset, vitato amicorum officio, noctu in urbem, noctu in palatium, ita ut præceptum erat, venit; exceptusque brevi osculo, et nullo sermone, turbæ servientium immixtus est. Ceterum, ut militare nomen, grave inter otiosos, aliis virtutibus temperaret, tranquillitatem atque otium penitus auxit, cultu modicus, sermone facilis, uno aut altero amicorum comitatus; adeo ut plerique, quibus magnos viros per ambitionem æstimare mos est, viso adspectoque Agricola, quærerent famam, pauci interpretarentur.

XLI. Crebro per eos dies apud Domitianum absens accusatus, absens absolutus est : causa periculi non crimen ullum, aut querela læsi cujusquam, sed infensus virtutibus princeps, et gloria viri, ac, pessimum inimicorum genus, laudantes. Et ea insecuta sunt reipublicæ tempora, quæ sileri Agricolam non sinerent : tot exercitus in Mœsia Daciaque, et Germania Pannoniaque, temeritate aut per ignaviam ducum amissi : tot militares viri cum tot cohortibus expugnati et capti : nec jam de limite imperii et ripa, sed de hibernis legionum et possessione dubitatum. Ita, quum damna damnis continuarentur, atque omnis annus funeribus et cladi-

d'après le caractère du prince. Cependant Agricola avait livré à son successeur la Bretagne tranquille et assurée; et, dans la crainte que sa célébrité et l'affluence de ses amis ne rendissent son entrée trop remarquable, pour se soustraire à leur empressement, il se rendit de nuit dans Rome, de nuit dans le palais de Domitien, ainsi qu'il lui avait été prescrit : reçu avec un léger baiser et sans une parole, on le laissa confondu au milieu de la foule des courtisans. Depuis, Agricola, voulant tempérer par d'autres vertus l'éclat d'un nom militaire qui pèse au milieu des oisifs, se concentra entièrement dans la retraite et le repos : modeste en sa tenue, simple dans ses discours, il n'était accompagné que d'un ou de deux amis; et le vulgaire, dont la coutume est d'apprécier les grands hommes à leur entourage, en voyant et en considérant Agricola, cherchait en lui sa renommée : peu de gens se l'expliquaient.

XLI. Fréquemment durant ces jours, accusé, en son absence, auprès de Domitien, en son absence il fut absous. L'origine de ces périls ne fut ni une délation ni le ressentiment d'aucune personne offensée, mais un prince ennemi de toutes les vertus, sa gloire de grand homme, et l'espèce d'ennemis la plus funeste, ceux qui le louaient : bientôt il survint dans la république des circonstances qui ne permirent plus de taire le nom d'Agricola. Tant d'armées en Mœsie et en Dacie, en Germanie et en Pannonie, avaient été perdues par la témérité ou la lâcheté de nos généraux; tant de braves militaires, avec tant de cohortes, avaient été assaillis et faits prisonniers, que déjà ce n'étaient plus les limites de l'empire, et la rive d'un fleuve, mais les quartiers de nos légions et notre propre territoire qui étaient en question.

bus insigniretur, poscebatur ore vulgi dux Agricola; comparantibus cunctis vigorem, constantiam et expertum bellis animum, cum inertia et formidine ceterorum. Quibus sermonibus satis constat Domitiani quoque aures verberatas, dum optimus quisque libertorum amore et fide, pessimi malignitate et livore, pronum deterioribus principem exstimulabant. Sic Agricola simul suis virtutibus, simul vitiis aliorum, in ipsam gloriam praeceps agebatur.

XLII. Aderat jam annus, quo proconsulatum Asiae et Africae sortiretur, et occiso Civica nuper, nec Agricolae consilium deerat, nec Domitiano exemplum. Accessere quidam cogitationum principis periti, qui, iturusne esset in provinciam, ultro Agricolam interrogarent: ac primo occultius quietem et otium laudare, mox operam suam in approbanda excusatione offerre; postremo non jam obscuri, suadentes simul terrentesque, pertraxere ad Domitianum : qui paratus simulationi, in arrogantiam compositus, et audiit preces excusantis, et, quum adnuisset, agi sibi gratias passus est; nec erubuit beneficii invidia : salarium tamen, proconsulari solitum offerri, et quibusdam a seipso concessum, Agricolae non dedit; sive offensus non petitum, sive ex conscientia, ne, quod vetuerat, videretur emisse. Proprium

Ainsi, comme les désastres succédaient aux désastres, et comme chaque année était marquée par des deuils et des défaites, la voix du peuple romain demandait pour chef Agricola; tous comparant son énergie, sa fermeté et son courage éprouvé au milieu des combats, avec l'inertie et la pusillanimité des autres généraux. Ces discours, il est assez certain, frappèrent aussi les oreilles de Domitien. Les plus estimables de ses affranchis, par attachement et par fidélité, les plus perfides, par malignité et par envie, exaspéraient, par leurs rapports, un prince disposé à n'écouter que les plus pervers. Ainsi Agricola, et par ses propres vertus et par la méchanceté d'autrui, était précipité au milieu de sa gloire même.

XLII. Déjà était venue l'année où le proconsulat d'Asie et d'Afrique devait être tiré au sort; et, Civica ayant été récemment égorgé, il ne manquait ni d'avertissement pour Agricola, ni d'exemple pour Domitien. Agricola fut circonvenu par quelques personnes instruites de la pensée du prince, qui lui demandèrent, comme d'elles-mêmes, s'il accepterait ce commandement : et d'abord, plus dissimulées, elles lui firent l'éloge de la tranquillité et de la retraite; ensuite, elles lui offrirent leurs services pour faire agréer son excuse; enfin, ne se cachant plus, persuadant et menaçant à la fois, elles l'entraînèrent vers Domitien, qui, exercé à la feinte, écouta avec un orgueil étudié sa prière et son excuse, et, lorsqu'il les eut accueillies, souffrit qu'il lui en rendît grâces, et ne rougit pas d'avoir envié son propre bienfait. Toutefois il ne lui donna point les indemnités qu'il est d'usage d'offrir aux proconsuls, et que lui-même avait accordées à quelques-uns, soit qu'il fût blessé de ce qu'il ne les lui eût pas demandées, soit par la crainte de pa-

humani ingenii est odisse, quem læseris; Domitiani vero natura præceps in iram, et, quo obscurior, eo irrevocabilior, moderatione tamen prudentiaque Agricolæ leniebatur; quia non contumacia, neque inani jactatione libertatis, famam fatumque provocabat. Sciant, quibus moris est illicita mirari, posse etiam sub malis principibus magnos viros esse; obsequiumque ac modestiam, si industria ac vigor adsint, eo laudis excedere, quo plerique per abrupta, sed in nullum reipublicæ usum, ambitiosa morte inclaruerunt.

XLIII. Finis vitæ ejus nobis luctuosus, amicis tristis, extraneis etiam ignotisque non sine cura fuit. Vulgus quoque, et hic aliud agens populus, et ventitavere ad domum, et per fora et circulos locuti sunt; nec quisquam, audita morte Agricolæ, aut lætatus est, aut statim oblitus. Augebat miserationem constans rumor, veneno interceptum. Nobis nihil comperti affirmare ausim; ceterum per omnem valetudinem ejus, crebrius quam ex more principatus, per nuntios visentis, et libertorum primi, et medicorum intimi venere; sive cura illud, sive inquisitio erat. Supremo quidem die, momenta deficientis per dispositos cursores nuntiata constabat, nullo credente, sic accelerari, quæ tristis audiret. Speciem tamen doloris animo vultuque præ se tulit,

raître avoir acheté ce qu'il avait refusé. Le propre de l'esprit humain est de haïr qui l'on a offensé : mais le caractère de Domitien, quoique prompt à la haine, et d'autant plus implacable qu'il était plus dissimulé, était adouci par la modération et par la prudence d'Agricola, qui, sans la résistance ni l'ostentation d'une vaine liberté, ne provoqua jamais ni la renommée ni le trépas. Qu'ils sachent, ceux dont l'usage est d'admirer tout ce qui fronde le pouvoir, que, même sous les mauvais princes, il peut y avoir des grands hommes, et que la déférence et la modération, unies à l'habileté et au vrai courage, sont aussi dignes de louanges que la témérité qui, sans nul avantage pour la chose publique, se précipite à travers les écueils, et y cherche une mort ambitieuse.

XLIII. Sa mort, déplorable pour nous, affligeante pour ses amis, ne fut pas sans deuil, même pour des étrangers et des inconnus. La multitude aussi, et ce peuple qu'agitent d'autres soucis, vinrent maintes fois à sa demeure : on s'entretint de lui et dans les cercles et dans les places publiques; personne, en apprenant la mort d'Agricola, ou ne s'en réjouit ou ne l'oublia aussitôt. La commisération s'augmentait du bruit accrédité qu'il périssait par le poison : pour moi, je n'oserais rien affirmer de certain. Au reste, pendant toute sa maladie, Domitien, plus fréquemment qu'il n'est de coutume à un prince qui s'enquiert par des envoyés, le fit visiter par les premiers de ses affranchis et les plus intimes de ses médecins : fut-ce intérêt? fut-ce inquisition? Au dernier jour même, il est certain qu'on lui annonça les progrès de l'agonie par des courriers disposés exprès ; et personne ne put croire qu'il eût ainsi hâte de savoir ce qu'il devait apprendre avec affliction. Il présenta toute-

securus jam odii, et qui facilius dissimularet gaudium, quam metum. Satis constabat, lecto testamento Agricolæ, quo coheredem optimæ uxori et piissimæ filiæ Domitianum scripsit, lætatum eum, velut honore judicioque : tam cæca et corrupta mens assiduis adulationibus erat, ut nesciret, a bono patre non scribi heredem, nisi malum principem.

XLIV. Natus erat Agricola, Caio Cæsare tertium consule, idib. juniis; excessit sexto et quinquagesimo anno, decimo kal. septemb. Collega Priscoque coss. Quod si habitum quoque ejus posteri noscere velint, decentior quam sublimior fuit : nihil metus in vultu; gratia oris supererat : bonum virum facile crederes, magnum libenter. Et ipse quidem, quamquam medio in spatio integræ ætatis ereptus, quantum ad gloriam, longissimum ævum peregit. Quippe et vera bona, quæ in virtutibus sita sunt, impleverat; et consularibus ac triumphalibus ornamentis prædito, quid aliud adstruere fortuna poterat? Opibus nimiis non gaudebat; speciosæ contigerant : filia atque uxore superstitibus, potest videri etiam beatus, incolumi dignitate, florente fama, salvis adfinitatibus et amicitiis, futura effugisse. Nam, sicuti durare in hac beatissimi sæculi luce, ac principem Trajanum videre, quodam augurio votisque apud

fois, sur son visage et dans l'expression de ses sentimens, l'apparence de la douleur; déjà tranquille sur sa haine, et sachant plus facilement dissimuler la joie que la crainte. Il est assez certain qu'à la lecture du testament d'Agricola, qui le nomma cohéritier avec la plus digne des épouses et la plus pieuse des filles, il s'en réjouit comme d'un honneur et d'une marque d'estime. Son âme était si aveuglée et si corrompue par les adulations assidues, qu'il ne savait même pas qu'un bon père n'inscrit pour héritier qu'un méchant prince.

XLIV. Agricola était né sous le troisième consulat de Caligula, aux ides de juin. Il succomba dans sa cinquante-sixième année, le dix des calendes de septembre, sous le consulat de Collega et de Priscus. Si la postérité veut aussi connaître son extérieur, il était d'une taille plutôt bien proportionnée qu'élevée : rien de dur dans sa physionomie, la grâce respirait en ses traits ; vous l'auriez cru facilement un homme de bien, volontiers un grand homme. Quant à lui-même, quoique enlevé au milieu du cours de la vie, quelle longue période de gloire n'a-t-il pas parcourue! En effet, comblé des vrais biens qui résident dans les vertus, décoré des honneurs du consulat et du triomphe, que pouvait après cela lui réserver la fortune? Sans jouir de grandes richesses, il en avait de convenables. Sa fille et son épouse lui survivant, ses dignités intactes, sa renommée florissante, ses proches et ses parens sans périls, il peut même paraître heureux d'avoir échappé à l'avenir; car, si c'eût été une grande consolation pour lui de vivre encore aux beaux jours du siècle le plus fortuné, et de voir Trajan empereur, ce que son pressentiment et ses vœux prédisaient à nos seules oreilles, ainsi dans sa mort préma-

nostras aures ominabatur, ita festinatæ mortis grande solatium tulit, evasisse postremum illud tempus, quo Domitianus, non jam per intervalla ac spiramenta temporum, sed continuo et velut uno ictu, rempublicam exhausit.

XLV. Non vidit Agricola obsessam curiam, et clausum armis senatum, et eadem strage tot consularium cædes, tot nobilissimarum feminarum exsilia et fugas. Una adhuc victoria Carus Metius censebatur; et intra Albanam arcem sententia Messalini strepebat; et Massa Bebius jam tum reus erat. Mox nostræ duxere Helvidium in carcerem manus; nos Maurici Rusticique visus, nos innocenti sanguine Senecio perfudit. Nero tamen subtraxit oculos, jussitque scelera, non spectavit; præcipua sub Domitiano miseriarum pars erat, videre et adspici; quam suspiria nostra subscriberentur; quum denotandis tot hominum palloribus sufficeret sævus ille vultus et rubor, quo se contra pudorem muniebat. Tu vero felix, Agricola, non vitæ tantum claritate, sed etiam opportunitate mortis, ut perhibent qui interfuerunt novissimis sermonibus tuis, constans et libens fatum excepisti; tamquam pro virili portione innocentiam principi donares. Sed mihi filiæque, præter acerbitatem parentis erepti, auget mœstitiam, quod adsidere valetudini, fovere deficientem, satiari vultu,

turée il y eut une consolation, puisqu'elle le déroba à ces derniers temps où Domitien, non plus déjà par intervalles et laissant les momens de respirer, mais sans relâche et comme d'un seul coup, accabla la république.

XLV. Agricola n'a pas vu le palais du sénat assiégé, l'assemblée investie par les armes, tant de consulaires expirans dans un même massacre, tant de femmes illustres exilées et en fuite. Une seule victoire encore signalait Carus Metius : c'était dans les murailles d'Albe que retentissaient les vociférations sanguinaires de Messalinus, et déjà Massa Bebius était accusé. Bientôt nos propres mains traînèrent Helvidius en prison ; les regards de Mauricus et de Rusticus nous couvrirent de honte, Sénécion, de son sang innocent. Néron du moins détourna les yeux ; il ordonna des supplices, et ne s'en fit pas un spectacle. Sous Domitien, la plus grande partie de nos misères était de le voir et d'en être vus, alors que chacun de nos soupirs était enregistré ; alors que, pour faire pâlir et désigner tant de victimes, il suffisait d'un seul regard de cet affreux visage, couvert de cette rougeur dont il se munissait contre la honte. Tu fus heureux, toi, Agricola, non-seulement par l'éclat de ta vie, mais même par l'opportunité de ta mort ; et, comme le rapportent ceux qui assistèrent à tes derniers entretiens, tu la reçus avec fermeté et résignation, comme si, autant qu'il était possible à un mortel, tu eusses voulu absoudre ton bourreau. Mais quant à moi, quant à ta fille, outre l'amertume de la perte d'un père, notre affliction s'accroît de n'avoir pu assister à ta maladie, ranimer ta vie défaillante, nous rassasier de ta

complexu, non contigit : excepissemus certe mandata vocesque, quas penitus animo figeremus. Noster hic dolor, nostrum vulnus; nobis tam longæ absentiæ conditione ante quadriennium amissus es. Omnia sine dubio, optime parentum, adsidente amantissima uxore, superfuere honori tuo; paucioribus tamen lacrymis compositus es, et novissima in luce desideravere aliquid oculi tui.

XLVI. Si quis piorum manibus locus; si, ut sapientibus placet, non cum corpore exstinguuntur magnæ animæ; placide quiescas, nosque, domum tuam, ab infirmo desiderio, et muliebribus lamentis, ad contemplationem virtutum tuarum voces, quas neque lugeri, neque plangi fas est; admiratione te potius, te immortalibus laudibus, et, si natura suppeditet, similitudine decoremus : is verus honos, ea conjunctissimi cujusque pietas. Id filiæ quoque, uxorique præceperim, sic patris, sic mariti memoriam venerari, ut omnia facta dictaque ejus secum revolvant, famamque ac figuram animi magis quam corporis complectantur : non quia intercedendum putem imaginibus, quæ marmore aut ære finguntur; sed, ut vultus hominum, ita simulacra vultus imbecilla ac mortalia sunt; forma mentis æterna; quam tenere et exprimere, non per alienam materiam et artem, sed tuis ipse moribus, possis. Quid-

vue, de tes embrassemens. Certes nous eussions reçu tes volontés et tes paroles, qui se seraient gravées au fond de notre âme. C'est là notre douleur, notre blessure. L'arrêt d'une trop longue absence nous fit te perdre quatre ans plus tôt. Tout sans doute, ô le meilleur des pères, puisque la plus aimante des épouses y présida, tout fut rempli et au delà pour tes honneurs suprêmes : cependant tu fus enseveli avec trop peu de larmes, et tes yeux, à leur dernier regard, désirèrent quelque chose.

XLVI. S'il est un séjour pour les hommes vertueux; si, comme il plaît aux sages, avec le corps ne s'éteignent pas les grandes âmes, repose en paix, et rappelle-nous, de nos regrets terrestres et de lamentations qui ne conviennent qu'à des femmes, à la contemplation de tes vertus, sur lesquelles il ne faut ni pleurer ni gémir : c'est par l'admiration plutôt, c'est par des louanges sans fin, et, si la nature nous l'accorde, c'est en te ressemblant que nous t'honorerons. Tel est le véritable hommage, telle est la piété qu'imposent les liens les plus étroits de parenté; voilà ce que je prescrirai à ton épouse, à ta fille : qu'ainsi elles vénèrent la mémoire d'un époux, d'un père, en se retraçant sans cesse toutes ses actions, toutes ses paroles, en embrassant sa renommée et l'image de son âme plutôt que celle de son corps. Non que je pense qu'il faille proscrire les images que nous reproduisent le marbre ou l'airain; mais, ainsi que les traits des hommes, les simulacres de ces traits sont fragiles et périssables : la forme de l'âme est éternelle; nous pouvons la saisir et la représenter, non par aucune matière étrangère ni par l'art, mais par nos propres vertus. Tout ce que nous avons aimé, tout ce que nous avons admiré d'A-

quid ex Agricola amavimus, quidquid mirati sumus, manet mansurumque est in animis hominum, in æternitate temporum, fama rerum. Nam multos veterum, velut inglorios et ignobiles, oblivio obruet : Agricola, posteritati narratus et traditus, superstes erit.

gricola, reste et restera dans la mémoire des hommes, dans l'éternité des temps, par l'éclat de ses actions. Car beaucoup de nos ancêtres, comme s'ils eussent été sans gloire et sans honneur, gissent, couverts par l'oubli : Agricola, dont la vie sera transmise et racontée à la postérité, survivra.

TABLEAU CHRONOLOGIQUE

De la vie d'Agricola, de la conquête et de l'abandon de la Bretagne par les Romains.

Av. J.-C. An de Rome.
- 55   699   J. CÉSAR. J. César entre en Bretagne avec une armée.
- 43   711   *Triumvirs.* Guerres civiles : les généraux tournent leurs armes contre la république. La Bretagne reste dans un long oubli, même après la paix.
- 31   723   AUGUSTE. Auguste veut qu'on abandonne la Bretagne.

Ap. J.-C. An de Rome.
- 9   762   — La Germanie secoue le joug. Défaite de Q. Varus.
- 14   767   TIBÈRE. Tibère se faisait une loi des volontés d'Auguste.
- 37   790   CALIGULA. Caligula veut conquérir la Bretagne.
- 40   793   (13 *juin*) Naissance d'Agricola sous le troisième consulat de Caligula.
- 41   794   CLAUDE. Claude conquiert la Bretagne.
- 43   796   — Aulus Plautius en est nommé gouverneur.
- 52   805   — Paullinus s'empare de l'île de Mona.
- 54   807   NÉRON. Règne de Néron, sous lequel l'inaction fut de la sagesse. On place à peu près à cette époque la naissance de Tacite.
- 56   809   — Agricola est nommé questeur.
- 68   821   GALBA (*règne sept mois*). Agricola est choisi pour reconnaître les offrandes des temples.
- 69   822   — Agricola perd sa mère.
- 69   822   OTHON (*règne trois mois.*) Trebellius gouverne la Bretagne.
VITELLIUS (*règne sept mois*).
— Vectius Bolanus.
— Agricola passe dans le parti de Vespasien.
- 69   822   VESPASIEN.
- 78   831   — Agricola se rend en Bretagne.
- 79   832   TITUS. Première expédition d'Agricola.

Ap. J.-C. An de Rome.
80	833	— Troisième expédition.
81	834	DOMITIEN. Règne de Domitien, qui dure quinze années.
»	»	— Quatrième expédition d'Agricola.
82	835	— Cinquième expédition.
83	836	— Cette année est la sixième du gouvernement d'Agricola.
»	»	— Agricola livre la province à son successeur.
88	841	— Guerre de Dacie, qui dure treize ans.
		— Désastres de la république romaine sous Domitien.
93	846	(23 *août*) Agricola meurt à l'âge de cinquante-six ans.
95	848	— Le sénat est investi de soldats.
96	849	NERVA. Enfin sous Nerva l'espérance renaît.
97	850	— Tacite écrit la vie d'Agricola.
98	851	— Un sénateur ose arrêter de ses propres mains Helvidius en plein sénat.
98	851	TRAJAN. Trajan adopté par Nerva.
117	870	ADRIEN. Il abandonne aux Calédoniens tout le pays entre la Thyne et les deux golfes, et élève un rempart de quatre-vingt-dix milles d'étendue.
123	876	COMMODE. Les Calédoniens passent le rempart. Ulpius Marcellus les défait.
		— Commode, jaloux de la gloire de Marcellus, le rappelle et le fait périr.
206	959	SÉVÈRE. Les Calédoniens menacent de nouveau l'empire. Sévère passe en Bretagne et les soumet.
250	1003	— La plupart des chronologistes cessent ici de compter par l'ère de Rome.
364		VALENTINIEN Ier. La Bretagne est attaquée à la fois par les Calédoniens, les Francs et les Saxons.
		— Théodore délivre la Bretagne.
375		VALENTINIEN II. Maxime, gouverneur de la Bretagne.
379		THÉODORE.
395		HONORIUS. Victorinus gouverne en Bretagne et traite les Calédoniens avec trop de sévérité.

— Les Calédoniens, au départ de Victorinus, envahissent toute la Bretagne.

— Les Bretons, n'espérant plus rien des Romains, prennent le parti d'élire un empereur. Marc est élu et Gratien lui succède.

— Leur conduite irrite les esprits, et ils sont massacrés.

— Constantin, simple soldat, est élu par les Bretons. Il veut s'emparer de tout l'empire, et Honorius le reconnaît même pour son collègue. Il est pris dans Arles et périt.

— Les Calédoniens, à ces nouvelles, fondent de nouveau sur la Bretagne.

Ap. J.-C.

410 — Honorius, ne pouvant secourir les Bretons, renonce à toute souveraineté sur la Bretagne.

424 VALENTINIEN III. La Bretagne est encore ravagée par les Calédoniens.
— Aëtius y envoie une légion, qui bientôt est rappelée.

426 — Les Romains abandonnent à jamais la Bretagne.

NOTES

SUR LA VIE D'AGRICOLA.

I. Cette vie d'Agricola fut écrite vers le commencement du règne de Trajan, quatre ans après la mort d'Agricola; de sorte qu'elle est à peu près de la même date que le traité des *Mœurs des Germains*.

Rutilius. Priscus Rutilius Rufus, lieutenant de la république en Asie. Faussement accusé de concussion, il se retira dans la province même qu'on lui reprochait d'avoir opprimée; il y fut reçu avec de grands honneurs; et, comme on l'avait dépouillé de tous ses biens, des peuples et des rois fournirent à sa subsistance.

Scaurus. Marcus Émilius Scaurus, homme rempli de vertus, et qui fut vingt-cinq années de suite prince du sénat.

Tant il est vrai que les vertus. Les grandes vertus se cachent ou reposent ordinairement dans la servitude. (*Grandeur et décadence des Romains*, ch. 20.)

II. *Arulenus Rusticus.* Tribun du peuple sous Néron, préteur sous Vitellius. Pline le Jeune, chargé de marier sa fille, écrivait : « Je ne puis mettre trop de soins pour choisir l'homme digne de donner des petits-fils à Arulenus Rusticus. »

Pétus Thraseas. — *Voyez,* au liv. XVI, ch. 26 des *Annales,* son discours à Rusticus Arulenus, qui voulait le défendre et s'opposer au décret du sénat prêt à le condamner. Il le dissuade de cette entreprise et se donne la mort.

Herennius Sénécion. Né dans le Portugal. On lui fit de plus un crime d'avoir renoncé aux honneurs depuis sa questure. C'est de lui que Tacite dit au liv. I des *Histoires* : « L'acceptation, le refus des honneurs devint un crime. »

Priscus Helvidius. « Il semble à propos, puisque nous avons fait une seconde fois mention d'un personnage dont nous devons parler souvent encore, de dire en peu de mots quels furent sa vie, ses travaux et sa destinée. Helvidius Priscus naquit en Italie, au municipe de Terracine ; son père Cluvius avait eu le rang de primipilaire : jeune encore, il dirigea son esprit distingué vers les études les plus élevées, non, comme bien des gens, afin de voiler de titres pompeux une honteuse inaction, mais pour s'affermir contre les vicissitudes du sort et se consacrer à la république. Il suivit la doctrine des philosophes pour qui le seul bien est ce qui est honnête, le seul mal ce qui est honteux, et qui ne comptent la puissance, la noblesse et tout ce qui est hors de l'âme, ni parmi les biens ni parmi les maux. N'ayant encore été que questeur, il fut choisi pour gendre par Pétus Thraseas ; et, dans toutes les vertus de son beau-père, il puisa surtout l'amour de la liberté : citoyen, sénateur, époux, gendre, ami, il accomplit également tous les devoirs de la vie, contempteur des richesses, toujours ardent pour le bien, inébranlable à la crainte. » (Tacite, *Hist.*, liv. iv, ch. 5.)

De parler et d'entendre. Dans une nation libre, il est très-souvent indifférent que les particuliers raisonnent bien ou mal; il suffit qu'ils raisonnent : de là sort la liberté, qui garantit des effets de ces mêmes raisonnemens. De même, dans un gouvernement despotique, il est également pernicieux qu'on raisonne bien ou mal; il suffit qu'on raisonne, pour que le principe du gouvernement soit choqué. (Montesq., liv. xix, ch. 27.)

III. *Maintenant enfin nous commençons à respirer.* Bossuet a imité ce passage en son *Histoire universelle.* Domitien est tué; *l'empire commence à respirer* sous Nerva. Son grand âge ne lui permet pas de rétablir les affaires; mais, *pour faire durer le repos public,* il choisit Trajan pour son successeur.

Nerva. Nerva adopta Trajan, prince le plus accompli dont l'histoire ait jamais parlé; ce fut un bonheur d'être né sous son règne: il n'y en eut point de si heureux ni de si glorieux pour le peuple romain. Grand homme d'état, grand capitaine, ayant un cœur bon qui le portait au bien, un esprit éclairé qui lui montrait le meilleur, une âme noble, grande, belle; avec toutes les vertus, n'étant extrême sur aucune; enfin, l'homme le plus propre à honorer la nature humaine et représenter la divine. (*Grandeur et décadence des Romains*, ch. 15.)

L'autorité d'un seul et la liberté.

> Qu'importe que César continue à nous croire,
> Pourvu que nos conseils ne tendent qu'à sa gloire;
> Pourvu que, dans le cours d'un règne florissant,
> Rome soit toujours libre, et César tout-puissant?
> (Racine, *Britannicus*, acte I, sc. 2.)

Rende le gouvernement plus facile. Il y a une certaine facilité dans le commandement; il faut que le prince encourage, et que ce soient les lois qui menacent. (Montesq., liv. xii, ch. 25.)

Durant quinze années. Domitien régna ce temps.

IV. *Fréjus.* Ville située sur la côte de la Gaule Narbonnaise, à l'ouest de l'île de *Léro*. Il y a apparence que le *Forum Julii* subsistait avant la conquête de la province, et que César n'en fut que le restaurateur. Il y fit bâtir des maisons et commença le port, qui ne fut achevé que sous Auguste, qu'on peut regarder comme le véritable fondateur de la ville. Un aquéduc, dont on voit encore des vestiges superbes, avait sept lieues de long, et, en certains endroits, les pilastres sont éloignés de quarante-trois pieds l'un de l'autre. A cinq cents pas de la ville, du côté de la mer, on voit les restes d'un palais antique nommé le *Panthéon*. Il y avait aussi un théâtre et un amphithéâtre. Auguste y entretenait une flotte pour protéger le commerce et les côtes de Provence. Quelques-uns de ses successeurs imitèrent son exemple; mais les troubles qui survinrent occupèrent leurs forces ailleurs, et insensiblement le port cessa d'être considérable; aujourd'hui il s'est comblé.

Procurateurs des Césars. Les procurateurs étaient chargés de percevoir et d'administrer les revenus du prince, particulièrement dans les provinces impériales, qui relevaient entièrement de l'autorité de l'empereur. Elles étaient garnies de troupes commandées par un lieutenant prétorien nommé sous l'empereur pour un temps illimité; tandis que les provinces, dont Auguste avait abandonné l'administration aux consuls et au sénat, n'avaient que peu de garnisons et étaient gouvernées par un proconsul, officier civil, qui n'avait pas le droit de porter l'épée, et qui ne restait qu'une année en charge.

Grécinus. Sénèque en parle avec éloge : *Si exemplo magni animi opus est* (inquit), *utemur Græcini Julii viri egregii, quem C. Cæsar occidit ob hoc unum, quod melior vir esset quam esse quemquam tyranno expediret* (Seneca, *de Benef.*, lib. II). Dans sa 29e lettre, il appelle encore Julius Grécinus un excellent personnage : *vir egregius.* Il avait écrit sur l'agriculture : *Julii Attici velut discipulus, duo volumina similium præceptorum de vineis, Julius Græcinus composita facetius et eruditius posteritati tradenda curavit* (Columelle, lib. I, cap. I). Pline le Naturaliste le compte aussi parmi les auteurs. (*Indice* lib. XIV et XV.)

Silanus. Beau-père de Caligula. Caligula, qui avait réuni Tibère dans sa retraite à Caprée, épousa Claudia, la fille de Silanus. Il couvrait une âme atroce sous une modestie feinte. Ni la condamnation de sa mère, ni l'exil de son frère, ne lui ont arraché une seule parole. Tel que Tibère se montrait chaque jour, tel il savait composer et son air et ses discours ; ce qui fit dire à l'orateur Papurius ce mot si connu : « Il n'y eut jamais ni de meilleur esclave ni de plus méchant maître. » (*Ann.*, liv. VI.)

Marseille. Ville de la ci-devant Provence, et la plus ancienne de France, ayant été fondée par une colonie de Phocéens, environ cinq cents ans avant Jésus-Christ. Presque dès son origine, elle devint une des plus commerçantes de l'Occident. Il s'y forma une académie célèbre. Strabon décrit cette ville comme la plus magnifique de son temps ; mais aujourd'hui on ne retrouve plus de traces des monumens dont elle était alors décorée.

V. *Il partageait sa tente.* — *Contubernio* ; chambrée, certain nombre d'hommes de guerre réunis. Le petit manipule, composé de dix hommes et commandé par un décurion, s'appelait particulièrement *contubernium.* Le grand manipule était composé de cent vingt hommes.

VI. *Salvius Titianus.* Frère de l'empereur Othon. Il en est souvent parlé aux liv. I et II des *Histoires.*

Un fils né auparavant. On déposait les enfans, aussitôt leur naissance, sur la terre ; et si le père les reconnaissait, il les relevait.

Voyez, *Ann.* II, 37, le discours d'Hortalus au sénat : *Hos quorum numerum et pueritiam videtis, non sponte sustuli, sed quia princeps monebat.*

Durant sa préture. Les préteurs rendaient la justice au criminel et au civil. Sous les empereurs, qui voulurent affaiblir l'autorité des magistrats en multipliant les charges, et de plus se faire ainsi des créatures, le nombre des préteurs augmenta beaucoup; aussi plusieurs d'entre eux n'avaient-ils souvent aucun jugement à rendre durant leur ministère.

Reconnaître les offrandes. C'était la charge des édiles curules, ainsi nommés parce qu'ils avaient le droit d'aller par la ville sur un char. Ils avaient de plus l'intendance de la police, des jeux publics et de tout ce qui concernait le culte des dieux.

VII. *Vespasien.* Galba, Othon, Vitellius, ne firent que passer. Vespasien fut élu comme eux par les soldats : il ne songea, dans tout le cours de son règne, qu'à rétablir l'empire, qui avait été successivement occupé par six tyrans également cruels, presque tous furieux, souvent imbéciles, et, pour comble de malheur, prodigues jusqu'à la folie. (*Grandeur et décadence des Romains*, chap. 15.)

Mucien. « En cet état de choses, lorsque la discorde était au sénat, la rage chez les vaincus, nulle autorité chez les vainqueurs, Rome sans lois et sans prince, Mucien y fit son entrée, et aussitôt attira tout à lui. La puissance d'Antonius, celle de Varus, furent brisées dès qu'on reconnut la haine, mal dissimulée, de Mucien contre eux, et quoiqu'il n'en parût rien sur son visage. Déjà les Romains, par leur sagacité à prévoir les disgrâces, s'étaient retournés et reportés vers lui. Seul il eut leur cour et leurs hommages, et il s'y offrait de lui-même : les guerriers qui l'environnent, les palais, les jardins qu'il habite tour-à-tour, son appareil, sa démarche, la garde qui veille, disent qu'il réunit en lui toute la puissance du prince, et fait grâce du nom. » (*Hist.*, liv. IV, chap. 11.)

Domitien. « Domitien avait accepté le nom et le palais des Césars : encore inattentif aux affaires, c'était par des débauches et des adultères qu'il se montrait fils d'empereur. » (*Hist.*, liv. IV, ch. 2.)

VIII. *Alors commandait en Bretagne.* Il sera intéressant de présenter ici l'ordre des gouverneurs de la Bretagne.

GOUVERNEURS DE LA BRETAGNE,

Depuis l'an 796 de la fondation de Rome (43 de J.-C.), jusqu'à l'an 836 (83 de J.-C.).

Aulus Plautius (*Vie d'Agricola*, 14; Supplém. aux *Annales*, par Brotier, ix, 50 et suiv.; xi, 3). Dion l'appelle personnage non consulaire.

Ostorius Scapula (*Vie d'Agricola*, 14; *Ann.;* xii, 31 et suiv.; Supplém. aux *Annales*, xi, 3). Tacite lui donne le nom de propréteur, *Ann.*, xii, 31 et 40.

Didius Gallus (*Vie d'Agricola*, 14; *Ann.*, xii, 40; xiv, 29).

Q. Veranius (*Vie d'Agricola*, 14; *Ann.*, xiv, 29).

Suetonius Paullinus (*Vie d'Agricola*, 14 et suiv.; *Ann.*, xiv, 29 et suiv.).

Petronius Turpilianus (*Vie d'Agricola*, 16; *Ann.*, xiv, 39).

Trebellius Maximus (*Vie d'Agricola*, 16; *Hist.*, i, 60 et suiv.).

Vettius Bolanus (*Vie d'Agricola*, 16; *Hist.*, ii, 65).

Petilius Cerialis (*Vie d'Agricola*, 17).

Agricola tempéra sa propre énergie. Par un malheur attaché à la condition humaine, les grands hommes modérés sont rares; et comme il est toujours plus aisé de suivre sa force que de l'arrêter, peut-être, dans la classe des gens supérieurs, est-il plus facile de trouver des gens extrêmement vertueux que des hommes extrêmement sages. (Montesq., liv. xxviii, ch. 41.)

Habuerunt virtutes spatium exemplorum. Tous les commentateurs et traducteurs ont hésité sur le sens de cette phrase. Je crois que *virtutes* se rapporte directement à Agricola, qui d'abord, pour ne pas offenser Bolanus, s'était contraint, avait tempéré son énergie et ses *vertus*, ses qualités. Dès que Cerialis arriva en Bretagne, alors les mérites eurent un libre espace..... *Videbaturque locus virtutibus patefactus* (*Ann.*, xiii, 8).

IX. *Consul, il me promit....* Le consulat d'Agricola, selon l'opinion la plus probable, tombe en l'an 77 de Jésus-Christ; il faut donc dire que Tacite se maria l'an 78. Cette remarque sert à réfuter l'opinion de ceux qui croient que Pline a voulu parler de notre Corneille Tacite, et d'un fils qui, à trois ans, était d'une taille extraordinaire; car Pline mourut l'an 79 ou l'an 80. *Voyez* Bayle, *Dict.*, art. Tacite (*Caïus Corneille*).

Après son consulat. Le consulat sous la république durait une année entière : sous les empereurs on n'accordait plus cette dignité que pour quelques mois, et Commode, durant une seule année, nomma vingt-cinq consuls.

X. *La Bretagne, la plus grande des îles.* La superficie de l'Angleterre et du pays de Galles est évaluée à 49,450 milles anglais carrés. (PINKERTON, t. II, p. 3.)

Dispecta est et Thule. Cléomède dit qu'on rapporte qu'à l'île de Thulé, où l'on prétend qu'a été le philosophe Pythéas, de Marseille, le tropique d'été est tout-à-fait au dessus de l'horizon, et que ce cercle, pour les habitans, est le cercle polaire arctique. Les auteurs ne sont pas d'accord sur la situation de Thulé. Virgile, dans un compliment à Auguste, lui demande, entre autres choses relatives à ce qu'il fera quand il sera dans le ciel :

> An deus immensi venias maris, ac tua nautæ
> Numina sola colant; tibi serviat ultima Thule?

Par le terme *ultima Thule*, il semble faire entendre que c'était la partie la plus reculée du monde connu au temps d'Auguste. En supposant que le globe se trouve dans les circonstances dont vient de parler Cléomède, et que le tropique d'été devienne le cercle polaire des habitans de ce pays, suivant la doctrine des anciens, il devient évident que cette Thulé est située au 66° 30' de latitude nord, et que, par conséquent, c'était probablement l'*Islande*. Ceci n'est dit que dans la supposition que la Thulé des anciens était une île. Mais Strabon affirme, page 175, que Pythéas n'avait donné le nom de Thulé qu'à la partie la plus septentrionale de la Grande-Bretagne, sans faire mention si c'était une île ou non. Si cela est vrai, alors Thulé peut n'avoir été autre chose que l'extrémité la plus septentrionale de l'Écosse. Les observations des anciens n'étaient pas faites avec assez d'exactitude, ni leurs relations avec assez de précision, pour pouvoir y compter. Dans les contrées septentrionales, les réfractions sont très-considérables, et élèvent le soleil et la lune au dessus de l'horizon; mais cela était connu de Pythéas, de sorte que, à Thulé, l'élévation du pôle a dû être moindre de 66° 30'. (*Histoire de l'Astronomie*, par G. Costard, page 16.)

Thulé. Pythéas, natif de Marseille, avait dit qu'elle était dans un climat où l'hiver n'est qu'une longue nuit et l'été un jour continuel. Ératosthène le traita de visionnaire. Pline, plus éclairé, défendit l'opinion de Pythéas. Procope, qui se figurait cette île beaucoup plus grande que l'Angleterre, a cru que c'était la Scandinavie. Ortelius l'a placée dans la Norwège, et Camden en l'île de Schetland : d'autres veulent que ce soit Thyl-insel, la plus septentrionale des Orcades. Mais Cluvier, faisant plus d'attention aux passages de Mela et d'autres anciens, ne doute nullement que ce soit l'Islande, qui fut découverte l'an 890 par un pirate norwégien. *Voyez* la *Géographie comparée* de J. R. Joly, t. 1, p. 395.

Les montagnes, où se forment et grossissent les tempétes. Il ne faut qu'une montagne considérable pour faire changer de direction au vent, ou pour le rendre plus fort et plus impétueux. *Voyez* les *Dictionn. de physique.*

XI. *La Calédonie.* M. Thierry, dans son *Histoire de la conquéte d'Angleterre par les Normands*, pense que le mot *Caledonia* vient du kymric *Calyddon*, forêt.

Des Silures. Le pays de Galles était divisé en trois tribus bretonnes, les Silures, les Dimètes et les Ordovices. (*Géographie de Malte-Brun*, t. III, p. 255.)

Des Ibères. Les premiers habitans de l'Espagne.

Les Bretons les plus voisins des Gaulois. En remontant jusqu'aux temps les plus reculés, on ne trouve pas de plus anciens habitans que les Gaulois. On croit que les Gaulois vinrent des plus prochains rivages de France et de Flandre. (*Géographie de Pinkerton*, t. II, p. 3.)

XII. *Leur force est dans l'infanterie.* Leurs troupes ne sont pas seulement composées d'infanterie et de cavalerie, mais ils se servent encore, dans le combat, de chariots que deux chevaux traînent, et qui sont armés de faux. Ils appellent cet attelage des *essedes* en langage du pays. (JORNANDÈS.)

Le ciel est souvent obscurci de pluies et de brouillards. L'air, en Angleterre, est surchargé de vapeurs, que le vent d'ouest chasse de l'Océan Atlantique. (*Géogr. de Malte-Brun*, tom. III, pag. 10.)

Le froid n'y est pas rigoureux. L'Écosse jouit d'une température plus douce que ne le ferait croire sa situation au nord. Ce pays doit surtout cet avantage au voisinage de la mer, d'où lui viennent, ainsi qu'en Angleterre, des vents chauds qui adoucissent la vivacité naturelle de l'air. (*Géographie de Malte-Brun*, t. III, p. 278.)

On voit durant la nuit la clarté du soleil. Dans les îles de Schetland et d'Orkneg on peut lire à minuit aux mois de juin et de juillet. (*Géogr. de Malte-Brun*, t. III, p. 264.)

Ne se couche ni ne se lève. Le nord de l'Écosse est dans le soixantième degré de latitude; par conséquent l'équateur s'y abaisse d'environ trente degrés sous l'horizon du côté du nord, et le tropique d'été, seulement de six degrés et demi : lors donc que le soleil décrit ce tropique, vers le 21 juin, cet astre ne descend pas plus de six degrés au dessous de l'horizon, et la réflexion de sa lumière est assez vive pour effacer les étoiles.

La Bretagne renferme de l'or, de l'argent. L'Angleterre possède d'excellentes mines de fer. On a découvert de l'or en divers endroits de l'île, nommément auprès de Silsoë, en Bedfordshire. Cornouaille recèle cette espèce d'argent que les minéralogistes appellent mine d'argent cornée.

L'Océan y produit aussi des perles. On pêche encore des perles dans la rivière de Tay. (*Voy.* FAUJAS DE SAINT-FOND, t. II, p. 186.)

On les ramasse. Selon Cambden, c'est vers l'embouchure de la petite rivière d'Irt, dans le Cumberland, qu'on pêche les huîtres à perles, ou plutôt qu'on les ramasse; car les habitans de cette côte ne plongent point, mais attendent que la mer se soit retirée, comme ils faisaient du temps de Tacite. (*Extrait de* LABLET-TERIE.)

XIII. *Tout le monde sait l'action extravagante de Caligula.* Cet empereur fit avancer son armée sur les côtes de la Gaule : il avait publié qu'il voulait soumettre les Bretons. Il parut sur le rivage opposé, d'où il menaça l'île, fit ensuite ramasser des coquilles à ses soldats, et les ramena chargés, disait-il, des dépouilles de l'Océan.

Impatiemment. Les hommes s'accoutument à tout et à la servitude même, pourvu que le maître ne soit pas plus dur que la servitude. (MONTESQ., liv. XV, ch. 16.)

C'était le plan d'Auguste. Si une monarchie peut agir long-temps avant que l'agrandissement l'ait affaiblie, elle deviendra redoutable, et sa force durera tout autant qu'elle sera siégée par les monarchies voisines. Elle ne doit donc conquérir que pendant qu'elle reste dans les limites naturelles à son gouvernement; la prudence veut qu'elle s'arrête sitôt qu'elle passe ces limites. (Montesq., liv. x, ch. 9.)

Contre la Germanie. Les grandes menaces de guerre de Caligula ne furent, pour les Germains même, qu'un objet de dérision. (*Mœurs des Germains,* chap. xxxvii.)

Et Vespasien désigné par les destins.

Ostendent terris hunc tantum fata......
(Virgil., *Æneid.* lib. vi, v. 869.)

XIV. *Aulus Plautius.* La Bretagne fut tranquille jusqu'au règne de Claude, qui y établit sa domination. Cet évènement fut la suite de l'exil d'un seigneur anglais nommé Bercius, qui, banni de son pays, se réfugia à Rome. Animé du désir de se venger, il représenta à l'empereur la situation des affaires de sa patrie, d'une manière à lui persuader que la conquête en serait aisée. Claude l'écouta, fit demander aux Bretons le tribut qu'ils devaient, et, sur leur refus, donna ordre à Plautius, qui commandait dans les Gaules, d'embarquer les légions. Ce général obéit, et fit la descente dans l'île par trois endroits différens. Les Bretons, embarrassés par cette diversion, ne savaient de quel côté faire tête aux ennemis. Aussi prirent-ils le parti de gagner leurs marais et leurs montagnes. Plautius les poursuivit, les attaqua séparément, les battit dans toutes les rencontres, et s'ouvrit le chemin jusqu'à leurs retranchemens, après avoir passé la Tamise, le long de laquelle il fit camper son armée.

Plautius gouverna de 796 à 800, et obtint, à son retour à Rome, les honneurs de l'ovation. Ostorius Scapula commanda de 800 à 803, et mourut en Bretagne.

Près de la ville d'Herford, dans la paroisse de Dinder, il existe un camp romain, que les Anglais croient avoir appartenu aux expéditions d'Ostorius, dans un lieu qui porte encore le nom de *Oyster-hill, Ostorii mons;* mais ne serait-ce pas plutôt la colline des coquillages?

Le roi Cogidunus,... reçut en présent quelques cités. Il [le sénat] ôtait une partie du domaine du peuple vaincu pour la donner aux alliés, en quoi il faisait deux choses : il attachait à Rome des rois dont elle avait peu à craindre et beaucoup à espérer, et il en affaiblissait d'autres dont elle n'avait rien à espérer et tout à craindre. (*Grandeur et décadence des Romains*, ch. 6.)

Didius Gallus. Voyez *Ann.*, XII, 40; XIV, 29, où il est parlé de Didius Gallus et de ses successeurs.

L'île de Mona. C'est l'île d'Anglesey que les Gallais appellent encore l'île de *Mon.* « L'île de Mon est probablement la Monœda des anciens. La plus grande longueur d'Anglesey est d'environ vingt-cinq milles anglais, sa plus grande largeur de dix-huit. » (PINKERTON, t. II, p. 236.)

XV. *Ainsi la Germanie.... a secoué le joug.* Par la défaite de Q. Varus (*Annales*, liv. II).

XVI. *Boadicea.* Veuve de Prasugatus, roi des Icènes. *Voyez* la note du chap. 43.

La colonie même. Cainalodunum, dans le pays des Trinobantes. On croit que c'est Colchester.

Et si Paullinus. Leur présence inopinée [des soldats romains] glaçait les esprits; ils se montraient surtout après un mauvais succès, dans le temps que leurs ennemis étaient dans cette négligence que donne la victoire. (*Grandeur et décadence des Romains*, chap. 11.)

XVII. *Des Brigantes.* Ils habitaient la province d'Yorck.

XVIII. *Les Ordoviques.* Peuple sur la côte occidentale de l'île d'Albion, au sud des Brigantes et à l'ouest des Cornavii, dont Ptolémée fait mention. Il occupait les comtés de Flint, de Denbig, de Caernarvon, de Merioneth et de Montgomery.

Presser la renommée.

> Et ce vainqueur, suivant de près sa renommée,
> Hier avec la nuit arriva dans l'armée.
> (RACINE, *Iphigénie*, acte I, scène I.)

Il choisit parmi nos auxiliaires. C'étaient les Bataves qui, dix-sept années auparavant, avaient fait ce trajet avec Paullinus.

Et, suivant l'usage de leur pays, savaient nager. Les Romains prenaient, dans toutes ces nations, les divers corps de troupes qui convenaient à leurs desseins, et combattaient contre une seule avec les avantages de toutes les autres. (*Grandeur et décadence des Romains*, ch. xx.)

De lauriers. Les généraux vainqueurs enveloppaient leurs dépêches de lauriers. L. Vitellius, s'étant emparé de Terracine, envoya à son frère, l'empereur de Rome, le laurier que lui avaient mérité ses succès. (*Hist.*, liv. III, ch. 77.)

XIX. *Il régla d'abord sa maison.* Il mit une règle admirable dans sa dépense; il fit valoir ses domaines avec sagesse, avec attention, avec économie; un père de famille pourrait apprendre, dans ses lois, à gouverner sa maison. (MONTESQUIEU, liv. XXXV, ch. 18, parlant de Charlemagne.)

Revendre à prix fixé. Il est bon, dans le gouvernement despotique, que les marchands aient une sauvegarde personnelle, et que l'usage les fasse respecter : sans cela, ils seraient trop faibles dans les discussions qu'ils pourraient avoir avec les officiers du prince. (MONTESQUIEU, liv. XIII, ch. 10.)

Des chemins détournés. Règle générale : on peut lever des tributs plus forts, à proportion de la liberté des sujets; et l'on est forcé de les modérer, à mesure que la servitude augmente. Cela a toujours été et cela sera toujours : c'est une règle tirée de la nature qui ne varie point. (MONTESQ., liv. XIII, ch. 12.)

XXII. *Æstuario nomen est.* Le terme expressif *estuary* a été souvent employé dans son acception latine par M. Pennant, pour signifier *les larges embouchures des rivières qui sont guéables ou peu profondes aux basses eaux*, mais qui, dans la haute marée, ressemblent à des bras de mer. Telles sont, sur la côte occidentale, celles de Dée, du Mersay, de Ribble, Morecambe-Bay et Solway-Firth. (Dr AIKIN.) — Ce mot désigne aussi les anses, les baies un peu profondes que forme l'Océan. Peu de pays offrent autant que les côtes de l'Écosse ces déchirures qui semblent avoir été formées par la violence des flots.

Jusqu'à l'embouchure du Taüs. Le Tay, rivière d'Écosse, et qui traverse ce pays à peu près vers le milieu. Elle prend sa source à l'ouest, dans le mont Grantsbain, qui sépare le comté d'Argyle de celui de Perth, coule à l'est et se jette dans l'Océan Britannique, en formant un golfe à quinze milles Est de Dundée.

— Le mot *æstuarium* signifie plus souvent encore un terrain qu'inonde le flux de la mer, et qu'elle laisse en se retirant couvert de flaques d'eau. Il peut également s'entendre de l'embouchure d'un fleuve, et surtout en Écosse, où l'évasement des terres, à l'endroit où les rivières tombent dans la mer, n'est pas en rapport avec le peu d'étendue de leur cours.

Campden et Baxter ont cru qu'il s'agissait ici du *Tay*. La Bletterie semble assez porté à admettre cette supposition, et Dureau Delamalle n'a pas hésité. Je ne crains pas de dire que je la rejette entièrement, soit qu'il faille entendre par *æstuarium Taum*, l'embouchure du *Tay*, ou le *lac Tay*.

On ne peut voir l'excursion d'un parti dans l'expression *vastatis nationibus*, qui ne peut s'entendre que d'un système parfait d'une offensive décidée. Or, les Romains ne pénétrèrent dans l'Écosse septentrionale que dans la cinquième campagne; il est donc absurde de voir leurs légions sur le lac ou la rivière de Tay, dès la troisième campagne.

Ce fleuve *Taus* pouvait être, ou la *Tyn* qui se jette dans la mer dans le comté de Hadington sur la côte méridionale de Forth, ou mieux encore la Tweed, qui traverse une grande partie des provinces méridionales de l'Écosse, et qui tombe dans la mer à Berwick, où elle fait encore la limite de l'Angleterre et de l'Écosse.

La difficulté qu'il y a de fixer avec certitude la position du *Taus*, tient peut-être à la science étymologique. La Bletterie rapporte, d'après Baxter, que *tav* ou *sav* signifient de l'eau dans la langue des anciens Bretons, c'est-à-dire le celtique. Aussi voit-on ce nom, modifié par ses terminaisons ou même par le changement très-fréquent du *t* en *d*, s'appliquer encore à un grand nombre de rivières, soit en Angleterre, soit en Écosse.

Le *Tiev*, le *Dovey* et la *Dee*, dans la principauté de Galles; la *Tees* dans l'évêché de Durham; la *Tyne* dans le Northumberland; la *Tweede*, le *Tay* et la *Dee* en Écosse, sont des exemples qui viennent à l'appui de cette hypothèse.

(M. Cools Desnoyers.)

XXIII. *Clota.* La Clyde, grande rivière de l'Écosse méridionale. Elle a sa source à l'extrémité du comté de Larnack, passe à travers Gauford-Moor, laisse à sa gauche la chaîne de Leadhills, se détourne au dessous de la haute montagne de Tinto, près Syming-Tou, et poursuit son cours au nord. Environ à deux milles au sud de Caru-Wath, elle retourne vers l'ouest et reprend sa principale direction. (Pinkerton, tom. ii, pag. 298.)

Bodotria. Boderia, selon Ptolémée. Ce doit être Le Forth, rivière d'Écosse. Elle sort du lac Men Teith au comté de Perth, et forme, à son embouchure dans la mer, un golfe qui porte son nom. — Le Forth tire son origine principale de Ben Lomond, la rivière Gondie, qui sort du lac de Men Teith, se joint au Forth. Il reçoit ensuite celle de Teith, alimentée par les lacs Ketterin, Lubuaig, etc. Grossi du tribut de toutes ces eaux, le Forth forme un grand courant d'eau à quatre milles au dessus de Sterling. (Pinkerton, tom. ii, p. 297.)

Une langue étroite de terre. Cet espace est à peu près de huit lieues. Ce fut aussi là que Septime-Sévère, l'an 209, fit élever une muraille dont on aperçoit encore quelques ruines.

Fortifiée de citadelles. Nous vîmes, dans nos incursions à Dumbarton, des amas immenses de basalte réduit en fragmens : ces laves dures, noires, ainsi brisées et entassées les unes au dessus des autres, forment des collines entières. On est véritablement étonné de voir une aussi grande réunion de laves en fragmens, particulièrement à un quart de lieue de Dumbarton, sur la route de Glascow, où ces laves forment une vaste chaussée qui va s'unir au loin à des collines plus élevées. On nous dit que c'étaient là les restes d'un mur étonnant par son épaisseur et sa longueur, que des Romains avaient été obligés de construire du temps d'Agricola, pour se garantir des incursions des Calédoniens. (*Voyage de Faujas de Saint-Fond*, tom. i, pag. 264.)

XXIV. *Le premier de nos vaisseaux.* En traversant le *Firth* de la *Clyde*, ou *Dumbarton-Bay*, et tournant vers la côte occidentale d'*Argyleshire*, ou vers les îles d'*Arran* et *Bute*. Peut-être, cependant, que Tacite a lié par erreur cette traversée d'Agricola sur un bâtiment, avec l'établissement des postes militaires qu'il plaça dans cette partie de l'Écosse, qui est opposée à l'Irlande, puisque le point de l'Écosse le plus proche de celle-ci est Wigton en Galloway, vers lequel Agricola pouvait s'avancer sans traverser ni rivière ni bras de mer, et qui est situé à l'extrémité d'une langue de terre bien plus capable de tenter un conquérant que les montagnes stériles et nues de l'Argyleshire. (D^r. AIKIN.)

L'Hibernie. L'Irlande est une des Iles Britanniques à l'ouest de l'Angleterre, dont elle est séparée par le canal de St-Georges, et au sud-ouest de l'Écosse, par un canal de cinq lieues. Sa longueur est de cent dix lieues du sud au nord, et sa largeur de soixante-deux lieues.

XXVI. *Dans le camp même.* Le camp de la neuvième légion, selon Gordon, était dans le Fife, et on en voit encore quelques vestiges à Loch-ore. L'aspect de la nature n'a pas changé dans cette contrée. Les marais et les lacs en occupent toujours une grande partie. A deux mille pas du camp de Loch-ore est un vaste marais appelé *Loch-leven.*

XXVIII. *Cohors Usipiorum.* Usipiens, peuples de la Germanie, qui s'étendaient le long de la rive droite de la Lippe. On ne saurait décider quel espace ils occupaient sur les bords du Rhin; peut-être était-ce jusqu'à l'endroit où ce fleuve, se partageant, formait l'île des Bataves.

XXIX. *Au mont Grampius.* Chaîne de montagnes qui conserve encore le nom de Grampian.

Cruda ac viridis senectus.

Jam senior, sed cruda deo viridisque senectus.
(VIRGILE, *Énéide*, liv. VI, v. 304.)

Galgacus, que les historiens écossais appellent encore Corbied, était le vingt-unième roi de la race de Fergus Ier, qui fut le fondateur de la monarchie; et, quoiqu'on ait élevé des doutes sur l'authenticité de cette monarchie, il est cependant certain, par le témoignage de l'histoire romaine, que les Calédoniens furent gouvernés par une suite de rois sages et courageux durant le séjour que les Romains firent dans la Bretagne. (*Géographie de Mentelle et de Malte-Brun*, tom. III, pag. 330.)

XXX. *Interiores Romani.* On a fort tourmenté ce texte. Dès

éditions portent *eo manifestiores, infestiores, inferiores, inter ea iis infestiores,* etc. L'édition de Brotier porte *infestiores.*

XXXIII. *Voici la huitième année.* La huitième année depuis son entrée dans la province, l'an 837 de Rome.

XXXVII. *Fronte,* front de bataille; *aversam hostium aciem,* les premières lignes de l'armée ennemie, qui ont tourné le dos.

Victis ira virtusque. Cette pensée se trouve dans Virgile (*Énéide,* 11, 367):

> Quondam etiam victis redit in præcordia virtus.

Il fut massacré près de dix mille ennemis. On retrouve dans le *Strathern* ce champ de bataille, près du lieu appelé *Kirkhof-Gomeric.* On y voit encore les ruines des deux camps dont Gordon fait mention dans son *Itinéraire septentrional,* et qu'il a relevés (pl. 5).

La ville d'Abernety, nommée alors Victoria, et bâtie à l'embouchure du *Tay,* en mémoire de ce mémorable évènement, est aussi un monument de cette victoire.

C'est de là, ou peut-être d'un port un peu au dessus et appelé Montross, que partit la flotte romaine, qui remonta la côte vers le nord pour faire le tour de l'île et revenir par la côte occidentale dans le port de Sandwich. Ce fut dans cette traversée qu'on acquit de nouveaux détails sur la périlleuse navigation des *Usipiens.* Ils avaient fait à peu près le même trajet en sens contraire, étant partis de la province de Galloway.

XXXVIII. *Des Horestes.* Ils occupaient peut-être le pays d'Angus, province d'Écosse, entre celles de Strathern et de Mernes.

Trutule. On conjecture que le texte est altéré et qu'il y avait *rutupensem portum. Rutupis* était une ville célèbre située à peu près où se trouve maintenant Sandwich.

XXXIX. *Ajourner sa haine.* — *Reponere odium.* D'Alembert a traduit *laisser reposer sa haine.* La haine ne repose point.

XL. *Syriam provinciam.* La Syrie, contrée de l'Asie. Dans l'Écriture, on ne comprend sous ce nom que la Mésopotamie et la Célésyrie; mais, suivant les auteurs anciens, elle renferme la Phénicie, la Palestine, la Mésopotamie, le pays de Babylone et l'Assyrie. Certains auteurs, entre autres Apollonius de Rhodes (liv. II, v. 946 et 964), prétendent qu'elle s'étendait jusqu'à Sinope, ou le promontoire Carambis, sur le Pont-Euxin. Mais il faut remarquer qu'Apollonius de Rhodes parle en cette occasion de la Cappadoce, ou plutôt de la Paphlagonie, dont il ne fait qu'un seul et même pays avec la Cappadoce. Or, l'on sait qu'anciennement la Cappadoce s'appelait Syrie, ou Leuco-Syrie. Les plus célèbres auteurs, parmi les anciens, bornent la Syrie proprement dite, vers le nord, au golfe Issicus, et, vers le midi, à l'Égypte et à l'Arabie Pétrée.

Les Européens, ne connaissant point particulièrement l'Asie, donnèrent le nom d'Assyrie à cette vaste étendue de pays qu'occupaient les Assyriens, et, venant ensuite à retrancher la première syllabe, ils en firent le mot Syrie. Les Grecs se servirent de ce terme, et laissèrent aux autres nations celui d'Assyrie. Hérodote (liv. VII, § 73) dit, en parlant des habitans de ce pays : « Les Grecs les appellent Syriens, et les Barbares, Assyriens. » Justin (liv. I, § 2) dit à peu près de même. Cicéron (*Tusc.*, lib. V, § 35, *De Fin.*, lib. II, § 32, et ailleurs) se sert assez indifféremment des termes Syrie et Assyrie. (LARCHER, *trad. d'Hérodote*, tom. VIII.)

Il se rendit de nuit dans Rome. Ceux qui eurent quelque commandement craignirent d'entreprendre de trop grandes choses : il fallut modérer sa gloire, de façon qu'elle ne réveillât que l'attention et non pas la jalousie du prince, et ne point paraître devant lui avec un éclat que ses yeux ne pouvaient souffrir. (*Grandeur et décadence des Romains*, chap. XIII.)

Il n'était accompagné que d'un ou de deux amis. On sait qu'il était d'usage à Rome que les personnages distingués parussent en public suivis d'une foule de cliens. Des affranchis et des histrions osèrent se promener dans les rues de Rome, suivis d'un cortège des personnages les plus illustres ; il fallut un sénatus-consulte pour défendre aux histrions de paraître en public, suivis de sénateurs et de chevaliers (Voyez *Annales*, I).

Depuis l'an de Rome 750, le triomphe avait cessé d'être accordé aux simples citoyens, ces souverains passés du trône à la servitude. Il fut réservé aux seuls Césars et aux princes de leur sang. C'était Agrippa qui avait imaginé cette recherche d'adulation pour Auguste ; et cette bassesse avait été convertie en loi.

XLI. *Et l'espèce d'ennemis la plus funeste.*

Détestables flatteurs, présent le plus funeste
Que puisse faire aux rois la colère céleste !
(*Phèdre*, acte IV, scène dernière.)

Disposé à n'écouter que les plus pervers.

Les poussent au penchant où leur cœur est enclin,
Et leur osent du crime aplanir le chemin !
(*Phèdre*, acte IV, scène dernière.)

Ces deux beaux vers ne sont pas sans doute la traduction du passage de Tacite, mais je ne doute pas que Tacite ne les ait inspirés. Domitien, en effet, se laissait pousser au penchant auquel son cœur était enclin.

Était précipité au milieu de sa gloire même. Bossuet, rappelant ces belles expressions, les a employées dans l'*Oraison funèbre d'Henriette d'Angleterre* : « Ne puis-je pas dire, Messieurs, pour me servir des paroles du plus grave des historiens, *qu'elle allait être précipitée dans la gloire.* »

XLII. *Civica.* Gouverneur de l'Asie. Domitien supposa qu'il voulait se révolter, et le fit assassiner.

Envié son propre bienfait. On a traduit *odieux d'un tel bienfait, qu'on l'en remerciât comme d'une grâce, souffrit ses remercîmens*, etc. Domitien avait promis la province : c'était une récompense, un bienfait; et, au moment où il doit l'accorder, il ne rougit pas d'envier son propre bienfait. C'était une peine extrême pour l'homme généreux de ne pouvoir récompenser; ce fut une joie pour Domitien d'extorquer une récompense promise et méritée. On trouve, au liv. IV des *Annales*, un même trait de Tibère.

XLIII. *Le nomma cohéritier.* Le roi des Icènes, Prasugatus, depuis long-temps célèbre par son opulence, avait associé Néron à sa succession, avec ses deux filles, espérant qu'une telle déférence mettrait son royaume et sa famille à l'abri de toute insulte. Le contraire arriva : son royaume fut dévasté par les centurions, sa maison par des esclaves; son épouse Boadicée fut frappée de verges, et ses filles livrées à la brutalité des soldats. (*Annales*, 14, XXVI.)

Mela, frère de Sénèque et père du poète Lucain, près d'être la victime de Néron, qui voulait engloutir ses richesses, se fit ouvrir les veines et laissa, par son testament, de grandes sommes à Tigellinus et à son gendre Capiton, les favoris de Néron, pour conserver le reste de ses biens à ses héritiers. (*Annales* 16, 17.)

XLV. *Carus Metius.* Ce fut lui qui accusa et fit périr Sénécion; et il se préparait à être le délateur de Pline le Jeune, lorsque Domitien mourut. Arulenus Rusticus avait aussi été sa victime. Regulus, délateur aussi atroce que Metius, fit une satire contre Arulenus, qui n'existait plus; Metius s'emporta contre Regulus et lui dit: « Qu'avez-vous à démêler avec mes morts ? ai-je été, moi, troubler la cendre de vos morts, celle des Crassus et des Camerinus ? » (*Voyez* PLINE, *Lett.* 1, 5.)

Albanam arcem. Palais de Domitien à douze milles de Rome sur la voie Appienne. C'est de là que Domitien, assisté d'un conseil de délateurs, envoyait des arrêts de mort aux plus illustres citoyens de Rome; et c'est là que se tint cette séance burlesque si bien décrite par Juvénal (satire IV), au sujet d'un turbot monstrueux et de la manière de le préparer.

Messalinus. Il était aveugle, et fut, sous Domitien, le délateur de tous les gens de bien. Juvénal l'appelle *Grande et conspicuum nostro quoque tempore monstrum.* Ce Messalinus donna lieu à un mot très-heureux et très-hardi. Il était mort avant Domitien, et il avait ainsi échappé au juste châtiment que subirent les délateurs sous Nerva. Nerva avait eu toutefois la faiblesse d'en épargner quelques-uns, entre autres Fabricius Veiento, le plus méchant de tous les hommes, dont le nom seul, dit Pline, était une satire. A un grand souper dont Faliscius avait été prié, et où il occupait même la place d'honneur, ayant été placé à côté du prince, la conversation tomba sur Catulus Messalinus, sur ses bassesses, ses cruautés, ses avis sanguinaires. Que pensez-vous, ajouta Nerva, qu'il lui fût arrivé s'il eût vécu jusqu'à ce moment? Il mangerait avec nous, répondit Mannius, frère d'Arulenus. (Extrait de la traduct. de M. DELAMALLE.)

Massa Bébius. Un des procurateurs de l'Afrique, homme dèslors funeste à tous les honnêtes gens, et qui reparaîtra trop souvent comme cause des maux que nous avons soufferts. (*Hist.* IV, 50.)

Nos propres mains traînèrent Helvidius en prison. Domitien voulut la mort d'Helvidius. Il fut donc accusé devant le sénat, et le sénateur Publius Certus osa porter les mains sur lui et le traîner en prison, où il périt. Tacite dit nos propres mains, parce qu'alors il était lui-même sénateur.

De le voir et d'en être vus. Domitien, pour insulter à la patience de ses victimes, ne prononça jamais l'arrêt d'un supplice sans un préambule de clémence, de sorte qu'il n'y avait pas d'indice plus certain d'un sort affreux, que les paroles de douceur par lesquelles il débutait. (Suétone.)

Cette rougeur dont il se munissait contre la honte. Domitien fit voir un nouveau monstre plus cruel, ou du moins plus implacable que ceux qui l'avaient précédé, parce qu'il était plus timide. (*Grandeur et décadence des Romains*, chap. xv.)

On a cru qu'il était rouge comme Sylla. Suétone dit qu'il avait le visage couvert d'une rougeur modeste, et qu'il dit un jour aux sénateurs : « Vous avez trouvé jusqu'ici de l'honnêteté dans ma conduite et sur mon visage. »

VARIANTES.

II. *Legimus, quum.* Faut-il mettre *legimus*, ou plutôt *vidimus?* Cela se passa sous Domitien, comme Tacite l'indique à la fin de cet ouvrage (chap. 45). (J.-L.)

Et, sicut. On lit *ut*, *sicut*, dans Puteolanus, Alciatus, Rhenanus. Juste-Lipse a corrigé cette leçon.

III. *Facilitatem imperii.* Ne serait ce point *felicitatem imperii?* Cependant la leçon vulgaire est plus conforme à l'idée de l'écrivain. (J.-L.)

Gronovius n'admet pas la leçon de Pichena, qui lit *felicitatem*, suivi par tous les éditeurs. Pichena a abusé de l'édition de Venise donnée par Puteolanus; il a cru y voir *felicitatem*, mais ce mot n'y est pas, on y trouve *falicitatem* au lieu de *felicitatem*. C'est une transposition de lettres qui a induit Pichena en erreur. (E.)

VII. *Dum Intemelios.* Savilius veut: *Dum Intemelio*, et Vulvius dit avoir lu dans une ancienne édition: *Dum in Temelium, Liguriæ urbs est.* Je conviens de cela, et voudrais seulement: *Dum Intemelios;* car il s'agit du peuple et non de la ville. (J.-L.)

Colerus et Scheffer préfèrent *Intemelios*. Je crois cette leçon la meilleure. *Voyez* des éclaircissemens sur le fait dont il s'agit, *Hist.* 2, 13, où il est parlé des *Intéméliens*. Brotier est aussi de mon opinion. (E.)

Les Intéméliens habitent la Ligurie. *Voyez* STRABON (liv. IV, pag. 402), et TACITE (*Hist.*, II, 13). (O.)

Nuntio..... deprehensus. Les éditeurs de Deux-Ponts conjecturent *reprehensus* pour *retractatus*, *revocatus*.

VIII. *Vettius.* C'est ainsi qu'il faut lire, et non *Vectius.* Voyez ce qui est dit, *Hist.*, II, 65. Brotier, en éclaircissant ce passage, donne l'énumération de tous ceux qui ont gouverné la Bretagne. (O.)

X. *Nix et hiems abdebat.* — *Abdebat* est une correction de Rhenanus. On lisait avant lui *appetebat.* Pour moi, j'aurais préféré *abdiderat*, qui est plus conforme au génie de la langue latine, et aux restes de ce passage qui a été corrompu. (E.) *Appetebat* est imposant et par le sens qu'il présente et par la place qu'il occupe. J'aimerais mieux lire, avec les éditeurs de Deux-Ponts, *quadamtenus* au lieu de *quam hactenus.* (O.)

XVIII. *Et, quibus bellum volentibus erat.* Je voudrais *ut quibusque.* (J.-L.)

Ces mots *quibus bellum volentibus erat* sont expliqués ailleurs. (Voyez *Ann.*, I, 59; *Hist.*, III, 43, 53.)

Un manuscrit du Vatican porte *et quibus*. Brotier admet cette leçon, qui du reste est bonne. (E.)

Nihil arduum aut invictum — Invium paraît préférable. *Invia virtuti nulla est via*, et, plus bas, on lit, chap. XXVII : *Nihil virtuti suæ invium*. Je mets ici la leçon vulgaire, de peur que Tacite ne paraisse se servir deux fois de la même locution. (H.)

XIX. *Non omnia exsequi.* Ce mot *exsequi* signifie, dans ce passage, *punire*, *u'cisci*. Suétone (*Vespas.*, chap. XIV; *Calig.*, chap. XII) et Sénèque l'ont employé dans cette signification. (J.-L.)

Scheffer traduit *exsequi* par *examinare quid delinquens mereatur*. (O.)

Tributorum auctionem æqualitate munerum mollire. Je lirai *exactionem.* (J.-L.)

Ainsi faisait Rhenanus. Muret voulait aussi *exactionem*, et Brotier a trouvé ce mot dans un manuscrit du Vatican. (E.)

Vendere pretio. Je soupçonne *ac vendere parvo pretio.* (G.)

Le sens le montre évidemment. C'est sans raison que Brotier ajoute *frumentum æstimatum*. (E.) *Pretio* demande *imperato*, *præscripto*; Dureau Delamalle lit *parvo*. (O.)

ERRATA.

Page 208, ligne 20. Au lieu d'*exactionem*, lisez *auctionem*.
Page 224, ligne 11. Au lieu d'*infestiores*, lisez *interiores*.

DES ORATEURS.

DE ORATORIBUS

SIVE

DIALOGUS

DE CAUSIS CORRUPTÆ ELOQUENTIÆ.

I. Sæpe ex me requiris, Juste Fabi, cur, quum priora sæcula tot eminentium oratorum ingeniis gloriaque effloruerint, nostra potissimum ætas, deserta et laude eloquentiæ orbata, vix nomen ipsum oratoris retineat : neque enim ita appellamus, nisi antiquos; horum autem temporum diserti, causidici, et advocati, et patroni, et quidvis potius quam oratores, vocantur. Cui percontationi tuæ respondere, et tam magnæ quæstionis pondus excipere, ut aut de ingeniis nostris male existimandum sit, si idem adsequi non possumus, aut de judiciis, si nolumus, vix hercule auderem, si mihi mea sententia proferenda, ac non disertissimorum, ut nostris temporibus, hominum sermo repetendus esset, quos eamdem hanc quæstionem pertractantes juvenis admodum audivi. Ita non inge-

DES ORATEURS

ou

DIALOGUE

SUR LES CAUSES DE LA CORRUPTION DE L'ÉLOQUENCE.

I. Tu me demandes souvent, Justus Fabius, pourquoi les siècles précédens ayant brillé de la gloire et du génie de tant d'éminens orateurs, notre époque, abandonnée par l'éloquence, semble en être veuve, et avoir même oublié tout-à-fait le nom d'orateur : car nous ne donnons plus ce nom qu'aux anciens ; pour les gens de talent contemporains, nous les appelons défenseurs, patrons, avocats, ou de toute autre dénomination, plutôt qu'orateurs. Répondre seul à ta demande, et prendre là responsabilité d'une si grande question, ce serait ou donner mal à penser de nos esprits, si nous ne pouvons parvenir aux mêmes résultats, ou de nos jugemens, si nous ne le voulons pas ; et certes je n'aurais pas cette audace, si je n'avais à émettre que mon propre avis, et si je ne pouvais te répéter les observations des hommes les plus diserts de nos temps, que, fort jeune encore, j'ai entendus traiter cette même question. Ainsi il ne me sera pas besoin de génie, mais seulement de mémoire et de souvenirs,

nio, sed memoria ac recordatione, opus est, ut, quæ a præstantissimis viris et excogitata subtiliter, et dicta graviter accepi, quum singuli diversas, vel easdem, sed probabiles causas adferrent, dum formam sui quisque et animi et ingenii redderet, iisdem nunc numeris, iisdemque rationibus persequar, servato ordine disputationis : neque enim defuit, qui diversam quoque partem susciperet, ac, multum vexata et irrisa vetustate, nostrorum temporum eloquentiam antiquorum ingeniis anteferret.

II. Nam postero die, quam Curiatius Maternus Catonem recitaverat, quum offendisse potentium animos diceretur, tamquam in eo tragœdiæ argumento, sui oblitus, tantum Catonem cogitasset, eaque de re per Urbem frequens sermo haberetur, venerunt ad eum M. Aper, et Julius Secundus, celeberrima tum ingenia fori nostri; quos ego in judiciis non utrosque modo studiose audiebam, sed domi quoque et in publico adsectabar, mira studiorum cupiditate, et quodam ardore juvenili, ut fabulas quoque eorum, et disputationes, et arcana semotæ dictionis penitus exciperem : quamvis maligne plerique opinarentur, nec Secundo promptum esse sermonem, et Aprum ingenio potius et vi naturæ, quam institutione et litteris, famam eloquentiæ consecutum. Nam et Secundo purus, et pressus, et, in quantum satis erat, profluens sermo non defuit; et Aper, communi

pour rappeler ce que j'ai entendu spirituellement émettre et gravement discuter par ces hommes du plus haut mérite, qui exposaient leurs opinions, diverses ou semblables, mais toujours plausibles, chacun avec les formes de son esprit et de son caractère. Je les reproduirai aujourd'hui avec leurs méthodes et leurs raisonnemens, en conservant l'ordre de la discussion : car il ne manqua pas d'orateurs qui soutinrent une opinion contradictoire, et qui, après avoir maltraité et ridiculisé le vieux temps, osèrent mettre au dessus des génies antiques l'éloquence de notre époque.

II. En effet, le lendemain du jour où Curiatius Maternus lut publiquement sa tragédie de *Caton*, dans laquelle, oubliant sa propre sûreté, il avait, dit-on, offensé les puissans du jour, pour ne penser qu'à son personnage, ce fut par la ville un grand sujet d'entretien, et il reçut la visite de M. Aper et de Julius Secundus, alors les plus illustres génies de notre barreau. Non-seulement je me faisais une étude de les écouter l'un et l'autre au forum, mais je les visitais chez eux; je les suivais en public, poussé par une merveilleuse passion de m'instruire et par une certaine ardeur de jeune homme; je faisais profit de leurs discours, de leurs discussions, et des secrets même de leur conversation intime, quoique généralement la malignité jugeât que Secundus était lourd dans ses plaidoyers, et qu'Aper devait sa réputation d'éloquence plutôt à son caractère et à la force de la nature qu'à l'étude et aux lettres. En effet, Secundus ne manquait pas d'une élocution pure, serrée et abondante autant qu'il était nécessaire; et Aper, nourri de l'érudition ordinaire, dédaignait les belles-lettres plutôt qu'il ne les

eruditione imbutus, contemnebat potius litteras, quam nesciebat; tamquam majorem industriæ et laboris gloriam habiturus, si ingenium ejus nullis alienarum artium adminiculis inniti videretur. Igitur, ut intravimus cubiculum Materni, sedentem ipsum, et, quem pridie recitaverat, librum intra manus habentem, deprehendimus.

III. Tum Secundus : Nilne te, inquit, Materne, fabulæ malignorum terrent, quominus offensas Catonis tui ames? An ideo librum istum apprehendisti, ut diligentius retractares, et, sublatis, si quæ pravam interpretandi materiam dederunt, emitteres Catonem, non quidem meliorem, sed tamen securiorem? Tum ille : Leges tu quidem si volueris, et agnosces, quæ audisti : quod si qua omisit Cato, sequenti recitatione Thyestes dicet. Hanc enim tragœdiam disposui jam, et intra me ipse formavi : atque ideo maturare libri hujus editionem festino; ut, dimissa priore cura, novæ cogitationi toto pectore incumbam. Adeo te tragœdiæ istæ non satiant, inquit Aper, quominus, omissis orationum et causarum studiis, omne tempus modo circa Medeam, ecce nunc circa Thyesten, consumas? quum tot amicorum causæ, tot coloniarum et municipiorum clientelæ, in forum vocent, quibus vix sufficeres, etiam si non novum tibi ipse negotium importasses, Domitium et Catonem, id est, nostras quoque historias, et romana nomina Græcorum fabulis adgregares.

ignorait : il pensait acquérir une plus grande réputation de science et de talent en ne cherchant pas pour appui à son génie de petits emprunts dans les arts étrangers. Ainsi donc, étant entrés dans la chambre de Maternus, nous le trouvâmes assis et tenant à la main son ouvrage, qu'il avait lu la veille.

III. Alors Secundus : Quoi ! Maternus, les propos de la malignité ne te détourneront-ils pas de ton affection pour ton cher Caton et ses traits offensifs? ou bien n'as-tu pris cet ouvrage que pour le retoucher avec soin, enlever ce qui donne matière à de sinistres interprétations, et publier une tragédie de Caton, sinon meilleure, moins dangereuse? Maternus répondit : Lis, si tu veux, et tu reconnaîtras ce que tu as ouï à la première lecture. Si quelque trait est omis par Caton, Thyeste le rappellera dans ma prochaine tragédie : car j'ai déjà disposé le plan de celle-ci, et il est tout tracé en mon esprit. Aussi je me hâte de mettre au jour le premier ouvrage, afin que, dégagée de ce soin, toute ma pensée soit consacrée à cette nouvelle conception. — N'en as-tu donc pas assez de ces œuvres tragiques? interrompit Aper; et faut-il que, négligeant et tes harangues et l'étude de tant de causes, tu consumes toutes tes veilles tantôt pour Médée et tantôt pour Thyeste, pendant que la défense de tant d'amis, les clientelles de tant de colonies et de municipes, t'appellent au barreau? A peine y suffirais-tu, lors même que tu ne t'imposerais pas pour nouveau travail des tragédies de Domitius, de Caton, c'est-à-dire de t'occuper à la fois, et de nos propres histoires et des noms romains et des fables de la Grèce!

IV. Et Maternus: Perturbarer hac tua severitate, nisi frequens ac assidua nobis contentio jam prope in consuetudinem vertisset. Nam nec tu agitare et insequi poetas intermittis, et ego, cui desidiam advocationum objicis, quotidianum hoc patrocinium defendendæ adversus te poeticæ exerceo. Quo lætor magis, oblatum nobis judicem, qui me vel in futurum vetet versus facere, vel, quod jam pridem opto, sua quoque auctoritate compellat, ut, omissis forensium causarum angustiis, in quibus satis mihi superque sudatum est, sanctiorem istam et augustiorem eloquentiam colam.

V. Ego vero, inquit Secundus, antequam me judicem Aper recuset, faciam quod probi et modesti judices solent, ut in his cognitionibus se excusent, in quibus manifestum est, alteram apud eos partem gratia prævalere. Quis enim nescit, neminem mihi conjunctiorem esse, et usu amicitiæ, et assiduitate contubernii, quam Saleium Bassum, quum optimum virum, tum absolutissimum poetam? porro, si poetica accusatur, non alium video reum locupletiorem. Securus sit, inquit Aper, et Saleius Bassus, et quisquis alius studium poeticæ et carminum gloriam fovet, quum causas agere non possit. Ego enim, quatenus arbitrum litis hujus inveni, non patiar Maternum societate plurium defendi; sed ipsum solum apud vos arguam, quod, natus ad eloquentiam

IV. Maternus répondit : Je serais déconcerté par ta sévérité, si une opposition fréquente et continuelle ne s'était changée pour nous en une espèce d'habitude. Car, toi, tu ne cesses de harceler et de poursuivre les poètes ; et moi, à qui tu reproches ma paresse pour les plaidoiries, chaque jour je plaide contre toi en faveur de la poésie. Je m'en réjouis d'autant plus, qu'il nous soit offert un juge qui va ou me défendre de jamais faire de vers à l'avenir, ou bien, ce que je désire depuis longtemps, m'encourager par son autorité à renoncer aux routes obscures et étroites des plaidoiries du forum dans lesquelles j'ai versé assez et trop de sueurs, pour me vouer au culte de cette autre éloquence plus sainte et plus auguste.

V. Pour moi, reprit Secundus, avant qu'Aper ne me récuse, je ferai comme ces juges intègres et modestes qui s'excusent de prononcer dans les causes où il est évident qu'une des parties trouverait en eux des juges trop favorables. Qui ne sait, en effet, que personne ne m'est plus attaché, et par tous les rapports de l'amitié et par l'habitude de vivre ensemble, que Saleius Bassus, homme aussi excellent que poète accompli ? Or, si la poésie est mise en accusation, je ne vois nulle part un coupable plus riche en méfaits. Je ne veux troubler, dit Aper, ni Saleius Bassus, ni quiconque se livre à l'étude des vers et en recherche la gloire, parce qu'il ne peut atteindre à celle de l'éloquence : quant à moi, puisque voici un juge de ce débat, je ne souffrirai pas que l'on défende Maternus en lui associant plusieurs complices ; mais j'arguerai contre lui seul auprès de vous. Né pour cette éloquence virile et oratoire par laquelle il eût pu acquérir et conserver tant d'amis, se concilier des na-

virilem et oratoriam, qua parare simul et tueri amicitias, adsciscere nationes, complecti provincias possit, amittit studium, quo non aliud in civitate nostra vel ad utilitatem fructuosius, vel ad dignitatem amplius, vel ad Urbis famam pulchrius, vel ad totius imperii atque omnium gentium notitiam illustrius excogitari potest. Nam, si ad utilitatem vitæ omnia consilia factaque nostra dirigenda sunt, quid erit tutius, quam eam exercere artem, qua semper armatus præsidium amicis, opem alienis, salutem periclitantibus, invidis vero et inimicis metum et terrorem ultro feras, ipse securus, et velut quadam perpetua potentia ac potestate munitus? cujus vis et utilitas, rebus prospere fluentibus, aliorum præsidio et tutela intelligitur; sin proprium periculum increpuit, non hercule lorica aut gladius in acie firmius munimentum, quam reo et periclitanti eloquentia, præsidium simul et telum, quo propugnare pariter et incessere, vel in judicio, sive in senatu, sive apud principem possis. Quid aliud infestis patribus nuper Eprius Marcellus, quam eloquentiam suam, opposuit? qua accinctus et minax, disertam quidem, sed inexercitatam, et ejusmodi certaminum rudem, Helvidii sapientiam elusit? Plura de utilitate non dico, cui parti minime contradicturum Maternum meum arbitror.

VI. Ad voluptatem oratoriæ eloquentiæ transeo,

tions, s'attacher des provinces, il abandonne la profession qui, plus qu'aucune autre dans notre ville, assure les plus utiles produits, la plus ample considération, la plus belle renommée dans Rome, et, dans tout l'empire et chez toutes les nations. la réputation la plus illustre que l'on puisse imaginer. En effet, si c'est vers notre intérêt personnel que doivent tendre nos plans et nos actions, qu'y aura-t-il de plus sûr que d'exercer cet art par lequel, toujours sous les armes, on peut à son gré porter secours à l'amitié, appui à l'étranger, assistance aux malheureux en péril, crainte et terreur à l'envie et à l'inimitié, en restant soi-même à l'abri et comme protégé par une force et un pouvoir continuels? La puissance et l'utilité de cet art, si la fortune t'est prospère, se révèlent par les appuis et la protection que tu prêtes à autrui : si tu es en péril toi-même, non, grands dieux, ni cuirasse ni épée ne t'offriraient sur le champ de bataille un plus ferme secours qu'au barreau l'éloquence, arme qui préserve et qui blesse; également propre à la défense et à l'attaque, dans le palais, au sénat, devant le prince. Et, naguère, qu'opposa donc aux sénateurs irrités Eprius Marcellus? son éloquence : armé de ses traits, et menaçant, il échappa au sage Helvidius, disert sans doute, mais inexpérimenté et peu fait à ce genre de combats. Je n'en dirai pas plus sur l'utilité de l'art oratoire, et je ne pense pas que mon cher Maternus me contredise en ce point.

VI. Je passe aux charmes de l'éloquence oratoire,

cujus jucunditas non uno aliquo momento, sed omnibus prope diebus, et prope omnibus horis contingit. Quid enim dulcius libero et ingenuo animo, et ad voluptates honestas nato, quam videre plenam semper et frequentem domum suam concursu splendidissimorum hominum? idque scire, non pecuniæ, non orbitati, neque officii alicujus administrationi, sed sibi ipsi, dari? illos quin imo orbos, et locupletes, et potentes venire plerumque ad juvenem et pauperem, ut aut sua, aut amicorum discrimina commendent. Ullane tanta ingentium opum ac magnæ potentiæ voluptas, quam spectare homines veteres, et senes, et totius urbis gratia subnixos, in summa omnium rerum abundantia confitentes, id quod optimum sit, se non habere? Jam vero, qui togatorum comitatus et egressus! quæ in publico species! quæ in judiciis veneratio! quod gaudium consurgendi adsistendique inter tacentes, in unum conversos! coire populum, et circumfundi coronam, et accipere affectum quemcunque orator induerit! Vulgata dicentium gaudia, et imperitorum quoque oculis exposita, percenseo. Illa secretiora, et tantum ipsis orantibus nota, majora sunt. Sive accuratam meditatamque affert orationem, est quoddam sicut ipsius dictionis, ita gaudii pondus et constantia : sive novam et recentem curam non sine aliqua trepidatione animi adtulerit, ipsa sollicitudo

dont les douceurs nous ravissent non pour quelques momens, mais presque tous les jours et presque à chaque heure. Quoi de plus doux pour un esprit libre, généreux et né pour les plaisirs honnêtes, que de voir sa maison toujours fréquentée et remplie d'un concours de personnes du rang le plus élevé, et de savoir que ce n'est ni votre argent, ni votre héritage, ni quelque place dans l'administration, mais votre propre mérite que l'on recherche? Bien plus, ce sont des vieillards sans enfans, des riches, des puissans, qui le plus souvent viennent trouver le jeune avocat pauvre, pour lui confier leurs intérêts et ceux de leurs amis. Jamais le plaisir que donnent de grandes richesses et une haute puissance fut-il aussi vrai que celui de voir des hommes anciens et vieux, que Rome entière appuie de sa faveur, dans l'abondance complète de toutes choses, avouer que ce premier des biens, l'éloquence, leur manque? Il sort, et déjà quel cortège de personnes en toge! quel appareil au dehors! quelle vénération dans le sanctuaire de la justice! quelle joie dès qu'il se lève et parle au milieu du silence, tous les regards fixés sur lui! lorsque la foule attirée fait cercle, et reçoit toutes les impressions dont il s'affecte lui-même! Je décris les joies vulgaires des plaideurs, telles qu'elles frappent les yeux des moins clairvoyans; il en est de plus secrètes, et ce sont les plus grandes, connues seulement de l'orateur. Apporte-t-il une harangue méditée avec soin, sa diction est mesurée, son triomphe est calme et assuré : arrive-t-il avec une composition nouvelle et à peine achevée, ce n'est pas sans un certain trouble d'esprit, et cette inquiétude même favorise son succès et augmente le plaisir. Mais la jouissance vient particulièrement de l'audace et d'une témérité inattendue :

commendat eventum, et lenocinatur voluptati. Sed extemporalis audaciæ, atque ipsius temeritatis, vel præcipua jucunditas est. Nam in ingenio quoque, sicut in agro, quamquam alia diu serantur atque elaborentur, gratiora tamen, quæ sua sponte nascuntur.

VII. Equidem, ut de me ipse fatear, non eum diem lætiorem egi, quo mihi latus clavus oblatus est, vel quo homo novus, et in civitate minime favorabili natus, quæsturam, aut tribunatum, aut præturam accepi, quam eos, quibus mihi, pro mediocritate hujus quantulæcumque in dicendo facultatis, aut reum prospere defendere, aut apud centumviros causam aliquam feliciter orare, aut apud principem ipsos illos libertos et procuratores principum tueri et defendere datur. Tum mihi supra tribunatus, et præturas, et consulatus ascendere videor; tum habere, quod in se, non in alio, oritur, nec codicillis datur, nec cum gratia venit. Quid? fama et laus cujus artis cum oratorum gloria comparanda est, qui non illustres in urbe solum, apud negotiosos et rebus intentos, sed etiam apud juvenes et adolescentes, quibus modo recta et indoles est, et bona spes sui? Quorum nomina prius parentes liberis suis ingerunt? quos sæpius vulgus imperitum, et tunicatus hic populus transeuntes nomine vocat, et digito demonstrat? Advenæ quoque et peregrini, jam in municipiis et coloniis suis

car, dans les œuvres d'esprit, ainsi qu'en un champ, quoique bien des fruits soient produits par les semences et le travail, toutefois nous admirons davantage ceux qui naissent d'eux-mêmes.

VII. Et, pour parler franchement des jours heureux pour moi, ni celui où je fus décoré du laticlave, ni ceux où, quoique homme nouveau dans Rome, et né dans une ville peu en faveur, je fus nommé questeur, puis tribun, puis préteur, aucun n'est plus beau que celui où, malgré la faiblesse de mes facultés en l'art oratoire, il m'est donné ou de sauver un accusé, ou de plaider heureusement devant les centumvirs, ou de défendre avec succès auprès du souverain les affranchis et les procurateurs des souverains précédens. Alors je me crois au dessus des tribunats, des prétures et des consulats; je crois posséder ce qui nous vient de nous-mêmes et non d'autrui, ce que ne donnent point des titres, ce qui ne vient pas à la suite d'une faveur. Eh quoi! est-il aucune renommée, aucune louange dans un art quelconque, comparable à la gloire des grands orateurs qui sont remarqués dans Rome, non-seulement par ces hommes affairés tout entiers à leur négoce, mais aussi par ces jeunes gens, par ces adolescens, pour peu qu'ils joignent à un esprit droit une honorable ambition? Quels noms les pères inculquent-ils préférablement à leurs fils? quels personnages le vulgaire illettré et ce peuple en simple tunique appellent-ils plus souvent de leurs noms, et montrent-ils du doigt? Les étrangers même et les voyageurs, qui déjà en ont entendu parler dans les municipes et les colonies,

auditos, quum primum Urbem adtigerunt, requirunt, ac vultus agnoscere concupiscunt.

VIII. Ausim contendere, Marcellum hunc Eprium, de quo modo locutus sum, et Crispum Vibium (libentius enim novis et recentibus, quam remotis et obliteratis exemplis utor) non minus notos esse in extremis partibus terrarum, quam Capuæ, aut Vercellis, ubi nati dicuntur: nec hoc illi alterive ter millies sestertium præstat (quamquam ad has ipsas opes possunt videri eloquentiæ beneficio venisse), sed ipsa eloquentia; cujus numen et cœlestis vis multa quidem omnibus sæculis exempla edidit, ad quantam usque fortunam homines ingenii viribus pervenerint. Sed hæc, ut supra dixi, proxima, et quæ non auditu cognoscenda, sed oculis spectanda haberemus : nam, quo sordidius et abjectius nati sunt, quoque notabilior paupertas, et angustia rerum, nascentes eos circumsteterunt; eo clariora, et, ad demonstrandam oratoriæ eloquentiæ utilitatem, illustriora exempla sunt; quod sine commendatione natalium, sine substantia facultatum, neuter moribus egregius, alter habitu quoque corporis contemptus, per multos jam annos potentissimi sunt civitatis, ac, donec libuit, principes fori, nunc principes in Cæsaris amicitia, agunt feruntque cuncta, atque, ab ipso principe, cum quadam reverentia, diliguntur ; quia Vespasianus, venerabilis se-

dès leur abord dans Rome, les cherchent, et désirent connaître leurs traits.

VIII. Je ne crains pas d'avancer que Marcellus Eprius, dont je parlais tout-à-l'heure, et Crispus Vibius (je me sers plus volontiers d'exemples nouveaux et récens que d'exemples vieillis et oubliés), ne sont pas moins connus aux extrémités du monde qu'à Capoue et à Verceil, où l'on dit qu'ils sont nés; et cette renommée, pour l'un ni pour l'autre, n'est point due à leurs trois cent millions de sesterces, quoique ces richesses puissent être considérées comme le prix de leur éloquence, mais à leur éloquence même, dont la puissance admirable et divine a si souvent prouvé, dans tous les siècles, à quelle haute fortune parviennent les hommes par les seules forces de leur génie. Et ces faits sont, comme je l'ai dit, tout près de nous; nous n'avons pas à les apprendre par ouï-dire, mais à les voir de nos yeux : car plus ces hommes sont nés dans une position humble et abjecte, plus a été notable leur indigence, plus de gêne les a entourés dès leur berceau, plus aussi ils sont des exemples illustres et brillans qui démontrent l'utilité de l'art oratoire. En effet, sans recommandation de naissance, sans appui d'ambition, tous deux de mœurs équivoques, l'un même d'extérieur assez ridicule, ils sont devenus, et depuis long-temps, les plus puissans de l'état; et, après avoir été tant qu'il leur a plu les premiers au forum, ils sont aujourd'hui les premiers dans l'amitié du souverain, mènent et dirigent tout, et sont chéris du prince même avec une sorte de respect : c'est que Vespasien, vieillard vénérable, et le plus patient écouteur de la vérité, comprend bien que ses autres amis se sont élevés par

nex, et patientissimus veri, bene intelligit, ceteros quidem amicos suos niti iis, quæ ab ipso acceperint, quæque ipsi accumulare et in alios congerere promptum est; Marcellum autem et Crispum attulisse ad amicitiam suam quod non a principe acceperint, nec accipi possit. Minimum inter tot ac tanta locum obtinent imagines, ac tituli, et statuæ, quæ neque ipsa tamen negliguntur, tam hercule quam divitiæ et opes, quas facilius invenies, qui vituperet, quam qui fastidiat. His igitur et honoribus, et ornamentis, et facultatibus refertas domos eorum videmus, qui se, ab ineunte adolescentia, causis forensibus et oratorio studio dederunt.

IX. Nam carmina et versus, quibus totam vitam Maternus insumere optat (inde enim omnis fluxit oratio), neque dignitatem ullam auctoribus suis conciliant, neque utilitates alunt; voluptatem autem brevem, laudem inanem et infructuosam consequuntur. Licet hæc ipsa, et quæ deinde dicturus sum, aures tuæ, Materne, respuant, cui bono est, si apud te Agamemnon, aut Jason diserte loquitur? Quis ideo domum defensus, tibi obligatus, redit? Quis Saleium nostrum, egregium poetam, vel, si hoc honorificentius est, præclarissimum vatem deducit, aut salutat, aut prosequitur? Nempe, si amicus ejus, si propinquus, si denique ipse in aliquod negotium inciderit, ad hunc Secundum recurret, aut ad

les avantages qu'il leur a accordés, et qu'il lui est si aisé d'accumuler pour lui-même et de déverser à autrui; mais que Marcellus et Crispus ont apporté à son amitié des titres qu'ils n'ont point reçus du prince, et qui n'en pouvaient être reçus. Parmi tant et de si grands biens, à peine est-il une place pour des images, des titres, des statues, que toutefois l'on ne dédaigne point, pas plus que la fortune et les richesses, sur lesquelles on jette si facilement tant de blâme, mais peu de dédains. Eh bien, ces honneurs, ces décorations, ce crédit, nous les voyons affluer dans les maisons de ceux qui, dès leur adolescence, se sont adonnés aux causes du forum et aux études oratoires.

IX. Mais la poésie, les vers, auxquels Maternus désire de consacrer sa vie entière, car de là vient tout ce discours, ne donnent aucune dignité à leurs auteurs, ne les mènent à aucun but utile. Un plaisir bien court, une louange vaine et sans fruit, voilà ce qu'ils acquièrent. Peut-être mes paroles et celles que je vais y ajouter fatiguent tes oreilles, Maternus? A quoi bon qu'en tes vers parlent éloquemment Jason ou Agamemnon? quelqu'un, par toi défendu, en retourne-t-il en sa demeure ton obligé? Notre Saleius est un poète excellent, ou, si l'on veut un titre plus magnifique, c'est le plus illustre amant des Muses : qui le salue ou l'accompagne? Mais si son ami, si son parent, si enfin lui-même a quelque affaire sur les bras, il recourra à Secundus, ou à toi, Maternus, non parce que tu es poète, ni afin que tu fasses des vers pour sa cause, car les vers

te, Materne, non quia poeta es, neque ut pro eo versus facias: hi enim Basso domi nascuntur, pulchri quidem et jucundi; quorum tamen hic exitus est, ut, quum toto anno, per omnes dies, magna noctium parte, unum librum extudit et elucubravit, rogare ultro et ambire cogatur, ut sint, qui dignentur audire; et ne id quidem gratis: nam et domum mutuatur, et auditorium exstruit, et subsellia conducit, et libellos dispergit; et, ut beatissimus recitationem ejus eventus prosequatur, omnis illa laus intra unum aut alterum diem, velut in herba vel flore præcepta, ad nullam certam et solidam pervenit frugem; nec aut amicitiam inde refert, aut clientelam, aut mansurum in animo cujusquam beneficium, sed clamorem vagum, et voces inanes, et gaudium volucre. Laudavimus nuper, ut miram et eximiam, Vespasiani liberalitatem, quod quingenta sestertia Basso donasset. Pulchrum id quidem, indulgentiam principis ingenio mereri; quanto tamen pulchrius, si ita res familiaris exigat, se ipsum colere, suum ingenium propitiare, suam experiri liberalitatem! Adjice, quod poetis, si modo dignum aliquid elaborare et efficere velint, relinquenda conversatio amicorum, et jucunditas urbis, deserenda cetera officia, utque ipsi dicunt, in nemora et lucos, id est, in solitudinem recedendum est.

X. Ne opinio quidem et fama, cui soli serviunt, et

naissent d'eux-mêmes chez Bassus; ils sont beaux, agréables : eh bien! quelle est leur fin? Après qu'il les a retravaillés toute une année, chaque jour, une partie des nuits, et en a fait un volume, il est forcé d'aller solliciter et mendier des auditeurs qui daignent l'écouter; et ce n'est pas même gratis, car il lui faut emprunter le local, disposer la salle, louer les banquettes, distribuer les programmes. Et quand même le plus heureux succès a suivi la lecture, toute cette gloire dure un jour ou deux, semblable à ces plantes coupées en herbe ou en fleur, et dont aucun fruit utile et certain ne peut provenir ; de tout ceci il ne rapporte ni amitié, ni clientelle, ni reconnaissance gravée au cœur de qui que ce soit, mais une acclamation vague, de vains bruits, une joie fugitive. Naguère nous avons loué comme admirable et extraordinaire la libéralité de Vespasien, qui fit don à Bassus de cinq cent mille sesterces. Il est beau sans doute de mériter l'intérêt du prince par son talent : mais combien n'est-il pas plus beau, quand la position l'exige, de recourir à soi-même, de se rendre son génie propice, et de n'éprouver que sa propre libéralité! Ajoutez que les poètes, s'ils veulent élaborer et produire quelque œuvre digne, doivent renoncer aux rapports de l'amitié, aux charmes de la ville, abandonner tous devoirs, et, comme ils le disent eux-mêmes, se recéler dans le sein des forêts, c'est-à-dire dans la solitude.

X. L'opinion même et la renommée, auxquelles seules

quod unum esse pretium omnis sui laboris fatentur, æque poetas quam oratores sequitur; quoniam mediocres poetas nemo novit, bonos pauci. Quando enim rarissimarum recitationum fama in totam Urbem penetrat, nedum ut per tot provincias innotescat? Quotus quisque, quum ex Hispania, vel Asia, ne quid de Gallis nostris loquamur, in Urbem venit, Saleium Bassum requirit? Atque adeo si quis requirit, et semel vidit, transit et contentus est ut, si picturam aliquam, vel statuam vidisset. Neque hunc meum sermonem sic accipi volo, tamquam eos, quibus natura sua oratorium ingenium denegavit, deterream a carminibus, si modo in hac studiorum parte oblectare otium et nomen inserere possunt famæ; ego vero omnem eloquentiam omnesque ejus partes sacras et venerabiles puto ; nec solum cothurnum vestrum, aut heroici carminis sonum, sed lyricorum quoque jucunditatem, et elegorum lascivias, et iamborum amaritudinem, et epigrammatum lusus, et quamcunque aliam speciem eloquentia habeat, anteponendam ceteris aliarum artium studiis credo : sed tecum mihi, Materne, res est, quod, quum natura tua in ipsam arcem eloquentiæ te ferat, errare mavis, et, summa adeptus, in levioribus subsistis. Ut, si in Græcia natus esses, ubi ludicras quoque artes exercere honestum est, ac tibi Nicostrati robur ac vires dii dedissent,

ils sacrifient, et qu'ils avouent être l'unique prix de tout leur labeur, ne sont pas aussi fidèles aux poètes qu'aux orateurs, parce que personne ne connaît les poètes médiocres, bien peu les excellens. Quand, en effet, la renommée des lectures les plus intéressantes a-t-elle pénétré dans tout Rome, loin de s'étendre à travers tant de provinces? quel est celui qui, venant ou d'Asie ou d'Espagne, je ne parle pas de nos Gaulois, en arrivant à Rome, s'enquiert du poète Saleius Bassus? puis, s'il l'a recherché et aperçu une fois, il passe, il est satisfait comme s'il avait vu quelque peinture ou statue. Cependant il ne faut pas penser d'après mon discours que je veuille détourner de la poésie ceux auxquels la nature a refusé le génie de l'éloquence, si toutefois ils peuvent charmer par ce genre de travail leur oisiveté et confier leur nom à la renommée : je pense, au contraire, que toute l'éloquence et toutes ses parties sont sacrées et respectables; et non-seulement votre cothurne ou l'éclat du vers héroïque, mais aussi la grâce du vers lyrique, les caprices de l'élégie, la verve mordante de l'iambe, les jeux de l'épigramme et toutes les formes que revêt l'art de la parole, me semblent préférables à toute autre étude. Mais voici l'objet de mon débat avec toi, Maternus : Quand la nature t'a placé dans le sanctuaire même de l'éloquence, tu aimes mieux errer, et, parvenu au sommet, tu aspires à descendre. Si tu étais né en Grèce, où il est honorable de s'exercer aux jeux du gymnase; si tu étais doué par les dieux de la force et de la vigueur de Nicostrate, je ne souffrirais pas que ces bras puissans et formés pour la lutte s'amollissent à lancer un disque ou un léger javelot : de même aujourd'hui, du théâtre et des salles de lecture, je t'appelle

non paterer immanes illos et ad pugnam natos lacertos levitate jaculi, aut jactu disci vanescere; sic nunc te ab auditoriis et theatris, in forum, et ad causas, et ad vera prœlia voco; quum præsertim ne ad id quidem confugere possis, quod plerisque patrocinatur, tamquam minus obnoxium sit offendere poetarum quam oratorum studium. Effervescit enim vis pulcherrimæ naturæ tuæ; nec pro amico aliquo, sed, quod periculosius est, pro Catone offendis : nec excusatur offensa necessitudine officii, aut fide advocationis, aut fortuitæ et subitæ dictionis impetu; at tu meditatus videris elegisse personam notabilem, et cum auctoritate dicturam. Sentio, quid responderi possit: hinc ingentes exsistere adsensus, hæc in ipsis auditoriis præcipue laudari, et mox omnium sermonibus ferri. Tolle igitur quietis et securitatis excusationem, quum tibi sumas adversarium superiorem; nobis satis sit privatas et nostri sæculi controversias tueri, in quibus expressis, si quando necesse sit pro periclitante amico potentiorum aures offendere, et probata sit fides et libertas excusata.

XI. Quæ quum dixisset Aper acrius, ut solebat, et intento ore, remissus et subridens Maternus : Paravi, inquit, me, non minus diu accusare oratores, quam Aper laudavit. Fore enim arbitrabar ut, a laudatione eorum digressus, detrectaret poetas, atque carminum

au forum, aux plaidoiries, à de vrais combats; quand surtout tu ne peux recourir à cet argument, invoqué si souvent, que l'art du poète est moins exposé à offenser que celui de l'orateur. C'est faire briller tout l'éclat de ton beau naturel, et pourtant ce n'est pas pour attaquer un ami, mais, ce qui est bien plus dangereux, c'est Caton que tu offenses; et cette offense n'a pour excuse ni l'exigence du devoir, ni le besoin de la cause, ni l'impétuosité hardie d'une improvisation subite. Tu parais avoir choisi avec méditation un personnage notable, dont la parole fasse autorité. Je sais ce qu'on peut répondre : de là naissent cet assentiment général, ces applaudissemens de tous les auditeurs, et bientôt ces échos répétés par toutes les bouches. Ne donne donc plus pour excuses et ton repos et ta sécurité, puisque tu attaques un adversaire qui te vaincra. C'est assez pour nous de défendre les intérêts privés et de notre siècle : si, dans nos expressions, un ami en péril nous force à blesser l'oreille du pouvoir, on excusera la liberté, on louera le zèle.

XI. Dès qu'Aper eut terminé son discours d'un ton âpre et accentué, suivant sa coutume, calme et souriant Maternus répondit : Je me suis préparé à faire le procès aux orateurs non moins long-temps qu'Aper en a fait l'éloge; je m'attendais même qu'après sa digression toute louangère, il en viendrait à déblatérer contre les poètes

studium prosterneret; arte quadam mitigavit, concedendo his, qui causas agere non possent, ut versus facerent. Ego autem, sicut in causis agendis efficere aliquid et eniti fortasse possum, ita recitatione tragœdiarum ingredi famam auspicatus sum, tum quidem, quum in Nerone improbam et studiorum quoque sacra profanantem [vaticinii] potentiam fregi; et hodie, si quid in nobis notitiæ ac nominis est, magis arbitror carminum, quam orationum gloria partum : ac jam me sejungere a forensi labore constitui; nec comitatus istos, et egressus, aut frequentiam salutationum concupisco; non magis quam æra et imagines, quæ, etiam me nolente, in domum meam irruperunt. Nam statum cujusque ac securitatem melius innocentia tuetur, quam eloquentia; nec vereor, ne mihi unquam verba in senatu, nisi pro alterius discrimine, facienda sint.

XII. Nemora vero, et luci, et secretum ipsum, quod Aper increpabat, tantam mihi adferunt voluptatem, ut inter præcipuos carminum fructus numerem, quod nec in strepitu, nec sedente ante ostium litigatore, nec inter sordes ac lacrymas reorum componuntur; sed secedit animus in loca pura atque innocentia, fruiturque sedibus sacris. Hæc eloquentiæ primordia, hæc penetralia; hoc primum habitu cultuque commendata mortalibus, in illa casta, et nullis contacta vitiis, pectora influxit; sic

et à fouler aux pieds l'art de la poésie. Il a mitigé son arrêt avec un certain art, en concédant à ceux qui ne peuvent s'élever au barreau la permission de faire des vers. Pour moi, si je puis dans les plaidoiries montrer quelque talent et faire quelque tentative hasardeuse, c'est en récitant mes tragédies que j'ai pu préluder à ma renommée, alors que, dans ma pièce de *Néron*, j'ai brisé cette puissance barbare qui profanait même le culte sacré des Muses. Et aujourd'hui, s'il m'est resté quelque nom, quelque célébrité, je crois devoir cette gloire plus aux vers qu'à des plaidoyers. Déjà j'ai résolu de me séquestrer des travaux du forum. Ces cortèges, ces visites, cette foule de gens qui saluent, je ne les désire pas plus que ces bronzes et ces images qui, même malgré moi, ont envahi ma demeure. En effet, la position d'un citoyen, sa sécurité, n'a-t-elle pas pour sûr garant son innocence plutôt que son éloquence ? et je ne crains pas d'avoir jamais à porter la parole devant le sénat, si ce n'est pour le péril d'autrui.

XII. Les forêts, les bocages, leur solitude, ridiculisés par Aper, me donnent une si parfaite volupté, que je compte parmi les plus dignes prix de la poésie, qu'elle ne s'inspire pas au milieu du bruit, avec un plaideur qui assiège notre porte, ni dans le deuil et les larmes des accusés ; mais l'âme se retire en des lieux purs et innocens, et elle y jouit de sa retraite sacrée : tel fut le berceau de l'éloquence, tel est son sanctuaire. Ce fut d'abord sous cette forme, sous cette parure, que, charmant les mortels, elle s'infiltra dans des cœurs chastes et qu'aucun vice n'avait souillés : ainsi parlaient les oracles. Car, cette éloquence lucrative et sanglante, l'usage en est ré-

oracula loquebantur. Nam, lucrosæ hujus et sanguinantis eloquentiæ usus, recens, et malis moribus natus, atque, ut tu dicebas, Aper, in locum teli repertus. Ceterum felix illud, et, ut more nostro loquar, aureum sæculum, et oratorum et criminum inops, poetis et vatibus abundabat, qui bene facta canerent, non qui male admissa defenderent. Nec ullis aut gloria major, aut augustior honor; primum apud deos, quorum proferre responsa, et interesse epulis ferebantur; deinde apud illos diis genitos sacrosque reges, inter quos neminem causidicorum, sed Orphea ac Linum, ac, si introspicere altius velis, ipsum Apollinem accepimus; vel, si hæc fabulosa nimis et composita videntur, illud certe mihi concedis, Aper, non minorem honorem Homero, quam Demostheni, apud posteros; nec angustioribus terminis famam Euripidis aut Sophoclis, quam Lysiæ aut Hyperidis, includi: plures hodie reperies, qui Ciceronis gloriam, quam qui Virgilii, detrectent. Nec ullus Asinii aut Messallæ liber tam illustris est, quam Medea Ovidii, aut Varii Thyestes.

XIII. Ac ne fortunam quidem vatum, et illud felix contubernium, comparare timuerim cum inquieta et anxia oratorum vita. Licet illos certamina, et pericula sua ad consulatus evexerint; malo securum et secretum Virgilii secessum, in quo tamen neque apud Divum Augu-

cent : elle est née des mauvaises mœurs, et, comme tu disais, Aper, elle fut inventée pour servir d'arme. Age heureux ! siècle d'or, pour parler notre langage ! Sans accusations et sans orateurs, il abondait en poètes inspirés qui chantaient les bienfaits, et n'avaient pas à défendre ce qui était mal. Pour nul autre, ni gloire plus grande, ni honneurs plus brillans ; d'abord, auprès des dieux, dont ils passaient pour proférer les oracles et partager les festins; ensuite, auprès des fils des dieux, ces rois sacrés, parmi lesquels il ne se trouve aucune espèce d'avocat, mais un Orphée, un Linus, et, si vous voulez regarder plus haut, Apollon lui-même : ou bien, si ce que j'avance vous paraît fabuleux et le fruit de mon imaginative, du moins vous m'accorderez bien, Aper, que la postérité accueille avec autant d'honneur Homère que Démosthène, et que la renommée d'Euripide ou de Sophocle n'a pas de limites plus restreintes que celle de Lysias ou d'Hypéride. Vous trouverez aujourd'hui plus de détracteurs de la gloire de Cicéron que de celle de Virgile, et aucun ouvrage d'Asinius ou de Messalla n'a autant de célébrité que la *Médée* d'Ovide ou le *Thyeste* de Varius.

XIII. Quant à la position du poète et cette heureuse cohabitation avec la poésie, je ne craindrai pas non plus de les comparer à la vie agitée et inquiète des orateurs. Quoique des combats et des périls les aient élevés jusqu'au consulat, je préfère la retraite paisible et secrète de Virgile, retraite où il ne manqua ni des faveurs de l'empereur

stum gratia caruit, neque apud populum romanum notitia : testes Augusti epistolæ, testis ipse populus, qui, auditis in theatro versibus Virgilii, surrexit universus, et forte præsentem spectantemque Virgilium veneratus est, sic quasi Augustum. Ne nostris quidem temporibus Secundus Pomponius Afro Domitio, vel dignitate vitæ, vel perpetuitate famæ, cesserit. Nam Crispus et Marcellus, ad quorum exempla me vocas, quid habent in hac sua fortuna concupiscendum? quod timent? an quod timentur? quod, quum quotidie aliquid rogentur, hi, quibus præstant, indignantur? quod, adligati cum adulatione, nec imperantibus unquam satis servi videntur, nec nobis satis liberi? Quæ hæc summa eorum potentia est? tantum posse liberti solent. Me vero *dulces*, ut Virgilius ait, *Musæ*, remotum a sollicitudinibus et curis, et necessitate quotidie aliquid contra animum faciendi, in illa sacra illosque fontes ferant; nec insanum ultra et lubricum forum, famamque pallentem, trepidus experiar : non me fremitus salutantium, nec anhelans libertus excitet; nec, incertus futuri, testamentum pro pignore scribam; nec plus habeam, quam quod possim, cui velim, relinquere, quandocunque fatalis et meus dies veniet; statuarque tumulo, non mœstus et atrox, sed hilaris et coronatus; et pro memoria mei nec consulat quisquam, nec roget.

Auguste, ni des applaudissemens du peuple romain : témoin les lettres d'Auguste, témoin le peuple même qui, entendant au théâtre les vers de Virgile, se leva tout entier, et offrit à Virgile, par hasard spectateur et présent, ses témoignages de vénération comme à Auguste même. Et, de nos jours, Pomponius Secundus le cède-t-il à Domitius Afer, soit par la dignité de sa vie, soit par la renommée qui se perpétue avec son nom? En effet, Crispus et Marcellus, dont vous me rappelez les exemples, qu'ont-ils de si désirable en leur fortune? est-ce parce qu'ils craignent ou sont à craindre? est-ce parce que chaque jour on les prie, en maudissant leurs services? est-ce parce que, enchaînés à l'adulation, ils ne paraissent jamais assez serviles au pouvoir, jamais à nous assez indépendans? Quelle est donc cette puissance si haute? pouvoir autant que peuvent des affranchis. Pour moi, veuillent les *Muses, si pleines de douceur*, comme le dit Virgile, m'éloigner et des soucis et des inquiétudes, et de cette nécessité de faire chaque jour quelque chose contre ma pensée! qu'elles me transportent à leurs fontaines, en des retraites sacrées! Je n'irai pas, tremblant, faire épreuve de ce barreau si glissant, si fou, ni de cette renommée au teint pâle; les frémissemens des salutations, l'affranchi haletant, ne m'éveilleront pas; je ne ferai pas, incertain de l'avenir, un testament pour sauver mon patrimoine; je n'aurai pas tant de biens, que je ne puisse les laisser à qui je voudrai, quand mon jour suprême viendra : alors, mon image sera gravée sur ma tombe, non pas triste et fière, mais joyeuse, avec une couronne, et, pour consacrer ma mémoire, il ne faudra ni enquête ni supplications.

XIV. Vixdum finierat Maternus, concitatus et velut instinctus, quum Vipstanus Messalla cubiculum ejus ingressus est, suspicatusque, ex ipsa intentione singulorum, altiorem inter eos esse sermonem: Num parum tempestivus, inquit, interveni, secretum consilium et causæ alicujus meditationem tractantibus? Minime, minime, inquit Secundus, atque adeo vellem maturius intervenisses: delectasset enim te, et Apri nostri accuratissimus sermo, quum Maternum, ut omne ingenium ac studium suum ad causas agendas converteret, exhortatus est, et Materni pro carminibus suis læta, utque poetas defendi decebat, audentior, et poetarum quam oratorum similior, oratio. Me vero, inquit, et sermo ipse infinita voluptate affecisset, atque id ipsum delectat, quod vos, viri optimi et temporum nostrorum oratores, non forensibus tantum negotiis et declamatorio studio ingenia vestra exercetis, sed ejusmodi etiam disputationes adjungitis, quæ et ingenium alunt, et eruditionis et litterarum jucundissimum oblectamentum, quum vobis, qui illa disputatis, adferunt, tum etiam his, ad quorum aures pervenerint. Itaque hercule non minus probari video in te, Secunde, quod, Julii Asiatici vitam componendo, spem hominibus fecisti plurium ejusmodi librorum, quam in Apro, quod nondum a scholasticis controversiis recessit, et otium suum ma-

XIV. A peine Maternus avait-il fini, encore plein de son enthousiasme, et, pour ainsi dire, de son inspiration, Vipstanus Messalla entra dans la chambre et soupçonna, à l'air attentif de chacun, que la conversation était des plus relevées : Ne suis-je point venu mal-à-propos, dit-il, interrompre une conférence secrète où l'on médite sur une cause? Point du tout, dit Secundus, et même je voudrais que tu fusses intervenu plus tôt : tu aurais eu plaisir au discours si élégant de notre cher Aper, qui exhortait Maternus à ne plus employer ses études et son talent qu'à défendre des causes, autant qu'au discours de Maternus, qui protège ses vers chéris, comme il convient de parler de la poésie, avec énergie et en termes plus poétiques qu'oratoires. Pour moi, dit Messalla, ce qui me charme le plus, c'est de voir des hommes pleins de vertus et les orateurs de nos temps ne pas exercer leurs talens seulement aux affaires du barreau et au genre déclamatoire, mais y joindre aussi des débats qui nourrissent l'esprit et offrent les plus douces jouissances de l'érudition et des belles-lettres, tant pour vous, qui discutez, que pour ceux qui peuvent vous entendre. Aussi, grands dieux! je vois, Secundus, qu'on ne t'approuve pas moins d'avoir, par ta *Vie de Julius Asiaticus*, donné l'espoir que tu composeras plusieurs livres de ce genre, qu'on n'approuve Aper de n'avoir pas renoncé aux controverses de l'école, et de préférer employer ses loisirs comme nos rhéteurs modernes et non comme les anciens orateurs.

vult novorum rhetorum more, quam veterum oratorum, consumere.

XV. Tum Aper : Non desinis, Messalla, vetera tantum et antiqua mirari, nostrorum autem temporum studia irridere atque contemnere. Nam hunc tuum sermonem sæpe excepi, quum, oblitus et tuæ et fratris tui eloquentiæ, neminem hoc tempore oratorem esse contenderes; atque id eo, credo, audacius, quod maligni in iis opinionem non verebaris, quum eam gloriam, quam tibi alii concedunt, ipse tibi denegares. Neque illius, inquit, sermonis mei pœnitentiam ago; neque aut Secundum, aut Maternum, aut teipsum, Aper (quamquam interdum in contrarium disputes), aliter sentire credo. Ac velim impetratum ab aliquo vestrum, ut causas hujus infinitæ differentiæ scrutetur ac reddat, quas mecum ipse plerumque conquiro; et quod quibusdam solatio est, mihi auget quæstionem, quia video etiam Graiis accidisse, ut longius absit Æschine et Demosthene Sacerdos iste Nicetes, et si quis alius Ephesum vel Mitylenas contentis scholasticorum clamoribus quatit, quam Afer, aut Africanus, aut vos ipsi a Cicerone, aut Asinio recessistis.

XVI. Magnam, inquit Secundus, et dignam tractatu quæstionem movisti : sed quis eam justius explicaverit, quam tu, ad cujus summam eruditionem et præstantissimum ingenium cura quoque et meditatio accessit? Et

XV. Alors Aper : Tu ne cesses, Messalla, d'admirer exclusivement le passé et l'antiquité, de railler et de mépriser les travaux de notre époque ; car souvent je t'ai entendu répéter, oubliant ton éloquence et celle de ton frère, que tu prétendais qu'il n'y avait pas un seul orateur dans notre siècle, et tu le soutenais, je crois, avec d'autant plus d'assurance, que tu ne redoutais pas en ceci le reproche de malignité, puisque tu te refusais à toi-même cette gloire qui t'est concédée. Je ne me repens nullement de ce langage, répondit Messalla, et je ne crains pas que ni Secundus, ni Maternus, ni toi-même, Aper, quoique tu défendes quelquefois l'avis contraire, vous pensiez autrement : je voudrais même obtenir de l'un de vous qu'il voulût bien discuter et déterminer les causes de cette extrême différence, causes que souvent j'ai recherchées moi-même. Et une remarque qui complique pour moi la question, quand elle l'éclaircit pour d'autres, c'est que même chose est arrivée chez les Grecs. Certes, ce Sacerdos Nicétès, et tout autre rhéteur qui ébranle Éphèse ou Mitylène de ses déclamations ampoulées et pédantesques, sont plus loin d'Eschine et de Démosthène qu'Afer, Africanus, et vous-mêmes, n'êtes loin de Cicéron ou d'Asinius.

XVI. Tu as, dit Secundus, soulevé une grande question, digne d'examen ; mais qui la traitera avec plus d'exactitude que toi, qui as su joindre à une très-haute érudition et au génie le plus brillant, l'étude et la méditation ? Messalla répondit : Je vous découvrirai toute

Messalla: Aperiam, inquit, cogitationes meas, si illud a vobis ante impetravero, ut vos quoque sermonem hunc nostrum adjuvetis. Pro duobus, inquit Maternus, promitto: nam et ego, et Secundus, exsequemur partes quas intellexerimus, te non tam omisisse, quam nobis reliquisse. Aprum enim solere dissentire, et tu paullo ante dixisti, et ipse satis manifestus est jamdudum in contrarium accingi, nec æquo animo perferre hanc nostram pro antiquorum laude concordiam. Non enim, inquit Aper, inauditum et indefensum sæculum nostrum patiar hac vestra conspiratione damnari. Sed hoc primum interrogabo, quos vocetis *antiquos*, quam oratorum ætatem significatione ista determinetis. Ego enim, quum audio antiquos, quosdam veteres et olim natos intelligo; ac mihi versantur ante oculos Ulysses et Nestor, quorum ætas mille fere et trecentis annis sæculum nostrum antecedit; vos autem Demosthenem et Hyperidem profertis, quos satis constat Philippi et Alexandri temporibus, floruisse, ita tamen, ut utrique superstites essent. Ex quo adparet non multo plures quam cccc annos interesse inter nostram et Demosthenis ætatem: quod spatium temporis, si ad infirmitatem corporum nostrorum referas, fortasse longum videatur; si ad naturam sæculorum et respectum immensi hujus ævi, perquam breve et in proximo est. Nam si, ut Cicero in Hortensio scribit, is est

ma pensée, si j'obtiens d'abord que vous me secondiez vous-mêmes dans mes raisonnemens. Je m'engage pour deux, dit Maternus : Secundus et moi nous développerons les points que tu auras non pas omis, mais que tu nous auras abandonnés. Quant à Aper, son rôle est l'opposition, toi-même viens de l'avouer, et il montre que depuis long-temps il est prêt à la répartie, et qu'il ne supporte pas patiemment notre intelligence en faveur de la gloire des anciens. Non certes, dit Aper, je ne souffrirai pas que notre siècle succombe, sans examen et sans défenseur, sous votre conspiration. Mais d'abord je demanderai : Qu'appelez-vous anciens ? à quelle époque limitez-vous cet âge des orateurs ? Pour moi, quand on me parle des anciens, je me figure quelques personnages nés jadis, et à mes yeux se présentent Ulysse et Nestor, dont l'époque remonte à près de treize cents années au delà de notre siècle. Mais vous nous citez Démosthène et Hypéride, qui fleurirent, on le sait, aux temps de Philippe et d'Alexandre, et qui même leur ont survécu ; d'où il est clair qu'il n'y a pas beaucoup plus de quatre siècles entre Démosthène et notre époque. Cet espace de temps, si on le rapporte à notre faiblesse physique, doit sans doute paraître long ; si c'est à la durée des siècles et à celle de cet immense univers, il est court et vous touche pour ainsi dire. En effet, si, comme dit Cicéron dans son *Hortensius*, il n'y a de véritable et entière année que celle où la position du ciel et des astres, dans toute leur étendue, se reproduit en entier, et si cette année en comprend douze mille neuf cent cinquante-quatre des nôtres, votre Démosthène, que vous nous faites vieux et antique, a existé non-seulement la même année que vous, mais presque le même mois.

magnus et verus annus, quo eadem positio cœli siderumque, quæ quum maxime est, rursum exsistet, isque annus horum, quos nos vocamus, annorum XII M. DCCCCLIV complectitur; incipit Demosthenes vester, quem vos veterem et antiquum fingitis, non solum eodem anno, quo nos, sed fere eodem mense exstitisse.

XVII. Sed transeo ad latinos oratores, in quibus non Menenium, ut puto, Agrippam, qui potest videri antiquus, nostrorum temporum disertis anteponere soletis, sed Ciceronem, et Cæsarem, et Cœlium, et Calvum, et Brutum, et Asinium, et Messallam : quos quidem cur antiquis temporibus potius adscribatis, quam nostris, non video : nam, ut de Cicerone ipso loquar, Hirtio nempe et Pansa coss., ut Tiro libertus ejus scripsit, VII idus decembris occisus est, quo anno Divus Augustus in locum Pansæ et Hirtii se et Q. Pedium coss. suffecit; statue sex et quinquaginta annos, quibus mox Divus Augustus rempublicam rexit; adjice Tiberii tres et viginti, et prope quadriennium Caii, ac bis quaternos denos Claudii et Neronis annos, atque ipsum Galbæ, et Othonis, et Vitellii unum annum, ac sextam jam felicis hujus principatus stationem, qua Vespasianus rempublicam fovet: centum et viginti anni, ab interitu Ciceronis in hunc diem, colliguntur, unius hominis ætas. Nam ipse ego in Britannia vidi senem, qui se fateretur ei pugnæ interfuisse, qua

XVII. Mais je viens aux orateurs romains : l'un d'eux, Menenius Agrippa, peut passer pour un ancien; ce n'est pas lui, je pense, que vous préférerez aux talens de notre époque, à Cicéron, César, Célius, Calvus, Brutus, Asinius et Messalla. Quant à ceux-ci, je ne vois pas pourquoi vous les rattacheriez aux anciens temps plutôt qu'aux temps modernes. En effet, pour parler seulement de Cicéron, ce fut sous le consulat d'Hirtius et de Pansa, comme l'a écrit son affranchi Tiron, qu'il fut assassiné, le sept des ides de décembre, cette même année où Auguste se nomma consul avec Q. Pedius à la place de Pansa et d'Hirtius. Comptez les cinquante-six années qu'Auguste gouverna la république, ajoutez les vingt-trois années de Tibère, les quatre ans à peu près de Caligula, les vingt-huit de Claude et de Néron, cette seule année aussi des règnes de Galba, d'Othon et de Vitellius, et l'espace de six ans de cet heureux gouvernement de Vespasien, tout entier au bien de l'état : de la mort de Cicéron à ce moment nous trouvons cent vingt ans; c'est la vie d'un seul homme. Car j'ai vu moi-même en Bretagne un vieillard qui déclara avoir pris part à la bataille où les Barbares essayèrent de repousser de leurs rivages et de chasser César, dont l'armée allait les envahir. Or, si ce guerrier qui combattit César eût été

Cæsarem, inferentem arma Britanniæ, arcere litoribus et pellere aggressi sunt. Ita, si eum, qui armatus C. Cæsari restitit, vel captivitas, vel voluntas, vel fatum aliquod in Urbem pertraxisset, idem Cæsarem ipsum, et Ciceronem audire potuit, et nostris quoque actionibus interesse. Proximo quidem congiario ipsi vidistis plerosque senes, qui se a divo quoque Augusto semel atque iterum accepisse congiarium narrabant: ex quo colligi potest, et Corvinum ab illis, et Asinium audiri potuisse. Nam Corvinus in medium usque Augusti principatum, Asinius pæne ad extremum duravit. Nec dividatis sæculum, et antiquos ac veteres vocetis oratores, quos eorumdem hominum aures agnoscere, ac velut conjungere et copulare potuerunt.

XVIII. Hæc ideo prædixi, ut, si qua ex horum oratorum fama gloriaque laus temporibus acquiritur, eamdem docerent in medio sitam et propiorem nobis, quam Ser. Galbæ, C. Carboni, quosque alios antiquos merito vocaremus. Sunt enim horridi, et impoliti, et rudes, et informes, et quos utinam nulla parte imitatus esset Calvus vester, aut Cœlius, aut ipse Cicero! Agere enim fortius jam et audentius volo, si illud ante prædixero, mutari cum temporibus formas quoque et genera dicendi. Sic Catoni seni comparatus C. Gracchus plenior et uberior; sic Graccho politior et ornatior Crassus; sic utroque distinctior, et urbanior, et altior Cicero; Cicerone

par captivité, par sa volonté ou par quelque hasard, amené dans Rome, il eût pu y entendre et ce même César et Cicéron, et assister encore à nos discussions. Aux dernières distributions, vous avez vu des vieillards qui disaient en avoir reçu une ou deux fois d'Auguste, d'où l'on doit conclure qu'ils ont pu entendre et Corvinus et Asinius; car Corvinus prolongea son existence jusqu'au milieu du règne d'Auguste, Asinius presque jusqu'à la fin. Ne divisez donc pas le siècle; n'appelez pas anciens et nouveaux des orateurs que les mêmes hommes ont pu connaître, et, pour ainsi dire, réunir et rapprocher.

XVIII. J'ai commencé par m'exprimer de la sorte, afin que, si quelque gloire est acquise au siècle de ces orateurs par leur renommée et par leurs succès, elle ne nous soit pas étrangère, et nous appartienne plus qu'à S. Galba, à C. Carbon, et à quelques autres que nous appellerions à juste titre des anciens. En effet, ceux-ci sont hérissés, âpres, rudes et sans formes, et plût aux dieux qu'en aucune partie ils n'eussent été imités ni par votre Calvus, ni par Célius, ni même par Cicéron! car je veux m'expliquer maintenant avec plus d'énergie et de hardiesse, quand j'aurai dit que les époques changent la forme et le genre de l'art de la parole. Ainsi, comparé au vieux Caton, C. Gracchus est plus plein, plus abondant; ainsi Crassus est plus poli et plus orné que Gracchus; ainsi, plus que l'un et l'autre, Cicéron a de la variété, de

mitior Corvinus et dulcior, et in verbis magis elaboratus. Nec quæro, quis disertissimus; hoc interim probasse contentus sum, non esse unum eloquentiæ vultum, sed in illis quoque, quos vocatis antiquos, plures species deprehendi; nec statim deterius esse, quod diversum est; vitio autem malignitatis humanæ vetera semper in laude, præsentia in fastidio esse. Num dubitamus, inventos, qui pro Catone Appium Cæcum magis mirarentur? Satis constat, ne Ciceroni quidem obtrectatores defuisse, quibus inflatus, et tumens, nec satis pressus, sed supra modum exsultans et superfluens, et parum atticus videretur. Legistis utique et Calvi et Bruti ad Ciceronem missas epistolas, ex quibus facile est deprehendere, Calvum quidem Ciceroni visum exsanguem et attritum, Brutum autem otiosum atque disjunctum; rursumque Ciceronem a Calvo quidem male audivisse, tanquam solutum et enervem; a Bruto autem, ut ipsius verbis utar, tanquam fractum et elumbem. Si me interroges, omnes mihi videntur verum dixisse. Sed mox ad singulos veniam; nunc mihi cum universis negotium est.

XIX. Nam, quatenus antiquorum admiratores hunc velut terminum antiquitatis constituere solent, quem usque ad Cassium Severum faciunt, quem primum affirmant flexisse ab illa vetere atque directa dicendi via; non infirmitate ingenii, nec inscitia litterarum transtu-

l'urbanité et de l'élévation ; Corvinus est plus doux que Cicéron, plus séduisant et plus travaillé en son style. Je ne cherche pas lequel est le plus disert : il me suffit d'avoir prouvé ceci, que l'éloquence n'a pas une seule physionomie, mais que l'on en découvre plusieurs genres, même chez ceux que vous appelez anciens ; qu'un genre n'est pas pire par cela seul qu'il est différent ; mais, par ce penchant vicieux de la malignité humaine, toujours ce qui est ancien est loué, toujours le présent est dédaigné. Doutons-nous qu'il se soit trouvé des admirateurs d'Appius Cécus au détriment de Caton? On sait assez que Cicéron ne manqua pas de détracteurs, auxquels il paraissait enflé et ampoulé, pas assez serré, mais bouffi outre mesure, redondant et trop peu attique. Vous avez lu, sans doute, les lettres écrites par Calvus et Brutus à Cicéron ; il est facile d'y découvrir que Calvus paraissait à Cicéron usé et sans vie, Brutus négligé et sans liaison. Et, de son côté, Cicéron était maltraité par Calvus comme un écrivain lâche et énervé, et par Brutus, dont je rappelle ici les termes mêmes, comme un orateur débile et sans reins. Si vous m'interrogez, tous me paraissent avoir dit vrai. Mais bientôt je reviendrai à chacun d'eux ; maintenant mon examen les comprend tous en masse.

XIX. En effet, puisque les admirateurs des anciens ont coutume d'assigner à l'antiquité pour limite l'époque de Cassius Severus, qui, selon leur dire, s'écarta le premier de cette voie directe et antique de l'éloquence : je prétends que ce ne fut point par la faiblesse de son génie ni par ignorance des lettres qu'il s'adonna à ce nou-

lisse se ad illud dicendi genus contendo, sed judicio et intellectu : vidit namque, ut paullo ante dicebam, cum conditione temporum ac diversitate aurium, formam quoque ac speciem orationis esse mutandam. Facile perferebat prior iste populus, ut imperitus et rudis, impeditissimarum orationum spatia; atque id ipsum laudi dabatur, si dicendo quis diem eximeret. Jam vero longa principiorum præparatio, et narrationis alte repetita series, et multarum divisionum ostentatio, et mille argumentorum gradus, et quidquid aliud aridissimis Hermagoræ et Apollodori libris præcipitur, in honore erat; quod si quis, odoratus philosophiam, ex ea locum aliquem orationi suæ insereret, in cœlum laudibus ferebatur. Nec mirum; erant enim hæc nova et incognita, et ipsorum quoque oratorum paucissimi præcepta rhetorum, aut philosophorum placita, cognoverant. At hercule pervulgatis jam omnibus, quum vix in cortina quisquam adsistat, quin elementis studiorum, etsi non instructus, at certe imbutus sit, novis et exquisitis eloquentiæ itineribus opus est, per quæ orator fastidium aurium effugiat, utique apud eos judices, qui vi aut potestate, non jure et legibus, cognoscunt, et nec accipiunt tempora, sed constituunt, nec exspectandum habent oratorem, dum illi libeat de ipso negotio dicere, sed sæpe ultro admonent, atque alio transgredientem revocant, et festinare se testantur.

veau genre, mais par système et par combinaison. Car il découvrit, comme je disais peu auparavant, qu'il fallait modifier les formes et les genres de l'éloquence suivant l'esprit des temps et le changement d'auditeurs. Ce premier public, encore rude et ignorant, supportait facilement les longueurs des harangues les plus embrouillées, et c'était un motif de louange pour l'orateur que d'être un jour entier à parler. Alors donc les longues préparations de l'exorde, le fil de la narration repris de très-haut, ce luxe de divisions multipliées, ces mille degrés d'argumens, et tout ce qu'enseignent les livres si arides d'Hermagoras et d'Apollodore, étaient en honneur; et si quelque orateur avec une odeur de philosophie en imprégnait certains endroits de son discours, on l'exaltait jusqu'aux cieux. Et ce n'est pas merveilleux; car ces choses étaient nouvelles et inconnues, et très-peu de ces orateurs mêmes connaissaient les préceptes indiqués par les rhéteurs et les philosophes. Mais, grands dieux ! tout cela est tellement vulgaire aujourd'hui, que, dans une assemblée, à peine assiste-t-il une personne qui n'ait été sinon imbue, du moins instruite de ces élémens d'étude : il faut donc à l'éloquence des routes nouvelles et choisies, pour que l'orateur évite de rebuter ses auditeurs, surtout devant des juges qui procèdent par autorité et par force, et non par droit et par les lois; qui ne se soumettent point au temps que demandent les audiences, mais le fixent; qui ne croient pas devoir attendre qu'il plaise à l'orateur d'en venir enfin à son affaire, mais souvent l'avertissent, le rappellent s'il s'écarte, et déclarent qu'ils sont pressés.

XX. Quis nunc ferat oratorem, de infirmitate valetudinis suæ præfantem? qualia sunt fere principia Corvini. Quis quinque in Verrem libros exspectaverit? Quis de exceptione et formula perpetietur illa immensa volumina, quæ pro M. Tullio, aut A. Cæcina legimus? Præcurrit hoc tempore judex dicentem, et, nisi aut cursu argumentorum, aut colore sententiarum, aut nitore et cultu descriptionum invitatus et corruptus est, aversatur dicentem. Vulgus quoque adsistentium, et adfluens, et vagus auditor adsuevit jam exigere lætitiam et pulchritudinem orationis; nec magis perfert in judiciis tristem et impexam antiquitatem, quam si quis in scena Roscii aut Turpionis Ambivii exprimere gestus velit. Jam vero juvenes, in ipsa studiorum incude positi, qui profectus sui causa oratores sectantur, non solum audire, sed etiam referre domum aliquid illustre et dignum memoria volunt; traduntque invicem, ac sæpe in colonias ac provincias suas scribunt, sive sensus aliquis arguta et brevi sententia effulsit, sive locus exquisito et poetico cultu enituit. Exigitur enim jam ab oratore etiam poeticus decor, non Accii aut Pacuvii veterno inquinatus, sed ex Horatii, et Virgilii, et Lucani sacrario prolatus. Horum igitur auribus et judiciis obtemperans nostrorum oratorum ætas, pulchrior et ornatior exstitit. Neque ideo minus efficaces sunt orationes nostræ, quia ad aures

XX. Qui supporterait aujourd'hui un orateur débutant par exposer la faiblesse de sa santé? tels sont le plus souvent les exordes de Corvinus. Qui écouterait cinq livres contre Verrès? Qui, sur une formule ou une exception, tolèrerait ces immenses cahiers que nous lisons en faveur de M. Tullius et de Cécina? De nos temps, le juge devance l'orateur; et si la rapidité des argumens, le coloris des pensées ou l'éclat et la recherche des descriptions n'invitent et ne séduisent le juge, il prend en aversion le discoureur. La foule même des assistans, cet auditoire qui tour-à-tour vague et afflue, s'est déjà habitué à exiger que le plaidoyer lui plaise et le charme ; et il ne souffre point au barreau ce style antique, triste et sauvage, pas plus que si l'on venait sur la scène imiter les gestes de Roscius et de Turpion Ambivius. Et de plus, les jeunes gens encore posés sur l'enclume des études, et qui, pour se former, suivent les orateurs, veulent non-seulement les entendre, mais même rapporter chez eux quelque trait remarquable et digne de mémoire. Ils se les communiquent l'un à l'autre, ils écrivent dans leurs villes et dans leurs provinces, soit qu'une pensée neuve ait paru dans une courte et ingénieuse sentence, soit qu'un passage ait brillé d'un éclat poétique et nouveau : car déjà l'on exige de l'orateur ce vernis poétique, non pas souillé de la rouille d'Accius ou de Pacuvius, mais extrait du sanctuaire d'Horace, de Virgile ou de Lucain. Ainsi, pour complaire aux oreilles et au goût de ces auditeurs, les orateurs de notre âge se sont montrés plus ornés et plus brillans. Nos discours en sont-ils moins efficaces, parce qu'ils parviennent à l'oreille du juge en le charmant? Quoi donc, croiriez-vous les temples de nos jours moins solides,

judicantium cum voluptate perveniunt. Quid enim, si infirmiora horum temporum templa credas, quia non rudi cæmento, et informibus tegulis exstruuntur, sed marmore nitent, et auro radiantur?

XXI. Equidem fatebor vobis simpliciter, me in quibusdam antiquorum vix risum, in quibusdam autem vix somnum, tenere : nec unum de populo, Canutium, aut Arrium, Furniumve nominabo, quique alii in eodem valetudinario hæc ossa et hanc maciem probant. Ipse mihi Calvus, quum unum et viginti, ut puto, libros reliquerit, vix una aut altera oratiuncula satisfacit. Nec dissentire ceteros ab hoc meo judicio video : quotus enim quisque Calvi in Asitium, aut in Drusum legit? At hercule in hominum studiosorum manibus versantur accusationes, quæ in Vatinium inscribuntur, ac præcipue secunda ex his oratio : est enim verbis ornata et sententiis, auribusque judicum accommodata; ut scias, ipsum quoque Calvum intellexisse, quid melius esset, nec voluntatem ei, quin sublimius et cultius diceret, sed ingenium ac vires, defuisse. Quid ex Cœlianis orationibus? nempe hæ placent, si non universæ, at partes earum, in quibus nitorem et altitudinem horum temporum agnoscimus. Sordes autem illæ verborum, et hians compositio, et inconditi sensus redolent antiquitatem; nec quemquam adeo antiquarium puto, ut Cœlium ex ea parte laudet,

parce qu'ils ne sont pas construits avec de grossier ciment et des briques informes, tandis que le marbre y brille et que l'or y scintille?

XXI. Je vous avouerai même tout simplement, à propos des anciens, qu'en lisant quelques-uns je résiste à peine à l'envie de rire, en lisant quelques autres à l'envie de dormir ; et je n'en cite pas un de cette multitude, ni Canutius, ni Arrius, ni Furnius, ni aucun autre de ceux qui, en cette même infirmerie, montrent à nu leur maigreur et leurs os. Calvus lui-même, qui a laissé, je crois, vingt-un volumes, me satisfait à peine en un ou deux petits plaidoyers. Et par ce jugement je ne vois pas que je diffère du jugement général. Qui a lu son discours contre Asitius ou Drusus ? mais, certes, les hommes studieux ont toujours sous la main ses accusations contre Vatinius et surtout le second discours. En effet les expressions, les pensées en sont brillantes, et disposées pour charmer l'oreille du juge : ce qui vous démontre que déjà Calvus avait le sentiment du beau, et que ce n'est pas sa volonté qui l'a empêché d'être plus sublime et plus orné, mais le manque de talent et de forces. Que dire des oraisons de Célius ? combien elles plaisent, sinon dans leur entier, du moins en ces parties où nous reconnaissons l'éclat et l'élévation de l'éloquence moderne! Mais les expressions ignobles, la composition embarrassée, le style décousu, sentent le vieux temps, et je ne pense pas que personne soit épris de l'antique au point de louer Célius en ce qu'il a d'antique. Pardonnons à César si, à cause de la grandeur de ses pensées et des occupations de tant de

qua antiquus est. Concedamus sane C. Cæsari, ut propter magnitudinem cogitationum, et occupationes rerum, minus in eloquentia effecerit, quam divinum ejus ingenium postulabat : tam hercule, quam Brutum philosophiæ suæ relinquamus : nam, in orationibus minorem esse fama sua, etiam admiratores ejus fatentur. Nec forte quisquam aut Cæsaris pro Decio Samnite, aut Bruti pro Dejotaro rege, ceterosque ejusdem lentitudinis ac teporis libros legit, nisi qui et carmina eorumdem miratur : fecerunt enim et carmina, et in bibliothecas retulerunt, non melius quam Cicero, at felicius, quia illos fecisse pauciores sciunt. Asinius quoque, quanquam propioribus temporibus natus sit, videtur mihi inter Menenios et Appios studuisse. Pacuvium certe et Accium non solum tragœdiis, sed etiam orationibus suis expressit; adeo durus et siccus est! Oratio autem, sicut corpus hominis, ea demum pulchra est, in qua non eminent venæ, nec ossa numerantur, sed temperatus ac bonus sanguis implet membra, et exsurgit toris, ipsosque nervos rubor tegit, et decor commendat. Nolo Corvinum insequi, quia non per ipsum stetit, quo minus lætitiam nitoremque nostrorum temporum exprimeret, viderimus : in quantum judicio ejus vis aut animi, aut ingenii suffecerit.

XXII. Ad Ciceronem venio, cui eadem pugna cum æqualibus suis fuit, quæ mihi vobiscum est. Illi enim

choses, il a fait en éloquence moins que ne le demandait son divin génie. Et laissons, grands dieux! laissons Brutus à sa philosophie; car il fut dans ses oraisons au dessous de sa réputation : ses admirateurs mêmes en conviennent. Et, sans doute, personne ne lit les plaidoyers de César pour Decius le Samnite, ni ceux de Brutus pour le roi Dejotarus, ni tant d'autres œuvres tièdes et languissantes, si ce n'est quelque admirateur de leurs poésies; car César et Brutus ont aussi fait des vers, et les ont placés dans les bibliothèques publiques : poètes aussi faibles que Cicéron, mais plus heureux, parce que moins de personnes ont su qu'ils le furent. Asinius aussi, quoique né à une époque moins éloignée, me paraît avoir étudié parmi les Menenius et les Appius. Il rappelle certainement Pacuvius et Accius, non-seulement dans ses tragédies, mais même en ses discours : tant il est dur et sec. Or, le discours est ainsi que le corps humain, dont la beauté ne consiste pas en veines apparentes, en os que l'on compterait, mais dans un sang pur et tempéré qui remplit les chairs et les anime, dans un coloris qui recouvre les nerfs, et dans la grâce qu'il déploie. Je ne veux point m'attaquer à Corvinus, puisqu'il n'a point dépendu de lui qu'il n'exprimât l'enjouement et le brillant de notre époque; nous pourrions voir jusqu'à quel point la force de son âme et de son génie a secondé son jugement.

XXII. J'en viens à Cicéron, qui eut avec ses contemporains le débat que j'ai avec vous-mêmes. Car ils admi-

antiquos mirabantur; ipse suorum temporum eloquentiam anteponebat; nec ulla re magis ejusdem ætatis oratores præcurrit, quam judicio. Primus enim excoluit orationem, primus et verbis delectum adhibuit et compositioni artem; locos quoque lætiores adtentavit, et quasdam sententias invenit; utique in his orationibus, quas senior jam et juxta finem vitæ composuit, id est, postquam magis profecerat, usuque et experimentis didicerat, quod optimum dicendi genus esset. Nam priores ejus non carent vitiis antiquitatis: lentus est in principiis, longus in narrationibus, otiosus circa excessus, tarde commovetur, raro incalescit; pauci sensus apte, et cum quodam lumine terminantur: nihil excerpere, nihil referre possis; et, velut in rudi ædificio, firmus sane paries et duraturus, sed non satis expolitus et splendens. Ego autem oratorem, sicut locupletem ac laudatum patremfamiliæ, non eo tantum volo tecto tegi, quod imbrem ac ventum arceat, sed etiam quod visum et oculos delectet; non ea solum instrui supellectile, quæ necessariis usibus sufficiat, sed etiam sit in apparatu ejus et aurum, et gemmæ, ut sumere in manus, et adspicere sæpius liceat; quædam vero procul arceantur, ut jam obliterata et olentia; nullum sit verbum velut rubigine infectum; nulli sensus tarda et inerti structura, in morem annalium, componantur; fugiat fœdam et insulsam scurrilitatem, variet compositionem, nec omnes clausulas uno et eodem modo terminet.

raient les anciens, et, lui, il préférait l'éloquence de son époque, et par nulle autre chose il ne devança les orateurs de son siècle plus que par son jugement. Le premier il polit le langage, le premier il fit choix des expressions et composa avec art; il risqua même quelques morceaux brillans, donna un tour neuf à quelques sentences, particulièrement dans ces oraisons qu'il produisit étant déjà vieux et près de sa fin, c'est-à-dire après qu'il eut mûri son talent et appris, par l'usage et l'expérience, quel était le meilleur genre d'éloquence. Car ses premiers discours ne sont pas exempts des défauts de l'antiquité : il est lent à ses débuts, long dans ses narrations, oiseux dans ses digressions; il s'émeut tardivement, rarement il s'échauffe; peu de ses phrases se terminent avec convenance et un certain éclat; on ne peut rien détacher, rien retenir; et, comme dans un édifice grossier, sans doute les murs sont fermes et durables, mais pas assez polis et brillans. Pour moi, je veux un orateur semblable à un père de famille riche et digne d'éloge, occupant une habitation non-seulement préservée de la pluie et du vent, mais qui charme la vue et les regards; qui non-seulement soit garnie des meubles suffisans aux usages indispensables, mais étale dans son luxe, de l'or et des pierres fines qu'on puisse librement admirer et toucher. Je veux qu'il mette à l'écart les objets sales et vieillis; qu'il n'ait pas une expression infectée, pour ainsi dire, par la rouille, aucune phrase d'une structure lente et inerte, composée en façon d'annales; qu'il fuie la bouffonnerie ignoble et sans sel, qu'il varie sa composition, et qu'il ne termine pas toutes ses périodes d'une manière uniforme.

XXIII. Nolo irridere *rotam fortunæ*, et *jus Verrinum*, et illud, tertio quoque sensu in omnibus orationibus pro sententia positum, *esse videatur*. Nam et hoc invitus retuli, et plura omisi, quæ tamen sola mirantur atque exprimunt hi, qui se antiquos oratores vocant : neminem nominabo, genus hominum signasse contentus; sed vobis utique versantur ante oculos, qui Lucilium pro Horatio, et Lucretium pro Virgilio, legunt; quibus eloquentia tui Aufidii Bassi, aut Servilii Noniani, ex comparatione Sisennæ aut Varronis, sordet; qui rhetorum nostrorum commentarios fastidiunt, oderunt, Calvi mirantur; quos, more prisco apud judicem fabulantes, non auditores sequuntur, non populus audit, vix denique litigator perpetitur : adeo mœsti et inculti illam ipsam, quam jactant, sanitatem, non firmitate, sed jejunio, consequuntur. Porro ne in corpore quidem valetudinem medici probant, quæ animi anxietate contingat : parum est, ægrum non esse; fortem, et lætum, et alacrem volo : prope abest ab infirmitate, in quo sola sanitas laudatur. Vos vero, disertissimi, ut potestis, ut facitis, illustrate sæculum nostrum pulcherrimo genere dicendi. Nam et te, Messalla, video lætissima quæque antiquorum imitantem; et vos, Materne ac Secunde, ita gravitati sensuum nitorem et cultum verborum miscetis ; ea electio inventionis, is ordo rerum, et, quoties causa

XXIII. Je ne veux pas me moquer de la *roue de fortune*, ni du *jus Verrinum*, ni de l'*esse videatur*, posé dans tous les discours, comme pensée, de trois en trois phrases; car je n'en fais mention qu'à regret, et j'ai omis bien des traits, unique objet d'imitation et d'admiration pour ceux qui s'appellent orateurs antiques. Je ne nommerai personne; il me suffit d'avoir signalé cette classe d'individus. Mais sous vos yeux passent sans cesse des gens qui lisent Lucilius au lieu d'Horace, et Lucrèce au lieu de Virgile; pour qui l'éloquence de votre Aufidius Bassus et de Servilius Nonianus, comparée à celle de Sisenna et de Varron, n'offre que dégoût; qui repoussent les commentaires de nos rhéteurs, les ont en aversion, et qui admirent Calvus; qui, suivant l'ancienne mode, causent avec le juge; que nul auditeur n'entoure, que le public n'écoute pas, et qu'à peine leur propre client tolère, tant est triste et inculte cette santé dont ils se vantent, et qu'ils doivent plutôt au jeûne qu'à leur vigueur. Certes, les médecins n'approuvent pas que la santé s'obtienne par l'anxiété de l'âme. C'est peu de n'être pas malade, je veux qu'on soit fort, gai et alerte: on n'est pas loin de la maladie, quand il n'y a qu'absence des maux. Pour vous, amis doués de tant d'éloquence, comme vous le pouvez, comme vous le faites, illustrez notre siècle par les plus belles méthodes de l'art oratoire. En effet, je te vois, toi Messalla, imiter les traits les plus vifs des anciens; vous, Maternus et Secundus, vous mêlez si bien à la profondeur des pensées l'éclat et le poli de l'expression; un tel choix préside à l'invention, un tel ordre aux phrases, et quand la cause l'exige une telle abondance, et quand elle le permet une telle brièveté; tel est le charme de la composition, telle est l'harmo-

poscit, ubertas; ea, quoties permittitur, brevitas; is compositionis decor; ea sententiarum planitas est; sic exprimitis affectus, sic libertatem temperatis, ut, etiamsi nostra judicia malignitas et invidia tardaverit, verum de vobis dicturi sint posteri nostri.

XXIV. Quæ quum Aper dixisset : Adgnoscitisne, inquit Maternus, vim et ardorem Apri nostri? quo torrente, quo impetu sæculum nostrum defendit! quam copiose ac varie vexavit antiquos! quanto non solum ingenio ac spiritu, sed etiam eruditione et arte, ab ipsis mutuatus est, per quæ mox ipsos incesseret! Tuum tamen, Messalla, promissum immutasse non debes: neque enim defensores antiquorum exigimus, nec quemquam nostrum, quanquam modo laudati sumus, his, quos insectatus est Aper, comparamus; ac ne ipse quidem ita sentit, sed, more veteri et a vestris philosophis sæpe celebrato, sumpsit sibi contradicendi partes. Exprome nobis, non laudationem antiquorum, satis enim illos fama sua laudat, sed causas cur in tantum ab eloquentia eorum recesserimus; quum præsertim centum et viginti annos ab interitu Ciceronis in hunc diem effici ratio temporum collegerit.

XXV. Tum Messalla : Sequar a te præscriptam formam, Materne : neque enim diu contradicendum est Apro, qui primum, ut opinor, nominis controversiam

nie des sentences, les passions sont si bien exprimées, la liberté si bien tempérée, que si même la malignité et l'envie ont retardé la juste approbation de notre siècle, nos descendans proclameront la vérité qui vous est due.

XXIV. Quand Aper eut cessé : Reconnaissez-vous, dit Maternus, la force et l'ardeur de notre Aper? Quel torrent, quelle impétuosité, pour défendre notre siècle! quelle abondance, quelle variété pour déprimer les anciens! avec quel génie, quel esprit, et même quelle érudition et quel art leur a-t-il emprunté les moyens de les attaquer eux-mêmes! Toutefois, Messalla, tu ne dois pas manquer à ta promesse : nous n'exigeons pas de défenseurs pour les anciens, nous ne comparons aucun de nous, quoiqu'on vienne de nous louer, à ceux qu'Aper a combattus. Et lui-même ne pense pas ainsi; mais, suivant un usage antique, souvent usité par vos philosophes, il a pris pour lui le rôle de la contradiction. Faisnous donc, non pas un panégyrique des anciens, leur renommée suffit à leur éloge, mais l'exposé des causes qui nous ont tant éloignés de leur éloquence, puisque le calcul des temps ne nous offre que cent vingt années de la mort de Cicéron à nos jours.

XXV. Alors Messalla : Je suivrai, Maternus, la forme que tu me prescris; car il ne faut pas plaider longtemps contre Aper, qui, je pense, n'a soulevé qu'une controverse de mots, en prétendant qu'il était impropre

movit, tanquam parum proprie antiqui vocarentur, quos satis constat ante centum annos fuisse. Mihi autem de vocabulo pugna non est; sive illos antiquos, sive majores, sive quo alio mavult nomine, appellet; dummodo in confesso sit, eminentiorem illorum temporum eloquentiam fuisse. Ne illi quidem parti sermonis ejus repugno, si quatenus fatetur plures formas dicendi, etiam iisdem sæculis, nedum diversis, exstitisse. Sed, quomodo inter atticos oratores primæ Demostheni tribuuntur, proximum autem locum Æschines, et Hyperides, et Lysias, et Lycurgus obtinent, omnium autem consensu hæc oratorum ætas maxime probatur; sic apud nos Cicero quidem ceteros eorumdem temporum disertos antecessit; Calvus autem, et Asinius, et Cæsar, et Cœlius, et Brutus, suo jure, et prioribus et sequentibus anteponuntur: nec refert, quod inter se specie differant, quum genere consentiant. Adstrictior Calvus, numerosior Asinius, splendidior Cæsar, amarior Cœlius, gravior Brutus, vehementior et plenior et valentior Cicero; omnes tamen eamdem sanitatem eloquentiæ ferunt; ut, si omnium pariter libros in manum sumpseris, scias, quamvis in diversis ingeniis, esse quamdam judicii ac voluntatis similitudinem et cognationem. Nam, quod invicem se obtrectaverunt, et sunt aliqua epistolis eorum inserta, ex quibus mutua malignitas detegitur, non est

d'appeler anciens des orateurs qui, comme il est constant, ont vécu cent ans avant nous. Or, pour moi, point de querelle sur l'expression : soit anciens, soit ancêtres, qu'il les appelle du nom qu'il voudra, pourvu que l'on accorde la supériorité de l'éloquence de ces temps. Je me rends aussi à cette partie de son discours où il déclare qu'il a existé plusieurs formes oratoires dans les mêmes siècles, pour ne pas dire en des siècles différens. Mais comme parmi les orateurs antiques le premier rang est donné à Démosthène, les secondes places à Eschine, à Hypéride, à Lysias et à Lycurgue, et que, d'un avis unanime, cette époque des orateurs est celle qui est le plus approuvée ; de même chez nous Cicéron, sans nul doute, a dépassé les plus habiles de son temps ; puis Calvus, Asinius, César, Célius et Brutus, sont placés, à bon droit, au dessus de leurs devanciers et de leurs successeurs : et peu importe qu'ils diffèrent dans l'espèce, puisque le genre est le même. Calvus est plus serré, Asinius plus nombreux, César plus brillant, Célius plus amer, Brutus plus grave, Cicéron plus vigoureux, plus plein et plus puissant. Tous cependant ont également une saine éloquence ; et si vous prenez à la fois leurs ouvrages, vous découvrez en ces génies divers une certaine similitude de jugement et de principes, et comme une parenté. Car, s'ils se sont déchirés les uns les autres, si dans leurs lettres il s'est glissé une malignité réciproque qui se trahit, n'accusons pas l'art oratoire, mais l'humanité. En effet, ni Calvus, ni Asinius, ni Cicéron lui-même, ne furent, je crois, exempts d'envie, de rivalités et des autres vices de l'infirmité humaine. Un seul entre eux, Brutus, sans malignité et sans haine, mais simplement et ingénûment, me semble avoir mis

oratorum vitium, sed hominum. Nam et Calvum, et Asinium, et ipsum Ciceronem credo solitos et invidere, et livere, et ceteris humanæ infirmitatis vitiis affici : solum inter hos arbitror Brutum non malignitate, nec invidia, sed simpliciter et ingenue, judicium animi sui detexisse : an ille Ciceroni invideret, qui mihi videtur ne Cæsari quidem invidisse? Quod ad Ser. Galbam et C. Lælium adtinet, et si quos alios antiquorum agitare non desistit, non exigit defensorem, quum fatear, quædam eloquentiæ eorum, ut nascenti adhuc, nec satis adultæ, defuisse.

XXVI. Ceterum si, omisso optimo illo et perfectissimo genere eloquentiæ, eligenda sit forma dicendi, malim hercule C. Gracchi impetum, aut L. Crassi maturitatem, quam calamistros Mæcenatis, aut tinnitus Gallionis : adeo melius est, oratorem vel hirta toga induere, quam fucatis et meretriciis vestibus insignire. Neque enim oratorius iste, immo hercule ne virilis quidem cultus est, quo plerique temporum nostrorum actores ita utuntur, ut lascivia verborum, et levitate sententiarum, et licentia compositionis, histrionales modos exprimant : quodque vix auditu fas esse debeat, laudis, et gloriæ, et ingenii loco plerique jactant, *cantari saltarique* commentarios suos. Unde oritur illa fœda et præpostera, sed tamen frequens quibusdam exclamatio, ut oratores

à découvert le jugement de sa conscience. Eût-il été jaloux de Cicéron, lui qui ne paraît pas même l'avoir été de César? Quant à Servius Galba, à C. Lélius, et aux autres anciens qu'Aper ne cesse de poursuivre, la défense n'est pas nécessaire, puisque je conviens que leur éloquence, encore naissante et non assez développée, eut des imperfections.

XXVI. Du reste si, laissant le genre d'éloquence le meilleur et le plus parfait, il en fallait choisir un autre, certes je préférerais la fougue de C. Gracchus ou la maturité de L. Crassus, aux ornemens coquets de Mécène et aux glapissemens de Gallion. Ne vaut-il pas mieux revêtir l'orateur de la toge la plus rude que de le présenter avec le fard et la toilette d'une courtisane? Et en effet, grands dieux! est-ce à un orateur, est-ce même à un homme que convient cette parure de la plupart des avocats d'aujourd'hui, qui, par leurs expressions capricieuses, leurs sentences légères, leurs compositions libres, nous rappellent une musique d'histrions? Et ce que l'on ne devrait ouïr qu'avec honte, est pour eux une louange, une gloire et une preuve de génie : ils se vantent qu'on chante, qu'on danse leurs plaidoyers. De là est venue cette exclamation si ignoble, si déplacée, et toutefois trop fréquente : Quelle volupté dans le style de cet orateur! quelle éloquence dans les pas de cet histrion! Je ne nierai

nostri *tenere dicere*, histriones *diserte saltare*, dicantur. Equidem non negaverim, Cassium Severum, quem solum Aper noster nominare ausus est, si his comparetur, qui postea fuerunt, posse oratorem vocari, quanquam in magna parte librorum suorum plus vis habeat, quam sanguinis. Primus enim, contempto ordine rerum, omissa modestia ac pudore verborum, ipsis etiam, quibus utitur, armis incompositus, et studio feriendi plerumque detectus, non pugnat, sed rixatur. Ceterum, ut dixi, sequentibus comparatus, et varietate eruditionis, et lepore urbanitatis, et ipsarum virium robore multum ceteros superat; quorum neminem Aper nominare, et velut in aciem educere sustinuit. Ego autem exspectabam, ut, incusato Asinio, et Coelio, et Calvo, aliud nobis agmen produceret, pluresque vel certe totidem nominaret, ex quibus alium Ciceroni, alium Caesari, singulis demum singulos, opponeremus. Nunc, detrectasse nominatim antiquos oratores contentus, neminem sequentium laudare ausus est, nisi in publicum et in commune; veritus, credo, ne multos offenderet, si paucos excerpsisset: quotus enim quisque scholasticorum non hac sua persuasione fruitur, ut se ante Ciceronem numeret, sed plane post Gabinianum?

XXVII. At ego non verebor nominare singulos, quo facilius, propositis exemplis, appareat quibus gradibus

point sans doute que Cassius Severus, le seul qu'Aper ait osé nommer, si on le compare à ceux qui le suivirent, ne puisse être appelé orateur, quoiqu'en la plus grande partie de ses écrits il y ait plus de véhémence que de solidité : car, méprisant le premier tout ordre dans les choses, dédaignant la modestie et la pudeur dans les paroles, mal revêtu des armes choisies par lui-même, ne s'étudiant qu'à frapper, et toujours à découvert, il ne combat pas, il querelle. Du reste, comme je l'ai dit, comparé à ses successeurs, il s'élève de beaucoup au dessus d'eux et par la variété de son érudition, et par les grâces de son enjouement, et par l'ensemble vigoureux de ces moyens. Aussi Aper n'a-t-il osé en nommer aucun et l'amener sur le terrain. Pour moi, je m'attendais qu'ayant attaqué Asinius, Célius et Calvus, il ferait apparaître sur le rang opposé un plus grand ou du moins un même nombre d'adversaires, pour que nous les opposions, celui-ci à Cicéron, celui-là à César, et enfin chacun à chacun. Maintenant, content d'avoir dénigré nominativement les anciens orateurs, il n'a osé louer les nouveaux qu'en masse et en commun, craignant, je crois, de blesser trop de réputations en n'en signalant que peu. Combien de rhéteurs, en effet, dans leur propre persuasion, se placent avant Cicéron, qui devraient se placer bien après Gabinianus!

XXVII. Quant à moi, je ne craindrai pas de les désigner individuellement, pour qu'il apparaisse plus évi-

fracta sit et deminuta eloquentia. Adpropera, inquit Maternus, et potius exsolve promissum. Neque enim hoc colligi desideramus, disertiores esse antiquos, quod apud me quidem in confesso est; sed causas exquirimus, quas te solitum tractare paullo ante dixisti, plane mitior, et eloquentiæ temporum nostrorum non iratus, antequam te Aper offenderet, majores tuos lacessendo. Non sum, inquit, offensus Apri nostri disputatione; nec vos offendi decebit, si quid forte aures vestras perstringet; quum sciatis hanc esse ejusmodi sermonum legem, judicium animi, citra damnum affectus, proferre. Perge, inquit Maternus, et, quum de antiquis loquaris, utere antiqua libertate, a qua vel magis degeneravimus, quam ab eloquentia.

XXVIII. Et Messalla : Non reconditas, Materne, causas requiris; nec aut tibi ipsi, aut huic Secundo, vel huic Apro ignotas, etiamsi mihi partes adsignatis proferendi in medium, quæ omnes sentimus. Quis enim ignorat, et eloquentiam, et ceteras artes descivisse ab ista vetere gloria, non inopia hominum, sed desidia juventutis, et negligentia parentum, et inscientia præcipientium, et oblivione moris antiqui? quæ mala, primum in Urbe nata, mox per Italiam fusa, jam in provincias manant. Quamquam nostra vobis notiora sunt, ego de Urbe, et his propriis ac vernaculis vitiis loquar,

demment par les exemples donnés, comment par degrés l'éloquence a été morcelée et rapetissée. Hâte-toi plutôt, interrompit Maternus, de remplir ta promesse; car nous ne voulons pas conclure que les anciens étaient plus habiles, ce qui, pour moi, est bien démontré; mais nous en recherchons les causes, dont tu t'es souvent occupé, comme tu l'as dit tout-à-l'heure, plus doux et non encore irrité contre l'éloquence de nos temps, avant qu'Aper ne t'offensât par ses attaques contre tes aînés. Je ne suis point offensé, dit Messalla, de l'opposition d'Aper; mais ne vous offensez pas non plus si par hasard je blesse vos oreilles, puisque vous savez que la loi de ces discussions est d'exprimer le jugement de son esprit sans heurter l'affection. Continue, dit Maternus, et, puisque tu parles des anciens, use de cette liberté antique dont nous avons encore plus dégénéré que de l'éloquence.

XXVIII. Alors Messalla : Les causes que tu recherches, Maternus, ne sont pas introuvables; elles ne sont inconnues, ni à toi, ni à Secundus, ni à Aper, quoique vous m'ayez assigné le rôle d'émettre ici ce que nous pensons tous également. Qui ignore en effet que l'éloquence et les autres arts sont déchus de leur gloire antique, non par le manque d'hommes capables, mais par la nonchalance de la jeunesse, la négligence des parens, l'ignorance des instituteurs, et l'oubli des mœurs antiques? maux qui, nés d'abord dans Rome, bientôt répandus à travers l'Italie, déjà se glissent dans nos provinces. Quoique nos mœurs vous soient les plus connues, je vous parlerai de Rome et de ces vices propres et domestiques qui nous saisissent à peine nés, et s'aggravent à chaque

quæ natos statim excipiunt, et per singulos ætatis gradus cumulantur; si prius de severitate ac disciplina majorum, circa educandos formandosque liberos, pauca prædixero. Jam primum, suus cuique filius, ex casta parente natus, non in cella emptæ nutricis, sed gremio ac sinu matris educabatur; cujus præcipua laus erat, tueri domum, et inservire liberis. Eligebatur autem aliqua major natu propinqua, cujus probatis spectatisque moribus omnis ejusdem familiæ soboles committeretur, coram qua, neque dicere fas erat quod turpe dictu, neque facere quod inhonestum factu videretur. Ac non studia modo curasque, sed remissiones etiam lususque puerorum, sanctitate quadam ac verecundia temperabat. Sic Corneliam Gracchorum, sic Aureliam Cæsaris, sic Atiam Augusti matrem præfuisse educationibus, ac produxisse principes liberos accepimus : quæ disciplina ac severitas eo pertinebat, ut sincera, et integra, et nullis pravitatibus detorta, uniuscujusque natura, toto statim pectore adriperet artes honestas, et, sive ad rem militarem, sive ad juris scientiam, sive ad eloquentiæ studium inclinasset, id solum ageret, id universum hauriret.

XXIX. At nunc natus infans delegatur græculæ alicui ancillæ, cui adjungitur unus aut alter ex omnibus servis, plerumque vilissimus, nec cuiquam serio ministerio accommodatus. Horum fabulis et erroribus teneri statim

degré de notre âge. Auparavant je dirai en peu de mots la sévérité et la discipline de nos aïeux pour élever et former les enfans. Et d'abord, chaque Romain gardait près de lui son fils, qui, né d'une mère chaste, croissait, non pas dans le réduit d'une nourrice à gages, mais au giron et au sein de sa mère, dont toute la gloire était l'entretien de sa maison et le soin de ses enfans. On choisissait aussi une parente d'un âge plus mûr : c'est à ses mœurs pures et exemplaires qu'étaient confiés tous les rejetons d'une même famille, et, devant elle, il n'était jamais permis de rien dire qui parût honteux, de rien faire qui semblât peu honorable; et ce n'était pas seulement les études et les occupations des enfans, mais leurs jeux et leurs délassemens qu'elle tempérait par une certaine pureté, par une certaine retenue. Nous apprenons qu'ainsi Cornelia, mère des Gracques, Aurelia, mère de César, Attia, mère d'Auguste, présidèrent à leur éducation, et produisirent ainsi des hommes supérieurs. Il résultait de cette discipline et de cette sévérité que ces naturels francs, purs, qu'aucun vice n'avait détournés, se livraient aussitôt, et de tout cœur, aux arts honnêtes; et soit qu'ils inclinassent vers l'art militaire, ou vers la science du droit, ou vers l'étude de l'éloquence, ils s'y portaient exclusivement, et en pénétraient à fond toutes les sources.

XXIX. Mais aujourd'hui, l'enfant avant de parler est confié à quelque petite servante grecque à laquelle on adjoint un ou deux esclaves pris sans choix, souvent même le plus vil et le moins propre à aucun devoir sérieux. C'est de leurs fables et de leurs préjugés qu'est

et rudes animi imbuuntur; nec quisquam in tota domo pensi habet, quid coram infante domino aut dicat, aut faciat; quando etiam ipsi parentes nec probitati, neque modestiæ, parvulos adsuefaciunt, sed lasciviæ et libertati; per quæ paullatim impudentia irrepit, et sui alienique contemptus. Jam vero propria et peculiaria hujus urbis vitia pæne in utero matris concipi mihi videntur, histrionalis favor, et gladiatorum equorumque studia : quibus occupatus et obsessus animus quantulum loci bonis artibus relinquit! Quotumquemque inveneris, qui domi quidquam aliud loquatur? quos alios adolescentulorum sermones excipimus, si quando auditoria intravimus? Ne præceptores quidem ullas crebriores cum auditoribus suis fabulas habent: colligunt enim discipulos, non severitate disciplinæ, nec ingenii experimento, sed ambitione salutantium et illecebris adulationis. Transeo prima discentium elementa, in quibus et ipsis parum elaboratur; nec in auctoribus cognoscendis, nec in evolvenda antiquitate, nec in notitia vel rerum, vel hominum, vel temporum satis operæ insumitur; sed expetuntur, quos *rhetoras* vocant; quorum professio quando primum in hanc urbem introducta sit, quamque nullam apud majores nostros auctoritatem habuerit, statim docuero.

XXX. Referam necesse est animum ad eam disciplinam, qua usos esse eos oratores accepimus, quorum infi-

imbue aussitôt cette âme neuve et tendre; et personne dans toute la maison ne porte de sollicitude à ce qui est ou dit ou fait devant l'enfant, chef futur de maison. Quelquefois même ce sont les parens qui l'habituent, non pas à la vertu et à la modestie, mais à une licence et à un désordre qui peu à peu font germer l'impudeur et le mépris de soi et d'autrui. Déjà même il est des vices particuliers et inhérens à cette ville, et qui semblent naître dans le sein maternel : tels sont la passion pour les histrions et l'amour pour les chevaux et les gladiateurs, passions qui obsèdent et occupent l'âme, au point de ne laisser que bien peu de place pour les arts honnêtes. Combien peu de jeunes gens tiennent chez eux d'autres discours! si nous entrons dans les écoles, entendons-nous autre chose? Les maîtres eux-mêmes n'ont guère d'autres conversations avec leurs auditeurs; car ils accaparent des élèves, non par la sévérité, la discipline, leurs talens reconnus, mais par les intrigues et les amorces de la flatterie. Je passe sur les premiers élémens d'instruction, dont on s'occupe trop peu : on donne peu de temps à la lecture des auteurs, à l'étude de l'antiquité, à la connaissance des choses, des hommes et des temps; mais on court à des gens qu'on nomme des rhéteurs. A quelle époque leur profession fut-elle introduite dans cette ville? combien peu de cas en ont fait nos ancêtres? Je vous le dirai aussitôt.

XXX. Il est nécessaire de reporter ma pensée vers ces études sévères auxquelles se livraient les orateurs dont

nitus labor, et quotidiana meditatio, et in omni genere studiorum exercitationes, ipsorum etiam continentur libris. Notus est nobis utique Ciceronis liber, qui *Brutus* inscribitur; in cujus extrema parte (nam prior commemorationem veterum oratorum habet) sua initia, suos gradus, suæ eloquentiæ velut quamdam educationem refert; se apud Q. Mucium jus civile didicisse; apud Philonem academicum, apud Diodotum stoicum, omnes philosophiæ partes penitus hausisse; neque his doctoribus contentum, quorum ei copia in Urbe contigerat, Achaiam quoque et Asiam peragrasse, ut omnem omnium artium varietatem complecteretur. Itaque hercule in libris Ciceronis deprehendere licet, non geometriæ, non musicæ, non grammaticæ, non denique ullius ingenuæ artis scientiam ei defuisse. Ille dialecticæ subtilitatem, ille moralis partis utilitatem, ille rerum motus causasque cognovit. Ita enim est, optimi viri; ita ex multa eruditione, ex pluribus artibus et omnium rerum scientia exundat, et exuberat illa admirabilis eloquentia; neque oratoris vis et facultas, sicut ceterarum rerum, angustis et brevibus terminis cluditur; sed is est orator, qui de omni quæstione pulchre, et ornate, et ad persuadendum apte dicere, pro dignitate rerum, ad utilitatem temporum, cum voluptate audientium possit.

XXXI. Hæc sibi illi veteres persuadebant. Ad hoc

les travaux infinis, les méditations journalières, les exercices de tout genre se retrouvent même dans leurs propres écrits. Nous connaissons tous cet ouvrage de Cicéron intitulé *Brutus* : dans la dernière partie, car la première contient l'histoire des anciens orateurs, Cicéron fait connaître ses débuts, ses progrès, et, pour ainsi dire, l'éducation de son éloquence. Il apprit le droit civil chez Q. Mucius; il étudia à fond toutes les parties de la philosophie chez Philon l'Académique et chez Diodotus le Stoïcien; et, non content de ces maîtres que Rome lui offrait en abondance, il parcourut la Grèce et l'Asie pour embrasser toutes les diverses parties de toutes les connaissances. Aussi, grands dieux, dans les ouvrages de Cicéron, on reconnaît que ni la géométrie, ni la musique, ni la grammaire, ni la science d'aucun art libéral ne lui ont manqué. Il connut les subtilités de la dialectique, l'importance de la morale, les causes et les effets des choses. C'est ainsi, chers amis, que de cette immense érudition, de cette variété de talens, de cette science de toutes choses, jaillit et déborde cette admirable éloquence. Les moyens et les facultés de l'orateur ne sont pas, comme tous autres objets, renfermés en des bornes étroites et resserrées; mais celui-là est un orateur, qui, sur toute question, peut parler d'une manière noble, brillante et propre à persuader, suivant la dignité du sujet, la convenance du moment, et toujours en charmant ses auditeurs.

XXXI. Telles étaient les règles des anciens : pour y

efficiendum intelligebant opus esse, non ut in rhetorum scholis declamarent, nec ut fictis, nec ullo modo ad veritatem accedentibus controversiis, linguam modo et vocem exercerent; sed ut his artibus pectus implerent, in quibus de bonis ac malis, de honesto ac turpi, de justo et injusto disputatur. Hæc enim est oratori subjecta ad dicendum materia. Nam in judiciis fere de æquitate, in deliberationibus de honestate disserimus, ita ut plerumque hæc ipsa invicem misceantur; de quibus copiose, et varie, et ornate nemo dicere potest, nisi qui cognovit naturam humanam, et vim virtutum, pravitatemque vitiorum, et intellectum eorum, quæ nec in virtutibus, neque in vitiis numerantur. Ex his fontibus etiam illa profluunt, ut facilius iram judicis vel instiget, vel leniat, qui scit quid ira; promptius ad miserationem impellat, qui scit quid sit misericordia, et quibus animi motibus concitetur. In his artibus exercitationibusque versatus orator, sive apud infestos, sive apud cupidos, sive apud invidentes, sive apud tristes, sive apud timentes dicendum habuerit, tenebit habenas animorum; et, prout cujusque natura postulabit, adhibebit manum, et temperabit orationem, parato omni instrumento et ad omnem usum reposito. Sunt apud quos adstrictum, et collectum, et singula statim argumenta concludens, dicendi genus plus fidei meretur; apud hos dedisse ope-

parvenir, ils comprenaient bien qu'il faut, non pas déclamer dans des écoles de rhéteurs, non pas exercer sa langue et sa voix à des controverses feintes et opposées à la vérité, mais nourrir son esprit des sciences qui établissent les différences du bien et du mal, du juste et de l'injuste, des choses honnêtes et des choses honteuses. Telle est, en effet, la matière où s'exercent les talens d'un orateur; car, dans les jugemens, on disserte presque toujours sur l'équité; dans les délibérations, sur la probité; souvent, sur l'une et sur l'autre à la fois. Peut-on parler avec abondance, avec variété, avec talent, si l'on n'a pas approfondi la nature humaine, la puissance de la vertu, les excès du vice, et si l'on ne distingue ce qui ne peut être compté ni parmi les vices ni parmi les vertus? De ces sources découlent encore ces avantages, que vous pourrez bien plus facilement ou exciter ou calmer le courroux du juge, si vous savez ce que c'est que la colère; on le déterminera plus promptement à la compassion, quand on saura ce que c'est que la pitié, et par quels ressorts l'âme y est excitée. Formé par ces exercices et par ces études, l'orateur, qu'il ait à parler soit devant des ennemis, soit devant des ambitieux, soit devant des envieux, soit devant des caractères sombres, soit devant des gens timides, tiendra en ses mains les rênes des esprits; et, selon que la nature de chacun le demandera, il saura les gouverner, tempèrera son discours, et sera maître de tous moyens utiles et réservés à tout usage. Il est des gens qui ont plus de foi dans un genre d'éloquence serré, compacte, et qui conclut de suite à l'argument; auprès d'eux l'art de la dialectique sera très-utile. D'autres se plaisent davantage à un discours abondant, égal, et qui suit les règles du bon sens

ram dialecticæ proficiet. Alios fusa, et æqualis, et ex communibus ducta sensibus, oratio magis delectat; ad hos permovendos mutuabimur aliquid a peripateticis : hi aptos et in omnem disputationem paratos jam locos dabunt; academici pugnacitatem, Plato altitudinem, Xenophon jucunditatem; ne Epicuri quidem et Metrodori honestas quasdam exclamationes assumere, hisque, prout res poscet, uti alienum erit oratori. Neque enim sapientem informamus, neque stoicorum civitatem, sed eum, qui non quasdam artes haurire, sed omnes liberaliter, debet. Ideoque et juris civilis scientiam veteres oratores comprehendebant, et grammatica, musica, et geometria imbuebantur. Incidunt enim causæ plurimæ quidem, ac pæne omnes, quibus juris notitia desideratur; pleræque autem, in quibus hæ quoque scientiæ requiruntur.

XXXII. Nec quisquam respondeat : sufficere ut ad tempus simplex quiddam et uniforme doceamur. Primum enim aliter utimur propriis, aliter commodatis; longeque interesse manifestum est, possideat quis, quæ profert, an mutuetur. Deinde ipsa multarum artium scientia etiam aliud agentes nos ornat, atque, ubi minime credas, eminet et excellit. Idque non doctus modo et prudens auditor, sed etiam populus intelligit, ac statim ita laude prosequitur, ut legitime studuisse, ut per omnes eloquentiæ numeros isse, ut denique oratorem

général : pour les émouvoir, on fera quelque emprunt aux péripatéticiens. Ils nous donneront des armes disposées et préparées pour toute discussion : empruntons à l'Académie la polémique, à Platon l'élévation, à Xénophon la grâce, à Épicure même et à Métrodore quelques sentences convenables ; user de tous, quand la cause le demande, ne sera point interdit à l'orateur ; car nous ne formons pas un sage ni une cité de stoïciens, mais celui qui, sans approfondir seulement quelques sciences, doit puiser à toutes : aussi les anciens orateurs étudiaient d'abord toute la science du droit civil, puis prenaient une teinture des belles-lettres, de la musique et de la géométrie. Car, dans la plupart des causes, pour ne pas dire dans toutes, la science du droit est indispensable ; mais, dans la plupart aussi, ces autres connaissances peuvent être réclamées.

XXXII. Et qu'on ne me dise pas qu'il suffit, au moment utile, de s'instruire de quelque objet isolé et spécial ; car, d'abord, l'emploi de ce qui nous est propre est tout autre que celui des choses empruntées. Différence est grande, d'user de ce qu'on possède ou de ce qui est prêté. Ensuite la réunion de beaucoup de talens enrichit la parole, même lorsqu'on s'occupe d'autres objets ; et, où on le croirait le moins, ils la font briller et exceller. Et cela est senti non-seulement par un auditeur réfléchi et éclairé, mais même par le peuple. Aussitôt les louanges éclatent et proclament que vous avez fait toutes les études convenables, que vous avez parcouru tous les degrés de l'éloquence, et qu'enfin vous êtes un orateur. Selon moi,

etiam fateatur; quem non posse aliter exsistere, nec exstitisse unquam confirmo, nisi eum qui, tanquam in aciem omnibus armis instructus, sic in Forum omnibus artibus armatus exierit : quod adeo negligitur ab horum temporum disertis, ut in actionibus eorum fæx quoque quotidiani sermonis, fœda ac pudenda vitia, deprehendantur; ut ignorent leges; non teneant senatusconsulta; jus civitatis ultro derideant; sapientiæ vero studium et præcepta prudentium penitus reformident; in paucissimos sensus et angustas sententias detrudant eloquentiam, velut expulsam regno suo; ut, quæ olim omnium artium domina pulcherrimo comitatu pectora implebat, nunc circumcisa et amputata, sine apparatu, sine honore, pæne dixerim sine ingenuitate, quasi una ex sordidissimis artificiis, discatur. Ergo hanc primam et præcipuam causam arbitror, cur tantum ab eloquentia antiquorum oratorum recesserimus. Si testes desiderantur, quos potiores nominabo, quam apud Græcos Demosthenem, quem studiosissimum Platonis auditorem fuisse memoriæ proditum est? et Cicero his, ut opinor, refert verbis, quidquid in eloquentia effecerit, id se non rhetorum, sed Academiæ spatiis consecutum. Sunt aliæ causæ, magnæ et graves, quas a vobis aperiri æquum est, quoniam quidem ego jam meum munus explevi, et, quod mihi in consuetudine est, satis multos offendi; qui si forte hoc audirent, certum habeo dictu-

on ne peut l'être, on ne le fut jamais, si, semblable au guerrier armé de toutes pièces, on ne paraît pas au Forum armé de toutes les sciences. Ce conseil est tellement négligé par les habiles de notre époque, que, dans leurs plaidoyers, on découvre toujours, comme la lie du parlage vulgaire, des défauts choquans et honteux; on y voit qu'ils ignorent les lois, ne possèdent pas les sénatus-consultes, se rient du droit civil, redoutent l'étude de la sagesse et les préceptes de l'expérience, et réduisent aux plus petits développemens, et à d'étroites pensées, l'éloquence qu'ils ont comme chassée de son empire : de sorte que cette souveraine de tous les talens, qui jadis remplissait les cœurs de toutes ses magnificences, aujourd'hui mutilée et amoindrie, sans cortège, sans honneurs, je dirais presque sans noblesse, est apprise ainsi que le plus vil métier. Telle est, suivant moi, la cause première et principale de notre éloignement de l'éloquence antique. Si l'on veut des témoignages, en pourrai-je produire de préférables à celui de Démosthène chez les Grecs; Démosthène qui, dit-on, fut un des plus studieux élèves de Platon? A celui de Cicéron, qui dit en propres termes que ses succès dans l'éloquence sont dus non pas aux rhéteurs, mais à la fréquentation de l'Académie. Il est d'autres causes importantes et graves que vous trouverez bon d'exposer, puisque, moi, j'ai rempli ma tâche, et, selon ma coutume, offensé assez de gens qui, s'ils m'eussent entendu, diraient certainement, qu'en louant la science du droit et de la philosophie comme indispensable à l'orateur, je n'ai fait qu'applaudir à mes propres inepties.

ros me, dum juris et philosophiæ scientiam, tanquam oratori necessariam, laudo, ineptiis meis plausisse.

XXXIII. Et Maternus : Mihi quidem, inquit, susceptum a te munus adeo peregisse nondum videris, ut inchoasse tantum, et velut vestigia ac lineamenta quædam ostendisse, videaris. Nam, quibus instrui veteres oratores soliti sint, dixisti, differentiamque nostræ desidiæ et inscientiæ adversus acerrima et fecundissima eorum studia demonstrasti; cetera exspecto, ut, quemadmodum ex te didici, quid aut illi scirent, aut nos nesciamus, ita hoc quoque cognoscam, quibus exercitationibus juvenes, jam Forum ingressi, confirmare et alere ingenia sua soliti sint : neque enim arte et scientia, sed longe magis facultate eloquentiam contineri, nec tu, puto, abnues, et hi significare vultu videtur. Deinde, quum Aper quoque et Secundus idem adnuissent, Messalla, quasi rursus incipiens : Quoniam initia et semina veteris eloquentiæ satis demonstrasse videor, docendo quibus artibus antiqui oratores institui erudirique soliti sint, persequar nunc exercitationes eorum : quanquam ipsis artibus inest exercitatio, nec quisquam percipere tot reconditas, aut tam varias res potest, nisi ut scientiæ meditatio, meditationi facultas, facultati vis eloquentiæ accedat : per quæ colligitur, eamdem esse rationem et percipiendi quæ proferas, et proferendi quæ perceperis. Sed, si cui obscuriora hæc videntur, isque scientiam ab exercitatione

XXXIII. Alors Maternus : Tu me paraîs si loin encore, dit-il, d'avoir accompli ton entreprise, que tu me sembles l'avoir seulement commencée et ne nous en avoir tracé qu'une esquisse et quelques délinéamens. Car tu as dit comment se formaient les anciens orateurs; tu as démontré combien notre paresse et notre ignorance diffèrent de leurs études si persévérantes et si fécondes. J'attends le reste; et comme tu nous a appris combien ils savaient et combien nous ignorons, faisnous aussi connaître par quels exercices leur jeunesse, à son entrée au Forum, nourrissait et fortifiait ses talens. En effet, ce n'est point un art, une science que l'éloquence; mais bien plutôt une faculté; tu ne le nieras pas, je pense, et je lis sur le visage de nos amis qu'ils m'approuvent. Alors Aper et Secundus firent un signe d'approbation, et Messalla, reprenant la parole, commença ainsi : Puisque j'ai paru vous démontrer suffisamment et l'origine et les germes de l'ancienne éloquence en développant par quelles études se formaient et s'instruisaient jadis les orateurs, maintenant j'exposerai leurs cours d'études. Du reste, les talens s'acquièrent par l'exercice, et personne ne peut acquérir tant de connaissances variées et ignorées du vulgaire, s'il ne joint pas la méditation à la science, à la méditation la faculté de la parole, et à cette faculté les moyens de l'éloquence : d'où il résulte que c'est même chose, et de percevoir les idées que l'on doit émettre, et de savoir émettre les idées que l'on a acquises. Mais si ceci vous paraît obscur, et si vous séparez la théorie de la pratique, vous accorderez du moins qu'un esprit plein et

separat, id certe concedet, instructum et plenum his artibus animum longe paratiorem ad eas exercitationes venturum, quæ propriæ curæ oratorum videntur.

XXXIV. Ergo apud majores nostros juvenis ille, qui Foro et eloquentiæ parabatur, imbutus jam domestica disciplina, refertus honestis studiis, deducebatur a patre, vel a propinquis, ad eum oratorem qui principem in civitate locum obtinebat : hunc sectari, hunc prosequi, hujus omnibus dictionibus interesse, sive in judiciis, sive in concionibus, adsuescebat, ita ut altercationes quoque excipere, et jurgiis interesse, utque sic dixerim, pugnare in prœlio disceret. Magnus ex hoc usus, multum constantiæ, plurimum judicii juvenibus statim contingebat, in media luce studentibus, atque inter ipsa discrimina, ubi nemo impune stulte aliquid aut contrarie dicit, quominus et judex respuat, et adversarius exprobret, ipsi denique advocati adspernentur. Igitur vera statim et incorrupta eloquentia imbuebantur; et, quanquam unum sequerentur, tamen omnes ejusdem ætatis patronos in plurimis et causis et judiciis cognoscebant; habebantque ipsius populi diversissimarum aurium copiam, ex qua facile deprehenderent quid in quoque vel probaretur, vel displiceret. Ita nec præceptor deerat, optimus quidem et electissimus, qui faciem eloquentiæ, non imaginem præstaret; nec adversarii et æmuli, ferro,

muni de ces sciences sera bien plus prêt aux exercices qui semblent appartenir en propre aux orateurs.

XXXIV. Ainsi, chez nos ancêtres, un jeune homme qui se destinait à l'art oratoire et au Forum, déjà pénétré de la discipline intérieure de sa maison, nourri d'études honorables, était conduit par son père ou ses proches vers l'orateur qui, dans la ville, tenait le rang le plus élevé : il se faisait une loi de le suivre, de l'accompagner, d'écouter tout ce qu'il disait, soit dans les jugemens, soit dans les conférences, de sorte qu'il profitait des débats et des discussions, et apprenait, pour ainsi dire, l'art des combats au milieu même des combats. De là ce grand usage, cette haute assurance, cette faculté de discernement dont les jeunes gens étaient sitôt pourvus, étudiant ainsi en pleine lumière, au milieu même des controverses dans lesquelles ne pouvait se dire impunément quelque sottise, ou se donner quelque démenti, qu'ils ne fussent réprimés par le juge, reprochés par l'adversaire, et enfin condamnés au mépris par les avocats eux-mêmes. Ils étaient donc imbus tout aussitôt d'une éloquence pure et vierge ; et, quoique attachés à un seul orateur, ils apprenaient cependant à connaître, dans cette grande variété de causes et de jugemens, toutes les sommités du barreau de l'époque ; ils recueillaient aussi cette multitude d'opinions si variées du public, et y saisissaient facilement ce qui, dans chaque avocat, plaisait ou déplaisait. Ainsi il ne leur manquait ni un maître : ils en avaient un excellent et de premier choix, qui ne leur montrait pas une vaine image de l'éloquence, mais l'éloquence dans tous ses

non rudibus, dimicantes; sed auditorium semper plenum, semper novum, ex invidis et faventibus, ut nec bene dicta dissimularentur. Scitis enim, magnam illam et duraturam eloquentiæ famam non minus in diversis subselliis parari, quam suis; quin immo constantius surgere ibi, fidelius corroborari. Atque hercule sub ejusmodi præceptoribus juvenis ille, de quo loquimur, oratorum discipulus, fori auditor, sectator judiciorum, eruditus et adsuefactus alienis experimentis, cui, quotidie audienti, notæ leges, non novi judicum vultus, frequens in oculis consuetudo concionum, sæpe cognitæ populi aures, sive accusationem susceperat, sive defensionem, solus statim et unus cuicumque causæ par erat. Nonodecimo ætatis anno L. Crassus C. Carbonem, uno et vicesimo Cæsar Dolabellam, altero et vicesimo Asinius Pollio C. Catonem, non multo ætate antecedens Calvus Vatinium, iis orationibus insecuti sunt, quas hodieque cum admiratione legimus.

XXXV. At nunc adolescentuli nostri deducuntur in scenas scholasticorum, qui *rhetores* vocantur; quos paullo ante Ciceronis tempora exstitisse, nec placuisse majoribus nostris, ex eo manifestum est, quod, L. Crasso et Domitio censoribus, cludere, ut ait Cicero, ludum impudentiæ jussi sunt. Sed, ut dicere institueram, de-

traits ; ni des adversaires et des émules : ils en avaient qui escrimaient, non pas à la baguette, mais avec le fer : l'auditoire était toujours plein, toujours renouvelé et par l'envie et par la faveur, de sorte que rien n'était dissimulé, pas plus les traits heureux que les fautes. Car vous savez que cette grande et durable réputation d'éloquence ne s'établit pas moins sur les bancs opposés que sur les vôtres, et que, bien plus, c'est là qu'elle surgit avec force et se corrobore le plus vigoureusement. Et, grands dieux, sous de tels précepteurs, ce jeune homme dont nous parlons, disciple des orateurs, toujours écoutant au Forum, toujours assistant aux jugemens, instruit et façonné par les exemples d'autrui; à qui, par une attention journalière, les lois étaient connues, les visages des juges point nouveaux ; dont les yeux étaient habitués au fréquent spectacle des assemblées; qui avait souvent appris ce qui convenait aux oreilles des Romains, soit qu'il entreprît l'accusation ou la défense, était aussitôt, seul et sans appui, à la hauteur de toute cause, quelle qu'elle fût. A dix-neuf ans L. Crassus attaqua C. Carbon ; à vingt-un ans César, Dolabella ; à vingt-deux ans Asinius Pollion, C. Caton ; à peu d'années de plus Calvus, Vatinius ; et ils prononcèrent ces discours qu'aujourd'hui même nous lisons avec admiration.

XXXV. Mais maintenant, nos jeunes gens sont conduits sur les théâtres de ces déclamateurs que l'on nomme rhéteurs, qui parurent peu avant l'époque de Cicéron, et ne plurent pas à nos ancêtres, comme le prouve l'ordre qu'ils reçurent des censeurs Crassus et Domitius, de fermer, comme dit Cicéron, leur école d'impudence. Mais, ainsi que je le voulais expliquer, nos enfans sont conduits dans ces écoles où je ne puis dire fa-

ducuntur in scholas, in quibus, non facile dixerim, utrumne locus ipse, an condiscipuli, an genus studiorum plus mali ingeniis adferant. Nam in loco nihil reverentiæ, sed in quem nemo, nisi æque imperitus, intrat; in condiscipulis nihil profectus, quum pueri inter pueros, et adolescentuli inter adolescentulos, pari securitate, et dicant, et audiantur. Ipsæ vero exercitationes magna ex parte contrariæ : nempe enim duo genera materiarum apud rhetoras tractantur; *suasoriæ* et *controversiæ*. Ex iis suasoriæ quidem, tanquam plane leviores et minus prudentiæ exigentes, pueris delegantur; controversiæ robustioribus adsignantur, quales, per fidem, et quam incredibiliter compositæ! Sequitur autem, ut materiæ abhorrenti a veritate declamatio quoque adhibeatur. Sic fit, ut tyrannicidarum præmia, aut vitiatarum electiones, aut pestilentiæ remedia, aut incesta matrum, aut quidquid in schola quotidie agitur, in Foro, vel raro, vel numquam, ingentibus verbis persequantur; quum ad veros judices ventum est........ rem cogitare, nihil humile, nihil abjectum eloqui poterat.

XXXVI. Magna eloquentia, sicut flamma, materia alitur, et motibus excitatur, et urendo clarescit. Eadem ratio in nostra quoque civitate antiquorum eloquentiam provexit. Nam, etsi horum quoque temporum oratores ea consecuti sunt, quæ, composita et quieta et beata republica, tribui fas erat; tamen ista perturbatione ac

cilement lequel est le plus pernicieux pour leurs esprits, ou du lieu même, ou de leurs condisciples, ou de leur genre d'étude. Car, en ce lieu, nul respect : tous y entrent avec une égale ignorance ; nulle instruction à retirer des condisciples : ce sont des enfans mêlés à des enfans, des jeunes gens à des jeunes gens ; ils parlent, ils écoutent avec une égale indifférence. Quant aux exercices, ils sont en grande partie opposés au but. Car, en effet, on traite chez ces rhéteurs deux matières, les *suasoriæ* et les *controversiæ*. Les premières, comme plus faciles et exigeant moins d'expérience, sont confiées aux enfans ; les controverses sont réservées aux plus forts élèves : eh ! quelles controverses, quelles incroyables compositions ! Il s'ensuit qu'à un sujet opposé à toute vérité on leur fait joindre des déclamations. Il en résulte donc que les récompenses des tyrannicides, l'alternative laissée à la pudeur violée, les remèdes à la peste, les fils incestueux, et toutes ces questions agitées dans les écoles, rarement ou jamais au Forum, y sont discutées à grands mots : mais, lorsqu'ils paraissent devant les vrais juges. . . . .
. . . . L'esprit plein du sujet, il ne pouvait rien dire de bas, rien d'abject.

XXXVI. La haute éloquence, comme la flamme, a besoin d'aliment ; elle s'anime par le mouvement, elle jette ses feux en brûlant. Une même cause a fait briller dans Rome l'éloquence antique. Car, quoique les orateurs de nos temps aient obtenu les succès que pouvaient leur fournir un état de choses régulier, paisible et heureux, cependant cette perturbation, cette licence

licentia plura sibi assequi videbantur, quum, mixtis omnibus, et moderatore uno carentibus, tantum quisque orator saperet, quantum erranti populo persuaderi poterat. Hinc leges assiduæ et populare nomen; hinc conciones magistratuum, pæne pernoctantium in rostris; hinc accusationes potentium reorum, et adsignatæ etiam domibus inimicitiæ; hinc procerum factiones, et assidua senatus adversus plebem certamina : quæ singula, etsi distrahebant rempublicam, exercebant tamen illorum temporum eloquentiam, et magnis cumulare præmiis videbantur; quia, quanto quisque plus dicendo poterat, tanto facilius honores assequebatur; tanto magis, in ipsis honoribus, collegas suos anteibat; tanto plus apud principes gratiæ, plus auctoritatis apud patres, plus notitiæ ac nominis apud plebem parabat. Hi clientelis etiam exterarum nationum redundabant; hos ituri in provincias magistratus reverebantur, hos reversi colebant; hos et præturæ et consulatus vocare ultro videbantur; hi ne privati quidem sine potestate erant, quum et populum et senatum consilio et auctoritate regerent : quin immo sibi ipsi persuaserant, neminem sine eloquentia, aut assequi posse in civitate, aut tueri conspicuum et eminentem locum. Nec mirum, quum etiam inviti ad populum producerentur; quum parum esset, in senatu breviter censere, nisi qui ingenio et eloquentia

précédentes, paraissent leur avoir donné plus de carrière; lorsque, dans ce trouble général, on manquait d'un modérateur unique, l'habileté de chaque orateur consistait dans son plus ou moins de persuasion sur un peuple errant sans guide. De là ces lois sans cesse proposées et ces noms devenus populaires; de là ces harangues de nos magistrats restant des nuits entières à la tribune; de là ces accusations contre les puissans, ces inimitiés vouées à des familles entières; de là ces factions des grands et ces luttes renouvelées du sénat contre le peuple : toutes choses qui, bien qu'elles déchirassent la république, exerçaient cependant l'éloquence de ces temps et paraissaient lui offrir de très-grands avantages; parceque, plus on avait la puissance de la parole, plus facilement on acquérait les honneurs; plus, dans ces mêmes honneurs, on l'emportait sur ses collègues; plus on obtenait de faveur auprès des grands, d'autorité auprès des sénateurs, de renom et de célébrité auprès du peuple. Les clientelles des nations étrangères affluaient vers ces orateurs; nos magistrats, partant pour leurs provinces, leur apportaient leur respect; à leur retour, ils les visitaient; les prétures et les consulats semblaient les appeler : simples particuliers, alors même ils n'étaient pas sans pouvoir, puisqu'ils régissaient et le peuple et le sénat par leurs conseils et leur autorité : bien plus, euxmêmes étaient persuadés que personne, sans éloquence, ne pouvait dans l'état ou parvenir à un rang éminent et remarquable, ou s'y maintenir. Et cela n'est pas étonnant, puisqu'on était souvent conduit vers le peuple même malgré soi; lorsque c'était peu d'opiner brièvement au sénat, si l'on n'appuyait son opinion par le talent et l'éloquence; lorsque, victime de l'envie ou

sententiam suam tueretur; quum, in aliquam invidiam aut crimen vocati, sua voce respondendum haberent; quum testimonia quoque in publicis causis non absentes, nec per tabellam dare, sed coram et præsentes dicere cogerentur. Ita, ad summa eloquentiæ præmia, magna etiam necessitat accedebat; et quomodo disertum haberi, pulchrum et gloriosum; sic contra mutum et elinguem videri, deforme habebatur. Ergo non minus rubore, quam præmiis stimulabantur; ne clientelarum loco potius, quam patronorum, numerarentur; ne traditæ a majoribus necessitudines ad alios transirent; ne tanquam inertes, et non suffecturi honoribus, aut non impetrarent, aut impetratos male tuerentur.

XXXVII. Nescio, an venerint in manus vestras hæc vetera, quæ et in antiquorum bibliothecis adhuc manent, et quum maxime a Muciano contrahuntur; ac jam undecim, ut opinor, Actorum libris et tribus Epistolarum composita et edita sunt. Ex his intelligi potest, Cn. Pompeium et M. Crassum, non viribus modo et armis, sed ingenio quoque et oratione, valuisse; Lentulos, et Metellos, et Lucullos, et Curiones, et ceteram procerum manum, multum in his studiis operæ curæque posuisse; nec quemquam illis temporibus magnam potentiam, sine eloquentia, consecutum. His accedebat splendor rerum, et magnitudo causarum, quæ et ipsa plurimum eloquen-

d'une accusation, il fallait répondre par sa propre bouche ; lorsque, dans les causes publiques, il fallait témoigner non par un représentant ou par écrit, mais parler en personne devant l'assemblée. Ainsi, aux avantages les plus éminens de l'éloquence, s'unissait une grande nécessité ; et si la réputation de la parole était belle et glorieuse, celle au contraire de rester court et sans voix était humiliante. On n'était donc pas moins stimulé par la honte que par l'intérêt. On ne voulait pas être compté au nombre des cliens et perdre le rang de patron ; voir passer à d'autres des charges transmises par ses aïeux ; ni paraître inactif et indigne des honneurs, et ne plus en obtenir ou ne pas les conserver après les avoir obtenus.

XXXVII. Je ne sais s'il vous est tombé sous la main de ces vieux écrits qui se trouvent encore dans les anciennes bibliothèques, que Mucien s'occupe particulièrement à rassembler, et dont, je crois, il a déjà été réuni et édité onze livres d'Actes et trois de Lettres : on peut voir par ces recueils que Pompée et Crassus dûrent leur puissance, non-seulement à la force et aux armes, mais à leur génie et à leur éloquence ; que les Lentulus, les Metellus, les Lucullus, les Curions et cette élite de nos illustrations, consacrèrent beaucoup de travail et de soins à ces études, et qu'en ces temps personne n'acquit une grande puissance sans le talent de la parole. Il s'y joignait l'éclat des sujets et l'importance des causes, qui aident puissamment l'éloquence. Car il importe beaucoup que vous ayez à parler d'un vol, d'une for-

tiæ præstant. Nam multum interest, utrumne de furto, aut formula, et interdicto, dicendum habeas, an de ambitu comitiorum, expilatis sociis, et civibus trucidatis: quæ mala sicut non accidere melius est, isque optimus civitatis status habendus est, in quo nihil tale patimur; ita, quum acciderent, ingentem eloquentiæ materiam subministrabant. Crescit enim cum amplitudine rerum vis ingenii; nec quisquam claram et illustrem orationem efficere potest, nisi qui causam parem invenit. Non, opinor, Demosthenem orationes illustrant, quas adversus tutores suos composuit; nec Ciceronem magnum oratorem P. Quintius defensus, aut Licinius Archias, faciunt; Catilina, et Milo, et Verres, et Antonius, hanc illi famam circumdederunt; non, quia tanti fuit reipublicæ malos ferre cives, ut uberem ad dicendum materiam oratores haberent; sed, ut subinde admoneo, quæstionis meminerimus, sciamusque, nos de ea re loqui, quæ facilius turbidis et inquietis temporibus exstitit. Quis ignorat utilius ac melius esse frui pace, quam bello vexari? plures tamen bonos prœliatores bella, quam pax, ferunt. Similis eloquentiæ conditio: nam, quo sæpius steterit tanquam in acie, quoque plures et intulerit ictus et exceperit, quo major adversarius et acrior, quicum pugnas sibi asperas desumpserit, tanto altior, et excelsior, et illis nobilitatus discriminibus, in ore hominum agit, quorum ea natura est, ut secura nolint.

mule, d'un interdit, ou bien des brigues des comices, de nos alliés mis au pillage, de nos concitoyens égorgés : ces maux, il est sans doute mieux qu'ils n'arrivent pas, et l'état le plus parfait de la ville est celui où l'on n'a rien à souffrir de tel; mais enfin, quand ils avaient lieu, ils fournissaient une ample matière à l'éloquence ; car avec la grandeur des choses s'accroît la force du génie; et personne ne peut produire un discours remarquable et digne d'illustration, s'il n'a trouvé un sujet qui l'inspire. Je ne pense pas que Démosthène se soit illustré par ses discours composés contre ses tuteurs, ni que Cicéron soit devenu un grand orateur par sa défense de P. Quintius ou de Licinius Archias : c'est Catilina, et Milon, et Verrès, et Antoine, qui l'ont environné de toute cette gloire. Non pas qu'il fût heureux pour la république d'avoir produit ces méchans citoyens, pour que les orateurs eussent une matière abondante à leurs discours; mais, je vous en préviens encore, n'oublions pas la question, et sachons bien qu'il s'agit d'un art qui puise principalement sa vie dans les temps de trouble et d'inquiétude. Qui ne sait qu'il est meilleur et plus utile de jouir de la paix que d'être agité par la guerre ? cependant les guerres produisent plus de grands capitaines que la paix. L'éloquence est sous une loi semblable : car, plus elle se sera présentée comme pour un combat, plus elle aura porté et reçu de coups, plus son adversaire aura été grand et vigoureux, plus elle l'aura engagé à de rudes assauts ; plus aussi elle aura acquis d'élévation et de sublimité, plus elle se sera ennoblie en ces périls aux yeux des hommes, dont la nature est de ne vouloir pas le calme.

XXXVIII. Transeo ad formam et consuetudinem veterum judiciorum; quæ etsi nunc aptior est veritati, eloquentiam tamen illud Forum magis exercebat, in quo nemo intra paucissimas horas perorare cogebatur, et liberæ comperendinationes erant, et modum dicendi sibi quisque sumebat, et numerus neque dierum, neque patronorum finiebatur. Primus, tertio consulatu, Cn. Pompeius adstrinxit, imposuitque veluti frenos eloquentiæ, ita tamen, ut omnia in Foro, omnia legibus, omnia apud prætores gererentur; apud quos quanto majora negotia olim exerceri solita sint, quod majus argumentum est, quam quod causæ centumvirales, quæ nunc primum obtinent locum, adeo splendore aliorum judiciorum obruebantur, ut neque Ciceronis, neque Cæsaris, neque Bruti, neque Cœlii, neque Calvi, non denique ullius magni oratoris liber, apud centumviros dictus, legatur, exceptis orationibus Asinii, quæ *pro heredibus Urbiniæ* inscribuntur, ab ipso tamen Pollione, mediis divi Augusti temporibus, habitæ, postquam longa temporum quies, et continuum populi otium, et assidua senatus tranquillitas, et maximi principis disciplina ipsam quoque eloquentiam, sicut omnia alia, pacaverat?

XXXIX. Parvum et ridiculum fortasse videbitur, quod dicturus sum; dicam tamen, vel ideo ut rideatur. Quantum humilitatis putamus eloquentiæ adtulisse pænulas

XXXVIII. Passons à la forme et aux usages des anciens tribunaux. Quoique la forme actuelle soit plus favorable à la vérité, toutefois alors le Forum exerçait davantage l'éloquence; on n'était pas obligé de terminer en peu d'heures; les remises étaient libres; chacun prenait son temps à son gré, et l'on ne limitait ni le nombre des jours ni celui des avocats. Pompée, à son troisième consulat, restreignit le premier, et brida, pour ainsi dire, l'éloquence : toutefois les affaires furent traitées toutes au Forum, toutes selon les lois, toutes devant les préteurs : car c'était devant eux qu'il était alors d'usage de plaider les plus grandes affaires; et ce qui le prouve le plus, c'est que les causes centumvirales, qui sont maintenant au premier rang, étaient tellement éclipsées par l'éclat des autres jugemens, que pas un seul plaidoyer de Cicéron, de César, de Brutus, de Célius, de Calvus, ni enfin d'aucun autre grand orateur, ne fut prononcé devant les centumvirs, excepté les discours d'Asinius pour les héritiers d'Urbinia; encore furent-ils composés vers le milieu de l'empire d'Auguste, après qu'un long temps de sécurité, un repos sans interruption chez le peuple, une tranquillité non troublée au sénat, et l'administration sévère du plus grand prince, eurent imposé le calme à l'éloquence ainsi qu'à tout le reste.

XXXIX. Peut-être ce que je vais dire paraîtra-t-il méticuleux et ridicule : je le dirai toutefois, même pour qu'on en rie. A quel degré d'humiliation pensez-vous qu'aient réduit l'éloquence ces manteaux étroits qui nous

istas, quibus adstricti et velut inclusi cum judicibus fabulamur? quantum virium detraxisse orationi auditoria et tabularia credimus, in quibus jam fere plurimæ causæ explicantur? Nam, quomodo nobiles equos cursus et spatia probant; sic est aliquis oratorum campus, per quem nisi liberi et soluti ferantur, debilitatur ac frangitur eloquentia. Ipsam quin immo curam et diligentis stili anxietatem contrariam experimur; quia sæpe interrogat judex, quando incipias; et ex interrogatione ejus incipiendum est. Frequenter probationibus et testibus silentium patronus indicit: unus inter hæc dicenti ac alter adsistit, et res velut in solitudine agitur. Oratori autem clamore plausuque opus est, et velut quodam theatro : qualia quotidie antiquis oratoribus contingebant, quum tot pariter ac tam nobiles Forum coarctarent, quum clientelæ quoque, et tribus, municipiorum etiam legationes, ac pars Italiæ periclitantibus adsisterent; quum in plerisque judiciis crederet populus romanus sua interesse, quid judicaretur. Satis constat, C. Cornelium, et M. Scaurum, et T. Milonem, et L. Bestiam, et P. Vatinium, concursu totius civitatis et accusatos, et defensos; ut frigidissimos quoque oratores ipsa certantis populi studia excitare et incendere potuerint. Itaque hercule ejusmodi libri exstant, ut ipsi quoque, qui egerunt, non aliis magis orationibus censeantur.

gênent et qui, pour ainsi dire, nous emprisonnent lorsque nous parlons aux juges? combien le discours ne perd-il pas d'énergie dans ces auditoires, dans ces greffes où maintenant se plaident la plupart des causes? Ainsi que les nobles coursiers demandent de l'espace pour s'élancer dans la lice, de même il faut à l'orateur un champ où il s'avance sans contrainte et sans gêne : sinon son éloquence se débilite et tombe. Et bien plus, les soins et les peines que nous prenons pour orner le style tournent contre nous-mêmes, parce que souvent le juge interroge quand on va commencer : sa question force alors à un tout autre début. Fréquemment l'avocat s'interrompt pour ouïr preuves et témoins : sur ce, il ne lui reste qu'un ou deux auditeurs, et la cause se plaide comme en un désert. Or, il faut à l'orateur acclamations, applaudissemens et théâtre, avantages qu'avaient chaque jour les anciens orateurs, alors que tant et de si nobles personnages encombraient le Forum, alors que les clientelles, les tribus et même les envoyés des municipes et une partie de l'Italie venaient soutenir des accusés en péril, alors qu'en la plupart des affaires le peuple romain pensait que ce qui allait être jugé était sa propre cause. On sait assez que, dans les accusations et les défenses de C. Cornelius, de M. Scaurus, de T. Milon, de L. Bestia, de P. Vatinius, la ville entière accourut et y prit une telle part, que le choc même des affections du peuple eût pu exciter et enflammer les orateurs les plus froids. Aussi, grands dieux, de tels plaidoyers n'ont pas péri, et ceux qui les ont prononcés n'ont point de plus beaux titres au barreau.

XL. Jam vero conciones assiduæ, et datum jus potentissimum quemque vexandi, atque ipsa inimicitiarum gloria, quum se plurimi disertorum, ne a P. quidem Scipione, aut Sulla, aut Cn. Pompeio abstinerent, et ad incessendos principes viros, ut est natura invidiæ, populi etiam histriones auribus uterentur, quantum ardorem ingeniis, quas oratoribus faces admovebant! Non de otiosa et quieta re loquimur, et quæ probitate et modestia gaudeat : sed est magna illa et notabilis eloquentia, alumna licentiæ, quam stulti libertatem vocabant, comes seditionum, effrenati populi incitamentum, sine obsequio, sine servitute, contumax, temeraria, arrogans, quæ in bene constitutis civitatibus non oritur. Quem enim oratorem lacedæmonium, quem cretensem accepimus? quarum civitatum severissima disciplina et severissimæ leges traduntur. Ne Macedonum quidem ac Persarum, aut ullius gentis, quæ certo imperio contenta fuerit, eloquentiam novimus. Rhodii quidam, athenienses plurimi oratores exstiterunt, apud quos omnia populus, omnia imperiti, omnia, ut sic dixerim, omnes poterant. Nostra quoque civitas, donec erravit ; donec se partibus, et dissensionibus, et discordiis confecit ; donec nulla fuit in Foro pax, nulla in senatu concordia, nulla in judiciis moderatio, nulla superiorum reverentia, nullus magistratuum modus ; tulit sine dubio va-

XL. Bien plus, ces harangues continuelles, ce droit donné à chacun de poursuivre l'homme le plus puissant, et la gloire même des inimitiés, alors que beaucoup d'orateurs habiles ne ménageaient même ni Scipion, ni Sylla, ni Pompée ; alors que, pour attaquer des sommités sociales (telle est la nature de l'envie), des histrions s'adressaient aux oreilles même du peuple : quelles ardeurs toutes ces circonstances ne donnaient-elles pas aux génies, quels feux aux orateurs? Nous ne discutons pas sur un art oisif et paisible, qui se réjouit de vertu et de modération, mais sur cette grande et magnifique éloquence, nourrisson de cette licence nommée liberté par la sottise ; sur cette éloquence, compagne des séditions, aiguillon d'un peuple sans frein, ennemie du respect et de la soumission, prête à la révolte, téméraire, arrogante, et ne naissant jamais dans les états calmes et fixes. En effet, de quels orateurs de Lacédémone ou de Crète nous a-t-on parlé? C'est que, dans ces cités, très-sévère était la discipline, très-sévères les lois. Nous ne connaissons pas non plus d'éloquence ni en Macédoine, ni en Perse, ni chez aucune autre nation qui s'est contentée d'un gouvernement régulier. A Rhodes il y eut quelques orateurs, à Athènes un grand nombre : dans ces états le peuple pouvait tout, les inhabiles tout, enfin tous, pour ainsi parler, pouvaient toutes choses. Notre ville aussi, tant qu'elle n'eut point de règles fixes, tant qu'elle fut en proie aux partis, aux dissensions, aux discordes, tant qu'il n'y eut point de calme au Forum, de concorde au sénat, de modération dans les jugemens, nul respect pour les grands, nulle règle pour les magistrats, nourrit sans doute une éloquence plus ferme, semblable au champ

lentiorem eloquentiam : sicuti indomitus ager habet quasdam herbas lætiores. Sed nec tanti reipublicæ Gracchorum eloquentia fuit, ut pateretur et leges; nec bonæ formam eloquentiæ Cicero tali exitu pensavit.

XLI. Sic quoque, quod superest antiqui oratoribus, Forum non emendatæ, nec usque ad votum compositæ, civitatis argumentum est. Quis enim nos advocat, nisi aut nocens, aut miser? Quod municipium in civitatem nostram venit, nisi quod aut vicinus populus, aut domestica discordia, agitat? Quam provinciam tuemur, nisi spoliatam vexatamque? Atqui melius fuisset non queri, quam vindicari. Quod si inveniretur aliqua civitas in qua nemo peccaret, supervacuus esset inter innocentes orator, sicut inter sanos medicus. Quo modo tamen minimum usus, minimumque profectus ars medentis habet in his gentibus, quæ firmissima valetudine ac saluberrimis corporibus utuntur : sic minor oratorum obscuriorque gloria est inter bonos mores, et in obsequium regentis paratos. Quid enim opus est longis in senatu sententiis, quum optimi cito consentiant? Quid multis apud populum concionibus, quum de republica non imperiti et multi deliberent, sed sapientissimus et unus? Quid voluntariis accusationibus, quum tam raro et tam parce peccetur? Quid invidiosis et excedentibus modum defensionibus, quum clementia cognoscentis obviam

qui, encore inculte, produit alors des plantes plus vigoureuses. Mais l'éloquence des Gracques ne profita pas à la république, puisqu'il fallut subir leurs lois, et les beautés de la plus pure éloquence de Cicéron n'ont point compensé sa fin déplorable.

XLI. Aujourd'hui, par ce qui nous reste de l'antique éloquence, le Forum ne prouve pas un état de choses épuré et qui remplisse tous les vœux : en effet, qui nous appelle, si ce n'est le coupable ou le malheureux? quel municipe envoie vers nous à Rome, si ce n'est celui que trouble quelque peuple voisin ou quelque discorde intérieure? quelle province nous faut-il défendre, sinon celle qui est spoliée ou opprimée? Or, il serait mieux de n'avoir pas à se plaindre que de se venger. S'il se trouvait quelque cité où personne ne pût être coupable, un orateur serait superflu parmi ces âmes pures, comme le médecin parmi des gens bien portans. Et comme l'art médical n'est nullement usité, nullement progressif chez les peuples dont les corps sains jouissent d'une santé inaltérable; de même l'éclat du barreau est moindre et plus faible chez ceux qui ont des mœurs pures, et qui obéissent avec respect à qui les commande. Qu'est-il besoin, en effet, de longues discussions dans un sénat, si les bons esprits sont aussitôt d'accord? A quoi servent tant de harangues au peuple, quand les délibérations sur l'état ne sont pas livrées à l'ignorance de la multitude, mais à la sagesse d'un seul? Pourquoi ces voix toujours accusatrices, quand le délit est si faible et si rare? Pourquoi d'aigres défenses excédant toutes limites, lorsque la clémence du juge court au devant de l'accusé en péril? Croyez-moi, excellens amis, hommes savans autant qu'on peut l'être, si vous étiez nés, vous, dans ces

periclitantibus eat? Credite, optimi, et, in quantum opus est, disertissimi viri, si aut vos prioribus sæculis, aut isti, quos miramur, his nati essent, ac deus aliquis vitas vestras, vestra tempora, repente mutasset; nec vobis summa illa laus et gloria in eloquentia, neque illis modus et temperamentum defuisset. Nunc, quoniam nemo eodem tempore adsequi potest magnam famam et magnam quietem, bono sæculi sui quisque, citra obtrectationem alterius, utatur.

XLII. Finierat Maternus. Tum Messalla: Erant quibus contradicerem; erant, de quibus plura dici vellem, nisi jam dies esset exactus. Fiet, inquit Maternus, postea arbitratu tuo; et, si qua tibi obscura in hoc meo sermone visa sunt, de his rursus conferemus. Ac simul adsurgens, et Aprum complexus: Ego, inquit, te poetis, Messalla antiquariis criminabimur. At ego vos rhetoribus et scholasticis, inquit. Quum arrisissent, discessimus.

siècles antérieurs, et ces hommes que nous admirons, dans le nôtre, et qu'un dieu eût tout à coup changé vos existences et vos époques, vous n'eussiez pas manqué, vous, ni de cette gloire supérieure ni des louanges dues à l'éloquence ; eux, ni de mesures ni de convenances. Maintenant, puisque personne ne peut obtenir à la fois une grande renommée et une grande tranquillité, que chacun use des biens que lui offre son siècle, sans dénigrer les autres époques.

XLII. Maternus avait fini. Alors Messalla : J'aurais bien à contredire et beaucoup à demander, si déjà la journée n'était terminée. On fera plus tard, reprit Maternus, suivant ton gré ; et si, dans mes paroles, quelques parties t'ont paru obscures, nous en confèrerons de nouveau. En même temps il se leva ; puis, embrassant Aper : Nous te dénoncerons, s'écria-t-il, moi aux poètes, et Messalla aux amans de choses antiques. Et moi, dit Aper, je vous défèrerai tous deux aux rhéteurs et aux scolastiques. Tous se prirent à rire, et nous nous séparâmes.

NOTES

SUR LE DIALOGUE INTITULÉ DES ORATEURS.

Cet ouvrage est un de ceux qui ont le plus exercé la critique et la sagacité des traducteurs et des commentateurs. Le titre de cet écrit, l'époque de sa composition, et jusqu'au nom même de son auteur, ont été vivement et long-temps contestés.

Quant au titre, Brotier a trouvé celui-ci dans les manuscrits du Vatican : *C. Corn. Taciti Dialogus de Oratoribus.* Celui de l'édition Princeps est ainsi conçu : *Cornelii Taciti equitis romani Dialogus de Oratoribus claris.* Ceux de Puteol. et Bér. portent : *Cornelii Taciti equitis romani Dialogus, an sui sæculi oratores antiquioribus, et quare concedant.* Nous avons suivi celui d'Ernesti, qui lit : *De Oratoribus, sive de causis corruptæ eloquentiæ Dialogus.*

L'époque supposée de ce Dialogue se rapporte à l'an de R. 831, de J.-C. 78, sous le consulat de Flavius Vespasianus Augustus et de Titus Vespasianus César.

Quant à l'auteur, on s'accorde généralement aujourd'hui à le reconnaître dans Tacite, contre l'opinion d'Ernesti, dont les savantes recherches et les précieux commentaires semblent attribuer cet ouvrage à tout autre écrivain. Si notre conviction à cet égard n'atteint pas le même degré de certitude que celle de MM. Dureau Delamalle et Burnouf, nous ne saurions non plus nous ranger entièrement à l'opinion des commentateurs et traducteurs qui sont d'un avis opposé. Qu'il nous suffise donc de renvoyer le lecteur aux raisons plus ou moins fortes, plus ou moins spécieuses, que font valoir à l'appui de leur sentiment ces judicieux critiques, et qu'il serait trop long d'énumérer ici.

I. *Justus Fabius.* On voit par les lettres de Pline le Jeune (1, 11 et 7, 2) que ce Fabius Justus fut aussi son ami. M. Dureau Delamalle trouve, dans cette circonstance, une légère probabilité de plus que ce Dialogue est de Tacite : « Car, dit-il, d'aussi intimes amis que Tacite et Pline devaient avoir des amis communs. »

II. *Curiatius Maternus.* Poète qui n'est guère connu que par ce Dialogue et par ce passage de Dion (*Domitien*, LXVII, 12) : Μα-τερνὸν δὲ σοφιστὴν, ὅτι κατὰ τυράννων εἶπέ τι ἀσκῶν, ἀπέκτεινε. Du reste, M. de Sigrais pense que le Maternus dont parle Dion n'est pas celui dont il s'agit ici. M. Dureau Delamalle inclinerait à croire le contraire.

Marcus Aper et Julius Secundus. Ce Marcus Aper est peut-être le père de M. Flav. Aper, consul l'an de Rome 883. Quintilien (x, 1, et XII, 10) célèbre les louanges de J. Secundus.

Nourri de l'érudition ordinaire. On lisait, avant Rhenanus, *cum eruditione*, au lieu de *communi eruditione*. L'érudition ordinaire s'entend des arts libéraux auxquels se livrent communément les hommes bien nés. *Communi* vient de Rhen.; Heins. conjecturait *comi*; Acid., *omni*.

III. *Domitius.* Il paraît que ce fut celui qui montra tant d'acharnement contre César, et qui resta sur le champ de bataille à Pharsale. Suétone (*Néron*, 2) et Cicéron (*Orateur*, II, 56) font mention de ce Domitius, surnommé *Énobarbus*.

T'occuper à la fois. Au lieu de la leçon commune *adgregares*, Pithou et Muret mettent *adgregare*, en le rapportant à *negotium*. Oberlin et Schulze l'ont aussi reçu, et font dépendre cet infinitif de *negotium importasses*. Cette prétendue correction, dit M. Burnouf, gâte une phrase très-claire et très-élégante. *Domitium et Catonem* ne sont point régimes du verbe *aggregare* : c'est tout simplement une apposition à *negotium*.

V. *Saleius Bassus.* Quintilien (x, 1) dit que ce poète avait de la véhémence et de l'imagination, mais que la vieillesse même ne put mûrir son talent : « Nec ipsa senectute maturum. » Le petit poëme à C. Pison, ordinairement attribué à Lucain, serait, suivant Wernsdorff, l'ouvrage de Bassus.

Eprius Marcellus. Fameux délateur qui fit condamner Pétus Thraséas, beau-père d'Helvidius Priscus. (*Voy.* TACITE, *Hist.*, IV, 6 et 43.)

Helvidius. Gendre de Pétus Thraséas, dont il est question dans la note précédente. Tacite (*Hist.*, iv, 5) parle d'Helvidius avec beaucoup d'éloges.

VII. *Né dans une ville peu en faveur.* Maternus, Secundus, Aper, étaient Gaulois. On lit en effet, chap. x de ce Dialogue : *Ne quid de Gallis nostris loquamur.* — *Voyez* aussi la note du chapitre xvii, relative à l'origine d'Aper. Mais pourquoi la ville où il était né était-elle peu en faveur auprès des Romains? « C'est, dit M. de Sigrais, que plusieurs villes des Gaules avaient été des dernières à reconnaître Vespasien. »

VIII. *Crispus Vibius.* Complaisant et parasite de Vitellius, suivant Dion (lxv, 2). Quintilien (x, 1) en parle avec éloge, comme d'un orateur doué d'une éloquence facile et agréable. (*Voyez* aussi Tacite, *Hist.*, ii, 10.)

Trois cent millions de sesterces. Cette somme, à l'époque de Vespasien, équivalait à 53,079,679 fr. de notre monnaie. L'accusation de Thraséas avait valu à Marcellus cinq millions de sesterces. (Tacite, *Annal.*, xvi, 33.)

Mènent et dirigent tout. — *Voyez*, pour l'explication de ces mots, *agunt feruntque cuncta*, la note que nous avons donnée, page 319, tome iv de notre *Tacite*.

IX. *Mendier des auditeurs.* Ce fut sous Auguste qu'eurent lieu ces premières lectures : Pline le Jeune récita son *Panégyrique de Trajan* devant une assemblée choisie, et Ammien Marcellin eut recours au même moyen pour faire connaître les premiers livres de ses Histoires.

Qui fit don à Bassus de cinq cent mille sesterces. Cette somme, à l'époque de Vespasien, équivalait à 88,466 fr. de notre monnaie. Cet empereur fut le premier qui rétribua les rhéteurs qui enseignaient cet art. Leur traitement fut de cent mille sesterces par an (17,693 fr.).

X. *Nicostrate.* Athlète qui vécut dans le premier siècle, et dont Quintilien fait mention (ii, 8).

Un adversaire qui te vaincra. C'est-à-dire le prince, que vous offenserez avec votre *Caton*.

Si, dans nos expressions. A la place de ces mots, *in quibus expressis si quando necesse sit*, peut-être faudrait-il *in quibus expressit si quando necessitas.* Acid. convient qu'il ne comprend point ce que c'est que *expressis.* Schulting. conjecture *in quibus ex professis*, ce qui est beaucoup plus obscur. Schelius approuve la conjecture de Lipse. Schulze retranche avec Heumann, *expressis* comme une glose. *Expressis* est pour Oberlin la même chose que *expositis*; c'est ainsi que Cicéron (*pour Archias*, chap. IX) se sert de ce mot : « Mithridaticum..... bellum..... totum ab hoc expressum est. »

XI. *Dans ma pièce de* NÉRON. Gronovius voulait qu'à la place de ces mots, *improbam et studiorum quoque sacra profanantem vaticinii*, on lût : *Quum in Nerone improbatam et studiorum quoque sacra profanantem Vatinii potentiam fregi.* Il est évident, dit Ernesti, que le discours roule sur un homme : c'est pourquoi j'ai reçu *Vatinii.* Brotier a fait de même. On demande, dit Oberlin, comment Maternus *improbatam* (car je reçois ce texte) *in Nerone et musarum sacra profanantem Vatinii potentiam frangere potuerit ?* Gron., à l'endroit cité, conjecture que Vatinius avait profané les muses par une tragédie qu'il récita aux fêtes de Néron (dont parle Suétone, chap. XII), mais que Maternus fut couronné, et que Vatinius succomba. *In Nerone improbata Vatinii potentia,* c'est-à-dire blâmée dans ce prince par tous les gens de bien dont nous avons parlé plus haut (*Ann.,* XV, 34). Heumann, que suit Schulze, lit : *Ipsi Neroni improbatam,* ce qui n'est pas mal. Il en est qui conservent le mot de *vaticinii.* En effet Barthius lit : *In Nerone improbam....... vaticinii potentiam fregi,* et il pense que Maternus fait allusion à certains endroits de ces tragédies où le peuple avait applaudi à toute outrance contre Néron. Dureau Delamalle aussi, ayant suivi M. de Sigrais, conserve *vaticinii,* et traduit ainsi cet endroit : « Lorsque, dans mon *Néron,* j'humiliai ce tyran, profanateur d'un art sacré, qui avait besoin de soutenir ses vers de tout l'appareil de son pouvoir. » Enfin, lorsque Schulting. refait les mots à sa manière, sa témérité est extraordinaire. Cf. SCHULZE. M. Burnouf convient aussi qu'il est impossible de rien prononcer de certain sur ce passage. Cependant il n'admet pas la leçon *Vatinii,* mais bien *vaticinii,* qu'il enferme dans des crochets comme glose de *studiorum*. Nous dirons avec lui : « Le champ reste ouvert à la sagacité du lecteur. »

Ces bronzes et ces images. Au lieu de *non magis quam œra et imagines*, Cujacius lisait *non magis quam ceras et imagines*, c'est-à-dire les images de cire de ses ancêtres, dont parle Juvénal (VIII, 19). Pour Brotier, *œra* sont les statues d'airain et les tables d'hospitalité dont il est fait mention chap. III.

La position d'un citoyen, sa sécurité. A la place de ces mots *statum cujusque ac securitatem*, Juste-Lipse préfèrerait *statum hucusque*. Maternus, dit-il, parle de lui-même, et répond à cette partie du discours d'Aper, où il prétend que l'éloquence est un trait qui doit repousser tous les dangers. Pichena conserve *cujusque*, et lit *tuetur*, pour que l'innocence et l'éloquence soient en première ligne. Brotier et les éditions de Deux-Ponts pensent comme Lipse.

XII. *Asinius.* Asinius Pollion, si souvent célébré par Horace, protecteur de Virgile et fondateur de la première bibliothèque publique qui fut ouverte à Rome.

Messalla. Valerius Messalla Corvinus, qu'il ne faut pas confondre avec le Messalla de ce Dialogue.

La Médée d'Ovide. Cette pièce n'est pas venue jusqu'à nous. Quintilien en fait l'éloge (x, 1).

Le Thyeste de Varius. Ce Varius était l'ami de Virgile et d'Horace, qui en parle dans le *Voyage à Brindes*. Le *Thyeste* nous est inconnu.

XIII. *Cette heureuse cohabitation avec la poésie.* Gronovius, au lieu de ces mots *et illud felix contubernium*, conjecturait *et illud secum contubernium*, d'après Perse (IV, 52), *tecum habita*. Les éditions de Deux-Ponts entendent bien le *felix contubernium*, des forêts, des bois sacrés et de la solitude où les poètes vivent avec eux-mêmes, et prétendent cohabiter avec les dieux et les héros. Ainsi il n'est point nécessaire d'ajouter *Elysii* avec Barthius, ou *sedens* avec Schulting.

Pomponius Secundus. Écrivain tragique dont il est fait mention (*Ann.*, XII, 28). Quant à Domitius Afer, il en est parlé (*Ann.*, IV, 52), et dans Quintilien (x, 1, et XII, 11).

En maudissant leurs services. Juste-Lipse voulait qu'à ces mots *hi quibus præstant, indignantur,* on ajoutât la négation, *hi quibus non præstant.* Il se trompe, dit Gronovius, car cela signifie la même chose que ce que dit Florus de César (IV, 2) : « Clementiam principis vicit invidia, gravisque erat liberis ipsa beneficiorum potentia. »

Pour sauver mon patrimoine. — *Pro pignore,* c'est-à-dire pour ma tranquillité, en adjoignant à mes héritiers ceux dont le crédit me soit un gage que mon testament sera ratifié. C'est ainsi que nous lisons dans la *Vie d'Agricola,* chap. XLVII : « Tam cæca et corrupta mens adsiduis adulationibus erat, ut nesciret a bono patre non scribi hæredem, nisi malum principem. »

Ni enquête ni supplications. D'après un usage reçu chez les Romains, il fallait une délibération du sénat ou une autorisation du prince pour honorer la mémoire d'un citoyen, ou décorer son tombeau, quand, en cessant de vivre, il s'était trouvé sous le poids d'une condamnation ou d'une accusation quelconque. Gronovius cite une inscription lapidaire qui prouve cet usage : M. ANNÆO. LUCANO. CORDVBENSI. BENEFICIO. NERONIS. FAMA. SERVATA.

XIV. *Vipstanus Messalla.* On lisait auparavant *Urbanus Messala*; mais un ancien manuscrit porte *Vibanus,* d'où il a été facile de rendre à cet homme célèbre son vrai nom de famille, *Vipstanus Messalla.* C'est le même dont il est question (*Hist.,* liv. III, chap. 9, et liv. IV, chap. 42). Répétons ici ce que nous avons déjà dit dans nos notes sur le liv. III des *Histoires :* « L'éloge que Tacite y fait de ce personnage ne fournirait-il pas un appui à l'opinion que ce Dialogue est bien réellement l'ouvrage de ce grand historien ? »

Julius Asiaticus. C'est vraisemblablement ce chef gaulois qui avait combattu pour Vindex, et dont on demandait le supplice à Vitellius (*Hist.,* II, 94).

XV. *De ton frère.* Quel est ce frère de Messalla ? Je pense, dit Juste-Lipse, qu'il s'agit de Regulus, de celui qui vécut du temps de Pline, et qui fut loué plus pour son élocution que pour sa conduite. Ce qui me le fait soupçonner, c'est cet endroit de Tacite (*Hist.*, IV, 42) : *Magnam eo die pietatis eloquentiæque famam Vipstanus Messalla adeptus est, nondum senatoria ætate, ausus pro fratre Aquilio Regulo deprecari.* Sur Regulus, *voyez* PLINE LE JEUNE, *Lett.* I, 5; IV, 7.

Sacerdoce Nicétès. Fameux déclamateur de cette époque. Pline (*Lettr.*, VI, 6) convient l'avoir entendu : « *Erat non studiosorum tantum, verum etiam studiorum amantissimus, ac prope quotidie ad audiendos, quos tunc ego frequentabam, Quinctilianum et Sacerdotem Nicetem ventitabat.* » Il y a dans les *Vies des Sophistes*, par Philostrate de Lemnos (1, 19), un éloge de ce Nicétès, à ce que dit Pithou. Sénèque le père le nomme aussi (*Cont.*, IX, 2) : « Nec Julio nec alii contigisse suo (*j'écrirais* nec Vibio, nec alii contigisse scio), quam apud Græcos Nicetæ, apud Romanos Latroni, ut a discipulis non audiri desiderarent; » et, dans le même livre : « Nicetes egregie dixit in eodem loco. » (JUSTE-LIPSE.)

Afer, Africanus. — *Voyez* ce qu'en dit Quintilien (*Instit. Orat.*, X, 1); sur Asinius Pollion, *voyez* QUINTILIEN, *ibid.*, et, plus haut, chap. XII.

XVI. *Quatre siècles entre Démosthène et notre époque.* On lisait, avant Juste-Lipse, CCC *annos.* C'est lui qui, le premier, a proposé la correction CCCC *annos*, qu'ont admise depuis tous les éditeurs. Le premier nombre était évidemment fautif, puisque la mort de Démosthène eut lieu l'an 322 avant J.-C. Du reste, ce chiffre de quatre cents ans, depuis la mort de Démosthène, présente un nombre rond, comme l'observe Mercier.

Et si cette année en comprend douze mille neuf cent cinquante-quatre des nôtres. Ce nombre varie dans les exemplaires de SERVIUS (*ad Æneid.*, I, 269, et III, 284), et aussi dans CENSORINUS (chap. XVIII), sur le *jour natal* à Q. Cerellius; MACROBE, *Commentaire sur le Songe de Scipion*, II, 11, et JUL. FIRMICUS (liv. I). comme en prévient avec raison Pithou. Le vrai nombre est XII M. DCCCCLIV, écrit en entier dans le *Fragment d'Hortensius à Cicéron*, et nous l'avons admis. L'année de la révolution complète de tous les astres, qui est la grande de Platon, d'après le calcul des astronomes, est de 25,920.

XVII. *Menenius Agrippa*. — *Voyez*, sur ce personnage, Tite-Live, II, 32.

Célius. M. Célius Rufus. Il se trouve de ses lettres parmi celles de Cicéron. *Voyez* aussi, sur ce personnage, Cicéron, *Brutus*, 79.

Calvus. — *Voyez* Sénèque, *Contr.*, III, 19; Cicéron, *Brutus*, 82, et chap. XVIII de ce Dialogue.

Brutus. M. Junius Brutus, celui même dont Cicéron a donné le nom à son Dialogue *de Claris oratoribus*.

Cette seule année aussi des règnes de Galba, etc. Il y a dans l'édition *Princeps* : *Atque unum G. et O. et V. longum et unum annum*. De même, dans Put. et Bér., en omettant *longum et*. Lipse a mis, d'après son ancien manuscrit, *ipsum*, qui, peut-être, est de trop aussi bien que *unum*, qui est avant ; autrement, *ipsum unum* serait *præcise unum*. — *Longum* semble être inutile. Toutefois, Schurzfl. pense que cela est dit, parce que, entre la mort de Néron et le commencement du règne de Vespasien, il y a eu un intervalle d'une année et vingt-deux jours.

J'ai vu moi-même en Bretagne. De cet endroit, Schulze conjecture, dans les *Prolégom.*, p. 38, et avec lui Louis G. Crome, dans le programme sur la lecture du *Dialogue des Orat.*, in-4°, Luneb., 1790, qu'Aper était Breton, ce qu'ils pensent être confirmé par le chap. VII, où il se dit *in civitate minime favorabili natum*. Ce qu'il dit expressément au chap. X, *ne quid de Gallis nostris loquamur*, s'oppose à cette opinion.

Aux dernières distributions. Brotier, sur cet endroit, donne, avec beaucoup de clarté, l'historique des *congiaires* (distributions extraordinaires). Celui dont il est ici question avait été donné sous Vespasien par son fils Titus, l'an de Rome 826.

XVIII. *S. Galba*. Schulting. croit avec assez de probabilité qu'il a échappé ici *C. Lælio*, qui est plus bas, chap. xxv ; il est nommé avec Galba parmi ceux dont Aper a fait mention. Quant à Galba, *voyez* Cicéron, *de Claris orat.*, XXI et suiv ; et à C. Carbon, *ibid.*, XXVII.

Comparé au vieux Caton, etc. Sur Caton, *voyez* Quintil., XII, 11 ; sur Gracchus, Plut., et Cic. dans *Brutus*, 33 ; sur Crassus, Cic., *de Orat.*, III, 1, *in Verr.*, III, 1, et aussi dans *Brut.*, 38.

Toujours ce qui est ancien est loué. Velleius (II, 92) dit exactement la même chose: « Præsentia invidia, præterita veneratione prosequimur. »

Appius Cécus au détriment de Caton? Au lieu de *pro Catone*, Groslotius préférait *præ Catone*. D'autres, parmi lesquels Schurzfl., veulent qu'on retranche *magis*; un autre veut qu'on efface *pro*. Ernesti admet la correction de Groslotius. Les éditeurs de Deux-Ponts lisent *Porcio Catone*. Sur Appius Cécus, *voyez* CICÉRON, *Brutus*, XIV, et *de Senect.*, VI.

Cicéron ne manqua pas de détracteurs. — *Voyez* à ce sujet QUINTILIEN, XII, 10.

XIX. *L'époque de Cassius Severus.* Juste-Lipse, en admettant *ad Cassium Severum faciunt*, observe cependant qu'un ancien manuscrit donne *Cassium quem reum faciunt*. Brotier, d'après les traces des manuscrits du Vatican et l'édition *Princeps*, refait ainsi le texte : *Solent usque ad Cassium Severum quem reum faciunt quemque primum adf.*, etc., ce qui ne plaît point à Ernesti. *Constituere terminum ad aliquem*, dit-il, n'est point latin. Déjà Puteol. a donné *usque ad Cassium Severum*. A ce sujet, voyez TACITE, *Annales*, IV, 21; QUINTILIEN, X, 1, et SÉNÈQUE, *Exc. contr.* 3, *Præf.*

Des harangues les plus embrouillées. On lisait auparavant, *imperitissimarum orationum*. Quintilien explique très-bien l'*impedita oratio*, VIII, 6, de l'*Institution oratoire*.

D'Hermagoras et d'Apollodore. Il faut entendre ici cet Hermagoras qui vécut sous Auguste, et que cite Quintilien (III, 1), et non un autre rhéteur nommé aussi Hermagoras, dont il est fait mention dans Cicéron, *Brut.*, 78, et Quintilien, *passim*. Apollodore de Pergame fut précepteur d'Auguste : il lui enseigna l'éloquence dans la ville d'Apollonie. *Voyez*, sur ces rhéteurs, QUINTILIEN, III, 1; SUÉTONE, *Auguste*, 89; STRABON, 13, et SUIDAS, aux mots *Hermagoras* et *Apollodore*.

Dans une assemblée. D'autres lisent *corona*. Si *cortina* est bon, dit Juste-Lipse, je ne le recevrai que comme signifiant les banquettes ménagées près du tribunal, où étaient placés les avocats, les greffiers, les huissiers, et tout ce qui tenait au barreau. Sévère, dans le poëme de l'*Etna*, vers 295, semble s'en être servi pour signifier la partie courbe du théâtre: « Magni cortina theatri. »

Il faut examiner, de plus, si *assistere* ne s'entend pas ici des cliens et des témoins qui se joignaient à l'avocat. C'est de là qu'on trouve aussitôt *vulgus quoque assistentium et affluens et vagus auditor.* Il les distingue des auditeurs qui se trouvent là par hasard. Ernesti et Brotier ont conservé *cortina*, qu'approuve Dureau Delamalle, et qu'a maintenu M. Burnouf.

XX. *Sur une formule ou une exception.* — *Voy.* le *Digeste*, XLIV, titre 1er. *Formula* s'entend de celle qui est prescrite pour chaque action.

En faveur de M. Tullius. Macrobe, *de Diff. et soc. græci latinique verbi*, ch. du temps parfait, loue cette oraison qui est perdue.

Les gestes de Roscius et de Turpion Ambivius. Les manuscrits ajoutent mal-à-propos une disjonction : *Turpionis aut Ambivii;* car les inscriptions de Terentius, et Cicéron (*de Senect.*, XIV), apprennent que c'est un même individu. Roscius est ce fameux comédien, seul digne, par son talent, de monter sur la scène, et, par son caractère, de n'y monter jamais. (*Voyez* CICÉRON, *pro Quintio*, xxv.) — Turpion Ambivius, beaucoup plus ancien que Roscius, jouit aussi d'une grande célébrité. C'était un des chefs de la troupe qui joua presque toutes les comédies de Térence.

Non pas souillé de la rouille d'Accius ou de Pacuvius. C'est ainsi qu'on lit dans Sidon. Apoll., *Epit.* 1 : « Veternosum dicendi genus. » Accius, poète tragique, naquit à Rome l'an 584, et mourut à l'âge de quatre-vingt-trois ans. Pacuvius naquit à Brindes, vécut à Rome vers le commencement du septième siècle, et mourut à Tarente en 624. *Voyez*, pour le jugement que Quintilien porte de ces deux poètes, *Institut. orat.*, liv. x, chap. 1.

XXI. *Ni Canutius, ni Arrius, ni Furnius.* Cicéron donne au premier de ces personnages le surnom de *Publius* dans son *Brutus*, 56, et dans l'*Oraison pour Cluentius*, 18 : « Accusabat P. Canutius, homo in primis ingeniosus et in dicendo exercitatus; » mais il l'appelle *Titus* dans la *Philipp.* III, 9 : « T. Canutius, a quo erat honestissimis contentionibus et sæpe et jure vexatus. » Suétone (*de Clar. rhet.*, VI) le nomme Caïus. Dans le *Brutus* de Cicéron, 6, 9, il est question d'Arrius : « Quod idem faciebat Q. Arrius, qui fuit

M. Crassi quasi secundarum. » Nous pensons que ce *Furnius* est celui dont César parle à Cicéron, liv. ix, après l'*épître* vi à Atticus, où ces paroles font voir qu'il fut un avocat célèbre, et mis au rang des hommes diserts : « O mi Furni, quam tu causam tuam non nosti, qui alienas tam facile discas! »

Contre Vatinius. Quintilien (vi, 1 et 3; ix, 2) fait mention des discours de Calvus contre ce Vatinius, le même que Cicéron écrasa par cette foudroyante invective parvenue jusqu'à nous, et que, deux ans plus tard, il défendit d'une accusation de brigue intentée par Calvus.

Que dire des oraisons de Célius? — *Voyez*, sur cet orateur, le jugement qu'en porte Quintilien (x, 1 et 2).

Pardonnons à César. — *Voyez*, à ce sujet, Quintilien, x, 1.

Laissons Brutus à sa philosophie. Conf. Quintilien, x, 1. Les anciennes éditions avaient auparavant, *Brutum in eloquentia sua relinquamus.*

Parmi les Menenius et les Appius. Voici ce qu'on lit au sujet d'Asinius dans Quintilien (x, 1) : « Asinius Pollion est tellement éloigné du style net et agréable de Cicéron, que l'on pourrait croire qu'il vivait un siècle auparavant. »

XXII. *Peu de ses phrases se terminent avec convenance et un certain éclat.* Au lieu de *pauci sensus apte et cum quodam lumine termi nantur*, on lisait : *Pauci sensus opt. et cum quodam lum. term.* Acidalius et Freinshemius ont lu *apte*, que nous préférons. C'est ainsi qu'on lit dans Cicéron : « Clausulæ apte numeroseque cadentes. » On voit évidemment ce que signifie *cum lumine*, d'après ces mots du chap. xx : *Ubi sensus arguta et brevi sententia effulsit.* L'usage a prévalu, dit Quintilien (viii, 5), et l'on appelle *sensus* les conceptions de notre esprit, et *sententias* les traits saillans placés à la fin des phrases.

XXIII. *La* roue de fortune. Jeu de mots qui se trouve dans le *Discours contre Pison*, 10. Cicéron y dit, en parlant de Gabinius : « Quum ipse nudus in convivio saltaret, in quo ne tum quidem, quum illum suum saltatorium versaret orbem, *fortunæ rotam* pertimescebat. »

Du jus Verrinum. Autre jeu de mots, plus ridicule encore que le précédent : détestable équivoque qui résulte de ce que *jus Verrinum* peut signifier à la fois et *justice de Verrès* et *jus de pourceau*. C'est dans la *première Verrine* que se trouve cette plaisanterie de mauvais goût. Du reste, Cicéron lui-même désapprouve ces pointes chez les autres. (*Voyez* QUINTILIEN, VI, 3.)

Lucilius au lieu d'Horace. — *Voyez*, à ce sujet, QUINTILIEN, X, I; HORACE, *Sat.* I, 4 et 10. Lucilius naquit l'an 606 de la fondation de Rome. Ce fut le premier Romain qui se distingua dans le genre satirique.

De votre Aufidius Bassus et de Servilius Nonianus. — *Voyez*, sur chacun de ces historiens, QUINTILIEN, X, I, et aussi TACITE, *Ann.*, XIV, 19.

Sisenna. L. Cornelius Sisenna, orateur médiocre, assez bon historien, quoique fort éloigné de la perfection. Cicéron parle de lui dans son *Brutus*, 64.

Varron. M. Terentius Varron, le plus savant de son siècle, mais beaucoup plus érudit qu'éloquent. *Voyez* ce qu'en dit Quintilien, X, I.

Les ont en aversion. Il y a dans le texte, *fastidiunt, oderunt*. Schulze et Heumann retranchent le dernier mot comme une glose; mais notre auteur emploie souvent les synonymes.

Telle est l'harmonie des sentences. Je ne sais, dit Juste-Lipse, si, au lieu de *ea sententiarum planitas*, il ne faudrait pas lire *sanitas*. Ernesti croit vraie la conjecture de Lipse. *Planitas* peut se confirmer d'après Quintilien, qui dit (VIII, 5) : « Les mouvemens qui s'élèvent par des efforts fréquens et faibles ne sont qu'inégaux et comme rompus; ils n'obtiennent point l'admiration des endroits brillans ni la grâce de ce qui coule de source. » Schulting préfèrerait *gravitas*; les éditeurs de Deux-Ponts, *plenitas*, pour que la phrase fût pleine, achevée, mesurée et opposée au style déchiqueté. Ce qui favorise l'opinion des éditeurs de Deux-Ponts, c'est qu'au chap. XXV on reproche trop de plénitude à Cicéron. Oberlin croit en conséquence qu'on doit l'admettre. Nous avons conservé *planitas* avec M. Burnouf, qui justifie ainsi cette expression : « Les pensées sont *planæ*, dit-il, lorsqu'elles ne font point, en quelque sorte, une *saillie* trop marquée; lorsqu'elles ne s'élèvent point d'une manière inattendue et choquante; enfin, lorsqu'elles sont amenées si naturellement et si bien fondues avec le reste, qu'elles semblent ne pas sortir du *niveau* commun. »

XXVI. *Aux ornemens coquets de Mécène.* — *Voyez*, à ce sujet, Suétone, *Aug.*, 86 ; Quintilien, ix, 4 ; Sénèque, *Lettr.*, 114 ; Macrobe, *Saturn.*, ii, 4. *Calamister*, ou *calamistrum*, est, au propre, le fer qu'on employait pour friser les cheveux ; au figuré, il désigne la recherche et l'afféterie du style.

Aux glapissemens de Gallion. Quintilien (ii, 3) raille aussi les *tinnulos oratores;* il cite également (iii, 1) les travaux oratoires de Gallion le père. C'est peut-être celui dont il est parlé *Annales*, xv, 73. Il est assez difficile de trouver dans notre langue un mot qui rende exactement ce *tinnitus*. M. Burnouf traduit « les cliquetis de Gallion ; » nous avons peine à admettre cette expression, sans nous flatter toutefois d'avoir été beaucoup plus heureux que lui. Disons cependant que *glapissemens* nous semble mieux convenir à un être animé que *cliquetis.*

Quelle volupté dans le style de cet orateur ! Juste-Lipse déclare qu'il a rétabli hardiment *tenere dicere,* quoique par conjecture ; car, dans tous les livres, il y a *temere*. Pline éclaire assez cette correction, et la confirme (*Lettr.*, ii, 14) : « Pudet referre, quæ, quam fracta pronunciatione, dicantur : quibus, quam teneris clamoribus excipiantur. Plausus tantum, ac potius sola cymbala et tympana, illis cantibus desunt. » Cicéron (*in Pis.*, 36), « Saltatores teneri. »

Gabinianus. Il fut rhéteur du temps de Vespasien. C'est de lui qu'Eusèbe dit dans sa *Chronique*, l'an 8 du règne de Vespasien : « Gabinianus, celeberrimi nominis rhetor, in Gallia docuit. » La construction de cette phrase a long-temps embarrassé les éditeurs et les commentateurs. Oberlin voulait qu'on lût ainsi : *Ut se non quidem ante Ciceronem numeret;* Dronke, *ut se ante Ciceronem numeret*. M. Burnouf, dont nous adoptons le texte, lit ainsi : *Ut se ante Ciceronem numeret, sed plane post Gabinianum.* Le sens est parfaitement clair, dit-il ; chacun de ces beaux-esprits se mettait bien au dessus de Cicéron ; mais, comme il ne sied pas de s'adjuger à soi-même le premier rang, il y plaçait Gabinianus.

XXVII. *Par ses attaques contre tes aînés.* M. Dureau Delamalle traduit : « En attaquant tes ancêtres. » M. Burnouf : « En attaquant vos ancêtres. » La double acception du mot *ancêtres* devait nous empêcher d'admettre cette expression. M. Burnouf lui-même a cru ne pouvoir la faire passer qu'à la faveur de la note suivante : « Ceci, dit-il, est une allusion évidente aux mots du chap. xxv, *sive illos antiquos, sive majores..... appellet*, que l'auteur met dans la bouche de Messalla. Il ne faut donc pas entendre, par *majores*, les propres ancêtres de Messalla, qu'on supposerait attaqués dans la personne de Corvinus : le Messalla du Dialogue s'appelait Vipstanus, et Corvinus Messalla était de la maison des Valerius. Lorsque Maternus dit à son ami qu'Aper a attaqué ses ancêtres, il ne fait que jouer sur le mot *majores*, que celui-ci avait proposé pour désigner les anciens. »

XXVIII. *Cornélie.* — *Voyez*, à son sujet, Cic., *Brut.*, xxvii, et Pline, xxxiv, 6 (13); sur *Aurélie*, Plut., *Cés.*, ch. 9; sur *Atia*, Suétone, *Aug.*, 4.

XXIX. *Quelque petite servante grecque.* C'est ainsi qu'on lit dans le *Panégyrique* de Pline (xiii) : « Græculus magister. »

Mais à une licence et à un désordre. Au lieu de *sed lasciviæ et libertati*, l'ancienne leçon portait *lasciviæ et bibacitati*, dit Juste-Lipse. Rutgers. conjecture *vivacitati*. Les éditeurs de Deux-Ponts mettent *dicacitati*, correction qu'admet Oberlin avec Schulze. C'est ainsi qu'on lit dans Quintilien (vi, 3), « lascivi et dicaces. » Malgré les exemples que cite Oberlin en faveur de la leçon qu'il adopte, nous conserverons *libertati* qui s'accorde fort bien avec *lasciviæ*. L'expérience de tous les jours prouve que, chez les enfans surtout, la liberté non réprimée dégénère bientôt en licence. Aussi avons-nous traduit *libertati* par *désordre*.

Par les intrigues. Au lieu de ces mots, *ambitione salutantium*, Acidalius et Schelius préfèrent *ambitione salutationum*, c'est-à-dire, suivant Ernesti, qu'ils captent la faveur en saluant les parens. Mais *salutantium* présente le même sens : il ne faut, pour cela, que sous-entendre *ipsorum*.

XXX. *Q. Mucius.* — *Voyez*, sur ce personnage, Cic., *Brutus*, 89, où il parle de Philon, et 90, où il est fait mention de Diodotus; car c'est ainsi qu'on doit le nommer, et non Diodore. *Voyez* aussi *de Peregrinatione*, c. 91.

XXXI. *Aux péripatéticiens. Ils nous donneront des armes,*

Juste-Lipse voudrait qu'on écrivît et qu'on ponctuât ainsi : *A peripateticis. Aptos et in omnem disciplinam paratos jam locos dabunt academici, stoici pugnacitatem.* Mais il se trompe, dit Gronovius ; car Cicéron, dans le livre qu'il a intitulé *Topiques*, accorde aux péripatéticiens « disciplinam inveniendorum argumentorum, ut sine ullo errore ad eam rationem via perveniremus ab Aristotele inventa, contineri. » Nous avons suivi, avec Schulze et M. Burnouf, la leçon et la ponctuation le plus généralement reçues.

A l'académie la polémique. On lit dans Cicéron (*Orat.*, 1, 18) : « Carneades vero multo uberius de iisdem rebus loquebatur ; non quo aperiret sententiam suam (hic enim mos erat patrius academiæ, adversari semper omnibus in disputando), sed tum maxime tamen hoc significabat, etc. ; neque posse quemquam facultatem assequi dicendi, nisi qui philosophorum inventa didicisset. » *Voyez* aussi QUINTILIEN, XII, 2.

A Platon l'élévation. Pline (*Lettr.*, 1, 10) lui accorde d'être sublime et profond.

Métrodore. L'ami et le principal disciple d'Épicure, qui n'hésita pas à lui donner le nom de sage. (*Voyez* CICÉR., *de Finibus*, III, 2.)

XXXIV. *Pas plus les traits heureux que les fautes.* Le texte porte seulement : *ut nec bene dicta.* Rodolphe l'allonge ainsi : *nec male nec bene.* A la vérité, le sens l'indique, dit Juste-Lipse. Ce n'est point l'avis d'Oberlin ; il prétend que le sens ne favorise point ce sentiment : car, dit-il, notre auteur tend ici à instruire, et, comme en avertit avec raison Schulze, la réputation d'éloquence vient même des adversaires et des envieux.

A dix-neuf ans L. Crassus. L. Crassus, dans le *Traité de l'Orateur* de Cicéron, dit qu'il avait alors vingt-un ans. Le succès de Crassus, en cette occasion, épouvanta tellement Carbon, que, désespérant de sa cause, celui-ci prévint sa condamnation, en s'empoisonnant avec des cantharides.

A vingt-un ans César, Dolabella. Suétone (*César*, IV) reporte cette accusation au temps de la guerre de Lepidus, c'est-à-dire sous le consulat de M. Émilius Lepidus et de D. Junius Brutus. Or, dit Juste-Lipse, César avait alors vingt-quatre ans, d'après les fastes et son jour natal.

NOTES.   399

C. Caton. C. Porcius Caton, qui fut tribun du peuple l'an 698 de la fondation de Rome.

Vatinius. — *Voyez*, à ce sujet, les chap. xvii et xxi de ce Dialogue, et les notes qui s'y rapportent. *Voyez* aussi Quint., xii, 6.

XXXV. *Comme dit Cicéron.* Voyez *Orateur*, iii, 24. Comme, en d'autres endroits des anciens, il paraît que c'est le censeur L. Crassus qui fit cet édit, Ernesti n'a pas hésité de rétablir *L. Crasso* pour *M. Crasso*; mais il craint que Tacite n'ait ajouté le prénom, car il n'y en a aucun devant Domitius. Suétone (*de Clar. rhet.*, c. 1) et Quintilien (xv, 11) nous apprennent qu'un sénatus-consulte et cet édit des censeurs avaient été rendus contre les rhéteurs, dès les années 592 et 632.

Les suasoriæ *et les* controversiæ. Les *suasoriæ*, dit M. Dureau Delamalle, étaient dans le genre délibératif; on demandait, par exemple, si, après la bataille de Cannes, Annibal devait marcher droit à Rome; si Sylla devait abdiquer ou non la dictature, etc. Les *controversiæ* étaient dans le genre judiciaire. Il y en a un volume entier dans Quintilien; ce qui paraît, et avec raison, à M. de Sigrais, une nouvelle preuve que le *Dialogue sur les orateurs* n'est pas de lui; car, certainement, un homme qui avait passé toute sa vie à faire des *controversiæ*, n'en eût pas dit autant de mal.

On leur fait joindre des déclamations. Il paraît, dit Ernesti, qu'il manque un mot: *declamatio quoque par*, ou *similis*, ou *talis adhibeatur*, comme en a averti Acidalius. Schulze suppléait *æqua*, dont est venu *quoque*; il n'y a rien là à corriger.

L'alternative laissée à la pudeur violée. Allusion à la loi de l'école dite des rapts: *Rapta raptorum mortem vel nuptias optet*, comme l'a déjà observé Pithou. On trouve des exemples de ces inepties dans Sénèque, Calpurnius Flaccus, Libanius, et même jusque dans Quintilien, quoiqu'il les blâme lui-même dans son *Institution oratoire*, ii, 10.

Les remèdes à la peste. Pétrone, au commencement du *Satiricon*, agite cette matière, et il s'exprime éloquemment en disant: *Responsa in pestilentiam data.* — *Voyez* tout cet endroit. Conférez aussi, pour toutes ces questions, les *Déclamations* attribuées à Quintilien, 268, 288, 309, 326 et 384.

Mais, lorsqu'ils paraissent devant les vrais juges. C'est ici qu'il y a une grande lacune dont on ne se doute même point, dit Juste-Lipse; mais un vieux manuscrit le fait voir, et, après avoir laissé un grand espace jusqu'à ces mots, *rem cogitare,* il ajoute, *hic multum deficit;* ce qui est évident, puisqu'au chapitre suivant, ce n'est plus Messalla qui parle, mais Maternus. L'éditeur de l'édition *Princeps* ne s'était pas aperçu de cette lacune, car il n'a rien laissé en blanc, ni Puteolanus ni Béroalde. Brotier pense qu'il manque la fin du discours de Messalla, le discours entier de Julius Secundus, et le commencement de celui de Maternus, et il y a suppléé de son propre mouvement. Schulting pense qu'il y manque bien peu de chose; l'on peut voir dans l'édition de Gronovius comment il le remplace.

XXXVI. *On était souvent conduit par le peuple même malgré soi.* Les orateurs, les consuls eux-mêmes, pouvaient être produits à la tribune aux harangues par les tribuns, pour qu'ils rendissent compte au peuple de l'affaire qu'on agitait dans le sénat, comme Apuleius produisit Cicéron sous le consulat d'Antoine, époque où il prononça sa sixième *Philippique.*

XXXVII. *Pompée et Crassus.* — *Voyez,* à ce sujet, Cicéron, *de Clar. oratoribus,* chap. LXVI, LXVIII et suiv.; *pro lege Manilia,* 14; et Quintilien, *Institut. orat.,* XI, 1.

D'un vol, d'une formule, d'un interdit. Voyez *De furto et interdicto,* le *Digeste,* XLIII, tit. 1, et XLVII, tit. 2. — *De formula,* ci-dessus, chap. XX, et la note qui s'y rattache. Conf. aussi le discours de Cicéron *pour Cécina.*

Qui l'ont environné de toute cette gloire. On lit ainsi dans la *Vie d'Agricola* (chap. XX) : « Egregiam famam paci circumdedit. » Conf. aussi les *Histoires* (IV, 11). Nouvelle probabilité en faveur de l'opinion qui attribue à Tacite ce Dialogue.

De ne vouloir pas le calme. On lisait auparavant, *ut secura velint.* Rodolphe met une parenthèse, et lit, *ut dubia laudent, secura nolint.* Vouloir nier, dit Juste-Lipse, qu'elle soit convenable au sens, c'est manquer soi-même de sens. Toutefois, il ne la reçut point, et admit seulement la correction de Rhenanus, *ut secura nolint.* Acidalius donnait, *ut dubia laudent, secura malint.* Schulze a bien exposé la leçon reçue.

XXXVIII. *Pompée, à son troisième consulat.* — *Voyez*, à cet égard, Cicéron, *Brutus*, 94.

Les causes centumvirales. — *Voyez* Cicéron, *Oratio*, 1, 38. Pline (*Lettr.* II, 14; v, 21; vi, 33) parle des jugemens des centumvirs.

Pour les héritiers d'Urbinia. Quintilien (iv, 1, et vii, 2) parle avec de grands éloges d'Asinius, à propos des héritiers d'Urbinia. Dans les éditions communes il y avait *Ironiæ*, et, dans une ancienne, *Uriniæ* : c'est Juste-Lipse qui a fait cette correction, d'après Quintilien.

XXXIX. *Ces manteaux étroits.* Cicéron (*pro Milone*, xx) parle de cette espèce de manteaux, qui d'abord ne se portèrent qu'en voyage. On peut, d'après ce passage, deviner presque l'époque où a été composé ce Dialogue; car, dit Ernesti, l'usage des manteaux au Forum paraît n'avoir été en usage que depuis Domitien, comme le fait observer Magius dans son traité de l'un et de l'autre *pænula*, page 318.

Fréquemment l'avocat s'interrompt. Morabin lit *patrono indicit*; De la Monnoye, *patronis.* Brotier rejette cette conjecture, et pense que l'avocat, comme si l'affaire était assez instruite, et les juges ne s'y opposant point, avait imposé silence aux preuves et aux témoins. Mais, dit Oberlin, l'auteur me semble vouloir faire connaître comment le juge mettait fin aux débats. Cela arrivait lorsqu'il demandait les preuves et les témoins avant que les avocats eussent fini. Je lis donc *patronis*, et je reporte le verbe à *judicem*. Ici, dit M. Burnouf, l'auteur ne parle plus des causes qui empêchent l'avocat de profiter, devant le tribunal, du travail qu'il avait savamment élaboré dans son cabinet : il signale une circonstance qui frappe son génie d'un froid mortel, le désagrément de parler dans la solitude. Or, souvent c'est l'orateur lui-même, ou plutôt le besoin de sa cause, qui donne lieu à la désertion de l'auditoire : au milieu de son plaidoyer, il s'interrompt pour faire lire les pièces ou produire les témoins, et, pendant ce temps, le public disparaît. J'entends, par *silentium probationibus et testibus indicit*, non pas que l'avocat impose silence aux preuves et aux témoins, comme si la cause était assez éclaircie (cela ne ferait pas fuir le public), mais qu'il garde lui-même le silence pour faire entendre les témoins et les preuves. *Silentium indicere* signifiera donc ici « annoncer le silence, annoncer qu'on va se taire. »

L. Bestia. Asconius Pedianus n'a conservé que de faibles restes des oraisons pour Cornelius et M. Scaurus. L'oraison pour Bestia a péri. Cicéron en fait mention dans une lettre à son frère Quintus (II, 3).

XLI. *Il serait mieux de n'avoir pas à se plaindre que de se venger.* On lisait d'abord *non queri, quam judicari;* Juste-Lipse a mis, *quam vindicari.* Acidalius, tout en approuvant la leçon de Lipse, dit que ce n'est pas assez, et que Muret a parfaitement corrigé tout le passage : *Atqui melius fuisset non fieri, quam vindicari.* Gronovius ne partage point cette opinion : *Non queri* signifie, dit-il, qu'ils ne furent pas outragés, et qu'ils n'eurent, par conséquent, point de plaintes à faire.

A la sagesse d'un seul. C'est Vespasien. (Conf. PLINE, II, 7.)

VARIANTES.

I. *Iisdemque rationibus.* On lisait autrefois *orationibus.* J. Lipse est le premier qui l'a corrigé dans ses dernières éditions.

III. *Leges tu quidem, si volueris.* Le manuscrit porte tout autrement : *Leges, quid Maternus sibi debuerit, et agnosces, etc.* (J.-L.) Les deux manuscrits du Vatican ont de même ; l'un a *quod Maternus.* (E.) L'édition *Princeps* de Spire, *leges: tu quidem Maternus sibi debueris, et agnosces.* Puteolanus en a fait : *Leges tu quidem, si volueris.* Béroalde l'a suivi. De même Lipse, qui cependant, dans l'édition de 1674, juge cette leçon comme introduite.

V. *Amittit studium.* Rhén. préférait *omittit*, adopté par Dronke ; mais nous avons déjà remarqué ailleurs que *omittit* se dit dans le même sens. (E.) Conf. *Ann.*, xiv, 26.

VIII. *Patientissimus veri.* Acidalius lit *sapientissimus vir.* Oberlin et Dronke rétablissent dans leur texte *patientissimus vir*, qui se trouvait dans toutes les éditions avant Juste-Lipse.

IX. *Non quia poeta es.* Oberlin, lorsqu'il écrit *ad hunc Secundum recurret, non ad te, Materne, quia poeta es*, oublie que Maternus était orateur aussi bien que Secundus.

X. *Recitationum.* L'édition *Princeps* de Spire et celle de Puteolanus ont *narrationum.* C'est Béroalde qui a corrigé ce texte.

XV. *Solatio est.* Acidalius corrigeait *solutio.* Brotier l'a admis. (E.) Néanmoins cela n'est point nécessaire. La leçon ordinaire est bonne.

XVI. *Significatione ista determinetis?* L'édition de Rome porte *signatione.* (L.) Pichena a rétabli *signatione*, que j'ai trouvé dans toutes les éditions avant celles de Lipse. (E.)

XVIII. *Merito vocaremus.* Brotier préfère *vocaverimus* des manuscrits du Vatican ; mais *docerem* demande *vocaremus.* (E.) Cela revient au même Il faut donc faire honneur aux manuscrits du Vatican.

Num dubitamus. Lipse a mis ainsi. Avant on lisait, *num non dubitamus.* Muret voulait *numnam.* Acidalius, *num dubitabimus, quum satis constet.*

XIX. *Argumentorum gradus.* L'édition de Rome, *argumentorum genera.* (J.-L.) Il y a ainsi dans toutes les éditions jusqu'à Lipse, qui a mis *gradus.* Dronke rétablit *genera.*

Paucissimi præcepta. Avant Rhenanus il y avait *paucissima.* (E.)

XXI. *In Asitium.* N'est-ce pas *Asinium?* (J.-L.) Muret lit *Ascitium*, d'après son manuscrit. Schurzfl., *Fuscinium.*

XXII. *Ac laudatum patremfamiliæ.* Je n'hésite point d'écrire *ac lautum.* (J.-L.) Bien. (E.) Nepos s'exprime de même dans *Atticus*, chap. XIII.

XXIII. *Nam et hoc invitus retuli.* Le manuscrit de Rome et l'édition *Princeps* ont *invitatus*, qui est assez bien, parce que cela signifie qu'il était lui même fatigué de faire ces sortes de demandes à Messalla. (J.-L.) *Invitus* vaut mieux, aussi bien que *hæc*, qui plaît à Acidalius. (E.)

XXVI. *Fas esse debeat.* Muret lit *debebat.* Bien. (E.) Acidalius l'approuve.

XXVIII. *Etiamsi mihi.* Les anciennes éditions ont *et jam mihi.* Pithou le conserve. Dans un autre manuscrit il y avait *etenim jam si*, d'où Pichena a fait sa correction.

Quæ omnes sentimus. Tel est le texte de l'édition *Princeps*. Puteolanus et Béroalde ont omis *sentimus.* Lipse l'a rétabli.

XXIX. *In notitia.* Pichena a mis ainsi. Il y avait auparavant *in notitiam.*—*Expetuntur* qui suit vient de Pithou : on lisait avant *exspectantur.*

XXXI. *Oratori subjecta*, met Juste-Lipse ; il y avait auparavant *oratoris.*

Ex comm. ducta sensibus. Les anciennes éditions ont *ex omnibus ducta sermonibus.* Lipse a fait la correction.

XXXIII. *Longe paratiorem.* Lipse lit ainsi. Avant il y avait *longe paratum.*—*Parabatur*, qui se trouve au commencement du chapitre suivant, vient de Puteolanus ; l'édition *Princeps* a *probatur.*

Quæ propriæ curæ oratorum videntur. Rodolphe a *propriæ esse oratorum videntur.* Juste-Lipse propose : *Propriæ circo oratorio videntur.* Schelius l'approuve, mais il préfère *oratorum* à *oratorio.* On lisait d'abord *propriæ circa oratoriam.* Brotier veut que l'on retranche *circa*, et qu'on lise *propriæ oratorum.* (E.) Pour moi, j'ai reçu *curæ oratorum* avec les éditeurs de deux-Ponts et Schulze. (O.)

XXXIV. *Ita nec.* Acidalius met *jam vero nec.*

Solus statim et unus cuicumque causæ. Il y a ainsi dans les anciennes éditions. La leçon commune, *statim unicuique causæ*, ne manque pas de vraisemblance. (J.-L.)

XXXVI. *In publicis causis non absentes.* Rodolphe, *in publicis judiciis non absentes.* On lisait d'abord *in publicis non absentes.* (J.-L.) Il eût peut-être suffi pour *publicis* de lire *judiciis.* (E.) Pour moi, *publicis* me paraît avoir été formé de *judiciis*, et je rétablis celui-ci. (O.)

Ne clientelarum loco. L'édition *Princeps* a *clientularum*, dont on a fait ensuite *clientulorum* ; mais c'est un mot inconnu aux Latins, et il paraît qu'il faut écrire *clientelarum.* (E.)

XXXVII. *Similis eloquentiæ conditio.* Schelius dit que c'est peut être *eloquentis.*

In ore hominum agit. J'ai fait la même correction dans les *Histoires*, III, 36. Il y a ordinairement *more.* (J.-L.)

XL. *Populi etiam histriones auribus uterentur.* Acidalius lit *histriones quoque populi auribus uterentur;* Schurzfl., *populi ceu histriones.* Les éditeurs de Deux-Ponts conjecturent *histricis auribus.* Heumann a bien pensé qu'il n'était pas ici question d'histrions, et il a donné *adrectioribus*, que je crois recevable. C'est ainsi que Virgile (*Énéide*, 1. 156) dit : « Adrectisque auribus adstant. » Schulze l'a aussi reçu : *intentioribus* lui était venu à l'esprit. (O.)

Sine servitute. Il y a ainsi dans les anciennes éditions, et avec raison. D'autres portaient à tort *sine severitate.* Heumann retranche aussi sans motifs ces mots, et lit *sine obsequio contumax.*

Sed nec tanti reipublicæ. Rhenanus met ainsi. Il y avait avant, *sed nec tuta respublica.*

XLII. *Antiquariis.* L'ancien manuscrit de Pithou porte *cum antiquariis.*

FIN DU TOME SIXIÈME ET DERNIER.

ICONOGRAPHIE

DE LA

BIBLIOTHÈQUE

LATINE-FRANÇAISE

ET PARTICULIÈREMENT DE TACITE.

Nous nous sommes bornés à vingt-quatre portraits, parce que les autres offraient trop peu de certitude historique.

MM. les souscripteurs verront avec intérêt, au dessous de chaque buste, une belle suite de médailles sur les deux faces, et qui, par un coloriage perfectionné, rappelleront exactement le métal d'or, d'argent ou de bronze qui les compose.

Avec la dernière livraison, nous publierons une description de ces médailles et de leur revers, d'après l'ouvrage du savant Mionnet, membre de l'Institut.

Ces VINGT-QUATRE portraits seront divisés en *six* livraisons; il paraîtra une livraison, composée de quatre portraits, tous les deux ou trois mois.

Le prix est fixé à 5 francs la livraison de quatre portraits. Ce prix, si peu élevé, ne sera accordé qu'aux Souscripteurs de la *Bibliothèque Latine-Française* ; tout autre souscripteur paiera un prix double.

La dépense pour chaque Souscripteur sera donc seulement de TRENTE francs, payables par sixième, en quinze ou dix-huit mois.

ORDRE DES LIVRAISONS

(La première livraison a paru.)

I.	IV.
J. CÉSAR.	SÉNÈQUE.
AUGUSTE.	CALIGULA.
LIVIE.	GALBA.
JULIE.	OTHON.

II.	V.
AGRIPPA.	VITELLIUS.
TIBÈRE.	VESPASIEN.
DRUSUS.	TITUS.
GERMANICUS.	DOMITIEN.

III.	VI.
CLAUDE.	TÉRENCE.
MESSALINE.	CICÉRON.
NÉRON.	POMPÉE.
AGRIPPINE.	BRUTUS.

ON SOUSCRIT

CHEZ C. L. F. PANCKOUCKE

ÉDITEUR

RUE DES POITEVINS, N° 14

ET CHEZ TOUS LES LIBRAIRES

QUI REÇOIVENT LA BIBLIOTHÈQUE LATINE-FRANÇAISE.

M DCCC XXXIII.

ICONOGRAPHIE
DE LA
BIBLIOTHÈQUE
LATINE-FRANÇAISE

PUBLIÉE

PAR C. L. F. PANCKOUCKE
CHEVALIER DE LA LÉGION D'HONNEUR.

CONDITIONS DE LA SOUSCRIPTION.

La collection de l'*Iconographie* sera composée de VINGT-QUATRE bustes, avec les médailles doubles, coloriées en or, en argent et en bronze.

Ces vingt-quatre portraits seront divisés en *six* livraisons; il paraîtra une livraison, composée de quatre planches, tous les deux ou trois mois.

Le prix est fixé à CINQ francs la livraison de quatre portraits. Ce prix, si peu élevé, ne sera accordé qu'aux Souscripteurs de la *Bibliothèque Latine-Française*; tout autre souscripteur paiera un prix double.

La dépense pour chaque souscripteur sera donc seulement de TRENTE francs, payables par sixième, en quinze ou dix-huit mois.

Les livraisons paraîtront dans l'ordre indiqué ci-dessous; la première est en vente.

ORDRE DES LIVRAISONS.

1re *Livraison*. — J. César, Auguste, Livie, Julie.
2e *Livraison*. — Agrippa, Tibère, Drusus, Germanicus.
3e *Livraison*. — Claude, Messaline, Néron, Agrippine.
4e *Livraison*. — Sénèque, Caligula, Galba, Othon.
5e *Livraison*. — Vitellius, Vespasien, Titus, Domitien.
6e *Livraison*. — Térence, Cicéron, Pompée, Brutus.

On souscrit chez C. L. F. PANCKOUCKE, Éditeur, rue des Poitevins, n° 14, et chez tous les libraires qui reçoivent la *Bibliothèque Latine-Française*.

www.ingramcontent.com/pod-product-compliance
Lightning Source LLC
Chambersburg PA
CBHW070922230426
43666CB00011B/2276